凤凰文库
PHOENIX LIBRARY

凤凰出版传媒集团
PHOENIX PUBLISHING & MEDIA GROUP

**凤凰文库·教育理论研究系列**

主　　编　顾明远

项目总监　顾华明

项目执行　赵　明

凤凰文库
PHOENIX LIBRARY

教育理论研究系列

PEARSON

# School Law Cases and Concepts

# 学校法学:案例和观念

（第七版） [美] 米歇尔·W.拉莫特 著

许庆豫 主译
朱永新 审校

江苏教育出版社
JIANGSU EDUCATION PUBLISHING HOUSE

**图书在版编目(CIP)数据**

学校法学/(美)拉莫特(Lamorte, M. W.)著;许庆豫译. —南京:江苏教育出版社,2012.4

(凤凰文库. 教育理论研究系列)

ISBN 978-7-5499-1660-3

Ⅰ. ①学… Ⅱ. ①拉… ②许… Ⅲ. ①教育法—法的理论 Ⅳ. ①D912.101

中国版本图书馆 CIP 数据核字(2012)第 059797 号

# 出版说明

要支撑起一个强大的现代化国家，除了经济、制度、科技、教育等力量之外，还需要先进的、强有力的文化力量。凤凰文库的出版宗旨是：忠实记载当代国内外尤其是中国改革开放以来的学术、思想和理论成果，促进中西方文化的交流，为推动我国先进文化建设和中国特色社会主义建设，提供丰富的实践总结、珍贵的价值理念、有益的学术参考和创新的思想理论资源。

凤凰文库将致力于人类文化的高端和前沿，放眼世界，具有全球胸怀和国际视野。经济全球化的背后是不同文化的冲撞与交融，是不同思想的激荡与扬弃，是不同文明的竞争和共存。从历史进化的角度来看，交融、扬弃、共存是大趋势，一个民族、一个国家总是在坚持自我特质的同时，向其他民族、其他国家吸取异质文化的养分，从而与时俱进，发展壮大。文库将积极采撷当今世界优秀文化成果，成为中西文化交流的桥梁。

凤凰文库将致力于中国特色社会主义和现代化的建设，面向全国，具有时代精神和中国气派。中国工业化、城市化、市场化、国际化的背后是国民素质的现代化，是现代文明的培育，是先进文化的发展。在建设中国特色社会主义的伟大进程中，中华民族必将展示新的实践，产生新的经验，形成新的学术、思想和理论成果。文库将展现中国现代化的新实践和新总结，成为中国学术界、思想界和理论界的创新平台。

凤凰文库的基本特征是：围绕建设中国特色社会主义、实现社会主义现代化这个中心，立足传播新知识，介绍新思潮，树立新观念，建设新学科，着力出版当代国内外社会科学、人文学科、科学文化的最新成果，以及文学艺术的精品力作，同时也注重推出以新的形式、新的观念呈现我国传统思想文化的优秀作品，从而把引进吸收和自主创新结合起来，并促进传统优秀文化的现代转型。

凤凰文库努力实现知识学术传播和思想理论创新的融合，以若干主题系列的形式呈现，并且是一个开放式的结构。它将围绕马克思主义研究及其中国化、政治学、哲学、宗教、人文与社会、海外中国研究、外国现当代文学等领域设计规划主题系列，并不断在内容上加以充实；同时，文库还将围绕社会科学、人文学科、科学文化领域的新问题、新动向，分批设计规划出新的主题系列，增强文库思想的活力和学术的丰富性。

从中国由农业文明向工业文明转型、由传统社会走向现代社会这样一个大视角出发，从中国现代化在世界现代化浪潮中的独特性出发，中国已经并将更加鲜明地表现自己特有的实践、经验和路径，形成独特的学术和创新的思想、理论，这是我们出版凤凰文库的信心之所在。因此，我们相信，在全国学术界、思想界、理论界的支持和参与下，在广大读者的帮助和关心下，凤凰文库一定会成为深为社会各界欢迎的大型丛书，在中国经济建设、政治建设、文化建设、社会建设中，实观凤凰出版人的历史责任和使命。

凤凰文库出版委员会

# 目　录

# 前　言

公立学校的教育者们都知道，法院在教育政策的形成过程中具有十分重要的作用。在过去的半个多世纪里，司法机关在取消种族隔离、实行国家与教会分离、表达自由、学生权利、残疾学生保护和公民人权领域的司法裁决，充分显示了司法机关尤其是联邦法院影响的广度和深度。近些年来，司法介入教育日益增多，导致这一现象的原因很多，而其中最为重要的原因是人们的觉悟，尤其是那些正在受到政府行为不公正对待的人们的觉悟。这些不幸的人们明白，司法机关是政府的组成部分，而且是敏感的和有效的组成部分。

司法活动产生了大量的学校法规，如果教育者希望在工作过程中遵守法制，自我保护，就应该熟悉教育法规。那些凭着感觉，或者依据自己想当然的法规内容工作和作出决策，而没有关注决策和工作的法律意义与法律后果的人们，可能面临许多困境。本书面向那些关心基础教育而对学校法律了解不多，或者对学校法律问题的背景知之不多的教育者和普通人，提供一些学校法律方面的基本的和入门性的资料。这些人士包括教师、学校管理者、学校委员会成员、职前教师、公立学校的学生及其家长。

单独一本书很难覆盖学校法律的所有重要领域。因此，本书主要讨论学校层面的法律问题及其影响。同时，在一些章节中，也涉及了相关学校法律问题的历史透视。

第一章为理解后继章节提供背景资料。本章的主要内容是介绍一些教育者可能并不熟悉的重要的法律基础。具体内容包括教育者赖以工作的法律渊源、联邦宪法与州宪法、联邦法律与州法律、州的学校委员会政策、检察总长意见、地方学区委员会政策和学校政策、许多学校法律问题涉及到的第十四条修正案的正当程序和平等保护条款、在教育政策形成过程中具有重要意义的判例法和美国司法机关结构。

第二章集中分析，在教育系统服务对象的意见与教育政策取向不一致时，国家和地方学校管理系统如何发挥作用，其管理权限如何。本章案例表明了司法机关的目标，即在立法目的或教育系统服务对象个人意图，与学校管理人士的服务于社会大众的责任意识之间建构一种平衡关系。本书选择讨论的一些法律问题，都在说明司法机关怎样通过判例维持学校管理体制与社会大众利益之间的协调关系。这些法律问题包括义务教育阶段入学问题、学校中的宗教问题、学校设施使用问题、非公立学校资助问题、学校收费问题和健康服务问题。

本书的作者发现，学习学校法知识的学生，对那些与学校师生相关的法律问题持有特别的兴趣。因此，第三章和第四章主要讨论教师的法律问题和学生的法律问题，两部分内容在本书中占有很大比重。其中第三章重点分析学生法律问题，这些问题包括表达自由、停课处罚、转学处罚、开除、体罚、对学生搜身、学生仪表、怀孕、学生结婚、学生父母身份、课外活动、校外违纪惩戒。第四章讨论教师法律问题，包括合同续聘、解雇、表达自由、学术自由、吸食毒品、教师示范、教师与校方谈判、教师的政治活动，以及教师雇佣方面的种族、性别、宗教、年龄歧视。

第五章对学校种族隔离进行了历史透视。本章首先梳理了美国南部的种族隔离沿革过程，然后考察了近年来美国其他一些州的学校种族隔离。法院对种族隔离案例的裁决及其产生的新的问题也在本章的视野之中。

第六章由约翰·戴顿(John Dayton)教授撰写，重点分析了残疾学生的法律地位。具体内容包括对残疾学生法律地位这一重要的法律问题进行历史回顾，并对重要的相关法规内容和法院的相关判决进行深度分析，其中重点探讨了1997年的《残疾个体教育法修正案》和1999年的《残疾个体教育法修正案》实施细则。

第七章的内容是，回顾历史上发生的围绕国家和各州公立学校经费和经费短缺问题的法律纠纷。这些问题在20世纪70年代早期出现，其后在许多州相继蔓延。本章还涉及择校这一学校改革的重要措施。与择校相关的法律纠纷包括担保计划、学费补偿政策。在这一改革之中，特许学校诞生了。理解本章内容，并不需要掌握复杂的学校财政理论知识。

第八章尽可能广泛地讨论了教育者和学区侵权赔偿问题。在本章，侵权的发生既可能是教育者的作为，也可能源于学区的不作为。由于全美各州在这一领域的法律差异巨大，因而，本章主要阐述诸如照看儿童的义务和标准、学区的豁免权、监管的义务和渎职。依据《公民权利法案》第九条款构成的教师骚扰学生、同学之间骚扰的赔偿责任也是本章的一部分内容。侵权法是一个专门的和高度复杂的法律问题，因而，本章的意图是帮助读者懂得，如果行为失当，可能面临潜在的经济赔偿责任。

附录部分提供了更为广泛的信息，旨在拓展读者的视野。对于那些希望更为熟练地分析法院判例的读者或者希望从事学校法律问题研究的读者来说，附录A和附录B提供了基本的入门路径。其中附录B的具体内容是为那些对法律研究感兴趣的读者，提供可资利用的研究初等教育和中等教育法律问题的法学研究方法论和相关信息。惯用电脑的读者也许会对互联网上讨论的本领域的法律问题产生兴趣，并从中获益。附录C选编了美国宪法及其修正案中与教育者关系最为密切的部分。

经过重新编写的、媒体报道的，或者是全文转引的法院判例占据了本书相当大的篇幅。这些判例提供了丰富的信息资源，能够帮助读者深刻领会和理解学校法律的精神，而这是第二手资料无法做到的。阅读一位法官或联邦法院大法官的书面意见，无论这样的意见是大多数人的观点，或者是全体一致的观点，抑或是反对判例的观点，都为读者全面理解司法原理提供了富有价值的哲学基础。案例尤其关注真实的学校法律问题，而从编选的案例中删去的内容则是与受到关注的问题没有直接关系的部分，也就是那些律师们感兴趣的法律技术和法律程序方面的材料。学习学校法律的学生应当阅读自己特别感兴趣的相关案例的没有经过改编的全部观点。书中案例为获取这方面的材料提供了方便。

本书选择案例的基本依据是，其一，选择最高层次法院的判例，这些法院曾经审理过学校具体法律问题，因而，在相关法律问题上能够提供最为广泛和适用的法律标准。其二，法律自身没有很好地解决的判例，这些判例既是比较普遍的学校法律问题，又是最有代表性的一类案例。其三，最能反映出同一法律问题历史沿革过程的一类案例，这类判例围绕同样的问题，发生于不同历史时代。

在书中判例之后，作者编写了注释和问题。其中注释的作用是为那些希望进一步理解一个判例的读者，提供背景资料和更多的信管理系的约翰·戴顿教授。戴顿教授撰写的《残疾个体与法律》成为本书第七版中深受欢迎的内容。他是一位睿智的同事，多年来不断地为本书奉献着深刻的见解和观点。此外，国家教育协会（National Educational Association）的专业助理乔·弗尔森博士（Dr. Joe Falzon）慷慨地为本书提供了大量的数据；联邦最高法院判例报道技术助理坦隆（Dan Long），在作者收集常用判例的过程中提供了大量的帮助，在此一并致谢。本书中的任何遗漏或错误均为作者个人的过错。

本书并不能代替人们所需要的法律咨询。但是，掌握法律知识，理解本书的内容，在需要的时候，能够与律师进行富有成效的交流。

最后，非常高兴有机会再次修订本书。就像持续不断地受理学校法律案例一样，修订再版本书，始终是一项让我激动和受益良多的事业。

息，包括法律对一个纠纷的适用程度；或者在法律没有能够很好地解决纠纷的情形下，为读者呈现相关的观点。判例的问题富有启发意义，能够进一步激发读者的思维，酝酿相关的讨论。

本书的写作意图既不是拥护或者反对学校管理者、教师、学生信奉的观点，也不是准备将法院描述成总是努力打击教育者的爱管闲事的机构。写作本书的最大愿望是为从事公立教育的人们在法律框架之下制定完美的政策奉献基本的学校法律基础。具有这样的知识基础，将会最大可能地避免依据想当然的法律内容从事教育工作，而最大可能地依据真正的学校法律从事教育工作。在这一意义上，本书提供的主要是描述性知识，而不是感悟性知识。

本书作者相信，公立学校学生通过观察守法的学区委员会成员、学校管理者和知识渊博的教师自觉遵守法律的行为，能够很好地掌握法律和秩序。而且，公立学校的一项重要使命就是向学生灌输法治国家而非人治国家的观念，因而，教育者应当熟悉学校法律，这样才能遵守法律。作者童年时代生活于阿道夫·希特勒和纳粹德国时代，所以这样的信念异常坚定。我们已经看到，类似于希特勒这样的独裁者巩固和扩大自己权力的重要策略之一就是系统地破坏德国的法治。伴随法治的败坏，纳粹集团的权力在增强，德国日益从法治国家蜕变为人治国家。

感谢选修我的学校法律课程的学生。在过去几年中，我的学生们提出许多闪烁着智慧火花的深刻的问题，同时，我们一起分享一些我的学生们在履行自己的工作职责的过程中认为重要的学校法律话题。其中，罗伯特·米道斯（Robert Meadows）、贝蒂·霍尔（Betty Hull）、杰弗里·威廉姆斯（Jeffery Williams）、柏特·麦克罗姆（Pat McCllum）、尼尔·麦金泰尔（Neil McIntyre）对本书作出富有价值的贡献，在此特别感谢他们。同时特别感谢佐治亚大学教育学院教育

# 本书读者须知

本书延续了法律专业团体的教学传统。与法学院日常教学中培训律师的教科书相比，本书同样有着类似的“汇编案例”的特点。这样的教材汇集了法院真实的观点，而导读性的和解释的材料则被最大化地压缩了。阅读这样的教材，学生需要自主地归纳法律基本原理。相应地，案例教材的作者应当同时是人们心目中的理解案例教材的优秀编辑，承担着选择、编辑和组合法院的观点，为读者提供抽取法律原理的条件。书中简洁的评论和问题将会发挥一定的作用。因此，本书作者在书中汇编案例的目的，不是补充说明教材内容，而是将案例看成全书基本的原始材料。

通过阅读案例教材提取法律基本观念的一个主要优点是学会推理和掌握法律原理。为了实现这样的目标，本书为学生提供了许多值得关注的判例及其形成过程的信息，学生能够通过这样的判例及其形成过程方面的信息，进行自己的推理。在作者看来，学生无疑应当熟悉具体的法律知识，但是，比起百科全书式的具体法律知识，理解法律原理和学会法律推理更为重要。作者相信，教育者的职责并不限于列举影响学校的法律，因此，在本书中，如果读者希望全面地获得学校法律的知识，将会失望。教育实践工作者很少有机会看到，现实生活中实际的学校法律纠纷能够直接套用明确的法律规定解决的情形，而尽可能广地接触已经发生的案例，同时始终立于学校法律发展的前沿，却能够保证第一线教育者拥有良好的背景处理其可能面临的各种稀奇古怪的法律情境。

本书可以通过苏格拉底教学法教学。在运用这种方法时，教师布置学生阅读和分析一组案例，然后在课堂上请学生个别简述阅读的案例的内容(参见附录A)。通过提问，教师可以帮助学生提炼相关的法律原理，在这一过程中，学生面临的挑战是，努力提高自己的能力，越来越好地陈述自己的阅读感想，教师在此基础上对学生的陈述进行评价。在运用这一策略的初期，学生也许并不喜欢个别提问，但是，在这一过程中，学生很快就会意识到，没有认真阅读案例，很难有所收获，而惟有细细地、专心地和反复地阅读，才会实现自己的目标。运用这样的教学策略，需要师生双方认真准备，而这一策略却能有助于很好地完成书面考试，在这样的考试中，学生需要分析假设的和复杂的法律情境，并准确地运用相关法律。

作者曾经相当成功地在学校法律课堂上运用了这一教学策略。作为教师，作者发现，分析法律案例将会促进学生重新思考法律。此外，在课堂上列举案例分析，将会激发学生努力提高自己的成绩，这一过程无疑包含着学习。同时，引导学生独立思考并承受一定的压力，是培养教育管理人员的最为合适的途径。无论教师是否运用苏格拉底教学法以便更好地发挥本书的作用，作者都希望，本书能够为初学者提供一个概括了庞杂和复杂的法律体系基本精神的入门路径，并希望激发读者进一步学习。

最后想说明的是，如果老师能够有机会接触法律图书馆，作者建议教师带领学生参观法律图书馆。这样的参观有着多方面的好处。

通过参观，学生将会有机会讨论学校法律问题，知道应该在哪儿找到自己需要的学校法律材料(参见附录 B)，同时，学生将会由此知道，法律图书馆并非只是欢迎律师的场所。在这里，本书还建议，教师应当向学生介绍多种法律信息系统，《法律期刊索引》、法律评论、各州法律信息、《法律文摘》、法律批判信息、《美国法律周刊》、法律指南(律师、法律公司名录)，这些都能用来很好地组织课堂活动。

# 致　谢

本书献给我的祖父亨尼奇·斯切罗德。他是我所见过的惟一一位真正的勇敢的政治斗士。20 世纪 30 年代，那时我还是个小男孩，生活在纳粹德国。我经常见到祖父参与当局禁止的活动，反对纳粹集团，秘密收听无线电台，公开演讲反对阿道夫·希特勒和纳粹集团，拒向纳粹党徽致敬，也不接受“嘿，希特勒”这种强制性的问候语。这些都是祖父抵抗希特勒及其纳粹集团的活动内容。我不会忘记这些抵抗及其发生的时代。当时，犹太人或政治上被怀疑的邻居不断失踪，没有人敢打听他们的下落，在盖世太保要我讲述祖父活动的时候，甚至像我这样一个少不更事的男孩，也深深体验到那种恐怖。

祖父拒绝服从专制极权主义的命令，结果，尽管他不是犹太人，也被送进集中营。祖父被关押，为了捍卫自己的政治信念而付出了高昂的代价。

祖父的形象使我深深敬畏法治，懂得生活于法治之下的重要意义。每位教育者都应该将这样的观念传授给学生，以此为目的。我真诚地希望，本书能够对教育者们追求这一目的有所裨益。

# 第一章　教育管理：法律渊源和司法体系

在美国，教育管理所依托的观念是法治而不是人治。因此，公立学校政策的决策者和实施者应该确保自己的行为合法。教育政策的实施不是任意的和反复无常的，而是必须拥有合法的和权威的依据，这样的依据包括联邦或者州的宪法、联邦或者州的法律条款，州教育委员会或者州教育局的规章、判例法，以及地方学校委员会的政策。

然而，有时对于公立学校的管理人员来说，合法地进行教育管理却面临一些阻力。这些阻力来自对教育事业有影响的各级机构及其相应附属部门所组成的联邦行政体系，来自于各级行政机构及其相应附属部门的变化的、有时相互冲突的政策，某些有争议的并具有较强政治色彩的教育问题所导致的法律不确定性氛围也是这样的阻力。

在联邦制的体系下，三种层级政府——联邦的、州的、地方的——尽管在行动上不必要协调一致，但都具有对教育问题的发言权。当三级政府及其相对应的部门——行政的、立法的、司法的部门在教育管理职责上相重叠时，困难也会产生。这些困难一方面表现为模糊的权力划分，另一方面，当权力重叠、相互冲突并不可调和时，对各种权力之间的关系进行界定并合法地协调，就会格外困难。

虽然教育在联邦宪法中没有被明确地提到，但是联邦政府在历史上一直就在参与教育。事实上，联邦政府根据不同联邦法律进行资助的教育项目，在最近几年来已经占到公立初等和中等教育投入总额的大约7%。联邦法官也许始终是影响教育政策的最重要的和具有深远意义的力量。有争议性的教育问题，诸如学校里种族隔离制度，对学校的资助，学生和老师在诉讼中的正当法律程序，学校里的宗教作用，对学生和老师的搜查，老师和学生可以表达自由的程度，都一直通过联邦法官审判案例来解决。

州政府对公共教育拥有非常大的权力，这种权力是通过宪法和法律条款、行政法规、州教育委员会的政策，以及州首席教育长官的行为来贯彻实施的。政府有关组成人员的作用在各州之间是不同的；各州对本地学校系统的支配权限也是不一致的。但是人们通常认为，这些差别跟各州对公共教育的财力资助是直接相对应的。

地方学校系统对教育问题的支配权限，取决于州宪法和法律条款的规定。地方的教育管理权力可能通过法律明示授予，或者是通过法律暗示授予。尽管人们广泛认为公立学校是由地方来管理的，但许多教育管理专业的学生却表示，所谓地方管理可能仅仅是存在于人们观念之中的设想。他们指出，在许多情况下，尤其是当州政府过多参与资助教育时，与地方学校系统的支配权限相比，州政府对教育政策的影响显得更有意义。

因为每一级政府都跟公共教育管理联系紧密，所以当某一级政府或者其所属部门与另一级政府或者其所属部门所作的政策或决定相互矛盾时，行政机构内部管理人员之间就会产生许多问题。就同一管理层次的职能而言，行政管理人员之间产生的误解或冲突也可能会存在。这些冲突的例子比比皆是。例如，一些学校并不愿意各种社会团体在学校工作时间之外使用学校场所，却被联邦法院判决违法，并不得不允许社会团体使用学校场所；“财力宽裕”的地方学校由于州最高法院的判决，被禁止过多地接受州政府的资助项目；在美国最高法院裁决的保护下，地方学校组织不得不面临学生许多关于政治、社会和经济问题方面的言论引发的混乱，因为言论自由是宪法保障的公民的基本权利。

不熟悉法律体系细微差别的教育管理人员，当注意到法院法官们的关于教育问题的一些判决看上去似乎并不一致，甚至存在明显分歧时，这些管理人员试图用法律手段管理学校的困难就更大了。当教育问题绕来绕去地经由上诉的程序使判决一次或多次地改变时，上述困境就会出现。有时这种判决反映了法官之间的尖锐的哲学分歧。对于一些教育官员来说，法院对一些教育问题的裁决如果缺乏连续性也会带来麻烦。他们经常很难理解为何一种具体的教育实践措施在一个州里或者一个联邦司法管辖区里会得到法院赞同，而它在另外一个州里或者另一个联邦司法管辖区里却得不到赞同。联邦法院驳回州法院裁决的合理性也并不总是完全会被理解。总之，当地方、州，或者地区对某一教育问题的裁决存在显著意见分歧时，尤其增加了学校管理的困难。

教育管理人员经常把自己的工作环境看作是一种不确定性的环境。在这样的环境里，教育管理人员对自己的决策是否合法并不十分清楚。这可能是由于对涉及教育问题的宪法内容，或者是对法院新近产生的判例的不充分了解而产生的。在教育管理决策中，依赖人们普遍公认可靠的教育实践措施是有帮助的，但这样并不总能确保具体的实践措施与法律或判例没有冲突。

能够确保行政管理行为合法，减少教育人员冲突、误解法律和法院判例的一项补救措施，是组织教育管理人员系统地研究工作所需要的法律及其渊源。在此基础上，明确各级政府及其下属部门的合法性角色。尽管教育人员进行工作所根据的法律渊源可以从不同的途径进行考察，但是一种独特的富有成效的方法是分析来自于每一级政府的那些法律渊源。

## 一、法律渊源

### （一）联邦一级

在联邦层次上，宪法及其修正案、法律、行政机构的规章制度、判例法、总统的行政命令、联邦检察长的意见都构成了教育管理人员进行工作时应当理解的法律渊源。

1. 宪法及其修正案

尽管联邦宪法并不包含有“教育”的字词，但联邦最高法院的法官关于一些案件的合宪性解释，对制定教育政策一直都具有无可争辩的影响，尤其具有影响的是法官对于宪法第十四条修正案的解释。因此，探讨联邦宪法第十四条修正案的历史背景、该修正案涉及其在教育问题上的正当法律程序和该修正案对平等的法律保护要求，具有特别重要的意义。

（1）历史背景

在1868年通过第十四条修正案之前，在当时美国联邦政府体制下，美国公民在涉及自己的公民权利时，实际上处于与州政府和联邦政府的特殊的双重关系之中。这种双重关系是英国殖民统治的产物，但在独立战争后仍然存在着。这种双重关系表明美国各州对中央政府的相当程度的不信任，或者说是表明了各州对中央政府的怀疑。为了确保中央政府不再粗暴轻率地对待公民的个人权利，《公民权利法案》在正式通过不久后就被增加到联邦宪法中。根据《公民权利法案》，最早提供给美国人的保护措施包括：保护宗教信仰、言论、出版、和平集会、申诉补偿自己利益损害和请愿的自由；保护携带武器的权利；保护免受不合理搜查和扣押的权利；保护在死刑案件中大陪审团的作用；保护个人免受双重审判与得免自证其罪的权利；保护正当法律程序的权利；保护拥有财产的权利；保护公民得到陪审团公正和迅速审判的权利；保护公民免受过多保释金和残酷、极端惩处方式的权利。这些保护措施正是美国人所拥有的反对中央政府对他们的基本权利侵犯的措施。由于联邦宪法里包含这些权利，所以联邦各州公民自行拥有这些保护措施来反对他们的州一级政府对其基本权利的侵犯。

州宪法规定了公民免受州政府非法行为干涉的保护措施。各州加入联邦后，相应地规定了类似于联邦宪法中的权利法案所明确的公民权利。然而，应该注意到的是，在宪法第十四条修正案通过前，如果一州的宪法不包含确保比如言论或者宗教自由的法律款项，那么该州的美国人并不必然享有相应的保护措施来反对州政府的干预。即使在各州加入联邦后，尽管州宪法可能包含了提供给个人公民权的条款，但实际上州宪法所确保的公民权利的保护措施并不总是全部一律地被实施。

在南北战争前的年代，另一个因素影响着美国公民与州政府和联邦政府之间的双重关系。通常，那时候美国人主要把他们看作是自己居住州的公民，合众国公民则居其次。比如说一个人首先把他自己看作是一个弗吉尼亚人或者纽约人，其次才把他自己看作是一个合众国居民。

这种跟州和中央政府的双重关系，以及传统上主要对自己居住州的忠诚，由于1868年第十四条修正案的通过而被极大地改变了。这项修正案中一部分款项规定：

> 所有在合众国出生或者归属合众国并受其管辖的人，都是合众国的和他们居住州的公民。任何一州，都不得制定或实施限制合众国公民的特权或豁免权的任何法律；不经正当法律程序，不得剥夺任何人的生命、自由或财产；在州管辖范围内，也不得拒绝给任何人以平等法律保护。

从宪法的角度看，“合众国的公民”和“他们居住州的公民”的语句并列的重要性被体现出来，因为“合众国”首先被提到。这种并列以及随后修正案的语句表达方式的法律重要性一直被理解为：在涉及到某些个人权利的问题时，合众国的公民资格是主要的。

这项修正案原本是打算确保新获得自由的奴隶的权利，也为公民个人规定了避免遭受各种形式的、任意的、变化无常的州侵犯行为的保护措施。根据宪法修正案规定，合众国公民资格位于首要的地位，所以全体公民受到法律保护，免受任何与公民资格的性质相背的侵犯行为。在这种观念之下，州不能剥夺他作为一名联邦公民的资格。比如，由于联邦法院的行为，老师不可能在缺乏正当程序的前提下被随意解雇，学校委员会也不能规定学生在正常上学时间内阅读《圣经》，学校的宗教政策或举办的宗教仪式不能影响学生的宗教自由权利。个人作为联邦公民拥有的各种权利，州行政、地方教育部门的管理行为，或者地方学校委员会的政策都不能侵犯。

根据第十四条修正案，任何州和在该州支持下运作的组织机构（比如地方学校系统），必须尊重这些权利，这些权利是由宪法、联邦制定法或判例法所确保的作为美利坚人所拥有的。从宪法的角度看，州和在州支持下运作的组织机构必须遵守这些法律规定，它们不能由于州或地方选举、州或地方行政管理行为，或者州法院判决的结果被违反。

值得注意的是，并不是所有研究宪法的学者都同意对第十四条修正案的这种解释。拥护“州权理论”的团体一直勉强地接受某些建立在第十四条修正案基础上的法院判决，并且一直坚决拒绝遵守除此以外的其他法院判决，这些团体对第十四条修正案的反对通常指向该修正案曾经获得正式批准的方法。修正案的批准曾是在国内战争结束后各州重新加入联邦的必须一步。此外，人们认为法院应该遵循最初修正案制定目的的法理。据此，法院仅仅应该按照宪法的字面意义和宪法制定者的明确、特定目的，以宪法的字面涵义和立法目的作为指导，而不是以当今法官的思考推测作为指导。

（2）正当法律程序和平等的法律保护

除明确合众国公民资格的首要地位和保障公民个人的某些基本权利外，第十四条修正案也为正当法律程序和平等的法律保护作出了规定。这两个概念来自于公平执法的理念，并不相互排斥。但是，很多人认为，在引用第十四条修正案处理教育问题的一些案例中，正当法律程序或者平等法律程序常常被否定。尽管两个概念的法律意义极其复杂，但这两个概念最容易被人们牢记在心中，也因而最容易被理解。依据正当法律程序和平等保护规定，人们期待政府官员，当然包括教育官员和教育者，在他们履行公务时要做到公正。这样就要求公共教育的管理人员在对待当事人或教职员工时，除了要遵守法律和判例法，还要确保其行为合法和不因人而异。

① 正当法律程序

从最广义上讲，全体公民受到第十四条修正案保护。每个人都应受到州或地方政府的同等对待。换一角度，州或地方政府应该一视同仁地对待全体公民。当个人的生命、自由和财产受到剥夺时，基于第十四条修正案正当法律程序的保护，州政府或地方政府对公民的这种处理行为，应该与在类似情形下对另一位公民采取的行为本质相同。根据这种观念，政府行为不应是非理性的或者是反复无常的。如果一位公民没有受到政府的同等对待，那么，政府必须有差别对待的充分法律依据。

在法律上，实质和程序之间的分界线通常是非常模糊的。尽管如此，依据程序正当的观点，在更广的意义上讲，法律程序正当涉及的是，公民在被拘留时，或在法庭上被审判时，是否受到公平和恰当对待。例如，如果其他人在各自的情况下接受由 12 个人组成的陪审团审判，那么嫌疑人也必须同样接受由 12 个人组成的陪审团审判；而且用来指控他们的证据必须通过恰当的途径获得，对他们的审判必须根据已确立的程序进行。在教育领域，涉及法律程序政治的问题已经受到相当多的重视，尤其是在停学处罚和开除学籍的时候。法律实质正当实际上需要对待的问题是州政府和地方政府及其附属组织机构公平地对待全体公民。法律实质正当保证了宪法、法律、规章制度和政策的一致性，以及整个法律体系的公平和合理。宪法第五条修正案也包含正当程序条款，尽管它跟第十四条修正案有相似之处，但第五条修正案专门用来防范联邦政府对个人公民权利的侵犯。

如同许多概念一样，正当程序这一概念并不能仅仅从字面上来进行定义。它是动态的而不是静态的概念。每个案例中的定义主要取决于以下情况的结合，即案情中的具体特定的事实，案情涉及到的相关法律，历史上作出判决的特定情况和法官们作出判决的个人偏好。比如，联邦最高法院从来没有一致同意过正当法律程序的标准，然而正是联邦最高法院裁定一个案例的程序是否正当，并且这种裁决构成最终的和正式的裁决。正当程序概念的这一点被富兰克福特(Frankfurter)法官在“斯威齐诉新罕布什尔州”(Sweezy v. New Hampshire,354 U. S. 234,1957)一案中提了出来：

> 可以肯定的是,这个结论是在平衡两种相互冲突的原则——由第十四条修正案所保护的公民的政治隐私权原则和国家的自卫权原则的基础上所作的司法判决。破坏这种平衡要涉及到诸多司法审判活动。根据正当程序的条款,审判工作不可避免地要独立进行,还要遵照法律的规定来实施,并且最终要获得法庭的认可。审判活动不应该是一项随意的仅靠主观意志来决定的工作,它应该建立在比个人的偏好更深层和更公正的基础上。应该看到,人本身具有局限性,但是,法庭的裁决必须是一种不受个人感情影响的裁决。这样的裁决扎根于历史深处的、为人们广泛接受的公正的价值观念之中。当法庭的裁决与联邦最高法院的判例或宗旨发生矛盾时,法庭应该极其审慎。然而,无论怎样,法庭应该作出裁决,这是法庭的不可避免的使命。

当政府行为的正当程序受到质疑或损害时,法院将面临一个基本问题:如何保持个人权利和广大群体之间的关系的必要的平衡——被法院提了出来。在限制还是宽容个人的行为时,法院必须判定一种规章、政策、法令、初级法院的裁决,或者政府针对没有履行义务的个人采取的措施是否合理和合法,判定这些规章、政策、法令、判决或措施是限制了抑或保护了个人权利。审视一些学校教育管理者损害正当程序的案例时,将会发现法院顾及的因素非常多。法院需要考虑的一个最为重要的因素是,学校管理人员的判断是否具有充分的教育意义。另外,法院要审查,学校管理者损害正当程序的行为是基于方便管理,抑或代表着既循规蹈矩又无视程序正当的管理当局的心理状态。法院的这种审查还会关注学校管理者的损害正当程序的行为是否具有破坏性,人们是否愿意接受。

对社会契约论简略的探讨可以进一步说明正当程序观念的起源。

尽管该理论早在柏拉图时就曾被讨论过，但它更为人所熟悉的哲学基础却是在几个世纪前才由关心政治的哲学家提了出来，这些哲学家中最著名的是托马斯·霍布斯（Thomas Hobbes），其代表作是《利维坦》；约翰·洛克（John Locke），其代表作是《政府论》，和让·雅克·卢梭（Jean Jacques Rousseau），其代表作是《社会契约论》。卢梭的社会契约思想抨击王权神授理论，该理论可能在讲英语的国家里是最为人们所熟悉的了。卢梭主张通过全体人民的同意而不是通过有可能成为独裁的君主的同意，来组织和管理社会。他进一步宣称个人从本性上讲拥有某些权利，这些权利包括生命、自由和财产权利。当个人自愿让出某些自然的权利，并且同意被管辖时，他们跟政府签订了能够保证这些自然权利的社会契约。按照洛克的说法，国家存在的正当理由是建立在它有能力更好地比个人单独保护这些自然权利的基础上。个人为了偿付政府保护的代价，就是减少他们具有的自然状态的自由。但是这种自由却遭到极端的限制，因为它存在于一种"法律丛林"和"权力就是正义"更可能盛行的潜在性环境里。

当今许多政治理论家认为，卢梭和其他人的最初有关社会契约论的思想已经涉及几种有关个人与政府关系的观点。这些观点包括以下理念：政府建立在全体人民同意的基础之上；人们由于认为国家能够提供给他们自己本身不可能具有的某些保护措施，而自愿让出他们自然状态下所拥有的自由，尽管人们放弃了他们在自然状态下所拥有的自由，但他们跟政府签订的社会契约包括了他们在跟政府发生相互联系时，政府要确保不会反复无常地、不合理地否定他们的生命、自由和财产权利。

这些观点对教育管理人员来说具有许多内在涵义。根据社会契约理论，学校在保护健康、安全和维护秩序时，具有不仅合法而且强制的作用。违背学校合法准则的学生可能要受到适当的惩罚。然而在保护大多数人时，学校不能对个人采取任意的、反复无常的和不合理的行为，而且当涉及到一种自由或者财产利益时，必须给学生提供正当法律程序。

② 平等的法律保护

宪法制定者主张在宪法第十四条修正案中加入平等的法律保护条款，以确保先前做过奴隶的黑人就像美国的白人一样享有同样的公民保护措施。根据这种观点，黑人(指的是条款通过时的黑奴)的公民权利不仅应得到保护，而且也应从适当的法律中获得利益。尽管最初目的是为了更有利于黑人从奴隶到自由人身份的过渡，但平等的法律保护条款一直极大地影响着美国的公共教育政策。

从教育的角度看，平等的法律保护条款代表着禁止不合理划分社会等级层次的法律基础。尽管在法律、规章和政策中某种类型的等级分类通常是必要的，但主观任意性的分类却不起作用。在公立学校中划分学生类型的方法通常建立在诸多因素上，比如性别、年龄、智力、婚姻状况、父母居住地、种族、是否怀孕、是否未婚先育、行为、考试成绩和学生所居住社区的富裕程度。法律和政策要求，为了确保平等保护法律得到实施，在预期实现的目标和所采用的分类方法之间必须存在一种合理的关系。如果联邦给予某阶层的一个人提供了一种优越条件，那么该阶层的所有人必须平等地得到这种优越条件；同样，属于某阶层的一个人如果被联邦剥夺了一种优越条件，那么该阶层的所有人必须平等地被剥夺这种优越条件。这种理念通过联邦最高法院许多年前判决的“巴比尔诉康诺利”(Barbie v. Connolly)一案被表述出来(113 U. S. 27，1885)，该案的判决认为：

> 歧视一些人同时偏袒另一些人的等级立法应当被禁止，但在执行公共目标时，等级立法如果在其适用范围内同时影响类似处境的所有人，那么该立法就应当得到承认，而宪法修正案却没有涉及这一点。

如同正当法律程序一样，平等法律保护内在的主要理念是公平；如同正当法律程序一样，是否被给予或者被剥夺平等法律保护也取决于诸多因素的平衡。这些因素包括社会的和心理的因素，稳定的教育政策，等级分类给社会带来更大利益的程度，当代风俗习惯和基于以上考虑对个人权利的保护。

法院通常采用双重测试来衡量有悖于平等保护条款的等级分类。一层是“理性基础”的测试，它是在“根本性利益”没有涉及时被采用的。根据这种测试，社会等级分类必须存在充分的可靠理由，并且所有被分类的人都必须尽可能地被一致对待。此外，原告的证据要点应该证明被怀疑的法律或者政策没有实现国家或州合法性目标的理性基础。通过使用这一级测试，联邦最高法院通常阻止违背第十四条修正案中平等保护法律条款的立法。

当涉及一种与“根本性利益”可能相悖或者涉及一种“怀疑性的等级分类”时，另一层严格检查的测试会被应用。当等级分类的法律受到怀疑时，法律的合法性的假设基础便不存在了。这种分类的例子包括种族、国籍、外国人的身份、贫穷和非婚私生。到目前为止，个人的性别不再被认为是具有任何理由的分类因素。严格检查的测试在“普莱勒诉多伊”(Plyler v. Doe，457 U. S. 202，1982)一案中被联邦最高法院讨论过。最高法院解释说，某些分类比其他另一些分类更可能反映出根深蒂固的偏见而不是反映出立法的理性。在追求某些法定的目标时，它也说明某些群体从历史上一直经历着“无政治权力性”，因此需要得到大多数群体的特别保护。在涉及争议性的分类或者根本性的权利时，联邦最高法院指出，强迫执行平等保护的命令是适当的，这就要求各州能证明它的分类是经过仔细斟酌和满足必须接受的政府公共利益。强迫实施平等法律保护的命令是适当的。尽管使用“理性基础”测试时原告需要承担出示证据的义务，但是根据该测试，出示证据的义务却由州来承担，以此表明被怀疑的法律或政策具有满足州的利益的必要性。

2. 制定法

国会已经通过了大量的法律，这给教育管理人员提供了法律渊源。这种立法机关制定的涉及教育问题的法律根据源于美国联邦宪法第一条中所谓的总福利项。国家立法最近几十年来涉及教育问题的领域包括职业教育(1963年的职业教育法)、国防(1958年的全国国防教育法)、初等和中等教育(1965年的初等和中等教育法)、公民权利(1964年的公民权利法案)、保护涉及学生的信息资料(1974年的家庭教育权利和隐私法)、性别歧视(1972年教育修正案的第九条)、伤残儿童(1973年康复法的第504节,1975年的全体残疾儿童教育法,该法1990年被更名为残疾个体保护法,1990年的残疾个体教育法案,1997年的伤残个人教育法案)、双语教学(1965年初等或中等教育法的第七条和1968年双语教学法)、对怀孕的偏见(1978年的反怀孕歧视法)。

尽管地方和联邦的教育部门有时可能不同意联邦制定法的目的及实施,但是,在受到诉讼的威胁下,在联邦资金的诱惑下,或者在中止联邦资助的威胁下,它们通常遵从有争议的联邦法律法规。

3. 判例法

判例法指的是由法院建立起来的法律原则。判例法主要建立在先前法院所作的判例的基础上,这些判例具有相似的事实情况。人们普遍认为"遵循判决先例"的原则提供了一种所有公民都会被平等对待的更大可能性,并且依据判例法,如何处理未来的类似案例,可能被预见。比如,根据"遵循判决先例"的原则,法院会支持判决先例,因而不会破坏一条固定的法律款项。需要注意的是,虽然在一般的意义上,判例法具有显著的指导作用,但法院在作出一项判决时并不会受到判例的约束。法院可能认定,正在审理的案件的事实情况跟判决先例中的事实情况并不完全相似,或者可能认定先前判例的法律或哲学的理论基础不再适用。

尤其在最近几十年来,联邦法院已经确立起了相当数量的判例法。因此,在最近半个多世纪以来,判例法在教育政策制定过程中虽不能说是具有重大意义,但也可以说是具有深远影响的力量。联邦法院的判例已经涉及到了很多问题,诸如种族隔离,州资助教育方法的公平,政教分离,师生的正当法律程序,平等的法律保护,师生自由表达的程度和师生衣着打扮标准。在以上这些领域中,由联邦法官确立的判决先例给教育官员提供了一种重要的法律渊源。令人遗憾的是,判例法并不总是完全固定不变的，在联邦地区法院和联邦上诉法院之间可能会出现相左的意见。遇到这些情况时，教育管理人员必须遵循他们所在的特定司法管辖区所确立的判例；但是他们也必须时刻保持警惕以确保能够进行上诉，或者以确保获得联邦最高法院作出撤销或修改现存判例法的行为。因此，教育官员在理解已经确立的判例法的同时，还应该能熟悉除判例法之外的其他法律领域。

尽管教育管理人员并不能总是清楚地理解诸多判例，但联邦最高法院的判决却具有充分的法律效力。一项联邦最高法院的判例产生后，只有联邦最高法院的另一项判例能够对其加以修正，或者宪法修正案能够对其加以修正。在被修正前，联邦最高法院判例的法律效力始终存在①。令人遗憾的是，联邦最高法院的有关判决并不总能被地方学校所遵守。废除种族隔离的裁决，以及有关在学校正常工作时间阅读《圣经》和诵读宗教祈祷文的判决就是主要的例子。因为联邦最高法院没有一种强制执行力量，所以它的判决要得到遵从，常常必须通过连续的法院行为才能实现，其中可以包括联邦法院发布禁止令或执行令的书面命令状的行为。

4. 行政命令和联邦检察长的意见

美国总统可以发布适用于教育的行政法规。一旦发出，它就可能成为教育人员的一种法律渊源。

美国联邦检察长可能被要求就一项教育条款提出审议其是否符合宪法的官方建议，或者提出审议一项教育条款是否符合制定法中有关教育规定的官方建议；或者被要求就一种有争议的教育实践措施提出官方意见。这样的意见可以被看作是咨询性的，并不代表一种必须服从的如同判例法一样的法律渊源。

### （二）州一级

大多数州一级法律渊源包括州的宪法、制定法、判例法、州教育委员

---

① 美国联邦宪法第三条规定，联邦最高法院具有例外的上诉管辖权，但是“这些例外情况的法规由国会制定”，由此可以认为国会的行为能够约束联邦最高法院的管辖权。

会的政策、州教育局的指令、行政机关的规章制度以及行政命令和州检察长的意见。正如先前讨论的那样，这些州一级的法律渊源不可能剥夺公民个人根据联邦宪法第十四条修正案所享有的正当法律程序或者平等的法律保护权利。

1. 州宪法

所有州的宪法都包含着要求州承担提供教育的责任的规定。尽管各州宪法术语不尽相同，但是州宪法通常包含这样的规定，即要求立法机关应该确保建立和维持一个全面的、一致的、有效率的学校体系。这种概要性的语言描述在一州内被认为是提供教育的最终权威性说法。宪法的条款可以为教育管理人员，比如说管理州教育的官员和州教育委员会的成员指明清楚的职责，并为他们判定自己的职责是否符合宪法提供指导。州宪法的条款也可以明确规定地方学校系统的设立，地方教育委员会成员的选举方法和组成数量，地方教育管理者的资格和选举，以及用于学校的地方税收的征收权限和可能制约性。通过查看各州宪法有关教育问题的条款规定，可以看出它们具有不同的描述形式，在一些州是很多原则性的表述，而在另一些州却是相当具体明确的表述。

许多州宪法也有类似于联邦宪法修正案里规定的正当法律程序和平等的法律保护条款。因此，州法院也通常被要求在与教育有关的情形当中解释这些规定。

2. 州制定法

州的制定法对于教育管理人员来说是一种具有重要意义的法律渊源。它们通常比州宪法的条款规定更为明确而详尽，并且它们的目的就是给概要性的宪法语言规定提供更为具体的法律要点，或者就是把判例法汇编起来。州制定法可以约束州政府的许多方面的行政职能，比如选举方法、任期和州一级教育官员的职责。州的制定法也可以规定地方或地区的学校体系、地方学校官员的选举方法、职责和任期以及地方教育部门的权限。

州的制定法通常涉及政府如何对公立学校的资助，涉及学校征税条款，确定学校教育征税的数额以及增加地方学校收入的幅度。通常师生比是明确规定的，这样的规定还包括某些学科的教学，义务教育法所限定的最大与最小年龄，学校授课日和学年的长度以及关于学生停学和开除的规定。

州的制定法也可以涉及一些与教学人员有关的领域，比如任期、退休、劳资双方的集体谈判或者职业问题谈判、符合授予荣誉称号条件的规定和公平雇佣的程序。与教学资格证书有关的细节也可能写进法律，尽管这是州教育委员会的政策所涉及的领域。

3. 判例法

对于在州宪法、州法律、州教育委员会政策或者地方教育部门规章中没有规定的敏感性领域，州的法院判决能够给予教育官员以极大的帮助。一个州的最高法院判决并不会成为约束另一个州的判决先例。然而，在各州裁决互相冲突的领域，某一个州的具有争议的判决，能够给另一个州的教育管理人员提供法律理论启发或者哲学原则。在这里，应该说明的是，只有涉及联邦政府的法律争议，才有引起州最高法院介入的理由。

但是，人们也会注意一些重要的例外。通常，如果学校教育管理者没有明显不合理的、任意的和专横的行为，州法院并不愿意否定现在的学校教育政策。正因为如此，在可能的情况下，原告宁可选择要求联邦法院和最高法院处理法律纠纷，而不选择到州法院打官司。

4. 州教育委员会、州最高教育长官和州教育局

州教育委员会、州最高教育长官和州教育局在各州之间的具体职能有相当大的差别。然而这些行政职务设置共同地或者分别地给教育官员提供了一种重要的法律渊源。在不同州之间，这些行政职务设置是多样化的。这种多样化通常来自于不同州的宪法或法规的规定，以及跟具体职务相联系着的个人的政治活动能力。三者之间的正式关系在州的法律法规中很少被详细地介绍。因此，在实践中，三者之间的关系通常取决于工作关系中的相关个人。有时地方一级的教育官员并不完全熟悉三者权力职能的差别。因此，三者任何之一的决策都可能会被错误地

当作是它们共同达成协议的州一级政策。

尽管各州教育委员会的职责和义务不尽相同，但它们的基本职责是制定必要的政策、规章和制度，以贯彻实施州的法律法规的要求。如果这些政策和规章与联邦宪法或州宪法的规定不冲突，这些政策、规章和制度就具有了法律效力。

各州最高教育长官的作用并不相同。该负责人领导州教育局的工作，州教育局是直接管理地方学校系统并且使州政策传达给地方学校系统的官僚机构。

5. 州检察长的意见

作为州的法律顾问，检察长可能被要求提出有关教育问题的意见。当一项州宪法或者制定法的条款并不清楚，或者当判例不能成为一件清晰的判例法案例时，州检察长的意见会对教育官员起着有用的指导作用，但是这些意见并不跟联邦法院或者管辖该州的州法院的判决具有同等的权威性。

### （三）地方一级

在地方学校系统内，教育官员最熟悉的法律渊源是地方教育委员会的政策、规章制度，以及他们所在学区的规章或制度。各州的这种法律渊源在法律表达方式，其全面性和综合性程度，以及与联邦宪法或州宪法条款、与联邦制定法或州制定法一致的程度，存在着很大的差异。在大多数情况下，地方教育官员依靠这种法律渊源的权威性来解决许多问题，比如实施体罚、勒令学生停学、搜查学生、对学校报纸或年鉴审查、审慎对待师生参加爱国性训练活动、规定社区成员对学校建筑物的使用和师生的衣着打扮标准。

## 二、美国的司法体系

在美国，由州法院和联邦法院组成了双轨司法体系。联邦法院体系建立在联邦宪法的基础上，受到国会制定法或者联邦最高法院裁决的制约。州法院体系建立在州的宪法条款或法令的基础上。

在一些情况下，州法院和联邦法院具有同时存在的司法管辖权，这为两种法院体系提供了一种独特的相互作用。具有同时存在的两种司法管辖权也为可能的诉讼当事人提供了一种法院体系选择和司法行为选择。然而，只有在那些与联邦问题相关的法律争议上，当事人一方才可以向联邦上诉法院上诉。如果没有涉及诸如宪法规定的公民权利受到剥夺之类的联邦性质问题，联邦法院不能干涉州法院的判决程序。

当两种法院体系的司法管辖权同时存在时，原告当然可以选择被认为更能同情他的所做行为和理由的司法体系。从 20 世纪 50 年代中期到 80 年代中期，由于联邦法院有着积极受理上诉案件的声誉，原告就是持着上述看法来对待联邦法院体系的。那时许多历史上曾经被提交到州法院的案件被提交到联邦法院审理。但是，后来由于联邦最高法院不再被视为能够积极受理上诉案件的机构，原告向联邦法院寻求司法支持的动力也减小了。

在大多数情况下，原告在对其所受的损害寻求救济时，必须首先穷尽所有地方和州的行政救济手段，然后才能进行法院救济。如果没有穷尽这些行政手段，原告向法院提出的起诉就会被拒绝。

学校法律里的诉讼通常涉及正当法律程序和平等法律保护的问题，而正当法律程序和平等法律保护来源于作为衡平法的民法的分支之一。但是在实施衡平法的行为中，通常不需要陪审团，法官是仅仅从属于高一级审判法院的、并提出正当法律程序或平等法律保护的惟一裁决者。有关正当法律程序和平等法律保护的衡平判决通常建立在许多变化因素的基础上，比如特定案例事实的仔细审查、判决先例、社会科学研究的成果。如果能够证明政府官员实施了随意或者反复无常的行为，那么法官判决正当法律程序或平等的法律保护受到剥夺的可能性就会增加。另一方面，如果教育人员在试图解释有争议的行为或举措时能够提供充分的教育方面的理由，那么得到法官判决给予正当法律程序或平等的法律保护的可能性就会增加。但是考虑到诸多因素的影响，比如特定的事实情境，当前的社会道德观念，对社会产生事实上的或可能的不便之处及危害，判决先例以及宪法规定的公民权利和其他权利，法官最终必须决定一种平衡，即提供给个人宪法所赋予的公民权利与满足更大群体的合法要求之间的平衡。

## （一）州法院体系

各州都有义务建立它自己的司法体系。尽管这样导致了50个独立州法院体系的建立，但是在它们之间存在着一些基本的相似点。大多数州法院体系的共同之处是具有初级审判法院和某种上诉机构形式的法院。

在大多数情况下，涉及教育问题的案件由各州适当的初级审判法院来审理。这些法院被称为审判法院、地区法院、普通申诉法院或者最高法院（仅纽约州被叫作最高法院）。这些审理大部分诉讼案件的初级法院成为大多数案件的惟一判决者。

中级上诉法院构成了许多州法院体系的第二个层次。大约有一半数量的州建立了中级上诉法院，这些法院被称为上诉法庭、高级法院的上诉庭或上诉科、最高法院的上诉裁决庭（仅纽约州）或者上诉法庭。从目前看，这些具有上诉职能的法院在州初级审判法院和州最高终审法院之间提供了一个解决纠纷的场所。跟初审法院不同的是，上诉法院并不参与事实性的裁决，而是仅仅裁决法律性的问题。不过上诉法院的裁决意见却建立在初审法院提出的书面记录的基础之上。

州的最高一级法院通常被称为最高法院或高级法院，不过它还可能被称为上诉法院、最高审判法院或者最高上诉法院。除了州法律规定的特定情况外，大多数州的最高法院很少受理初审案件。州最高法院的基本职能是审理当事人对下级州法院所作判决提起的上诉。纯粹性的州事务不可超越州最高法院进行上诉，但是若涉及到联邦性质的问题，或者涉及到州成为诉讼一方的情况就可以上诉到联邦法院或合众国最高法院。

## （二）联邦法院体系

按照宪法的原初设计，联邦司法机关作为美国政府的一个独立和分离的联邦政府系统被建立起来。随后的联邦立法为其提供了法律依据，该体系目前包括地区法院、上诉法院和合众国最高法院。当事人必须在联邦法院提出经得起法律推敲的联邦性质的诉讼问题。当涉及到教育问题时，当事人可以通过指控违背联邦法律来提起诉讼，或者通过指控违背宪法修正案，比如第一条修正案、第四条修正案、第五条修正案或第十四条修正案来提起诉讼。

### 1. 地区法院

地区法院共有 90 多个，它们在联邦法院体系当中属于初审性质的法院。每一个州至少有一个地区法院，许多州有两个到四个地区法院。每个地区法院可以分为许多区域，案件可以在这些不同区域内的不同地方被审理。

### 2. 上诉法院

上诉法院代表联邦法院体系的中间等级层次。它们的基本职能是审理联邦司法巡回区内的来自联邦地区法院的上诉。在联邦司法巡回区内，上诉法院的判决会对联邦地区法院产生约束作用。一个上诉法院的判决可以作为对另一个上诉法院具有说服力的判例，但它并不会成为使人盲目信奉的权威。上诉法院把它们的裁决建立在初级审判法院的程序和有关当事人提出的诉讼要点的基础上，当上诉法院发现地区法院以书面形式提交的案件中的事实情况不充分时，就会把该案件退回，以要求地区法院对案件提交更完备的诉讼程序。全国被分为 13 个联邦司法巡回区，其中包括 11 个按地域顺序划分的巡回区，1 个哥伦比亚特区巡回区和 1 个联邦巡回区。

### 3. 最高法院

最高法院在联邦司法体系中是最高一级层次的法院，而且对该法院所作的判决不能再进行上诉。在州或地方辖区内发生的联邦最高法院所作的有关联邦法律或实际做法的合宪性裁决，仅仅能够通过宪法修正案或者联邦最高法院在后来作出的判决加以调整或修改。联邦最高法院由包括一位首席大法官在内的九名法官组成。如同其他联邦法官一样，他们的任期是终身的，而且任内的薪水补贴不能被减少。

大多数案件通过调卷令的方式到达联邦最高法院。根据这种受理案件的方法，在低一级法院判决中败诉的当事人须向联邦最高法院提出复审案件的申请并说明联邦法院提审调卷令的理由。一个案件仅仅在获得联邦最高法院内四位法官的投票同意后才能被受理。这种“四人规则”表明，法院中至少四名法官认为该案件具有被全体法官考虑的价值。对当事人申请联邦最高法院提取调卷令的否决，使得下级法院在其司法管辖区内的判决不再受到干扰并且得以付诸实施。不过，这种否决只有在联邦高等法院形成直接陈述案件没有审理价值的书面文件时才具有强制性。

最高法院的开庭期在10月的第一个星期一开始，并且通常一直持续九个月的时间。联邦最高法院每次开庭期内的备审案件数量明显地在一直增长。最近几年，开庭期内备案数量已经达到6 000件，而在1960年的备案数为2 313件，在1945年为1 460件。尽管每次开庭期内，最高法院对备审案件的判决数量为200件到250件，但其中却仅有约一半数量的判决被给予了正式书面意见。

在最近几十年里，最高联邦法院就有关教育问题的判决对教育政策产生了深远的影响。许多具有难度的且与社会政策有关的、其他政府部门或者其他层级法院不同意或不愿意去做的裁决，一直由联邦最高法院作出，这就促使一些观察家认为，合众国最高法院可能已成为今日美国人的神谕。然而，由于在1969年到1991年所任命的法官彼此具有的不同司法裁决哲学，因而，在最近几年，这些法官已经使得联邦最高法院很少倾向于影响社会变化，因此人们所理解的联邦最高法院的作用就有些受到削弱。

一些教育管理人员一直怀疑联邦最高法院对合宪性问题裁决的权威性。尽管联邦最高法院的这种司法审查权没有在联邦宪法中得到明示，但许多学者都同意当初的联邦宪法制定者正是期望由联邦最高法院来承担这种司法审查权的。这种理念由亚历山大·汉密尔顿(Alexander Hamilton)在《联邦党人文集》第七十八篇中提出：

> ……法院应被设计为一种介于人民和立法机关之间的中介组织……使后者接受约束，只能在它们被赋予的权限之内工作。对法律进行解释应该是法院正当的和专有的职责。……因此应该由法院来确定法律的定义，以及解释来自于立法机关任何特定法规的意义……

联邦最高法院作为解释联邦宪法最终权威的角色，是由“马伯里诉麦迪逊”(Marbury v. Madison, 1 Cranch 137, 1803)一案中具有里程碑意义的判决所确定的，而且从那时起，该判例就一直被应用在司法复审当中。

# 第二章　学校与政府

公共教育由政府部门提供，并从公民那里获得丰富的资源，而大多数人在较长的时间内享受的也是公共教育。我们处于民主社会中，这样的社会允许我们详细地考察这种公共机构，真实地了解学校教育的消费者与学校管理者之间就公立学校政策经常发生的争执。本章的目的是在公民对某些教育政策表示异议时，帮助读者明确州和地方当局的权限。这些教育政策包括强迫入学问题、学校里的宗教问题、非授课时间学校设施的使用问题、对非公立学校的资助问题、学费和健康服务等问题。在处理这些诉讼案时，许多法院判决的主要原则是试图建立一种平衡，即个人对教育政策的要求和异议与教育管理者所意识到的其负担着大多数人的教育责任之间的平衡。

## 一、义务教育

### （一）教会学校、私立学校和家庭学校的入学问题

美国各州都有某种形式的教育法，这些法律一般规定，处于一定年龄阶段的儿童必须接受公立、私立或家庭教育，不遵守这项规定就会受到处罚。对强迫入学问题，法律上争论的重点是州在确保学生接受合适

教育时的利益，与家长决定其子女何时何地入学的权利之间的平衡。

在皮尔斯诉姐妹会(Pierce v. Society of Sisters)一案中，联邦最高法院对义务教育的入学问题作出重要判决，也确立了教会学校和私立学校在满足学生接受学校教育需要方面所起的作用。

## 皮尔斯诉姐妹会(Pierce v. Society of Sisters)
## 联邦最高法院，1925
## 268 U.S. 510

麦克雷诺兹(McReynolds)法官发表了法院的观点：

判决书上的裁决是根据不可否认的指控而作出的，这些判决承认初审结果限制了上诉人试图执行义务教育法案的行为，这一法案是俄亥俄州选民于1922年11月7日根据州宪法的基本条款投票通过的。这个受到质疑的法案于1926年9月1日生效，该法案要求8—16岁儿童的父母、监护人或有权照顾该儿童的其他人要把该儿童送到公立学校接受一段时间的公立教育，而这些公立学校是近年来在该儿童居住区建立的。如果不这样做，将被认定违反法律。该法案最明显的目的是强迫全体儿童进入公立学校学习，这些公立学校是为8—16岁之间的未完成八年教育的正常儿童设立的。毫无疑问，该法案的实施将严重损害甚至可能是破坏被告的事业，并将大大降低他们资产的收益。

被告人姐妹会是于1880年成立的一家俄亥俄州公司，该公司有权照顾孤儿，教育并指导年轻人，建立并经营私立学校或培训学校，并可获得必要的资产。它长期投资并致力于世俗教育、宗教教育及照顾儿童，在许多家长中已形成良好的信誉。它建立了一贯制的小学、中学及初级学院，并且资助孤儿院照顾8—16岁的儿童。在小学里，年龄介于8—16岁的儿童学习的科目在俄亥俄州的初级八年教育里通常均有设置；并且定期提供以罗马天主教教义为基础的宗教教育和道德训练。与世俗及宗教教育有关的所有学习课程都是在被告的管理下持续进行的。小学是整个教育体系中必不可少的一部分，也是赢利最多的一部分。它拥有许多有价值的建筑，这些建筑是特别为学校教育建造的，并且配有教学设施。这个公司是营利性的——每年来自小学的收入超过 30 000 美元。学校与教师和家长签订长期合同。而 1922 年的义务教育法案已经导致一些本应继续其合同的儿童取消了与学校的合同，因此被告的收入逐渐下降。而上诉人——公共教育官员则声称他们的目的是实施该义务教育法。

陈述上述事实后，在姐妹会一案的判决中，法院认为该项法令侵犯了父母为其子女选择合适的道德及宗教训练的权利，侵犯了父母为孩子选择学校的权利，侵犯了学校及其教师从事有益的商业活动的权利。因此，该法案与宪法相矛盾而无效。而且除非停止执行该法案，该公司的业务及资产将会受到无法挽回的损害。

被告人——希尔(Hill)私立军事学校是 1908 年根据俄亥俄州的法律成立的一家私人公司。它以营利为目的，负责经营并管理一个初级学院，为年龄在 8—21 岁之间的男孩提供预备的军事化学校教育。它拥有相当多的资金及不动产，其中一些比较有价值的仅用于学校教育。其业务及其附带的良好的信誉是非常有价值的。为了长期开展其业务，公司必须与供应商、设备商、教师和学生签订合同。上诉人——州政府的司法官员公开宣称，1922 年 11 月 7 日通过的法案是有效的，并且声称他们的主要目的是执行这个法案。由于颁布该法案及实施该法案而造成的威胁，使被告的业务受到损害，资产贬值。学生家长及监护人拒绝为他们子女的未来教育签订合同，并且撤销一部分已签合同。

希尔私立军事学校一案的判决陈述了上述事实，并且声称这个备受质疑的法案侵犯了宪法第四条修正案赋予该公司的权利。如果不限制上诉人宣布法案的合法性，不阻止上诉人实施这一法案，将会产生无法挽回的伤害，因此恳求实施适当的禁止令。

这两个诉讼案均未进行抗辩，经过公告后，三名法官根据具体宣称的事实，对申请禁止令的要求进行听证。法院裁决第四条修正案保护被告的资产未经正当法律程序不得被剥夺。上诉人干涉赞助者目前及将来的选择自由是非法行为。法院裁决宣称管理学校的权利也属于被告的财产权，同时它也指出家长及监护人有权利为其子女的教育选择具有良好声誉的教师及学校，而且这些学校并非不适合或者对公众有害。实施这一备受质疑的法案将会非法剥夺对被告的资助而导致被告的业务及资产受损。最终实施这一法案将会继续产生无法挽回的伤害。从内容上可以看出，上述判决并非是草率的。

毫无疑问，政府有权对所有的学校进行合理的管理；有权对学校及其教师和学生进行视察、监督和考核；有权要求所有的适龄儿童进入学校学习；有权要求这些学校的教师具有良好的道德品质和爱国情操；要求使学生清楚地明白成为一个好公民所必备的责任和义务，并让学生学会不做有损公共利益的事情。

实施这一法案将会产生的不可避免的后果，会损害被告所拥有的小学的利益，而且也有可能损害到俄亥俄州所有其他的为正常儿童提供教育的私立小学的利益。这些学校从事的事业不仅从本质上看是无害的，而且从长期来看也是有效和值得鼓励的。当然，目前也没有记录显示他们拒绝履行其对赞助人、学生或州政府承诺的义务。

我们认为，十分明显，1922 年法案不合理地干涉了家长及监护人对其子女进行教养及教育的自由。到目前为止可以指出的是，任何与国家的全部目标没有合理关系的法律都不能剥夺宪法所给予公民的权利。在这个联邦内，各州所信奉的基本自由理念均不赞同州政府对儿童实施的要求，强迫他们只接受公立学校的教师的指导。儿童不是政府的工具，那些养育他们、指引他们命运的人有权利也有责任为他们承担额外的义务。

如律师所指出的那样，一般说来，在商业活动中，即使在私人机构被取消赞助的时候，也没有人会为了潜在顾客的利益而去反对州政府行使正当的权力。但是这里发布的强制令并不反对政府行使其正当权力。上诉人（即被告）请求制止对其赞助人及对其业务和资产分配的专横无理和非法的干涉。他们的要求清楚而且直接。

这次诉讼不是盲目进行的。被告人（即上诉人）所受的损害是真实存在的，并不是存在于将来的一种可能性。如果在法案实施之前不能意识到这一点，那么这种损害将无法挽回。众所周知，衡平法庭的功能就是阻止非法行为可能产生的损害。

## 解释与分析

本案中的初审原告之一皮尔斯是俄亥俄州州长。在皮尔斯一案中，法院的判决显露出这种倾向了吗？——即支持学生父母选择多元的教育体系，而不允许州政府垄断教育。

在皮尔斯一案中备受质疑的俄亥俄州教育法案，起初是由三K党(the Ku Klux Klan)成员和俄亥俄州的苏格兰基督教共济会(Scottish Rite Masons)成员提出的。第一次世界大战之后，部分美国人相信他们的孩子在美国精神的教育下将会彻底地社会化。因此，这些人产生了一种排外思想。该法案的提出就是一个征兆。在那个时代，有一些三K党成员反对外国移民和天主教徒。这种强烈的反感促使他们发出宣言："不管用什么方法，都必须使这些杂种人美国化；如果失败的话，惟一的补救措施就是把他们驱逐出境。"他们试图把天主教徒描述为由教皇(Pope)控制的一个组织的成员。该组织中的教皇是外国人，他们在秘密进行的祈祷仪式中使用外国语。

最高法院在皮尔斯一案中的判决仅适用于实施受质疑的俄亥俄州的义务教育法实施过程中所引发的诉讼案，它不会自动地对其他州的相似的法律产生影响。个别州会采取立法措施撤销本州内与其相似的法令，因为如果不采取这种立法措施的话，将会产生一些诉讼纠纷，以寻求获得与皮尔斯一案相一致的基本原则。有了皮尔斯案的判决先例，毫无疑问，这些诉讼将会成功。

一个阿门派(或称阿米希教派，17世纪成立的教规严格的基督教新教门诺派教会中的一派)组织对威斯康星州的强制入学法提出异议，该法案要求儿童在16岁之前要进入公立或私立中学学习。阿门派教徒不希望他们的孩子在接受八年的教育后，继续接受公立或私立中学提供的教育。因为他们认为这些学校的教育是“世俗化”的。最高法院的判决在几个基本问题上支持阿门派的立场。法院认为，执行这项州法令，即使不破坏也将严重损害阿门派教徒的宗教信仰的自由行使权。此外，法院的判决受到诸多因素的影响，不仅是该组织有将近 300 年的历史，而且是因为法院意识到虽然可能是个别的，但是阿门派已经证明自己是一个获得巨大成功的组织，它的成员拥有富裕的资产，遵守法律，并且愿意接受任何的一般现代方式的福利[见威斯康星州诉约德(Wisconsin v. Yoder, 406 U. S. 205,1972)案]。如果对强迫入学法提出质疑的是三 K 党而不是阿门派，法院的解释能成功吗？在这个诉讼案中，学生有发言权吗？对约德一案的判决，道格拉斯(Douglas)法官提出部分异议，他认为学生应该有发言权。

一些五旬节派教徒(Pentecostal)反对将其子女送到公立学校，但是他们没有获得法院的支持。法院认为在强迫入学方面，州利益优于家长帮助子女避免可能面临的奇装异服、世俗的过度享乐和不恰当的医疗护理等方面的利益[见杜罗诉北卡罗来纳州第二司法巡回区代理人，Duro v. District Attorney, Second Judicial District of North Carolina, 712 F. 2d 96, 4th Cir. 1983, cert. denied(拒绝调卷令),465 U. S. 1006,1984]。一些家长因为公立学校不教授印度文化及传统，而拒绝将其子女送入公立学校读书，他们也没有得到法院的支持(见麦克米伦案卷，Matter of McMillan, 30 N. C. App. 235,226 S. E. 2d 693,1976)。

你所在州的强迫入学法的条款是什么呢？

### (二) 非公立学校的管理

在皮尔斯一案确立私立学校能够满足州的强迫入学需求的原则后，就产生了一个问题，即政府能够在多大程度上依据其权限管理私立学校。在对皮尔斯一案作出判决的一年后，联邦最高法院在法林顿诉土库石杰(Farrington v. Tokushige,273 U. S. 284,1926)一案中解决了这个问题。

法林顿一案起于政府试图用美国精神来同化学生。在这个案件中，夏威夷州政府试图运用法规规范在岛上占据优势的日本语学校。这些引起异议的法规要求这些学校的教师拥有“民主理念”，熟悉美国历史，并且会说流畅的英语。此外，他们还对这些学校的作息时间、入学标准及教科书作了详细规定。法院认为这些法令并没有为公众的利益提供重要的服务；相反地，相当于执行一个有预谋地加强政府控制的计划，而这个计划侵犯了家长和学校所有人的利益。皮尔斯和法林顿这两个案子都反映了一种哲学观：家长有权为其子女选择自由的教育，而如果允许当时许多人所担心的事情发生，会对家长选择教育的自由产生破坏作用。这些判决确立了一个原则，就是在维护美国公民权利的过程中要容纳公民的多样性。

各州对私立学校的管理是不同的。一些州要求私立学校提供的教育质量要与公立学校的基本相当。这可能包括要求教师持有证书和要求开设某种课程。其他州仅仅制定法令以处理基本的安全和环境卫生问题。因为政府的义务教育法规定学生可以进入私立学校学习，所以要求私立学校提供学生入学的有关情况是政府履行其职责的合法要求。

近年来，法院逐渐关注政府对教会私立学校的管理。在这些诉讼案中，私立学校常常声称宪法第一条修正案赋予他们的宗教自由权正受到限制。法院往往通过制定最低限度的教育计划和要求教师具有大学学士学位等措施来驳斥这些质疑[见内布拉斯加诉费思浸信会教堂(Nebraska v. Faith Baptist Church, 301 N. W. 2d 571, Neb. 1981, appeal dismissed, 454 U. S. 803,1981)案(注：N. W. = northwest)，班戈浸信会教堂诉缅因州(Bangor Baptist Church v. Maine, 549 F. Supp. 1208, Me. 1982)案，北达科他州诉谢弗(North Dakota v. Shaver, 294 N. W. 2d 883, N. D. 1981)案，以及北达科他州诉里维尼斯(North Dakota v. Rivinius, 328 N. W. 2d 220, N. D. 1982, cert. denied, 460 U. S. 1070,1983)案。也可参考新生活浸信会教堂诉东长草甸镇(New Life Baptist Church Academy v. Town of East Long Meadow, 885 F. 2d 940, 1st Cir. 1989, cert. denied, 494 U. S. 1066, 1990)案]。在该诉讼案中，马萨诸塞州的一项法律要求地方教育委员会

按照入学率“批准”私立学校办学。法院解释说，该法令符合该州的强迫入学法。尽管教会私立学校认为为了获取许可，而把教会教育事业屈从于世俗的权威在宗教上是一种罪过，法院还是支持教育委员会的做法，比如收集书面资料、审查教师的学位证书，并通过参观学校来评价教学质量等。私立学校却更喜欢自愿的标准化学生测试。法院宣称政府在确保该州儿童接受适当的世俗教育方面施加的“强制性”影响，并不违反第一条修正案中的自由行使权条款或宗教条款。你所在州对私立学校的管理是怎样的？除了翻阅法院的判决外，你也可以参考所在州的州宪法、法令、州教育委员会的政策以及律师的个人观点。

### (三) 家庭教育

家长出于对公立和私立学校的不满，已逐渐选择在家教育他们的子女。这导致接受家庭教育学生的数量明显增加。目前，接受家庭教育的学生据估计超过 150 万，并且每年以大约 12%的增长率增加。尽管各州均裁定这种行为合法，但是各州的法律条文却有很大不同。具有统一的家庭教育法律的那些州可能会作出下列要求：家庭教育计划要基本上具有与公立学校相当的水平；学生要参加标准化测试或其他形式的评估，并达到最低要求；达到一年最低学时，服从课程计划，满足最少课程科目要求；并对家长的最低学术水平作出要求。当地方教育当局和教育执法官员对家长的行为提出异议时，从事家庭教育的家长一般会因为没有正确遵守州的义务教育法而产生违法行为。早期反对家庭教育的诉讼案认为家庭教育与公立学校提供的教育是不相等的。在早期新泽西州诉玛萨(New Jersey v. Massa，231 A. 2d 252，N. J. Super. Ct. 1967)案一案的判决中，法院相信在学校之外的地方提供相当的教育仅需展现相当的学术水平就行了，与社会缺乏接触并不影响家庭教育的质量。

大致上在多数情况下，法院认同符合一定标准的家庭教育的合宪性，这类家庭教育标准包括要求家长具有教师资格证书。弗吉尼亚州的某法院支持该州的一项强迫入学法案，该法案要求家庭学校的教师必须具有助教或教师资格，但是对私立学校的教师不作相同的资格限制[见格里格诉弗吉尼亚州(Grigg v. Virginia, 297 S. E. 2d 799, Va. 1982)案]。

密歇根州的一项法令也获得相似的支持，该法令要求家庭学校的教师要符合教师资格要求[见皮普尔诉贝内特(People v. Bennett, 501 N. W. 2d 106, Mich. 1993)案和克罗拉诺公司诉州教育委员会(Clonlara Inc. v. State Board of Education, 501 N. W. 2d 88, Mich. 1993)案]。然而，学区要求从事家庭教育的家长要获得教师资格证书，有些家长因宗教原因拒绝接受，密歇根州最高法院也不支持这项要求。

在纳尔诉教育部(Null v. Board of Education, 815 F. Supp. 937, W. VA. 1993)一案中，某联邦地区法院支持一项法案，该法案规定，如果接受家庭教育的儿童的标准测验成绩低于满分的40%，而且经过家庭补习后，仍不能有所提高的话，该儿童就不适合继续接受家庭教育。法院认为这项立法具有合理的根据，并且既不损害家长的一般自由权利，也不侵犯他们的平等保护权。在布鲁内尔诉林恩公立学校(Brunelle v. Lynn Public Schools, 702 N. E. 2d 1182, Mass. 1998)一案中，马萨诸塞州最高法院认为，学区规定家庭教育要获得批准，就得接受地方教育行政官员的家庭巡视是无效的。法院解释说，家庭巡视对政府的教育利益来说并不是必不可少的，而且也不能把其强行作为批准家长进行家庭教育计划的条件。在这项判决中，法院指出教育官员已经检查了家庭教育计划，并对家长的教育资格、课程内容、使用的教育资料、用于教育的时间和学生评估计划等表示了满意。

基于宗教因素拒绝遵守义务教育法，在曼森诉北贾德森-桑・皮埃尔教育公司(Mazanec v. North Judson-San Pierre School Corporation, 798 F. 2d 230, 7th Cir. 1987)一案中并未得到支持。政府要求家庭教育进行报告的规定在州政府诉里韦拉(State v. Rivera, 407 N. W. 2d 878, Iowa, 1993)一案中也得到支持，报告的内容包括提供课程大纲、每周的授课计划，并且要求提供用于教学的总课时。这些要求受到州的家长自由行使教育权利原则的质疑。尽管家长抱怨政府对课程提出的要求，将产生无神论、异教信仰及进化论，并且由于诸如复活节小兔子和圣诞老人之类的世俗人物而降低了基督教节日的重要性；但是马里兰州一项涉及州对家庭教育进行监控的法律还是获得支持。法院对此解释说，该法令没有违背自由行使教育权利的条款，因为它是适用于所有的儿童，并且不要求改变家长的宗教信仰[见巴特尔一家诉安尼县教育委员会(Battles v. Anne Arudel County Board of Education，904 F. Supp. 471，Md. 1995，aff'd，95F. 3d 41，4th Cir. 1996)案]。

最初，家庭教育是在一些保守的基督教家庭里进行的。除了读、写、算以外，他们还关心孩子的道德教育。经过数年，家庭教育也逐渐地被那些不满意公立学校教育效果的家长所接受。近年来，一些受这种思想影响较小的家长试图利用一些他们认为对孩子的成功有益的公立学校资源。例如，这些家长希望他们的孩子学习先进的数学及自然科学方面的课程、外语、音乐或艺术；另外一些家长希望他们的孩子参加一些课外活动，比如体育运动或其他的课外活动。迄今为止，法院未对接受家庭教育的学生参加课外活动或上课的想法表示赞同。在斯旺森诉格思里独立学区(Swanson v. Guthrie Independent School District No. I-1，135 F. 3d 694，10th Cir. 1998)一案中，法院支持学区的全时入学政策，该政策不允许接受家庭教育的学生在部分时间(part-time)进入公立学校学习。法院不认为这项政策对家庭的宗教信仰或行为产生意外的影响；并且声明这项政策并未让接受家庭教育的儿童放弃他们的宗教信仰，也不是强迫他们做一些与他们的宗教信仰相反的事。因为接受部分时间学校教育的学生没有资格享有政府的财政补助，教育委员会害怕这些学生的入学将会成为一种先例，即允许其他的接受家庭教育的孩子入学。同时，在没有相应的政府财政补助增加的情况下，私立学校的学生也会基于同样的理由，要求使用公立学校的设施。

因为家庭教育的拥护者没有获得法院的支持，所以他们把注意力放到州立法机关上。因此，包括俄亥俄州、佛罗里达州和爱达荷州在内的几个州已经通过法令，为接受家庭教育的学生设立了一些资格标准，允许符合资格的学生使用公立学校的教育资源。尽管各州法令在某些方面不同，但是一般的限定资格都包括：学生在标准化测试中所获得的分数，是否服从对一般登记入学学生的要求，是否符合参加活动学生的行为及执行标准。另外一些州也有一些不同的规定，如缅因州颁布的法令规定，只要地方教育部门同意，就允许学生参加公立学校的活动。

你所在州或地方教育行政部门为那些不愿接受公立教育或私立教育的学生制定相关的家庭教育条款了吗？接受家庭教育的学生可以利用部分时间上课或参加课外活动吗？

### （四）入学许可问题

强迫入学法律通常会规定必须接受正式教育的最小年龄。但是当孩子的生日与指定的日期只有几天或者可能只有几周的差距时，可能会产生一些争执；或者在家长认为以其子女的情感或智力水平可以凭较小的年龄接受学校教育时，也会产生争执。

西弗吉尼亚州最高上诉法院（Supreme Court of Appeals）对这个问题进行了裁决。尽管州法令把学生在9月1日之前达到5岁作为入学的先决条件，但是，法院认为一位生日在9月3日之后的智力成熟的儿童也应获准入学。法院解释说，州立法机关的目的是使教育委员会采取灵活的政策来减轻不利情况下的负担，该政策与他们自由支配资源的政策一致[见布莱辛诉梅森教育委员会（Blessing v. Mason Country Board of Education, 341 S. E. 2d 407, W. Va, 1985）案]。如果州法律或者宪法条款没有对入学年龄作出规定，地方教育委员会有权自己作出规定[见兹韦费尔诉联合学区（Zweifel v. Joint District No. 1,251 N. W. 2d 822, Wis. 1977）案]。

联邦最高法院在普莱勒诉多伊一案中，对非法移民进入公立学校就读问题作出解释。法院以5∶4的判决，认为地方学区既不能扣除这些儿童的教育基金，也不能拒绝这些非法移民儿童的入学。这项判决强调了公共教育在维持基本文明制度方面的重要性，也强调了剥夺儿童的受教育权对其一生的深远影响。

1994 年加利福尼亚州的一项动议案条款(187 号提案)试图把非法移民儿童或那些自身是公民但其父母是非法移民的儿童排除在公立中小学之外,这项提案因为与普莱勒(Plyler)一案以及最高法院的其他判决相矛盾而被否决。另外一项动议案要求核查学生和家长现在及未来的移民状况,把可疑状况告知本人,并把这些信息报告给州和联邦官员。这项提案因为违反联邦法案也被否决[见美国拉丁公民诉威尔逊(League of United Latin American Citizens v. Wilson, 908 F. Supp. 755, Cal. 1995;997 F. Supp. 1244, Cal. 1997)案]。此外,为了与 1995 年的判决一致,以后的判决依据 1996 年颁布的《个人责任与工作机会一致法案》(Personal Responsibility and Work Opportunity Reconciliation Act, PRA)认为 187 号提案无效。PRA 法案限制外国人充分享有所有的公共福利,并且宣称州政府无权对外国人的福利进行立法。然而,PRA 法案没有否认外国人拥有接受公立中小学教育的权利。

你所在州或地方教育部门有关于入学最低年龄的规定吗?如果有的话,有关于提前入学或从其他州转学的条款吗?

## 二、学校里的宗教问题

尽管联邦最高法院及其下级法院的判决在宗教教育方面已达成一致意见,他们均声称在正规的公立学校教学时间内阅读《圣经》或在学校举行祈祷活动是违宪的;但是这类问题和涉及在公立学校进行宗教活动的其他诉讼案仍具有很高的起诉率。因此一股持续的诉讼潮流逐渐形成,该潮流把焦点放在宗教与政府的关系上。

宪法的创始者尽力确保宗教与政府分离,在宪法第一条修正案中作出如下声明:“国会既不能制定任何确立宗教的法律,也不能制定任何法律干涉公民的宗教信仰自由。”根据这些规定,法院必须裁决下列在公立学校正常的教学时间里开展的活动的合宪性,这些活动包括祈祷和《圣经》阅读活动,在毕业典礼或足球比赛时的祈祷活动,在大学毕业典礼上进行的宗教仪式，允许成立研究《圣经》或其他宗教的俱乐部，分发《圣经》或其他具有宗教内容的小册子，庆祝宗教节日的活动等。法院不是要在宗教和政府之间建立一堵固若金汤的高墙来完全限制政府与宗教的联系，相反地，对法院的有关判决开展的一项调查显示：贯穿在这些判决中的主要精神是，法院试图在真实的情况下，在宗教和政府之间建立一道具有合适高度的分隔墙。

### （一）学校主持的祈祷仪式和阅读《圣经》活动

联邦最高法院在 20 世纪 60 年代作出的两项判决，明显地建立了适用于公立学校中的祈祷和阅读《圣经》问题的判决原则。在恩格尔诉瓦伊塔尔（Engel v. Vitale）一案中，法院持反对意见，认为学校每天上课之前，在教师在场的情况下，朗诵由纽约州学监委员会制定的祈祷文的行为是违宪的，违反了宪法已经确立的条款（the Establishment Clause）①。

在阿宾顿镇学区诉申普（School District of Abington Township v. Schempp）一案中，以多数赞成、三人中立、一人反对通过了一项长达 11 页的判决。法院认为，在公立学校的正常教学时间内出于宗教目的阅读《圣经》及朗诵主祷文（天主经，the Lord's Prayer）是违宪的。然而法院也指出《圣经》可以作为文学作品在特定的课堂上阅读，可以教授宗教历史或比较宗教学。

1. 政府制定的祈祷文的诵读问题

**恩格尔诉维塔莱（Engel v. Vitale）**

**联邦最高法院，1962**

**370 U.S. 421**

布莱克（Black）法官发表了法院的观点：

---

① 注：该条款禁止制定和确立国家宗教。

被告是纽约州新海德镇第九联合自由学区教育委员会(Board of Education of Union Free School District No. 9, New Hyde Park, New York),它根据州法律行使其行政职能,管理学区的资产。它规定,每天上课之前在教师在场的情况下,各个班级都要大声诵读以下祷文:"万能的上帝啊,我们承认我们依靠于您,我们乞求您保佑我们、我们的父母、老师和国家。"

这个每天都举行的仪式是州学监委员会建议并正式通过的。该委员会是根据州宪法建立的政府机关,纽约州议会授予该委员会对州公立学校系统的监督权、行政权和立法权。这些政府官员制定了祈祷文,并把该祈祷文作为他们声称的"学校道德和精神训练"的一部分,准予出版。他们宣称:"我们相信这项训练将有助于所有的学生形成良好的声誉,我们号召所有人把一生都贡献给这项计划。"

在学区采用学监委员会制定的祈祷文不久,就有十位家长把这项活动告到纽约州法院。他们强调,在公立学校吟诵官方制定的祷词,与他们及其子女的信念、宗教信仰或宗教习惯均相反。除此之外,这些家长还对州法令及学区规章提出质疑。在这些规定中,州法令委托学区指导公立学校使用祈祷文,因此,学区发布命令,要求在公立学校中朗诵这种特殊的祈祷文。家长提出质疑的依据是政府部门的这些行为违反了联邦宪法第一条修正案中的"国会不能制定任何确立宗教的法律"条款——该条款根据宪法的第十四条修正案而适用于纽约州。纽约州上诉法院(the Court of Appeals of New York)维持州下级法院的决议,该决议认为纽约州有权在其公立学校的每日活动中使用学监会制定的祈祷文。前提是学校在家长反对的情况下不能强迫学生参加祷告。我们发出调卷令对这一涉及第一、第十四条修正案所保护的权利的判决进行复审。

纽约州政府通过其公共教育部门支持诵读学监会制定的祈祷文,我们认为这一行为与宪法条款完全不一致。因此,毫无疑问地,学区将纽约州学校里的每日祈祷活动的内容限定为学监会制定的祈祷文是一种宗教活动。这种行为公开宣称宗教信仰及乞求上帝的赐福。这种祈祷文具有宗教性，被告没有否认这一点，显然，初审法院也这样认为。

除此之外，原告还认为要求使用或允许使用学监会所制定的祈祷文的州法令违反了宪法条款，必须被取消。因为该祈祷文是政府为了更进一步的宗教目的而把其作为政治纲领的一部分而制定的。因为这个原因，原告提出政府在公共教育系统内使用学监会制定的祈祷文破坏了宪法中的宗教与政治分离的原则。我们对此看法表示认同。因为，我们认为宪法中的禁止条款反对确立宗教的法律，这一条款至少说明在这个国家，任何美国人民团体在政府主持的宗教仪式上使用的祷词都不能由政府制定。

从历史上看，许多早期的殖民主义者离开英格兰来美洲寻求宗教自由的原因之一，就是政府为了宗教目的而认可政府制定的祷词。英国国教祈祷书(the Book of Common Prayer)是在政府的指导下制定的，并于1548年和1549年通过英国议会的立法成为法律。英国国教是受税收支持的，该祈祷书陈述了其使用的祷文的公认形式和内容，以及其他的与宗教仪式有关的细节。因为英国国教祈祷文的公开形式随着当时掌权的特权统治者的观念而发生改变，所以人们对国教祈祷书及其内容产生了许多争执。这些不断出现的争执危害了国家的和平。代表各种不同宗教观点的强权集团互相斗争，把它们的个人观点强加给政府，使修改后的国教祈祷书更适合它们各自的宗教信仰，并建立宗教服务机构，促使政府的宗教制度能够推行它们各自的宗教理念。而另外一些团体没有足够的政治权力在这个问题上对政府施加影响，就决定离开英国及其国教，到美洲寻求自由，远离英国政府任命并支持的宗教教会。

一个不幸的历史事实是，这些不屈不挠地反抗英国国教统治的人发现他们完全处在殖民地政府的控制之下。在这个国家，殖民统治者把他们自己的祈祷文写进法律，通过法案把他们的宗教信仰列为其所在殖民地的官方信仰。事实上，一直到美国独立战争那么晚的时候，在13个前殖民地里至少有8个拥有官方宗教，而其余的5个殖民地里至少有4个具有官方承认的宗教信仰。在反对英国政治统治革命成功后不久，美国人民就通过立法行为来强烈反对建立官方宗教。

我们的历史显示，在制定宪法时，大多数美国人意识到政教合一的危险性，其中一部分人有着辛酸的个人经历。他们知道，对个人选择礼拜方式的自由权造成最大威胁的是，政府用行政指定一种特定方式的祈祷文或者指定一个特定的宗教机构。他们知道，当一些积极的宗教集团为了从那些暂时获得政权的每一任国王、王后或摄政王那里获得政府的指定权而互相斗争时，就会带来痛苦、穷困和辛酸的斗争生活。宪法为了避免发生这种危险，把管理国家的权力交给人民，而不是交给任何一位君主。但是只有这种保护是不够的，我们的开国者既不愿意让选票影响公民的祷词的内容，进而影响公民的可以随时进行祈祷的基本权利；也不愿意把这个关系到个人道德的重要事情依靠于君主的传承。因此他们在宪法中附加了第一条修正案作为保证，确保无论是政治权力，还是联邦政府的威信都不能用来控制、支持或影响美国人民所朗诵的各种祈祷文。也就是说，每次因选举而有新的政治集团上台执政时，人民的宗教信仰不会屈服于政府的压力。如同修正案第十四条所强调的，在修正案禁止政府确立宗教条款的限制下，这个国家的政府部门，无论是州还是联邦，都无权通过立法制定任何特定形式的祈祷文，并把该祈祷文作为官方祷词用于政府主持的宗教仪式。

毫无疑问，纽约州政府的祷词计划把学监委员会制定的祈祷文作为具体形式，通过官方确立了宗教信仰。然而相反地，被告的辩护主要依据以下观点。他们认为，学监委员会的祷词是“非宗教的”，经过州法院的修订与同意，实际上该计划不要求所有的学生朗诵该祈祷文，而允许那些不愿朗诵的学生保持沉默或退出房间。但是被告的辩护忽略了一个本质问题，该计划在宪法上具有缺陷。该祈祷文保持中立和学生可以自愿参加祈祷仪式的事实，都不能使该计划免受宪法条款的约束。

这项计划不仅受第一条修正案的自由行使权利条款约束，同时也是第十四修正案否定的。尽管这两个修正案可能在某些诉讼案中有重复的地方，但是它们禁止的是两种十分不同的政府侵犯宗教自由的行为。与第一条修正案不同，第十四条修正案不依靠任何直接的政府强制形式。只有允许官方宗教的法律颁布时，才违反了第十四条修正案；如果政府直接以法律手段压制不遵守官方宗教法律的个人，第十四修正案并不直接加以规范。当然，这不是说，关于政府规定某种特定宗教礼拜形式的法律不会对这些人进行高压统治。很明显地，在某种特定宗教信仰后面，隐藏着政府的权力、势力和财政支持时，就会产生一些直接的高压政策；这些高压政策促使持少数意见的宗教分子遵守经过官方许可而得以盛行的宗教。但是，制定第十四条修正案的原因比这深远得多。它首要的、最直接的原因是基于这样一种信念：政教合一往往会损害政府的利益，并降低宗教的名誉。无论在英国，还是在本国，政府确立国教的历史均表明，政府何时与某一特定形式的宗教结成联盟，何时就不可避免地招致那些持相反信仰的人的厌恶、蔑视甚至仇恨。同样的历史也表明，当任何宗教依靠政府来传播其宗教教义时，会失去很多人的尊重。因此，第十四条修正案中的内容代表了美国宪法的创始者要表达的一种基本信念：宗教是个人的、神圣的、不可侵犯的，不能因非宗教人员的推行而导致其“邪恶堕落”。制定第十四条修正案的另一个原因是人们意识到一种历史事实：官方制定国教和宗教迫害常常联系在一起。开国者知道，仅仅在英国国教祈祷书成为英国国教的宗教活动惟一的公开形式的几年后，就通过了同一法案，强迫所有的英国人加入这些宗教组织，并判定组织或参加其他形式的宗教集会是犯法的。这项法案受到英国的非国教宗教组织的一致反对。该法案还导致大范围的迫害，例如约翰·班扬(John Bunyan)，他固执地宣称“这种非法的(宗教)集会……对这个国家的臣民造成很大程度上的妨碍和扰乱”。开国者还知道，在本国的几个殖民地确立官方宗教后不久，就出现了宗教迫害现象，而且没有受到当时当地法律的抵制。为了完全避免这种有组织的宗教迫害，我们的开国者建立了我们的国家，制定了宪法和权利法案，禁止任何形式的官方宗教。纽约州政府制定学监委员会的祈祷，与国家宪法的目的及内容是不一致的。

宪法规定:在公立学校建立官方宗教机关的任何政府行为或法律都是不允许的。有些人说这种做法表明了对宗教或祈祷仪式的敌视。当然,没有比这种想法更错误的了。人类的历史和宗教的历史是不可分割的。可能这样说也不为过:从有人类历史开始,许多人就虔诚地相信"上帝对事情的影响程度比世人想象的要大得多"。毫无疑问,意识到这一点的人们逐渐形成一种情绪,这种情绪促使他们远离政教合一与宗教的迫害来到这个国家。他们希望能够找到一处乐土,在那里,他们可以用他们选择的语言任意表达对上帝的忠诚。那些具有相同宗教信仰的人们有权控制自己的祈祷方式,他们为建立宪法和权利法案进行了斗争。宪法和权利法案就是通过禁止类似纽约州政府试图进行的活动,来确保宗教自由。他们认为,第一条修正案试图结束政府对宗教和祈祷方式的控制,并不是为了破坏宗教及其祈祷仪式。相反,他们知道制定该修正案是为了减轻人们的恐惧。他们几乎全都意识到,过去的政府束缚人们的言论,只让他们发表政府想要他们发表的宗教言论,只让他们向政府允许的上帝祈祷。如果既不想亵渎宗教,也不想反对宗教的话,就要求这个国家的每一届政府都不插手制定或授权官方祈祷文。完全把宗教职能交给公民自己,让他们自己选择所求助的宗教向导。

事实上,纽约州把州学监会的祈祷文确立为该州的官方宗教宣言,并不相当于完全确立一个特定的宗教教派,而排除所有其他的教派。当然,政府批准该祈祷文与政府批准宗教相比,看起来不是十分重要,而那种情况在200年前非常普遍。有人可能认同这个看法,因为学监会的祈祷文很简短、很一般,在政府的指导下看来不会影响宗教自由。然而,第一条修正案的起草人詹姆斯·麦迪逊(James Madison)的所言可能可以比较合适地解释这个问题。

> 在第一次实施自由权时提出警告是合适的……谁不会看出,能够确立基督教为国教,而排除所有其他宗教的权力,可能同样轻松

地建立任何一个特定的基督教派，而排斥所有其他教派呢？同样地，这种权势可能强迫一位公民把他仅有的三份财产捐赠出来支持他们制定的任意政策；也可以强迫公民不管在任何情况下，都服从于他们制定的任意政策。

因此推翻纽约州上诉法院的判决，把该诉讼案发回重审，寻求进一步诉讼。

推翻初审判决，发回重审。

2. 祈祷和阅读《圣经》

**阿宾顿镇学区诉申普**

**(School District of Abington Township v. Schempp)**

**默拉里诉柯利特(Murray v. Curlett)**

**联邦最高法院，1963**

**374 U.S. 203**

克拉克(Clark)法官发表了法院的观点：

这些相同的案例提出的问题，都是政府要求学校每天从阅读《圣经》开始。因为这些案例提出的问题所涉及的实际情况只有少许的不同，所以对这些案例同时进行判决。鉴于第一条修正案的历史及这些案例要求法院对政府与教会分离条款进行解释和应用，我们认为如同第十四条修正案适用于各州一样，案例中的行为、要求以及实施这些行为的法律是不符合宪法的，不符合政府与教会分离条款。

宾夕法尼亚州的一项成文法要求，"公立学校在每个上学日开始上课之前，至少要不加任何注释地诵读十节《圣经》。任何儿童如果提出不愿诵读《圣经》或不愿参加仪式，必须出示其父母或监护人的书面要求"。申普一家，丈夫、妻子及其三个子女中的两位，提出诉讼要求禁止实施该项法令。隶属宾夕法尼亚州东区地区法院的三名法官认为该法令违背了第一条修正案的宗教自由条款，而这一条款如同第十四条修正案的正当法律程序条款一样，适用于各州。他们还指出解决该问题的合理方法。

被告爱德华·刘易斯·申普(Edward Lewis Schempp)，他的妻子悉尼(Sidney)和他们的孩子——罗杰(Roger)和唐娜(Donna)，都是惟一神教徒(the Unitarian faith)，并且是宾夕法尼亚州费城的杰曼(German)镇上的惟一神教堂成员，他们定期参加那里的宗教活动。在阿宾顿高中，每个上学日的上午8:15—8:30，所有学生集中在班级会议室或咨询室，依据法律的规定开始进行祈祷；祈祷的内容通过内部通讯设备播送到学校的每一个房间里。学生通过学校的无线电广播或电视进行的祈祷活动，都在教师的监督下进行。

学校从参加祈祷仪式的学生中挑选出几名，每天早上集中在学校广播室进行祈祷，其中的一名学生诵读十节《圣经》，并播送到学校的每一个房间。同时，通过内部通讯设备，所有的学生跟着诵读主祷文；而且学校要求教室里的所有学生站立并齐声诵读祷文。这种仪式跟升旗仪式相近，有些人宣称这种行为对学生有利。尽管法律对此作出规定，但是参加这种公开的祈祷仪式还是自愿的。尽管学校提供的惟一译本是由学区发给每一个教师的基督教《圣经》的英王钦定本(The King James Version。注：基督教圣经的钦定英译本，1611年由英王詹姆斯一世核定后出版)；但是学生如果想阅读《圣经》的话，可以从他选择的版本中挑取段落进行阅读。在使用基督教《圣经》的钦定本的时代，除了使用犹太教《圣经》(the Jewish Holy Scriptures，包括《律法书》、《先知书》、《圣录》三部，基督教包括《旧约圣经》和《新约圣经》)外，还有拉丁文《圣经》译本(注：the Douay，杜威译本，拉丁文《圣经》的英译本)和基督教《圣经》标准译本的修订本(the Revised Standard Versions of the Bible。注：基督教《圣经》标准译本的修订本，美国学者于20世纪中叶根据《圣经》美国标准译本修订)。在祈祷仪式开始之前，没有陈述，没有问题，没有评论或者解释，也不给出说明。学校通知学生或其家长，学生可以不出席该仪式，他可以选择继续参加或退出该项活动。

* * *

初审时，爱德华·申普及其子女提出证据，孩子们阅读的《圣经》所传播的具体的教义，与孩子们及其全家所持的宗教信仰是相反的。孩子们证实他们所指的与其宗教信仰相反的教义，在祈祷仪式中多次向他们诵读。爱德华·申普在二审中提出他曾经考虑让罗杰和唐娜退出这种仪式，但是因为某些原因而没有这样做。其中一个原因是他认为如果这样做的话，孩子们和他们的老师及同学的关系将受到不利影响。

* * *

1905年，巴尔的摩市教育委员会的委员们制定了一项法规，该项法规规定在该市的公立学校中举行祈祷活动，并规定“使用《圣经》中的主要章节，和(或者)使用主祷文”。原告，默里(Mrs. Madalyn Murray)和她的儿子威廉·杰·默拉里三世(William J. Murray Ⅲ)，均公开宣称自己是无宗教信仰者。他们试图劝说被告取消该法令，但是没有成功，于是他们提出申请禁止令，以迫使教育委员会取消该法令。威廉是该市一所公立学校的学生，他的母亲默拉里是该市的一名纳税人。根据教育委员会的法令，在每个上学日的早上，学生都要诵读官方确定的英译本的《圣经》。由于原告的坚决要求，修订后的法令作出规定，在父母同意的情况下，儿童可以免于参加这种活动。这样威廉可以不参加该活动。即使如此，修订后的法令还是侵犯了“第一和第十四条修正案赋予原告的宗教自由权”，并违反了“政教分离的原则……”。原告的上诉状叙述了其无宗教信仰，并指出该法令的执行侵犯了他们的权利。

“该法令非常重视宗教信仰，就如同反对无宗教信仰一样，威胁着被告的宗教自由，使他们的自由意识服从于大多数人的法则。它宣称信奉上帝是所有道德和精神价值的根源，并把这些价值等同于宗教价值，劝说人们放弃邪恶的、与其相反的信仰。由此对原告的信仰和理想产生怀疑，致使他们对自己的道德和对公民义务及忠诚产生怀疑和质问。”

马里兰州上诉法院以四名法官赞成，三名法官反对，认定举行该仪式并不违反第一和第十四条修正案。

*　　*　　*

这个法院的判决表明了一种审慎的“中立”原则。这种中立原则源于对历史教训的重视。在历史上，有权势的教派或集团会产生政教联盟，或者造成两者之间的相互依附。这将造成州或者联邦政府暗暗支持某个或所有的宗教，而这是宪法条款禁止的。在宪法条款中可以找到确立中立原则的更深远的原因，这些条款意识到进行宗教培训、教育及遵守教义的重要性，尤其每个人都有选择自己所信奉的教派的权利，而这种权利不受政府的强制，这就是宪法的自由保障条款所保证的。我们已经指出，在过去的许多年里，该法院直接引用宪法的自由保障条款八次，仅有一名法官对此提出异议。法院一贯认为该条款禁止制定有关宗教信仰和宗教表达的法律。可提出下面这个问题进行验证：这个法令的主要目的和作用是什么呢？如果是为了促进或抑制宗教的发展，那么该法案超越了宪法所限定的立法范围。那就是说，为了抗拒宪法的约束，必须有一个非宗教的立法目的，既不促进也不抑制宗教的发展。

将宪法原则应用于法庭上的诉讼案件，我们发现政府要求挑选并阅读《圣经》中的章节，政府要求学生一起诵读祈祷词，政府并且把这些仪式定为依法入学的学生的课程活动的一部分。这些仪式在学校里进行，并且由学校雇佣的教师进行监督及参与。初审法院认为这种公开的仪式是一种宗教意识，并且是政府授意学校这样做的。我们赞同初审法院的调查结果，认定这种行为具有宗教特征。根据这个结论，这种行为及授权该行为的法律违反了宪法条款。

有些人认为，如果不允许举行这种宗教活动，就会在学校里形成一种“世俗化的宗教”。当然我们认为政府不会建立一种“世俗化的宗教”；不会完全反对宗教或者表示对宗教的厌恶；不会喜欢那些无宗教信仰的人，而不喜欢那些拥有宗教信仰的人。然而，我们认为这种判决在任何情况下都不会产生那种结果。此外，完全有理由说，如果不学习比较宗教学或宗教的历史以及宗教与文明进步的关系，一个人所受的教育是不完整的。也可以肯定地说，《圣经》具有文学和历史的价值，是值得学习的。我们不说什么，只是指出当把圣经或宗教客观地作为教育的一项长期计划时，可能不会违反第一条修正案，但是这里的这种行为不属于这个范畴。它们是政府要求举行的宗教活动，违反了第一条修正案的有关规定，该法案要求政府保持严格的中立性，既不促进也不抑制宗教。

在我们这个社会，宗教的地位是神圣的，它依靠家庭、教堂及个人内心和精神里的神圣堡垒得以长期传承。经过辛酸的历史进程，我们已经意识到，无论宗教的目的是援助或反对、是促进还是妨碍，很难以政府的力量去侵入这个堡垒。对于人民和宗教的关系，政府应严格保持中立的立场。尽管对中立原则的应用需要进行详细的解释说明，但是第一条修正案中的内容已经简单明白地说明了这个原则。

## 解释与分析

如果让公立学校的每个孩子对上课前的祈祷和阅读《圣经》活动投票进行表决的话，会解除宪法中的缺陷吗？如果地方教育委员会或州成文法批准这种行为，结果会有什么不同吗？

美国关于政教分离的观点与其他的许多国家不同。诸如俄罗斯等国家仍勉强允许宗教存在。英国国教会仍然存在，而且教会的领袖也是国家的统治者。许多拉丁语系国家的法律是建立在天主教派教义之上的。《古兰经》(the Koran，伊斯兰教经典)中的教义不仅仅支撑着伊斯兰国家的政治政策，其宗教领袖也常常施加强大的政治和社会影响。德国有一个自愿缴纳的国家宗教税，收取工资和薪水的9%。近年来，在哥伦比亚、芬兰、希腊、利比亚、尼泊尔、巴基斯坦、罗马尼亚、沙特阿拉伯、瑞典、泰国及加拿大的两个省纽芬兰和萨斯喀彻温省的公立学校中，每天均进行政府批准的祈祷活动。

人们认为恩格尔和申普两案的判决非常有问题，并对其进行了广泛的讨论。许多市民严厉地指责法院的无神论，但是也有一些人对法院的判决表示认同。这些年来，许多公立学校的教师、管理者及教育委员会的委员们经常公开地嘲笑法院的判决。判决的反对者们在地方、州及联邦各级政府中激起争论，试图提出新的宪法修正案，允许学校里的祈祷活动。到目前为止，争取在公立学校里举行祈祷仪式的政治努力还没有取得成功。

尽管在恩格尔和申普诉讼案中对学校里的祈祷问题作出了判决，但是在下级法院这类诉讼案仍不断出现。直到 1985 年，美国最高法院在华莱士诉杰夫瑞（Wallance v. Jaffree, 472 U. S. 38，1985）一案中才再次发表了对该问题的看法。这项判决以6：3通过，该判决认为，16 个州在课堂上为沉默祈祷留出时间的行为是违反宪法的。仔细研究判决，可以看出有九个州批准的沉默时刻可能符合宪法。根据赞成这一观点的奥康纳（O' Connor）法官的看法，涉及沉默时间问题的决定性因素在于，政府是否表达了或者试图表达这样一个信息：孩子们应该在留出的时间内祈祷。在 1922 年的李诉韦斯曼（Lee v. Weisman）一案中，法院再次作出了有关学校祈祷问题的判决。在该诉讼案中，法院认为学校在毕业典礼上组织祈祷活动是违反宪法的。在 2000 年的斯安特独立学区诉多伊（Santa F. Independent v. Doe）一案中，法院判定在足球比赛中，由学生领导并参与的祈祷活动违反了宪法条款。

许多因素造成对公立学校里的祈祷活动和其他宗教行为的持续的、苛刻的批评和敌意。其中一个因素是一些守法公民不理解或拒绝接受最高法院的这项判决具有法律效力。许多对学校祈祷活动持支持意见的人认为没有必要遵守最高法院的判决，除非法院判决改变其具体的内容。例如，国会通过的法律的某些章节适合他们的看法；法院推翻其判决，或者提出新的宪法修正案。在同一基督教团体中（有少数犹太教徒或回教教徒，甚至可能有天主教徒），这种不愿遵守最高法院判决的现象特别明显。这些人经常对地方或州政府施加政治压力，试图使最高法院批准公立学校里的这种祈祷活动。

祈祷活动的拥护者也很难理解政府的公共政策及某些政府官员的言论，他们的观点看起来明显不一致。这些拥护者不理解，为什么政府不允许学校里的祈祷活动，却允许议会开会时从祈祷仪式开始；为什么在对美国进行效忠宣誓的誓词及依法偿债的誓词里，均出现“上帝”这个词；为什么在法院审判之前进行宣誓，在军队里雇佣牧师，允许在军事基地建立教堂，并允许举行宗教礼拜仪式。许多拥护者也不理解，为什么在一些政府高官严厉指责法院对祈祷活动的判决，并表示对学校祈祷活动赞同的情况下，还禁止在学校举行祈祷活动。不幸的是，各级政府官员发表的这种言论经常会导致公众产生迷惑。事实上，这种夸张的言辞甚至可能会导致地方层次的无心的违法行为。因为政府官员发表了这些言论，地方教育委员会、学校管理人员、教师或家长在内心或实际的活动中，不会感觉到要必须遵守这种有争议的判决。

公众对学校里的祈祷活动及相关的宗教问题产生迷惑的原因是，法院对教堂与州分离的判决没有一个明确的解释。这一点从联邦最高法院的那些有分歧的判决中就可以看出。那些判决中充满了刺耳而又苛刻的反对意见。联邦上诉法院里相互冲突的判决也会逐渐降低人们对法院这个可靠的政府机构的信赖程度。例如，公众很难理解为什么一些州允许高年级的学生在他们的毕业典礼上进行无宗教派别之分的祈祷，而另外一些州则不允许这种行为。一直到 2000 年，联邦最高法院在斯安特独立学区诉多一案中，对这个问题作出解释。在下级法院中，由于原告谨慎挑选初审法官，所以公立学校里一些明显违宪的祈祷活动和其他的教会活动偶尔也能获得支持。但是在上诉过程中，甚至在这些判决被推翻之后，一些虔诚的宗教信徒常常过分鼓吹这类判决。

在一所高中的走廊上悬挂着一张大幅的耶稣图像，法院认为这表示支持宗教，因此违反了第一条修正案。法院判决认为，图像挂在走廊的显著位置上，并不是一次大型展览的一部分，也不属于课堂讲座或其他情况；反而有认可宗教的效果，特别是对基督教的认可[见华盛杰克诉布卢姆德勒公立学校，Washegesic v. Bloomingdale Public School，813 F. Supp. 559 (Mich. 1993)，aff'd，3F，d 679 (6th Cir. 1994)]。北达科他州的《十诫》法令要求在每个教室的显著位置陈列包括基督教和犹太教十条诫令的标语牌，这项法令也被认为违反了宪法第一条修正案[见林诉格兰德·福克斯第一学区，Ring v. Grand Forks School District No. 1, 483 F. Supp. 272 (N. D. 1993)案]。肯塔基州的一项法令要求在公立学校的教室里张贴《十诫》，通过不分胜负的投票后，州最高法院支持该法令[见斯通诉格雷厄姆，Stone v. Graham，599 S. W. 2D 157(Ky. 1980)案]，但是这项法令在联邦最高法院以5：4的投票被否决[449 U. S. 1104(1981)]。

一些公立学校祈祷活动的支持者认为万圣节是异教徒的节日，不应在公立学校中庆祝。该问题在盖耶诉阿拉切教育委员会[Guyer v. School Board of Alachua Country，634 So. 2d 806 (Fla. App. 1994)，cert. denied，513 U. S. 1044(1994)]一案中得到解释。该案认为，在这种仪式中人们化装成巫婆，穿着相关的服装，还有火炉和扫帚等物品的出现，可以判定该仪式是巫教的庆祝仪式。但是法院认为这些象征性物品的使用并没有构成宗教的建立。万圣节是针对传统文化事件进行的一场世俗的庆祝会，并没有别的意义。

在另外一个诉讼案中，天主教徒的家长反对一项所谓的贝德福德计划(Bedford Program)。这项计划包括下列活动，例如允许学生玩一种叫做"魔术聚会"的纸牌游戏，游戏里的纸牌上有一些虚幻的画像，这个游戏要求玩游戏的人投掷一个符咒；老师会为大家讲述一个有关印度教上帝的故事；在留有印度锡克教牧师式胡子的主持人的指导下练习瑜伽术；一位矿物学会的会员在讲述岩石、矿物和化石时，告诉学生一些人相信水晶有超自然的力量；老师向学生讲述关于释迦牟尼一生的传闻，并让学生以"上帝多么糟糕"为题目写诗。愤怒的家长认为这些活动导致学生对恶魔的崇拜，对神秘力量的崇拜，产生异教信仰和新世纪的唯灵论。依据法院在奥尔特曼诉贝德福德中心学区[Altman v. Bedford Central School District，45 F. Supp. 2d 368(N. Y. 1999)]一案中的观点，法院认为，尽管这些活动可能冒犯了天主教徒，但是这些活动并没有违反第一条修正案。同时法院禁止学区允许学生对大地神进行祈祷并参加地球日仪式；禁止在学校里提倡解忧娃娃，不准在学校的商店里卖这种娃娃或者鼓励学生在课堂上制作这种娃娃并利用它们驱除忧愁；禁止学生在学校制作上帝或宗教人物的雕塑，例如拥有大象头的印度教上帝。

应该禁止在学校演唱具有宗教意义的圣诞节歌曲的活动吗？莫卡诉斯特奇斯[Muka v. Sturgis，53 App. Div. 2d，383 N. Y. S. 2d 933 (App. Div. 1976)]一案认为应该禁止这种活动。但是关心政教分离的市民诉丹佛市[Citizens Concerned for Separation of Church and State v. City and County of Denver，508 F. Supp. 823(Col. 1981)]一案支持该市用宗教音乐庆祝节日。在弗洛里诉苏福尔斯学区[Florey v. Sioux Falls School District 49－5，619F. 2d 1311(8th Cir. 1980)]一案中，法院同意在节日聚会的演出中出现宗教性的美术、文学、音乐等项目，前提是这些项目不是为了促进或抑制宗教而进行的。这项判决认为：只要是庆祝同时基于宗教和世俗目的的节日，那么音乐、美术、文学和戏剧都可以包含一定的宗教内容，而且这些音乐、美术、文学和戏剧都应该以谨慎、客观的方式演出，并且只是作为节日的文化和宗教传统的一部分。同时，只有在作为指导助手或演出方法时，才可以使用宗教标志，但是它们仅仅作为节日的文化和宗教传统的一部分，而且时间也是短暂的。法规规定了所有的节目和使用的工具，这些节目和工具必然涉及到世俗的或文化的起源或者作为节日的传承。既然这些工具必须以谨慎、客观的方法演出，并且只使用标志作为帮助，所以法律的主要影响是促进了一项世俗的教育项目，而不是宗教的教育项目。

然而，法院确认如果该表演在幼儿园进行，则判定其内容具有宗教性，而该节目是违宪的。

涉及政府机关而不是公立学校的祈祷问题也呈现在法官面前。玛希诉立法局[Marsh v. Chambers，463 U. S. 783(1983)]一案支持内布拉斯加州的立法部门在开始每天的工作之前进行祈祷。许多人不理解为什么最高法院允许政府其他级别的部门进行这种祈祷活动或与其相似的活动，而不允许学校进行祈祷活动。

节日里的展览问题已经成为联邦最高法院最近几次判决的主题，在阿利盖尼县诉美国人民权利自由联合会［Allegheny County v. American Civil Liberties Union，492 U. S. 573(1989)］一案中，法院以5∶4的投票判定，把一幅耶稣诞生图挂在县政府办公大楼的行为，违反了第一条修正案宗教条款。然而，在与其相似的一项判决中，法院以6∶3的投票，赞同某节日的展览活动，在该项活动中，人们把一个18英尺高的犹太教庆祝复活节用的烛台，放在县城的一幢大楼旁，与该烛台相邻的是一棵45英尺高的装饰过的圣诞树和一个向自由致敬的标志。法院认为这种组合在一起的展览是把圣诞节和休殿节都看做冬天节日的一部分。五年前，一个非营利组织历时50年的努力，积累一批宗教物品，并在公园里建造了一个关于圣诞节的展览品，得到法院的支持。法院以5∶4通过该项判决，法院认为这一展览并非支持宗教［见林奇诉唐纳利(Lynch v. Donnelly)，465 U. S. 668(1984)］。在1995年，法院以7∶2通过判决，支持三K党在圣诞节期间把一个不受人注意的十字架放在政府广场上。法院声称，三K党的这种行为代表了一种非公开的私人感情。法院反复说明，非公开的宗教演讲与非公开的世俗演讲一样，完全受到保护。法院认为广场是一个公共集会所，因为在超过一个世纪的历史中，广场一直被用来发表公共演讲、进行集会、欢度节日以及庆祝各种世俗及宗教事务。最后法院认为要发表的宗教演讲满足以下两个条件时，就不违反宗教条款：(1) 纯粹是私人观点；(2) 在一个传统的或指定的公共集会所，用平等的措辞对所有人公开发表［见国会集会审查和咨询委员会诉皮安特案A(Capitol Square Review and Advisory Board v. Pinette)，515 U. S. 753(1995)］。在这些看来相互矛盾的判决及个人观点中经常出现的讽刺性言语，说明在教堂与州分离问题上，法官之间存在着很大的分歧。

在俄勒冈州人力资源部职业分部诉史密斯［Employment Division, Department of Human Resource of Oregon v. Smith，494 U. S. 872

(1990)]一案中，俄勒冈州政府因为史密斯吸食龙舌兰，认定他这一行为属于宗教行为，拒绝给他就业保险金。联邦最高法院认为州政府的这一行为没有侵犯印第安人的自由权利。作为对此判决的回应，国会于1993年通过了宗教自由修正案（the Religious Freedom Restoration Act, RFRA）。这项法案的实施使州和地方政府更难限制个人的宗教自由行使权。然而，在1997年的布尔安市诉弗洛里斯[City of Boerne v. Flores, 521 U.S. 507(1997)]一案中，宗教自由修正法案被判定违宪。法院认为国会超越了它的权限，不适当地拓展了第一条修正案保证的宗教自由行使权的范围。法院认为该法案清除了所有的障碍，确保它非法侵入政府的各级部门；并且只要有人宣称其宗教自由行使权受到实质性的约束，几乎政府的任何行为或法令都会受到质疑。此外，法院强调国会不能仅仅通过一个普通的法令就改变宪法的内涵，或者以这样的行为去告诉法官应该怎样判决案件。

在宗教自由修正案被判定违宪之前，法院的许多判决被重新解释，迫使学校官员允许学生开展一些他们不同意的宗教活动。在其中的一个诉讼案中[席姆诉汤普森 Cheema v. Thompson, 67 F. 3d 883(9th Cir. 1995)]，即使学校有不准佩带武器的规定，法院还是允许一些信奉锡克教的男学生佩戴科盘(kirpan)，这是一把真正的短剑，约6.5—7英寸长，弯曲、有钝边，并配有鞘。这种剑可以挂在脖子上并放在衣服里面。

宗教自由修正案也在非教育部门如监狱引起许多问题。出于本人对宗教自由修正案的解释，一些囚犯要求过性生活，因为他们阅读的经文告诉他们要生育，要拥有后代；而另外有些人以宗教信仰为理由，要求某种特定的食谱，例如牛排和龙虾。在宗教自由修正法案被判定违宪之前，这些要求或与其相似的要求在各级政府部门中都可以看到。

法院的判决并不禁止出于非宗教目的阅读《圣经》，比如教授宗教的历史和学习比较宗教学。但是许多父母认为，由于公立学校的教育者害怕触犯判例法，会把宗教排除在课程之外，因此他们有一种看法，即学校对宗教持敌对态度。为了反击这种看法，已经有几个州努力行动，采用一些教授宗教知识的课本，或者支持那些能够传授更多宗教知识的计划。一些评论者谈到这一点，认为它是第四 R（注：前 3R 指的是基本的读、写、算的能力）的回归。支持者认为，这些计划除了传授有用的知识外，还会促进对宗教的理解并加强对宗教的感受力。而反对者认为，这些计划存在一些潜在的矛盾，例如，他们害怕有权势的地方宗教会受到优待，而且他们提出疑问，对学生提出的一些难题，教师能否提供“正确的宗教答案”，例如，是犹太人杀死耶稣的吗？上帝真的分开红海吗？非基督教徒要下地狱吗？为什么人们以宗教的名义互相杀害？所有的宗教都谴责同性恋、离婚或未婚同居吗？

你所在州或地方教育部门对学校主持的教授宗教知识的活动、《圣经》阅读或祈祷、《圣经》学习、沉默祈祷、冥想、自愿祈祷或庆祝宗教节日等方面做出规定了吗？在你所在的州，如果不服从禁止阅读《圣经》或禁止祈祷的法令，会受到惩罚吗？

3. *在毕业典礼或学校主办的其他公共活动中的祈祷活动*

许多法院根据诉讼对下列活动的合宪性作出裁决：在毕业典礼上开始时的祈祷活动及结束时的赐福活动；学校主办的足球比赛、学校集会等室外活动中的祈祷活动；比赛结束时及乐队演奏会之前的集体祈祷活动等。联邦最高法院在李诉韦斯曼（Lee v. Weisman）一案中，判定在校方授权或组织的毕业典礼上举行祈祷活动是违反宪法的。但是 5∶4 这个富有戏剧性的判决表明法官之间存在很大分歧。

**毕业典礼上的祈祷活动**

**李诉韦斯曼（Lee v. Weisman）**

**联邦最高法院，1992**

**505 U.S. 577**

肯尼迪（Kennedy）法官发表了法院的观点：

罗德岛州普罗维登斯市允许公立学校系统里的校长邀请牧师在初

高中的正式毕业典礼上进行开始时的祈祷活动和结束时的赐福活动。摆在我们面前的问题是：专业的神职人员参与官方的毕业典礼，为其进行祈祷的行为，是否违背第一条修正案中的宗教条款以及第十四条修正案中尽力使宗教条款适用于各州及各学区的条款。

底波拉·韦斯曼(Deborah Weisman)从普罗维登斯市的一所公立学校——内森·比夏朴初中(Nathan Bishop Middle School)毕业，在1989年6月举行正式的毕业典礼时，她大约14岁。普罗维登斯市教育委员会和学校负责人协会已经执行以下政策多年：允许校长邀请牧师在初高中毕业典礼开始及结束时举行祷告。许多校长，但不是所有的校长，把祈祷活动列为毕业典礼的组成部分。底波拉的父亲，丹尼尔·韦斯曼(Daniel Weisman)代表他本人及其女儿反对在底波拉的初中毕业典礼上举行任何形式的祈祷活动，但是没有起到任何作用。原告内森·比夏朴初中的校长——罗伯特·E. 李(Robert E. Lee)，邀请一位拉比(rabbi，犹太教教士)在毕业典礼上为底波拉所在的班级陈述祈祷词。来自普罗维登斯市贝瑟尔教堂(the Temple Beth EI)的一位拉比——莱斯利·格特曼(Leslie Cutterman)，接受了邀请。

普罗维登斯市的学校官员已经形成一种惯例，向受邀的牧师提供一本名叫《市民节日守则》的小册子。这本小册子是由基督教及犹太教全国联合会发行的。尽管他们知道"有些形式的祷词对于一些市民节日并不适合"，该守则还是建议市民在节日里进行无宗教差别的祈祷，祈祷的内容应包括一切，并注意敏感性问题。校长在毕业仪式之前给戈特曼牧师一本小册子，并且暗示他进行的祈祷活动不应有宗教的教派之分。

戈特曼牧师的祈祷词如下：

**祈祷(礼拜开始时)**

自由的上帝，勇敢之神：

为了美国的颂扬多元化及保护少数民族的传统，我们感谢您。愿这些年轻人成年后能够来丰富这个传统。

为了美国的自由，我们感谢您。愿这些新一届的毕业生成年后来保护它。

为了美国的所有公民都可以参与的政治进程，为了所有人都可以寻求正义的司法体系，我们感谢您。愿我们今天赞美的这些人总可以求助于它。

为了美国的命运，我们感谢您。愿内森·比夏朴初中的毕业生总是生机勃勃地参与创造美国的命运。

愿我们对祖国及这些年轻人的未来的期望能够完全实现。

阿门！

**赐福祷告（礼拜结束时）**

哦，上帝，我们感激您，因为您赋予我们能力使我们能够学习，让我们在这个令人高兴的毕业典礼上进行庆祝。快乐的家长们看到他们的孩子到达了生命中一个重要的里程碑。愿您保佑帮助过他们的教师和学校官员。

这些毕业生现在最需要的是一份力量，为他们的未来做出指导，帮助他们认识到，我们能够独立完成学业，我们必须各自努力完成您对我们所有人提出的要求：公正地做事，拥有宽容之心，处事谦逊。

我们感谢您，上帝，您让我们活着，继续我们的生命，并允许我们出席这个特别的、幸福的场合。

阿门！

这个诉讼案是根据约定的事实提出的。地区上诉法院认为原告在公立学校毕业典礼上的祈祷活动违反了第一条修正案中的宗教条款。法院并且禁止原告继续这种行为。法院应用了在莱蒙诉库兹曼（Lemon v. Kurtzman）一案中确立的三个检测原则，这三个检测原则是依据宗教条款制定的。这一原则是在我们以往的诉讼案中确立的，根据该原则，要满足第一条修正案宗教条款，政府的行为必须：(1) 反映明确的世俗目的;(2) 既不推动也不抑制宗教;(3) 避免政府和宗教之间的过度牵连。地区法院认为原告的行为违反了检测原则中的第二条,并且认为这种做法也不符合第一和第三条原则。基于对我们以前的判例的参考,法院判定,当政府行为"造成政府与某个宗教或一般的宗教信仰密切结合在一起"时,或者当"政府的行为造成支持某个宗教支配另一个宗教或支持一般意义上的宗教信仰"时,政府的行为就违反了"莱蒙测试标准"。法院判定在公立学校的毕业典礼开始及结束时进行的祈祷活动,即使是所谓的"无宗教派别"的行为,也造成政府权力和宗教行为的密切结合,支持了宗教,违反了宪法修正案的第一条款。

下列主要事实界定了我们所作的裁决发生作用的界限:限制政府官员指导中学升级和毕业典礼上正式宗教仪式的举行。对那些反对宗教仪式的学生来说,尽管学区没有把参加这种仪式作为接受毕业证书的条件,但是,他们感到有一种真实的强迫感迫使他们参加政府主持的宗教仪式。

这个诉讼不要求我们再回想起那些使我们在最近几次诉讼案中产生分歧的难题。那些难题就是政府对宗教信仰及公民参加宗教仪式应在多大程度上给予指导,我们如何规定这个指导原则的限定范围[见阿勒格尼县诉大匹兹堡市美国公民自由联合会(Allegheny County v. Greater Pittsburgh ACLU)、华理士诉杰夫瑞(Wallace v. Jaffree)]。因为没有参考其他情况下的原则,只能参照在小学和中学进行祈祷和举行宗教仪式的判例,这些判例支持本诉讼案的判决:普罗维登斯市的政策是违反宪法的。我们能够裁决这个诉讼案,不需要考虑一般的宪法体系,而公立学校应努力使他们的宗教政策符合该体系。因此我们不接受原告请求我们对莱蒙诉库兹曼一案中判定的检测原则进行复议。在本诉讼案中,政府参与宗教活动,已经造成政府在公立学校主办并主导宗教活动的事实。组织这种正式的宗教仪式与适用于新生祈祷仪式的法则相矛盾,而这种法则能够解决我们面临的问题。

政府采用自由行使宗教权利原则不能代替第一条修正案的宗教原

则所施加的基本限制。除了引起争论外，宪法至少保证，政府不可以强制任何人支持宗教或强迫其加入宗教，或参加宗教活动，政府不能确立或者试图确立政府宗教或宗教信仰。

有人要求我们承认不属于任何宗教派别的祈祷活动的存在；承认众所周知的属于犹太教和基督教传统的祷告；承认更容易接受的祈祷词，这些祈祷词比那些提到以色列上帝或耶稣基督或圣徒的详细的祈祷词更易让人接受。根据经验来看，这可能得到第六巡回法庭的支持，因为坎贝尔(Campbell)法官反对上诉法院对本案作出的判决，他认为应加以改进。如果这个国家出现一种市民宗教，而不会引发宗教派别之争，就应该默认该宗教的存在。第一条修正案中的宗教条款意味着：宗教信仰与宗教表达是公民的权利，不能由政府制定或禁止。宪法认为宗教信仰的保护和传播以及礼拜是属于私人领域的责任和选择，公民自己有自由进行传教活动。一定不要忘记，必须记得界定保护制度，给予那些反对者和持异议的不信奉上帝的人权利。这些相同的条款是为了防止宗教受到政府的干涉。

在现代社会，第一条修正案产生的经验教训同18世纪它刚确立时一样重要。一个永久的教训是，如果公民服从于政府主办的宗教仪式，那么政府将会推卸它的责任，不会保护和尊重公民的不可侵犯的信教自由和宗教信仰，而这些是自由人们的标记。今天否认我们的传统将会危害这个原则，并且丧失我们的立场，还无法鼓励其他人为自己的利益反对与自己宗教不同的人。

如我们在前面所看到的，我们要加强对信教自由保护措施的关心，防止在公立中小学产生难以察觉的强制性压力。我们在前文中提到的恩格尔诉维塔莱以及阿宾顿学区诉讼案中，承认在其他事件中公立学校的祈祷仪式会产生特殊的间接高压统治的危险（见阿勒格尼县诉大匹兹堡市美国公民自由联合会案）。对大多数宗教信徒来说，这是对不信教的人提出的一个合理要求，要求尊重自己的宗教行为。在学校情景下，对那些不信教或持异议的人来说，这种做法则好像是试图利用政府机器实施正统的宗教观念。

我们不需要展望这个案子的未来情况，只看现在发生的事情。一个不可否认的事实是，学区对中学的毕业典礼进行监督和控制。既有来自同伴的压力，也有来自政府的压力，迫使学生参加集体祈祷仪式，或者迫使他们至少维持有礼貌的沉默。尽管这种压力是不易察觉的，是间接的，但是这种压力同任何一种公开的强迫一样，是真实存在的。毫无疑问，即使大多数学生——在参加毕业典礼的许多学生看来，出席或保持沉默的行为就是表示参加了牧师支持的祈祷活动，而这种活动就是宗教仪式的惟一特征。对持异议者来说，如果告诉他，他的出席或保持沉默的行为仅仅表示对宗教活动的尊重，而不是参与，他肯定会有少许安慰。但是要紧的是，从我们的社会习俗来看，一些有理智的反对者认为这种集体仪式意味着他自身的参与或认可。

我们发现，在这种情况下不进行反抗，将会使一些持异议者陷入左右为难的境地，带着上述所有暗示，不情愿地参加或者反抗。如果受影响的是成年人，我们不用对是否可以接受这种选择作出解释。但是，我们认为在遵守第一条修正案的宗教条款的条件下，政府不能把中小学生置于这种境地，心理学研究支持这样一种普通的假设：青年为了认同感，很容易受来自他们同伴的压力的影响，当涉及社会风俗时，这种影响更为强烈。承认政府施加的这种选择构成一种难以接受的限制，也就是承认政府不可以使用直接的方式实施正统的宗教观念，也不可以利用社会压力来实施。

政府行为导致的伤害和丹尼尔·韦斯曼及底波拉·韦斯曼反对它的原因是，政府在学校里实际上要求学生参与宗教仪式。我们承认这是一个短暂的仪式，在这期间个人能够专心分析神的启示，对自己的宗教信仰进行沉思，或者让自身的思绪漫游；但是这些不能反驳这种宗教仪式带来的纠纷和其造成的非法损害他人自由的性质。即使有理由说这些祈祷和接着朗读的相似的祷词都具有与原告陈述的事实情境最接近的特征，这样做仍然会冒犯提供祷词的牧师和所有的信教者，对他们来说，那些祈祷词是必不可少地对神的权力的认可，这种认可具有深远的意义。基于相同的原因，我们认为判定其非法损害他人宗教信仰自由，而这比耗费两分钟左右的时间在这种祈祷词上严重得多。

事实上，底波拉可以选择不出席毕业典礼，这不会影响她取得毕业证书。但是我们不应该允许这个诉讼转向这一点。每个人都知道，在我们的社会传统及文化传统中，毕业典礼是一个人一生中最重要的时刻之一。学校允许缺席的规定也与此不相干。官方的规定允许缺席，但是，很明显学生不能随便以"自愿"的名义缺席自己的毕业典礼。因为缺席意味着丧失一些无形的利益，正是这些东西激励学生度过年轻的岁月和中学生涯。毕业典礼对学生的家人和亲朋好友来说，正是庆祝孩子的成功、共同表达对教师的感激及敬佩之情的时刻。最终铭记在年轻人心中的，是自己有权利和义务去承担共同的社会责任及其包含的不同的内容。判决结果的重要性在于这一点：学区和政府赖以证明其应该允许正式的祈祷活动的证据，成为导致他们辩护失败的主要原因之一。学区和政府提出的具有相当大影响力的一个论点并不是宪法对政府行为的约束，而是他们认为祈祷词是这些庆祝典礼的必不可少的一部分。对许多人来说，不管时间多么短暂，如果不承认学区和政府的成功是出于对宗教本质的理解，那么这个重要的时刻就缺乏意义。政府认为，对这种重要性的理解，能够迫使学生作出选择：参加或者被迫放弃。我们认为，政府的这种立场与它的论据实质上是不一致的。它没有意识到，对底波拉的大多数同学及他们的家长来说，这是一个具有宗教义务的祈祷活动，对丹尼尔·韦斯曼和底波拉·韦斯曼来说却是被迫参加的一种宗教活动。虽然，在大多数团体中，多数人的意愿会占优势。第一条修正案中就是致力于处理这种可能性，并且拒绝我们极力主张的权衡。宪法禁止政府强求学生以信奉宗教为代价出席自己的毕业典礼，这是宪法控制的范围。

政府的观点表示它并没有充分认识到年轻学生心中面临的真正的矛盾。政府的观点是：对于公民来说，在这个重大的社交时刻，反对者——而不是大多数人，可以采取单方面的私人行动来回避这种宗教顾虑，这里可以选择不出席毕业典礼。这里把对第一条修正案的传统的理解放在前面，第一条修正案的原则是政府不能要求任何公民因为拒绝出席政府主办的宗教活动，而放弃他的权利和利益。在开始及结束时的祈祷活动中，让学生必须离开典礼，是在类似于教室的环境里，冒险推行宗教政策。我们曾说过，在教室里推行这种强制性措施具有特别高的危险性。

公立教育部门与政府的立法议会之间存在着内在的差别。这种差别使本案不同于玛希诉立法局案(Marsh V. Chambers)。我们反对毕业典礼上的祈祷活动，这在许多方面与我们在玛希一案中考虑的意见相似。但是也有明显的不同，政府议会开会前所作的祈祷活动对成年人来说，可以自由地参加或离开，而不需要加以解释。那种氛围不能够与学校里学生受限制的可能性相比。对学生来说，参加毕业典礼是最重要的。学校毕业典礼上的正式祈祷活动产生的影响和强制力比我们在玛希一案中允许的宗教仪式的强制力要大得多。在中学的毕业典礼上，教师和校长必须确实保持对宗教仪式的详细内容的高度控制，包括仪式的程序、演说稿、时间的安排、姿势、衣着及学生的礼仪等。在这种氛围之下，由学校选择的牧师主持的祈祷仪式具有政府主办的特征，这样就使祈祷活动成为政府支持的宗教活动。对于这种活动，学生除了屈服别无选择。这与玛希一案不同，从而导致这种宗教活动违反了第一条修正案。

我们不认为政府的每一个涉及宗教的行为都是无效的。即使有一个或几个公民认为这种行为给他们带来不快，除了一些非宗教的启示外，人们可能会把所有的宗教仪式都看成令人讨厌的行为。但是这不意味着每个诉讼案都是违宪的。我们知道，有时承受社会的孤立或者甚至是怒气，可能会带来良心的不安或者不妥。但是查阅我们所有的诉讼案件，本诉讼案中要求学生认同宗教的要求太过苛求，而不需通过第一条修正案的原则来检测。本诉讼案中的祈祷活动特别不适当，因为从实际意义上看，政府强迫学生参加了具有明显宗教意义的典礼，而这一典礼对学生来说具有非同寻常的重要性，反对的学生没有真正的选择权去避开它。

如果我们的社会传统不持续地关心年轻人的价值观，将会很少有人去尊重它。我们认识到，对宗教有深刻信仰的追随者所提出的有关道德的教义在学生的生活中占有一席之地，比我们今天实施的法律所占的地位要高得多。我们对此并不产生憎恨，我们的职责也不允许我们这样做。不屈不挠地四处游说，试图把宗教排除在公共生活每一方面之外的行为本身和宪法不相一致。

我们知道，在毕业典礼上和教育过程中，宗教观、宗教行为和宗教人士与公立学校和他们的学生之间会互相影响、互相联系，但是这些问题是与宗教相适应的问题，并不是摆在我们面前的问题。目前惟一的问题是是否应该在毕业典礼上举行宗教仪式。据我们所知，在这种情况下，一些持反对意见的年轻毕业生们被劝服从这一活动。本法院从未有过判决，提出学校可以劝说或要求学生参加宗教仪式。但是这里发生了这种行为，这是第一条修正案的宗教条款不允许的。

因为我们陈述的上述原因，上诉法院的判决得以确认。

斯加里法官持反对意见，首席大法官、怀特（White）法官和托马斯（Thomas）法官认同他的观点。

在三个开庭期之前，我同意这样一个观点，必须对第一条修正案中的宗教条款进行解释。这是鉴于政府的政策要适应、确认并支持宗教是我们的政治和文化传统中一个可以接受的部分。这个观点认为宗教的含义可以参照历史行为及对其的理解进行决定。人们相信，如果条款和历史传统不相一致，将会导致这一长期存在的传统失效。在这种情况下，如果执行宗教条款的保护措施所提出的测评标准，将不能正确地解释该条款（阿勒格尼县诉大匹兹堡市美国公民自由联合会）。

这一系列观点使我不能认同今天的观点，它显然没有对照任何历史。在认定“宗教条款反对在公立学校的毕业典礼开始及结束时进行祈祷"这一点上，法院正准备打破一个古老的传统——一个它没有提到，但正在发挥效用的历史传统。这种传统是指在公共庆祝仪式上向上帝进行的一般的无宗教差别的祈祷。因为法院的破坏方式威胁到社会文化，所以法院制定一种可以无限操作的、造成心理压迫的任意的测评标准。

今天的观点有力地表明了许多推论：为什么我们国家保护宪法的堡垒不能依靠法官们的易变的哲学的偏好，而必须以我们人民的历史实践为基础。

* * *

我们国家的历史和传统与以感恩和祈求为特征的公共仪式相适应。从我们国家有历史开始，祈祷词已经成为政府典礼和公告中一个重要的组成部分。

* * *

联邦政府的另外两个部门在公共事务上也形成一个长期的祈祷传统。如我们在玛希一案中详细叙述的那样，从第一届国会开始，国会开会时总会以一位牧师的祈祷为开端，并且本法庭的开庭从马歇尔作为首席大法官开始时，就从这个祈祷词开始："上帝保佑美国和这个受到尊敬的法庭。"

除了公共典礼中这个一般的祈祷传统之外，在公立学校的毕业典礼上，还存在着一种更特殊的祈祷传统。如法院在描述高中毕业典礼的"通常标准"时间接承认的那样：开始及结束时的祈祷活动已经和学校毕业典礼程序中其他部分的传统一样得到承认和广泛的认可。

法院也许会以毕业典礼上的祈祷和赐福活动涉及"心理强迫"为理由，将其与其他情况的公共"保护和传播宗教信仰"诉讼案分离开来。我发现一个十分令人迷惑的事情：我们对宗教条款中涉及到节日里的展览问题进行裁判时，已经作出要求，要与跟法院的调查相比更普遍的内心独白(interior decorators)联系在一起。但是对内心的研究与那些可以由外行人进行的心理研究相比，前者是一门艰深的学科。先前的一些关于"心理学研究"的判例与这个诉讼案并没有特别的关系，因此它们不能掩藏这个事实:法院已经超越了它们的领域,法官不知道他们自己在这个领域内做什么。法院在判决原因中说政府官员“强迫”学生参加毕业典礼中的祈祷活动,这种说法没有准确根据,而且毫无逻辑性。

*　　*　　*

法院宣称“学生感到有一种真实的强迫感迫使他们参加政府主持的宗教仪式”。但是说这种“真实的强迫感”确切地是什么?根据法院的观点,在毕业典礼上“想避开这个祈祷活动或避免露面的学生会感到有心理压力,因为他们在同伴或校方的压力下,会参加这个集体祈祷活动,或者至少保持有礼貌的沉默”。这个主张是法院观点中的惟一一个关键点,但是它没有表达出来的内容和它表达出来的内容令人感到同样的迷惑。例如,它没有指出学生由于心理上的压力而被迫屈服,从而把他们的手放在祈祷词上,根据祈祷文的内容说出“阿门”或者实际上进行了祈祷(可能可以对这些问题进行进一步彻底的心理研究)。它仅仅指出学生由于心理压力被迫“集体参加这种祈祷仪式或者至少保持有礼貌的沉默”。

*　　*　　*

这个观点表明法院本身并没有仔细考虑它提出的心理压力测试。因为如果仔细考虑的话,它怎么能对学生参加对美国的效忠宣誓没有发表任何相关的暗示和表示不同意呢?这一宣誓活动直接发生在戈特曼牧师的祈祷活动之前。当然政府不能强迫推行正统宗教,也不能强迫推行正统政治[见西弗吉尼亚教育委员会诉巴内特案(West Virginia Board of Education v. Barnette)]。而且从巴内特一案以后,美国的效忠宣誓词看起来也会产生与毕业典礼祈祷仪式上同样的“宗教条款问题”。如果学生在祈祷活动期间受到心理上的强迫而保持站立,那么,在此之前他们必定也在宣誓活动中受到心理上的强迫(从法院看来,他们参加或看起来参加了宣誓活动)。

*　　*　　*

法院确认的另一个主要事实是在学校毕业典礼上“政府官员指导了

一个正式宗教仪式的执行”。所有的诉状表明，普罗维登斯市公立学校负责人均在他们的授权范围内行事，他们邀请神职人员在毕业典礼上发表祈祷及赐福宣言。校长邀请了戈特曼牧师，提供给他一个两页的小册子，而这个小册子是由基督教及犹太教全国联合会发行的。校长对有关市民节日的祈祷文内容给出一般性建议，并建议牧师在毕业典礼上的祈祷活动不应有宗教派别之分。然而，这些事实被巧妙地进行了改变，指控校长“指导并控制戈特曼牧师的祈祷文的内容”，学校官员主持了“祈祷仪式”，并试图“创立官方祈祷文”，还在这个诉讼案中指控政府涉及宗教活动这类很难进行彻查的行为。

* * *

法院的观点具有更严重的缺陷，不仅对是否有政府引导的强制行为这个问题错误回答，而且对这个如此重要的问题，法院作出了违反宗教条款的根本原则的判决。强制性统治是历史上建立宗教的明显标记，这种强制是出于建立正统宗教的需要，并且得到法律效力(force of law)的有力支持，违反它就会受到法律的惩罚。通常要求市民参加政府举办的教堂活动，只有官方教堂的神职人员能够合法地施行圣礼。即使是默认，许多反对者也会面临丧失一系列公民权利的惩罚。

制定宗教条款是为了禁止在联邦层次上建立宗教，并且防止联邦干涉各州的宗教事务。

因此，我没有对法庭的总主张提出责难，它认为宗教条款“保证政府不会强迫任何人支持宗教或者参加宗教或宗教仪式”。我认为没有正当的理由拓展强迫的概念，这超出了刑罚所支持的法案的范围。幸运的是，从对这种强迫观念的理解，可以很快地辨认出我们中的一些人，那些人很熟悉布莱克斯通爵士(注：布莱克斯通爵士，1723—1780，英国法理家，法律作家)，而不是弗洛伊德(注：弗洛伊德，1856—1939，奥地利精神病医师，心理学家，精神分析学派创始人)。

* * *

我们的宗教条款裁决程序已经变得混乱。因为它依靠于公式化的抽象的概念，这些抽象的概念不是来自于我们长期接受的宪法传统，而是确实地与之相矛盾。更重要地，在这个程序中，存在所谓的莱蒙测试标准（见莱蒙诉库兹曼），而这个测评标准受到法院许多法官的广泛批评。

今天法院表明本案与“莱蒙”一案没有相关性，并忽略了该案例的影响，可能是该法庭其他一些令人遗憾的判决令人高兴的副产品。然而，不幸的是，法院用它的心理强迫测试代替莱蒙测试标准，这将会导致双倍的无效力。因为这种测试在我国人们的历史行为中没有基础，而且心理测试自身也在无尽地扩充。

这个诉讼令人高兴的另一面是它仅仅是法律学上的不幸，而不是实践上的。根据法院的判决所确定的奇怪的原则，只要学校当局说明任何人只要放弃进行大叫大嚷的抗议，就可以不参加祈祷活动，那么下一年6月，在公立学校毕业典礼上就可以进行祈祷活动，如同他们在过去一个半世纪所进行的那样。所有这些需要发布一个通知，即在毕业典礼开始时发布一个书面通知，以确保在要求所有人起立进行祈祷时，没有人是被迫加入的，也不会由于起立被假定为参加了宗教活动。可以列举一个明显的事实使毕业生和他的父母亲可能会开始感谢上帝，如美国人经常做的那样，感谢上帝慷慨地赠与他们和他们的国家的恩惠。

## 解释与分析

许多观察者认为，由于法院的几次人事变动，这次判决将会成为改变公立学校里的祈祷行为的法律惯例的媒介。当然，除了清楚地揭示了关于这个诉讼案的基本哲学观的不同之外，持同意意见的多数人和持异议者的意见也表明了法官中存在着高度的分歧。尽管法院看起来没有放弃莱蒙测试标准，但是这场判决不是由于执行判决而开创了一种强迫测评标准吗？根据莱蒙测评标准，要满足宗教条款，政府行为必须：（1）反映明确的世俗目的；（2）既不推动也不抑制宗教；（3）避免政府和宗教之间的过度牵连。

在李一案中发表大多数人意见的安东尼·肯尼迪法官(Justice Anthony Kennedy)，在1987年被罗纳德·里根总统(President Ronald Reagan)任命为最高法院大法官之前，曾任私人律师(private practice)，并且是美国上诉法院第九巡回区的法官成员。在这场判决中支持安东尼·肯尼迪法官观点的还有布莱克姆(Blackmun)法官、史蒂文斯(Stevens)法官、奥康纳(O'Connor)法官和苏塔(Souter)法官。布莱克姆法官于1970年被理查德·尼克松总统(President Richard Nixon)任命为大法官，在1994年退休。他退休后由曾任美国上诉法院第一巡回区首席法官的史蒂芬·布瑞俄(Stephen Breyer)接替了他。史蒂文斯于1975年被福特(Ford)总统任命为最高法院大法官，在这之前，他曾任私人律师并且是美国上诉法院第七巡回区的成员。仙朵拉·戴·奥康纳(Sandra Day O'Connor)是最高法院任命的第一位女法官，在她于1981年由里根总统任命为大法官之前，她是亚利桑那州的司法部长助理、州上诉法院法官和立法委员。戴维·苏塔(David Souter)法官于1990年被布什总统(President Bush)任命为大法官，他曾经是新罕布什尔州司法部长及州最高法院成员。

安东尼·斯加里(Antonin Scalia)法官在李一案中发表了反对意见，得到首席大法官莱恩奎斯特(Rehnquist)、怀特法官和托马斯法官的支持。斯加里法官于1986年由里根总统任命，接替莱恩奎斯特法官的位子，而莱恩奎斯特法官被提升为首席大法官。斯加里法官来自于美国上诉法院哥伦比亚分区法院，他曾是一名开业律师，也是法学院教授，在司法部时任司法部长助理。威廉·海·莱恩奎斯特(William H. Rehnquist)首席大法官是由里根总统于1986年任命的，是联邦最高法院第16位首席大法官，接替沃伦·伯格首席大法官(Warren Burger)。莱恩奎斯特法官从1972年起就是美国最高法院副法官(an associate justice)，他在最高法院任职之前，曾经做过罗伯特·杰克逊法官(Justice Robert Jackson)的法务助理、私人开业律师和美国司法部长助理。拜伦·"威扎"·怀特(Byron "Whizzer" White)是最高法院里具有独特背景的法官,怀特法官是 ΦBK 联谊会成员(a Phi Bea Kappa,美国大学优秀生全国性荣誉组织)、罗德斯奖学金获得者(Rhodes scholar)、科罗拉多大学的全美橄榄球明星、橄榄球专业运动员(于 1938 年在全国橄榄球联盟赛中主场获胜)、名人橄榄球会所成员、被授予勋章的海军军官、最高法院的法务助理、律师、司法部副部长。他是科罗拉多州的肯尼迪支持者领袖,1962 年被肯尼迪总统任命为大法官。怀特法官于 1993 年离开了最高法院。布什总统于 1991 年任命克拉伦斯・托马斯(Clarence Thomas)法官为大法官。他曾任密苏里州司法部长助理、雇用机会平等委员会主席、美国上诉法院哥伦比亚分区法官。他的任命受到严格的审查,在确认听证会上,对他的关于性别观点以及右翼思想进行听证。鲁丝・贝德・金丝伯格(Ruth Bader Ginsburg)接替了怀特法官的位置,是最高法院里的第二位女性,在接受任命之前她一直是法学院教授,并在美国上诉法院哥伦比亚分区服务了 13 年。

斯加里(Scalia)法官的异议包括几个值得注意的陈述,他的讨论应该使班级讨论(class debate)更有趣。他说大多数人的观点“准备破坏一个长期存在的美国传统,这个传统是在公共庆祝仪式上,向上帝进行一般性的无宗教差别的祈祷”。

1954 年,当法院否决公立学校里的种族隔离政策时,不是也发表了一个与长期存在的传统有关的论点吗?它宣称法院的判决代替了莱蒙测评标准,但是多数法官的观点认定,“……我们不接受对莱蒙标准进行复议的请求……”,并允许下级法院使用该测评标准。当斯加里法官提出“制定宗教条款是为了禁止在联邦层次建立宗教,并且防止联邦政府干涉各州的宗教事务”时,他是暗示各州可以建立一个州的官方宗教吗?斯加里法官为了阻止李一案的判决而提出建议,根据此建议,学校官员仅仅可以在毕业典礼的公告中插入一个声明,表明放弃要求所有的学生参加祈祷活动。斯加里法官损害了大多数法官提出的判决精神吗?他的反对意见正确地反映了大多数美国人对祈祷问题的看法吗?

学校主办的其他的公共活动中的祈祷活动也引起法律争议。在斯安特独立学区诉多伊(Santa Fe Independent School District v. Doe, 530 U.S. 290,2000)一案中，联邦最高法院提供了自1962以来的一系列判决,以6∶3的投票判定,除了政府主持的学校祈祷活动以外,由学生领导的、学生发起的足球比赛时进行的祈祷活动也违反了第一条修正案的宗教条款。

在这个诉讼案中,法院对学校的一项政策提出质疑,学校授权进行了两次学生投票表决,第一次决定是否应该在比赛时进行祈祷活动,第二次选出陈述祈祷词的发言人。在法院的判决中,法院重申了其在李诉韦斯曼一案中涉及强迫的立场:“至少,宪法保证政府不可以强制任何人支持宗教或参加宗教活动,或者建立政府宗教或政府宗教信仰,或者试图这样做”。此外,法院提出:(1)这一争议起因于学校的行为;(2)学区试图通过学生选举授权进行足球比赛中的祈祷活动;(3)学区试图查出原告的身份;(4)学区的政策是一种欺瞒。

法院声称:本诉讼案中的强迫行为是行为本身内在的性质,并由行为自身表现出来。进行学生选举并不意味着可以免除学区强迫行为中的不被许可性。因为学区坚持举行“在宪法上有问题的选举”,法院也指出,学区声称与毕业典礼不同,出席足球比赛是自愿的,而且也是非劝导性的,因为只有为了班级荣誉的拉拉队、乐队成员和足球运动员等一些学生不得不参加比赛。但法院不接受这样的解释,指出:学生是真正愿意参加,还是因为受到巨大的社会压力而参加美国的足球比赛之类的“课外活动”,没有人进行监督。法院并且确定“宪法要求公立学校不得强迫学生作出困难的选择:是出席这些比赛,还是冒险面对这些令自己感到不悦的宗教仪式”。

在学校中进行祈祷仪式并不是学区所说的非公开的演说。法院认定这种祈祷活动是在学校资产的基础上进行的,是学校主办的事情。使用学校的公共设施,由代表学生身份的发言人在教师的监督下陈述祈祷词,这一切均依从于学校明确规定及暗中支持的学校宗教活动政策。法院得出推论,这种比赛前的仪式不能被认定为是一次公开的讨论会,因为举行的这种仪式不是可以任意进行的。

法院认为，这种学校建立学生选举机制的做法，把学校变成一个宗教问题讨论会所，并且授权某些学生用职权迫使少数学生接受并不符合宪法的信息。法院宣称这种体制逐渐损害了对少数人观点的基本保护，并且“鼓励了宗教领域内的分裂，进而威胁了那些不愿参加宗教仪式的学生，强迫其参加”。

学校也表达了对原告——摩门教和天主教家庭——的关心，认为他们需要保护，防止受到威胁和困扰。因此地区法院允许他们匿名提出诉讼，除了这样做之外，还特地发布了命令，部分内容提供如下：

> 学区或学校管理机关、官员、律师、教师、学区官员或公务员、父母、学生或其他任何人，利用伪造诉状、调查表、个别质问或完全地“窥探”等方法，公开地或秘密地试图进一步查找该诉讼案中原告身份的行为必须立即停止。任何人如果在上学时间内或利用学校资源，采取行动试图找出本诉讼案中原告的身份或姓名，那么他将会面临来自法庭的可能最严厉的蔑视罪制裁，另外可能也要承担刑事责任。

在斯安特独立学区诉多伊一案中，大多法官的强烈的言词表明了法院对学区试图引导足球比赛中的祈祷活动的这一被禁止行为的态度。法院提到学区政策欺骗世人的目的，并宣布学区“要求我们假装不承认这个政策是关于祈祷活动的，而每个高中的学生都清楚地明白这一点，学区进一步要求我们接受明显是不真实的话语：这些祈祷词对‘举行’足球比赛来说是必需的，而且指定一个经常发表祈祷词的学生对保护学生演讲来说是必不可少的”。

在这个诉讼案中，学区的做法明显地反映了社会对足球比赛中的祈祷活动所持的价值观。学区先制定政策，在政策中给出祈祷词，当这种做法受到质疑时，学区自始至终致力于在最高法院面前为自己辩护。学区很明显地表明，它将会尽其所能保持它认为重要的价值观念。你认为在该诉讼案中，学区制定政策的行为会成为管理学生的范例吗？为了表达他们对斯安特独立学区诉多伊一案判决的不满，南方几个州在2000年足球比赛前仍继续进行祈祷活动。这种祈祷活动不是由学生引导的，而是由地方神职人员完成的。

在斯安特独立学区诉多伊一案之前和李诉韦斯曼一案之后，两个联邦上诉法院——联邦上诉法院第五、第十一巡回法庭——曾经支持由学生引导的毕业典礼上的祈祷活动，这些学生是由他们的同学选举出来的。尽管足球比赛中的祈祷活动是斯安特独立学区诉多伊一案中的问题，法院的立场表明了允许毕业典礼中的祈祷活动是违宪的吗？在教室外进行的其他的由学校指导的活动中的祈祷行为，如学校集会、足球比赛开始或结束时的祈祷活动以及乐队演出之前的祈祷活动等，斯安特独立学区诉多伊一案也没有直接说明。该判决的立场为禁止这些活动中的祈祷提供了充分指导吗？你所在的教育部门在涉及毕业典礼和学校主办的其他活动中的祈祷活动时，作出了怎样的规定呢？

### （二）平等进入

许多公立学校有《圣经》或其他宗教研究团体，这些团体的成员在上学前、上学时或放学后，在学校里集合开会。在一些诉讼案中，他们已经作为正式的学生法人组织得到承认，并且经常在布告栏或校报上为他们的活动做广告。偶尔，这些团体会在“活动时间”集合。

由于害怕对宗教团体的官方承认会产生与政教分离相关的诉讼案，学校里的一些管理者拒绝授予他们学生法人团体的资格。然而拒绝承认这些团体的合法地位，也会经常产生诉讼案。为了解决这些争端，国会于1984年通过了“平等进入法案”(the Equal Access Act)。根据这个法案，对任何一所接受联邦资助的公立中学来说，如果学校对公开言论加以限制，不承认和拒绝在集会时发表宗教、政治或哲学言论的学生团体，那么将构成违法行为。学校教员可以出席，也可以不出席，非学校人员不能控制该团体或者常规性地参加这些团体的会议。该法案宣称，当学校允许一个或更多的非课业学生团体在非授课时间内以学校的名义在学校里集合时，就构成了限制性公开集会，因为这样的集会限制了自发和自由的集会，限制了学生进入集会的平等，形成了团体之间的不平等。如果集会是以课程为基础的，就没有构成限制性公开集会。

平等法案的通过并没有减少围绕公立学校的宗教俱乐部的承认问题所产生的争论。有将近一半的联邦上诉法院受理过此类案件。在西学区教育委员会诉默根（Board of Education of the Westside Community Schools v. Mergens, 496 U. S. 226, 1990）一案中，联邦上诉法院以8∶1的投票通过判决，认为平等进入法案是符合宪法的。

在限定"限制性公开集会"时，法院确定，"当学校表示愿意或给机会为一个或多个非课业学生团体在非授课时间的集会提供学校设施作为场所时"，这样一种限制性公开集会就存在了。平等进入法案就给那些想参加限制性公开集会的学生提供了一个公平的机会。

……如果学校一直确定集会是自愿的并且由学生发起的，不是学校、政府或政府代理人、雇员主办的，不会对学校内部的教育活动的秩序产生重大的实质性影响，没有非学校人员的引导、控制、指挥或常规性的参与。这样的集会就是合法的和平等的。

法院解释说：与课业有关的团体指的是与学校提供的课程有非常合理的略微触及的或薄弱的关系。如果该团体的主题与实际上或者将要定期提供的课程有关，如果该团体的主题总的说来涉及到课程的主要内容，如果参加该团体要求学习一个特殊的课程，或者参加该团体可以获得学分，那么这个团体就是直接与学校的课程有关。这种团体可能包括法语俱乐部、学生管理组织或者乐队等。通常地，诸如象棋俱乐部、集邮俱乐部或者社会服务团体等被视为"与课业无关的学生团体"。

毫无疑问，平等进入法案（EAA）的主要目的是确保学校对学生团体的正式承认。因此，公众可能会认为通过法院的判决，允许具有宗教特征的团体在学校有安身之所，会弱化所谓政教分离制度。可能在该法案通过后，法案不会获得完全的承认，但是该法案也保护那些很少获得地方社区支持的宗教和政治团体，例如撒旦崇拜党、光头党、基督教徒同性恋联盟、铁杉会成员（Hemlock Society）和各种各样的非暴力“群体”等。学校正式承认这种具有政治或宗教特征的学生团体，使它们有资格成为学生活动计划的一部分。这使它们获得支持，有权进入校报、布告栏、公共发言组织和学校集会等。依据平等进入法案的条款，不正式承认这些团体的惟一方法是，仅仅批准与课程有关的团体，或者拒绝联邦资助。从平等进入法案获得通过，并在默根一案中获得支持以后，关于该法案的争论一直持续着。在一个诉讼案中，一个学生同性恋俱乐部被拒绝平等地进入学校设施。法院在科林诉奥林奇联合学区（Colin ex. rel. Colin v. Orange Unified School District，83 F. Supp. 2d 1135，Cal. 2000）一案的判决中，裁决该团体可以在校园里集会，法院也指出批准的团体与课业无关，并且非学校人员不能指导或控制该团体。如果学生的非正式集会不能完全满足平等进入法案的要求，这样的组织资格如团体的名称和任务发生变化，并且违反了平等进入法案，那么学校就应该重新认真审查。否则将会引起法律纠纷。

在另一个诉讼案中，不允许一个宗教团体在午饭期间集会，尽管其他团体可以。但是，法院在森尼瑟斯诉圣迭戈学区理事会（Ceniceros v. Board of Trustees of the San Diego Unified School District，106 F. 3d 878，9th Cir. 1997）一案中解释说，因为在午饭期间没有上课，其他团体可以在那个时间集会，它就是法案中所指的“非授课时间”，而在午饭时间的集会并不违反宗教条款。因此，学校的做法与平等法案是不一致的。在苏诉罗斯林第三联合自由学区（Hsu v. Roslyn Union Free School District No. 3，85 F. 2d 838，2nd Cir. 1996）一案中，法院裁决，学校组织应该允许学生组建“水上步行”（Walking on Water）阅读《圣经》组织。尽管该社团中的一些人员是把耶稣作为他们的救世主的基督教徒。

平等进入法案受到质疑，有人提出，依据华盛顿州宪法，可以限制学生的宗教集会，该宪法禁止学校官员允许宗教组织在学校设施内集会。

联邦上诉法院不同意这种看法，并且指出州政府不能剥夺诸如平等进入法案等联邦法律赋予公民的权利［见加尼特诉伦顿第 403 学区(Garnett v. Renton School District No. 403，987 F. 2d 641，9th Cir. 1993)案］。

为了解释平等进入法案，联邦教育部于 1998 年发表了一系列以宗教自由为指导方针的相关文件，包括以下内容：

> 制定平等进入法案是为了与第一条修正案保持一致，确保学生的宗教活动和学生的世俗活动一样有相同的进入公立学校设施的机会。根据联邦法院对法案的解释和判决，司法部建议应该对法案的内容另外进行解释，规定如下：

**一般条款**

> 公立中学的学生宗教团体有同样的权利使用学校设施，如同其他类似的学生团体所享有的权利一样。在平等进入法案下，接受联邦基金资助的学校应允许一个或多个与课程无关的学生团体在非授课时间利用学校设施集会，不可以拒绝学生宗教团体的进入。

**祈祷活动包括礼拜仪式**

> 受平等进入法案限定和保护的集会可以包括祈祷仪式、阅读《圣经》或者其他的礼拜仪式。

**集会宣传方式的平等进入**

> 接受联邦基金资助的学校必须允许依据法案举行的学生团体集会，允许其使用学校的媒体——包括公共通讯系统、校报和学校的布告栏——宣传它们的集会，同样地允许其他的与课程无关的学生团体使用学校的媒体。任何涉及学校媒体使用的政策必须以非歧视的方式适用于所有的与课程无关的学生团体。然而学校可以通知学生某种组织不受学校的支持。

**午饭时间和其中的休息时间**

学校依据平等进入法案建立了限制性平等机会，促进了宗教团体的平等进入权利。如同学校允许学生在上学之前和放学后集会一样，学校也允许学生在上学日的午饭时间或非授课时间集会。

如果仅仅要求一位行政人员为了维持秩序或承担侵权行为的赔偿责任出席某团体的集会，而他由于宗教和政治观念与该团体不一致反对参加这种集会，该行政人员的行为和目前的情况相矛盾吗？

### （三）进化理论的教学

1925年著名的"斯科普斯猴子审判"（Scopes monkey trial）将全国的注意力集中到公立学校中进化论的教授上。尽管约翰·斯科普斯（John Scopes）因教授进化论被判定有罪，但是这项定罪实际上没有让约翰·斯科普斯承担任何法律责任。一直到20世纪70年代，对这个问题的争论一直保持相对平静。在那个年代，反对教授进化论的势力开展了一项新策略，他们寻求建立一种新的理论，试图解释《圣经》描述的神创造人是一种值得尊敬的科学理论，因而应该在公立学校的教室里教授此理论。尽管神创论在议会几次开会时均是争议的议题，阿肯色州和路易斯安那州还是颁布了州成文法，要求教授进化论。这些法令很快因它的合宪性问题受到质疑。在爱德华兹诉阿奎勒德（Edwards v. Aguillard）一案中，联邦最高法院以7∶2的判决，裁定这种行为违反了第一条修正案禁止确立宗教的要求。

**爱德华兹诉阿奎勒德（Edwards v. Aguillard）**

**联邦最高法院，1987**

**482 U. S. 578**

布伦南（Brennan）法官发表了法院的观点：

判决的疑问在于是否应判定路易斯安那州的“平等对待在公立学校教授神创论和进化论法案”(Creationism Act, La. Rev. Stat. Ann. §§17:286.1—17:286.7)违反了第一条修正案中的宗教条款而无效。该法案规定,如果在公立学校教授进化论的同时不教授神创论,就是违法的。该法案也没有要求学校必须教授进化论或神创论,然而,如果教授其中的任何一个,也必须教授另外一个。法律对进化论和神创论理论作的法律定义为:对神创学说和进化学说的科学解释和对这个科学解释做出的推论。

从立法过程可以清楚地看出,该项立法的提案人比尔·基思(Bill Keith)的目的是缩小科学课程的范围。在立法听证会上,参议员基思说:“我既不偏向教授神创论,也不偏向教授进化论。”对教学实施这种禁令,实际上没有促进,反而损害了学校所提供的综合的科学教育。

* * *

同样地,可以很清楚地理解,要求学校教授进化论的同时教授神创论不能促进学术自由。该法案没有给予教师弹性,他们在关于人类起源问题上,不能自由地引进除进化论外的新理论代替目前的科学理论。

* * *

如路易斯安那州科学教师联合会主席声明:任何建立在既定事实基础上的科学能够纳入我们的课程,没有必要通过立法允许这样做。法案并没有为路易斯安那州公立学校的教师提供新的权力。因此,没有达到州政府通过该法案的意图。此外,基本的“公平”目标很难通过该法案实施。因为该法案具有差别对待的偏见,它支持教授神创论,反对教授进化论。当该法案要求为神创论开发课程指南时,对进化论类似的指南只字未提。

* * *

同样地,该法案为神创论而不为进化论提供研究服务。法案禁止学校委员会歧视其他任何选择成为神创论科学派的成员或者歧视教授神创论的教师，但是没有保护那些选择教授进化论或任何其他非神创论的科学理论的人，或者拒绝教授神创论的人。

如果路易斯安那州议会的目的仅仅是为了把科学教育的综合性和恰当性提高到最大限度，它会鼓励所有和人类起源有关的科学理论的教育。但是依据法案的要求，曾经可以自由地教授任何科目或该科目所有方面的教师现在不能这样做了。而且该法案甚至没有保证必须教授神创论，只是仅仅要求当教授进化论的时候，教授这种理论。因此，我们同意上诉法院的结论：该法案不是为了保护宗教自由，并有明显的不光彩的目的："每次教授进化论时，为了平衡，同时教授神创论。"

同斯通和阿宾顿诉讼案一样，在本案中我们很容易看出，议会颁布这项成文法具有显著的宗教目的。在教授某种宗教理论和教授进化论之间有着历史的和同时态的联系。如法院在爱普森诉阿肯色州(Epperson v. Arkansas)一案中提到的，正是这种联系引起了对规定教授进化论的成文法的质疑。在那个诉讼案中，法院审查了阿肯色州的一项成文法，该法案认定教师教授进化论或者使用这种科学理论的教材是非法行为。尽管阿肯色州的这项反进化论的法令没有明确地说明它的宗教目的，法院不能忽视这项成文法是"正统的基督教徒"的宗教热情高涨的产物，他们长期把进化论这种特别的科学理论看作是与《圣经》的原文解释相矛盾的内容。在审查这个反进化论的法令的形成过程后，法院作出裁决：毫无疑问，阿肯色州该项法律的动机与其他各州的反进化论法令是相同的——禁止教授进化论，因为他们认为进化论"否认了"神圣的神创造了人。法院发现，政府所做的是，防止这种宗教在受到"不忙讨厌"的科学观点的伤害中失去合理的利益。法院得出结论："第一条修正案不允许政府提出要求：教学必须配合任何宗教教派和教义的原则或禁律。"

在同样的历史背景下和同一时代里，教授宗教理论和进化论这样两种对立的内容的现象，在这个诉讼案中也出现了。路易斯安那州议会一个明显的目的无疑是想推行一种宗教观点：一种超自然的力量创造了人类。术语"神创论"是由那些接受这种特殊的宗教教义的人界定出来的，那些人负责酝酿和制定神创论法案。爱德华·布德罗（Edward Boudreaux）是参议员基思支持神创论的最重要的专家，他在立法听证会上证明：神创论理论包括相信超自然造物主的存在。参议员基思也引用来自其他专家的证言来支持神创论的观点："造物主创造了宇宙及宇宙万物。"因此这个立法过程揭示出，这项法案的通过体现了一种宗教信仰，即一个超自然的造物主负责创造了人类。

议会要求教授与这种宗教观点相一致的理论并非偶然。立法过程证明，该法案的主要目的是改变公立学校的科学课程。这样做是为神创论这种特殊的教义提供令人信服的优势，从而全面否定进化论的事实依据。神创论法案的提案人——参议员基思，在立法听证会上解释说：他对进化论的轻视源自于进化论的主要观点与他自身的宗教信仰完全相反。据参议员基思所言，进化论与"宗教人文主义、世俗人文主义、神学自由主义、唯美主义的主要原则"相冲突。

这位州议员反复声明，支持他的宗教观点的科学依据应该纳入公立学校的课程体系内，并且修正了一项事实：进化论偶然会和跟它自身相反的宗教的某些特征相一致。因此，法律应尝试改变科学课程，赞同与进化论相对立的宗教观点。在这个诉讼案中，神创论法案的目的是重建一种科学课程以符合特定的宗教观点。从公立学校中可能教授的多种科学体系中，议会选取了一种科学理论来影响进化论的教授，这种科学理论在历史上一直遭到某种宗教教派的反对。

*　*　*

我们不是暗示立法机关不能对正在教授的主要科学理论提出科学的批判。事实上，法院承认在斯通一案的判决中禁止张贴《十诫》，并不意味着再也不能使用《十诫》或者否认《十诫》在西方文明发展史上起到的独特的宗教作用。相同地，可以有效地利用对儿童教授关于人类起源的多种科学理论，达到增强科学教育的有效性这个明确的世俗目的。但是因为神创论法案的主要目的是支持一种特定的宗教教义，所以该法案因为促进了宗教而违反了第一条修正案条款。

* * *

路易斯安那州的神创论法案促进了宗教教义，它要求：要么把进化论驱逐出公立学校的教室，要么引进完全否定进化论的宗教观点。因为该法案寻求利用政府的象征性和财政支持达到其宗教目的，所以它违反了第一修正案的宗教条款。上诉法院的判决得以确认。

* * *

斯加里(Scalia)法官持反对意见，首席大法官支持其观点。

即使我赞同这个可疑的假设：仅仅依据该项立法的动机，不考虑它的结果，就根据第一条修正案的宗教条款判定其无效，我也找不到正当的理由支持今天的判决。路易斯安那州赞成通过"平等对待神创论和进化论法案"的立法委员，都曾发誓拥护宪法，他们充分意识到修正案宗教条款中的潜在问题，并很仔细地考虑了该项立法的各个方面，他们在几次听证会和几个月的研究之后，对最初的建议进行了重要的修改，他们以压倒多数的投票通过了该法案，并明确地表达了他们计划让该法案达到的世俗目的。尽管在诉状中有大量证据表明该目的的真诚程度，但是现在法院却认为实质上他们出于本能而煽动了那些议员，因而目的并不真诚。因而宣称路易斯安那州议会成员故意违背了他们的誓言并对此撒谎。我对此提出异议。如果说，从字面上看，平等对待法案的要求不明显，它的要求经过路易斯安那州最高法院的解释或者通过它的实施方式进行了阐明。该法案可能会被认为违宪，但是它的违宪问题不能因为指责它的支持者的动机，就仓促地对其直接作出处置。

基于辩护的立场，有人承认，路易斯安那州大多数议员投票赞成平等对待法案，在一定程度上是为了增强正统派基督教教徒的信仰(而不仅仅是为了消除差别对待)。但是，仅仅依据这样的理解，不能判定路易斯安那州法案无效。

作为一种世俗的事情，路易斯安那州人民包括那些正统派基督教徒在内，都有权利接受具有各种科学依据的科学课程，该方面课程可能会与目前他的学校里的进化论相反。正如无论斯科普斯先生支持什么形式的科学依据，他都有权利上课一样。可能路易斯安那州的法令的规定是违宪的，因为它没有提出这种科学依据，而且他们建立的授课方案总计起来仅仅是一本《创世纪》(《圣经》第一卷)。尽管如此，我仍然相信平等对待法案具有世俗的目的，它符合莱蒙测试标准中第一条要求。我将否决上诉法院的判决，并建议将案件发回重审。

## 解释与分析

在早一点的判决中，法院认为阿肯色州的“反进化论”法案违反了宗教条款(见爱普森诉阿肯色州案)。

威廉·布伦南(William Brennan)法官在爱德华兹诉阿奎勒德一案中发表了大多数人的看法，他于1956年被德怀特·D. 艾森豪威尔总统任命为大法官，他曾任新泽西州最高法院副法官。布伦南法官1990年从最高法院退休，接替他的是戴维·苏塔(David Souter)法官。斯加里法官和首席大法官莱恩奎斯特，正如他们在爱德华兹诉阿奎勒德和其他裁决中显示出的异议一样，表现出对用来决定某些问题的盛行的合法的理论基础的强烈不满。因而他们的意见也与威廉·布伦南法官相左。

尽管教授进化论的反对者在法庭上没有获胜，围绕这个问题的争论却一直持续着。在一些州，教授进化论继续在州及地方层次上受到质疑；在一些州，科学书本上刊登一些否认进化论科学地位的内容，或者把相似的否认声明读给学生听。在所有的小学和初中课堂上，教授进化论之前会直接朗读这些否认声明。在弗莱勒诉汤帕豪瓦教育委员会(Freiler v. Tangipahoa Parish Board of Education，185 F. 3d 337，5th Cir. 1999)一案中，这种做法受到质疑。在否认声明中包括以下叙述：进化论被描述为这样一门科学：“告诉学生科学的概念，并不意味着影响或反对《圣经》中的神创论或其他观念。”并且“要求学生运用批判性的思维去思考，收集各种适合的信息，并用心地查阅每一种可供选择的观念，有助于形成自己的观点”。上诉法院判定这种否认声明是违反宪法的，指出这种否认声明的意图是“保护和维护一种特定的宗教观念，即信奉《圣经》中的神创论”。法院得出结论：这已经产生了“不被允许的推动宗教”的效果，因此违反了莱蒙测试标准（也就是许可测试标准）中的第二条。

当禁止教师教授非进化论的神创论时，没有侵犯第一条修正案赋予教师的权利。法院并不接受教师的辩解，说他正在开发学生的开创性思维，鼓励学生探索可供选择的观念[见韦伯斯特诉纽·伦诺克斯学区（Webster v. New Lenox School District，917 F. 2d 1004，7th Cir. 1990）案]。在派洛萨诉喀辟思特罗联合学区（Peloza v. Capistrano Unified School District，37 F. 3d 517，9th Cir. 1994）一案中，法院作出了相似的判决。

在另一个诉讼案中，州最高法院裁定中止与一位教师的合同，该教师在他的生物课上，把过多的时间用于教授神创论和宗教知识，而不讲授基本的生物学原理。学校委员会已经确立指导方针，允许教师在详细说明的时间总数里教授进化论或神创论[见戴尔诉莱蒙独立学区教育委员会（Dale v. Board of Education, Lemmon Independent District, 316 N. W. 2d 108, N. D. 1982）案]。

### （四）教科书（课本）

家长可能会以某种教科书推进世俗的人文主义而抑制有神论的宗教为理由，拒绝使用该教科书。在一个诉讼案中，家长指控因为法院作出的裁决，使历史学、社会研究、家政学课本促进了世俗的人文主义，而把宗教事务排除在外，并且排斥基于《圣经》的或有关神学的教学内容体系。联邦上诉法院第十一巡回法庭不支持家长的辩论，作出判决：

> 我们审查了这些教科书的内容，包括被原告指出的特别令他们感到不快的段落，总的说来，从这些书的上下文来看，毫无疑问，他们在寻求获得一种非宗教的目的。这一切表明他们传达的信息，不

是要推翻世俗的人文主义或者任何宗教信仰。相反地，他们传达的信息是政府试图在亚拉巴马州的公立学校中灌输这样的价值观念：独立思考、容纳多样化的观点、自尊、成熟、自立并且能够做出理性的决定。这完全是一种正当的世俗化的影响。当然，公立教育的主要目的之一就是：谆谆传授一些维持一个民主政治体系必需的基本价值观。这些教科书也没有表示出对有神论信仰的敌对态度，这些教科书传达的有关有神论的宗教信息都是中立的。这些教科书既不认为有神论的宗教信仰是一个制度体系，也不轻视它。事实上，许多教科书特别指出，宗教的道德价值观的来源之一并不排除那种可能性[见史密斯诉木比耳县学校委员会委员（Smith v. Board of School Commissioners of Mobile County，827 F. 2d 684，11th Cir. 1987）案]。

在另一个诉讼案中，一位家长拒绝使用霍尔特（Holt）、莱茵哈特（Rinehart，1876—1958，英国小说家、剧作家）和温斯顿（Winston）基础读物系列，特别是一个关于心灵感应的故事，这位家长想要采用另一种阅读计划。联邦上诉法院第六巡回法庭拒绝了这个请求，法院指出：

> 如果学校不得不授予不同的人免除阅读权，那么将会增大由于免除阅读而造成的分裂。尽管联邦地区法院发现，没有其他人提出对霍金斯县公立学校的课程的反对，并且从宗教的观点来看，整个霍金斯县的情况是类似的。这个诉讼案将形成一个判例：信仰其他宗教的人因为宗教上的异议要求免修核心课程，如果要求学区接受这种例外，并允许其他的学生退出读书计划和他们认为其教材会使他们不快的其他核心课程，这将会导致学区无法管理整个公立学校的课程[见莫峃特诉霍金斯县教育委员会 Mozert v. Hawkins County Board of Education，827 F. 2d 1058（9th Cir. 1987），cert. denied，484 U. S. 1066，1988 案]。

在一个处理小学教师问题的诉讼案中，某联邦上诉法院判定：学校行政人员不能要求把《圣经》从学校图书馆拿开，但是可以要求把以宗教为特征的书从教室拿开，并且要求在上课时间内，该教师要忘记圣经，并不能默读它[见罗伯茨诉麦迪根(Roberts v. Madigan, 921 F. 2d 1047, cert. denied, 505 U. S. 1218(1992)案]。

## (五) 宗教著作的发放问题

在公立学校发放《圣经》及其他宗教著作的行为，这些年来已经引起诉讼问题。在早期的判决中，在图德诉卢瑟福自治市教育委员会[Tudor v. Board of Education of Borough of Rutherford, 100 A. 2d 857(N. J. 1953)]一案中，法院判定：允许《圣经》赠送协会向公立学校的学生发放《圣经》违反了宗教条款。在将近半个世纪之后的一次判决中，在涉及发放宗教或其他非教学资料问题时，法院在莫勒诉杰弗逊灯塔学校[Muller v. Jefferson Lighthouse School, 98 F. 3d 1530(7th Cir. 1996)]一案中判定：可以进行这种发放行动，但是因为公立小学是“非公共集会会所”，必须加以限制。这一限制包括对一些可能引起纠纷的章节的审查，发放的时间和要求，进行事先的批准和审查。法院并发布一项禁止声明：不允许学校表示支持这些读物。应该注意到允许某个发放自己书籍的宗教团体为其发放活动设立一个公开集会地。但是这种集会地不能与某些团体的集会地太接近，这些团体通常具有一些非公共性的社会目的，比如撒旦崇拜党或一些无神论团体。

法院在佩克诉乌派腊尔县教育委员会[Peck v. Upshur County Board of Education, 155 F. 3d 274(4th Cir. 1998)]一案中，判定应限制《圣经》和其他宗教材料在教学时间内的分发行为。法院否定教育委员会的一系列例行行为，该教育委员会允许私人团体如少年棒球联盟、童子军、女童子军、妇女基督自治联盟等发放资料。法庭认为在适合的年龄(能够区别私人和政府言论)发放读物的政策是中立的，该政策既不推动宗教，也有保持一个公开集会场所的世俗目的。该集会场所也可以发放其他私人材料。对获得《圣经》方式可以采取以下限制：发放《圣经》的私人团体要负责展示《圣经》的展台的建和拆；活动时学生没有取走的《圣经》，负责展示的团体要在活动结束时将其拿走；教师或学校的其他工作人员不能参加这种发放活动或其他任何涉及《圣经》展示的管理活动；展示台可以放在学校里每个学生容易取得东西的地方，学生通常在那里聚集，不会感到有人在注意他们或者强迫他们去取《圣经》；在每一个展示台上都有标志指出“请自由拿取……”；不必限制《圣经》的出处一致；不允许任何人站在展示台旁鼓励或强迫学生拿取《圣经》；不允许任何人进入教室讨论《圣经》的获取问题；学校不能发布可以取到《圣经》的通告或举行与《圣经》的获取有关的学校集会。

某学区禁止在中学的人行道上发放任何资料的政策侵犯了第一条修正案所赋予那些《圣经》赠送协会发放《圣经》的权利。法院认为人行道是公共场所，公众可以不受限制地使用，也不能证明学校的政策能够确保学生安全或阻止毒品的发放[见培根诉布兰德里-布博纳斯高中学区，Bacon v. Bradley-Bourbonnais High School District，707 F. Supp 1005(Ill. 1989)案]。

### (六) 宗教教育时间

在阅读本节时，需要说明两个概念：豁免时间(Released Time)，公立学校为宗教教育或其他课程专门安排的时间；分享时间(Shared Time)，教会小学或公立小学学生安排的公立学校听课时间。

美国联邦最高法院早期对让渡正常的教学时间给公立学校的学生接受宗教教育的问题做出了两个重要的判决。在其中的一个判决中，迈克勒穆诉学区教育委员会[McCollum v. Board of Education of School District No. 71，333 U. S. 203(1948)]，法院宣布了一项计划无效，该计划利用公立学校的设施开设单独的新教、天主教和犹太教的宗教课程。法院声称使用由税收支持的学校设施来支持宗教教育，学校当局和宗教紧密的合作以及利用州的义务教育体制这些行为有推行宗教教育的倾向，因此违反了第一条修正案。在另一个判决中，左拉克诉克劳森[Zorach v. Clauson, 343 U. S. 306(1952)]，法院支持一个方案，该方案允许学生在公共上学期间离开学校去参加宗教教育课程。

法院声明：当各教派之间发生竞争时，政府必须保持中立。它不能把任何教派强加给任何人，不能强制奉行某一宗教，不能强迫任何人进教室庆祝某一宗教节日或接受宗教教育。但是政府可以停止帮助（或中止管理）那些想修缮他们的礼拜堂以用礼拜方式进行教育的人。这儿仅仅对此进行约束。

某联邦法院在莱娜诉威姆[Lanner v. Wimmer, 463 F. Supp. 867 (Uath 1978)]一案中，认为学校留出时间供学生学习《旧约全书》和《新约全书》中的神学课程，是不能给予学分的。然而联邦上诉法院第十巡回法庭修订了这项判决[662 F. 2d 1394(10th Cir. 1981)]。上诉法庭判决，收集听课学生名单的过程和必须判断课程是否是主要教派的行为违反了第一条修正案。此外，法院认为让渡时间计划本身和给予参加课外活动的学生学分并没有触犯宗教条款和行使自由权利条款。

有几个案例是解释分享时间问题的。在一个诉讼案中，一所公立学校不允许一所教会学校的学生参加本校的乐队课程，这所公立学校制定了一项政策只允许全日制学生进入学校[见斯尼达诉沙洛兹公立学校学区，Snyder v. Charlotte Public School District, 365 N. W. 2d 151(Mich. 1984)案]。在这个诉讼案中，密歇根州最高法院判决公立学校必须向私立学校学生开放"非必修课程"，如音乐、美术和高等数学等。

可以允许公立学校组织向学生提供宗教课程研究吗？维利诉富兰克林[Wiley v. Franklin, 474 F. Supp. 525(Tenn. 1979)]一案认为不可以提供这种课程，除非它们(1) 具有世俗目的、性质和效果；(2) 既不推动也不禁止宗教；(3) 提供的方式能够避免政府和宗教之间的过度牵连。在克罗基特诉索伦森[Crockett v. Sorenson, 568 F. Supp. 1422 (Va. 1983)]一案中有相似的观点。在麦尔乃科诉瑜伽[Malnak v. Yogi, 592

F. 2d 197(3rd Cir. 1979)]一案中，认为一门名叫“创造性智力学——静坐”的课程内含宗教性质，而这是第一条修正案禁止的。

## （七）宗教假日

许多法院作出判决，要求学校组织不支持任何宗教，在基督教的节日，如圣诞节、复活节、受难节等关闭学校问题已经得到许多关注。一般已经承认圣诞节有充分的世俗涵义，有正当的理由可以在节日那天关闭学校。但是对复活节和受难节没有相似的看法。因此，许多学校组织希望在春天能继续有一次休假，它们将复活节假日命名为“春假”。

伊利诺伊州的一项成文法把受难节定为政府批准的12个学校假日之一，这项成文法被法院判定违反了宗教条款。法院声称，受难节与圣诞节、感恩节不同，在某种程度上与复活节也不同，它们同时具有世俗的和宗教的涵义，而受难节没有任何世俗的一面。法院认为这种成文法表达了一种不被许可的信息，即基督教是受伊利诺伊州政府支持的宗教。法院坚信，政府对基督教表示了特别的许可，超越了其必须向大多数基督教徒提供的宗教自由的范围。这个诉讼案是由一名公立学校的教师提出诉讼请求的。他反对在受难节假日里向教师支付税收工资[见玫兹尔诉莱尼盖，Metzl v. Leininger，57 F. 3d 618(7th Cir. 1995)]。然而，科尼科诉费尔顿[Koenick v. Felton，190 F. 3d 259(4th Cir. 1999)]一案有相反的观点。在该诉讼案中，马里兰州的一项成文法规定了公立学校的一个假日，从复活节前的星期五到复活节后的星期一。法院认为该法令没有违反第一条修正案的宗教条款。法院解释说，该法令通过了莱蒙测试标准的三维测试。在它的判决中，法院提出理由说，该法令为所有的学生和教师提供了一个四天的假期，并没有表示对某个宗教的偏爱，复活节前后的法定假期在130年来一直是该校校历的一部分，并已成为大家期待和计划的一部分。由于一些基督教徒参考商业印刷的过时的节日活动安排来决定每年的复活节，因而会在不同的日子庆祝复活节，而教育委员会令人满意地解决了这个问题。

### (八) 公立学校中的宗教原则

多年来，围绕政教分离问题产生的争论使许多学校行政人员、教师和家长产生了这样一种设想：公立学校中任何形式的宗教表达要么不适当，要么全然被禁止。在这种情况下，这种设想使执行中的学校政策看起来不利于健康的宗教表达。为了努力弥补这种情况，1995 年美国总统比尔・克林顿(Bill Clinton)提出了公立学校中的宗教原则，同时提出这个原则的还有一份名叫“公立学校中的宗教：现行法律的共同声明”的文件。该文件是由一个范围广泛的宗教联盟起草的，该联盟包括美国人民自由联盟和其他的公共政策组织。名叫“公立学校中的宗教表达”的最新的原则，是由宗教和教育团体在政治和宗教的范围内修订的，由教育部在 1998 年发布，修订后的指导原则包括下列内容：

#### 学生祈祷和宗教问题讨论

第一条修正案中的宗教条款没有禁止学生发表纯粹私人的宗教演讲。因此与学生参加其他类似的活动一样，他们在上学日同样有权利参加个人或团体的祈祷活动和宗教讨论。例如，学生可以阅读《圣经》或其他经文，吃饭前进行简短的祷告，考试前进行祈祷。在某种程度上，他们可以参加类似的活动，只要他们不引起混乱。地方教育当局有权做出重要的决定对学生施加一些规章和教学限制，但是他们不可以制定或实施任何规章歧视宗教活动或宗教言辞。

一般情况下，在不进行学校活动或学校教育时，学生可以采用不会引起混乱的方式进行祈祷，并且遵守那些通常适用于合适环境下的规章。特别地，学生在非正式场合里，比如餐厅和走廊，可以祷告或相互讨论他们的宗教观点，遵守那些适用于其他学生活动和言论的规章命令。学生可以和他们的同学讨论宗教话题或试图劝服他们，正如他们在涉及到政治活动时所做的那样，然而，如果学生的言论对某一学生或某一团体的学生构成困扰，学校行政人员应该从中干涉，中止该学生的言论。

学生也可以参加课前或课后与宗教内容有关的活动，比如，“在旗杆处见面”的集会，以同样的条件，正如他们可以参加其他的利用学校设施的非课业活动，学校行政人员既不能劝阻，也不能鼓励他们参加这种事情。

学生有参与自愿的祈祷活动或者参加没有歧视的宗教问题的讨论的权利，并不是指不管听众是否愿意听，都有权利强迫其他学生参加。教师和学校管理人员应该确保不管怎样都没有学生被迫参加宗教活动。

### 毕业典礼上的祈祷活动和毕业班临别时的宗教仪式

根据最高法院的现行判决，学校官方人员不能批准或组织毕业典礼上的祈祷活动，也不能组织毕业班临别时的宗教仪式。如同学校通常会把其设施向私人团体开放，同样地，学校必须把其设施向私人主办的宗教活动的组织者开放。学校不能对毕业班的毕业典礼给予优惠待遇，并且在某种情况下明确否认对这种仪式的官方支持。

### 官方对有关宗教活动的中立

公立学校教师和学校管理人员在履行自己的职责时代表着政府。第一条修正案的宗教条款禁止他们教唆或鼓励宗教活动，并禁止他们与学生一起参加这种活动；也禁止教师和学校管理人员因为宗教内容而阻止它们，并且禁止他们教唆或鼓励反宗教活动。

### 教授有关宗教的内容

公立学校不可以提供宗教教育，但是它们可以教授与宗教有关的内容，包括《圣经》或其他经文，宗教的历史，比较宗教学，《圣经》或其他经文文学，并在公立学校里允许教授宗教在美国和其他所有国家里的作用。同样地，也允许考虑宗教对美术、音乐、文学和社会研究的影响。尽管公立学校可以教授有关宗教节日的内容，包括宗教的各个方面，也可以庆祝宗教的世俗的方面，但是学校不可以为宗教活动庆祝节日，或者发动学生进行庆祝。

### 学生作业

学生可以用家庭作业、艺术品或其他的书面、口头作业表达他们的宗教信仰，这种作业不应由于他们所信奉的内容而受到歧视。学校应该根据与一般学术标准的内容和相关程度来评定家庭和课堂作业，反对学校确立其与其他正统的教学关联性。

### 宗教著作

只要允许学生分发其他的与学校课程或活动无关的文学作品，他们就有权利发放宗教著作给他们的同学。同他们发放非课业的文学作品一样，学校可以对宗教文学作品的发放施加同样合理的时间、地点和方式限制或者其他的合乎宪法的限制。但是他们不能把宗教文学作品挑出来作特别规定。

### 依据宗教的免修

依据合适的州法令的规定，学校有重要的自主决定权，可以同意一些特殊的学生不上某些课程。因为这些课程因宗教或其他的有关信仰的原因，引起学生或学生家长的反对。然而，联邦并没有赋予学生权利，让他们可以不学习可能与他们的宗教信仰或行为不一致的课程。学校工作人员不能鼓励或劝止学生使他们借此机会得到免修的权利。

### 宗教教育时间

根据合适的州法令，学校有权要求学生离开某一场合，以免其利用学校设施进行宗教教育，学校不能鼓励或劝阻学生参加，或者处罚那些不参加的人。在上学日学校可以禁止外来者利用学校设施进行宗教教育。

### 教授价值观念

尽管学校必须对宗教保持中立，但是宗教在教授公民价值观和美德及道德礼仪等方面发挥了积极的作用。而这些价值观念使我们聚集为一个团体。尽管其中一些价值观念也是宗教所崇尚的，但是在学校教授这些观念是合法的。

### 学生服饰

学校有重要的自主决定权可以制定与学生服装和校服有关的政策。通常学生没有联邦宪法保障的权利，可以免于遵守学校服装规定，即使学生要求免于服从校服规定的理由是宗教中立，或者是特定的宗教信仰，同样不能免于遵守学校服装规定。然而通常学校不能禁止或管制宗教衣着或某一种特别宗教的衣着。学生可以通过服装展示宗教意识，在同样程度上允许他们表达相似的信息。但是不能单独抑制某种宗教信息的表达。相同的规则适用于相似的情况。

这些原则表明，学生通常没有联邦宪法所保障的权利"免除可能会与他们的宗教信仰或行为不一致的课程"，或者免于遵守学校基于宗教中立而制定的服饰规定，包括基于学生的宗教信仰和宗教行为而制定的适当的学校服饰规定。然而，学生可以得到州宪法自由行使权利条款的保护。

## 三、设施的使用

在地方层次上，经常出现的另一个问题是，如果可以使用学校设施，在非教学时间里公众可以在多大限度内使用它。当这些学校设施不用于学校目的，或地方使用学校教学设施没有影响学校工作运行时，情形就变得复杂起来。在大多数情况下，地方教育委员会有绝对的权力或特定的权力宣布使用学校设施时要遵守的合理的规章。如果一个团体代表某一个宗教组织，或者使用设施的主要目的是获取商业利益，那么该团体的目的或其代言人可能会冒犯社会中的一些人，因此该团体要求使用学校设施时经常会产生争论。

一项案例已经阐明学校设施的使用问题，该案例提出，如果设施已经租给某个团体，那么该团体的每一个人都可以使用它。然而，在下列几种情况下，可以拒绝其使用：(1) 使用者没有遵守或拒绝遵守与设施使用有关的合理的规章法令；(2) 这种特殊团体的集会可能会产生一种可证明的暴力或混乱；(3) 集会违反了地方法令与州或联邦宪法条款或法令。应该注意的是，如果州法令没有对它们的使用作出规定，地方有关部门也没有义务把学校设施向公共活动开放。

被拒绝使用学校设施的那些人常常宣称否决了他们的自由表达权利。联邦最高法院在芝加哥市警察部诉莫斯利[Police Department of the City of Chicago v. Mosley，408 U. S. 92(1972)]一案中，发表了对此问题的看法。当时，他们宣称：

> 必然地，不提及第一条修正案本身，仅依据平等保护条款，政府不能仅让那些认为自己观点可以接受和发表的人使用某公共会所，而拒绝那些希望表达较少数人支持或具有较多争议的观点的人使用公共设施。

而且政府不能挑选那些它认为值得在公共设施上讨论或争论的问题。在“意识领域里有一个平等的地位”，并且政府必须为所有的观点提供一个平等的得到倾听的机会，政府不能因为某些人想要说的话而制止他们集会或发言。有选择性地拒绝一项公共集会不能仅依据内容，也不可以只参照内容，就判定其合理。

尽管学校允许在上课时间外利用学校设施进行社会的、市民的和娱乐性的集会，但是许多学校因为怕引起诉讼而不允许为了宗教目的使用学校设施。多年来，教堂和宗教组织对产生这些限制的案件提出诉讼请求，宣称存在不平等对待。尽管没有明确地解释放学后教堂对学校设施的使用问题，联邦最高法院在拉姆教堂诉莫利席联合自由学区中心(Lamb's Chapel v. Center Moriches Union Free School District)一案中，通过一致判决，裁定应该允许教堂在正常上学时间结束后利用学校设施放映电影，该电影反映了家庭问题，它从基督教的观点出发，表达了对家庭问题和孩子养育的看法。

**拉姆教堂诉莫利席联合自由学区中心**

**(Lamb's Chapel v. Center Moriches Union Free School District)**

**联邦最高法院，1993**

**508 U. S. 384**

怀特法官发表了法院的观点：

纽约州教育法(McKinney 1988 and Supp. 1993)第 414 款授权地方教育委员会,允许其利用合理的法令规定,在学校设施不用于教学时,可以用于其他十种指定的用途。在允许使用的用途中,支持“用于社会的、市民的和娱乐性的集会和招待会,以及用于与社区福利有关的集会活动。这种集会、招待会和使用应该是非排斥性的,并且对一般公众开放”。允许使用的名单中并不包括用于宗教目的的集会。

根据第 414 款对地方学区的授权,拉姆教堂诉莫利席联合自由学区中心发布了关于学校设施不用于教学时的其他使用要求的规章制度。该制度仅允许第 414 款中授权的十条规定中的两条:社会的、市民的和娱乐性用途(Rule 10)和政治用途(保证遵守第 414 款)(Rule 8)。然而,为了与对州法律的司法解释相一致,第七条中规定,不允许任何有宗教目的的团体使用学校设施。

诉讼案中的问题是,从这项州法律的背景来看,它是否违反了第一条修正案中的自由言论条款,该条款通过第十四条修正案适用于各州。该项法律拒绝教堂进入学校设施,发表宗教观点和宣扬其宗教目的,拒绝其放映一部有关家庭和儿童教育问题的电影,而这些问题是现在很多父母面对的。

原告拉姆教堂,是莫利席中心社区的一所基督教新教派教堂,教堂牧师是约翰·斯忒盖伍德(John Steigerwald)。该教堂两次向学区申请允许其使用学校设施,放映一个六部片子的电影系列。该系列电影的内容是詹姆斯·多布森(James Dobson)博士的演讲。经学区要求,教堂提供一本小册子,说明多布森博士是一位有执照的心理学家、南加利福尼亚大学小儿科的前临床副教授、畅销小说家、电台评论员。小册子指出:该电影系列讨论的多布森博士的观点是,媒体的逐渐变弱的对人心的影响,只能够用传统基督教家庭价值观念的早期灌输来平衡。小册子接着描述了这一系列中六个部分的每一部分的内容。学区拒绝了第一次申请,学区认为这部电影看起来与教堂有关,因此必须拒绝它的请求。学区同时认为这部电影是一部拥有“基督教的观点”的家庭电影。

教堂向联邦地区法院提起诉讼，质疑被告作出的否定，认为其违反了第一条修正案中的言论和集会自由条款及宗教自由条款。关于每个起诉的理由，教堂声称学区以州法律为借口采取的行动违反了1983年法院的一项判例(42 U. S. C. 1983)。地区法院当场判决支持被告，拒绝了教堂的所有要求。联邦地区法院认为学区没有将其设施向与拉姆教堂相似的其他宗教组织开放，没有出现差别对待或歧视。因此这个诉讼案对原告的拒绝是一种中立的观点，并没有违反言论自由条款。地区法院也否定了教堂的一项声明。教堂宣称学区拒绝它的申请表明了对宗教的敌对并推动了非宗教。依据第一条修正案的宗教条款可以证明这种声明是无正当理由的。上诉法院"在各个方面"都维持地区法院的判决，认为当学校资产不用于教学用途时，既不是传统的也不是指定的公共会所，相反它只是用于指定用途的有限开放的公共会所。这种定位"允许其除了用于特定用途外可以保持非公开状态"。

联邦法院认为把某些团体排除在这种场所之外，只需要合理的并且中立的观点，并且判定拒绝教堂进入学校放映电影没有违反这种标准。因为下级法院的判决存在问题，依据本法庭以前的判决，我们答应了原告申请调卷令的请求，接受原告的申请。其申请中主要对下级法院的判决提出质疑，认为其违反了第一条修正案中的自由言论条款。

毫无疑问，与私有财产的所有者一样，学区可以合法地保护它的财产在其控制之下用于各种用途。如果学区不允许在教学时间之外把学校资产用于州教育法第414款所允许的任何用途，也是一种很普通的情况。

然而，学区确实开放其设施用于第414款的十种用途中的两种。教堂提出以下要求，因为依据学区做出的规定中的第十项，学校财产可以用于社会的、市民的和娱乐性的用途。学区已经开放它的设施用于如此广泛多样的交流用途，那么对设施的交流使用的限制应该同对诸如公园和人行道等传统的公共场所的限制一样，服从同样的宪法限定要求。因此，教堂认为，对排除在学区财产之外的团体的主题或代言人的规定，需要证明的是与州的重要利益一致并且是合理的，需要仔细地进行以推论获得这样的结论，这样，学区或州的规定才能被接受。地区法院和上诉法院都拒绝了这种提议，这种提议也被提交到本法庭。教堂的这个提议有相当大的影响力，因为学校的资产被广泛多样的私人团体大量使用，包括一些组织也提过相似的问题。关于学区是否实际上已经将其设施用于宗教用途，上诉法院站在学区的立场上解决了这个问题。然而，我们不需要对这个问题做出判决，因为即使下级法院在这个方面上是正确的——我们假设他们用于目前的用途是正确的——也必须推翻下级法院的判决。

关于开放非指定公共场所的公共设施用于交流目的的大规模的公共使用，我们认为"对非公共会所的控制可以以其主题和代言人本身为基础，只要根据使用场合的目的作出的区分是合理的并且观点中立"。看来上诉法院认为对学区设施用于宗教用途的绝对禁止受到第一条修正案的质疑，但是，只要这种禁止是合理的并且观点中立，那么就可以避免第一条修正案的质疑。上诉法院在这个诉讼中得出结论，十项规定中的第七项满足这种检测。我们不能同意这个判决，因为在这场诉讼中应用第七项规定是违反宪法规定的。

上诉法院认为这场诉讼案中应用第七项规定是符合观点中立的，因为它已经禁止并将会以同样的方法禁止所有出于宗教目的使用学校设施问题。然而，依据第七项规定，对待所有的宗教组织使用学校设施或因宗教目的使用学校设施不能回答这个重要的问题：当它以以下观点为依据时是否产生了歧视——允许使用学校设施介绍有关家庭问题和儿童养育的所有观点，但是排除那些和宗教立场有关的主题。

下级法院、学区或州政府都没有提出这样一种看法：有关儿童养育和家庭价值观的演讲或电影不适用于社会的或市民的用途，而这两种用途是第十项规定所允许的。换言之，下级法院、学区和州政府没有证明教堂组织的儿童养育和家庭价值观的演讲或电影与第十项规定允许的社会的或市民的用途冲突。更主要的是，学区并没有对任何一个或所有的演讲人提出限制儿童养育和家庭价值观的主题。我们面前的案卷也没有任何迹象表明，这里所涉及的放映这部特殊电影的申请被否决，除了因为其宗教立场外，还没有别的任何原因。毫无疑问，这里所指的电影涉及到了宗教主题，否则就可以依据第十项规定而被许可放映了，否决它的放映也仅仅是因为这部电影从宗教的立场谈到了这个主题。

在我们的判例中，我们已经形成一个原则，即第一条修正案禁止政府在损害其他观点的情况下，支持某些观点或想法，并用这种方式控制演讲。

被告学区为了维护下级法院所作的判决，提出理由：如果允许把其财产用于宗教用途将会构成确立宗教，而这是第一条修正案所禁止的。本法庭在威德姆诉文森特（Widmar v. Vincent）一案中提出，州在避免违反宗教条款的问题上可以是强制性的，甚至证明剥夺言论自由是合理的，即使言论自由是受第一条修正案保护的。但是，学区应该注意到，联邦法院在本案的裁决中指出，在相关的开放政策下，大学允许出于宗教目的使用大学设施并不违反宪法修正案的宗教条款。显然，学区的辩解与联邦法院后来的类似判定并不一致。

我们与威德姆诉文森特一案一样，可以很容易地否决被告所持的辩护，我们可以判定其担心违反宗教条款的声明是毫无根据的。这部电影的放映不是在教学时间进行，不是由学校主持的，也不是只对教堂成员开放，而是对公众开放。学区的设施已经重复地被广泛多样的私人组织使用。在这种情况下，同威德姆诉文森特一案一样，公众认为学区支持宗教或支持某种特定的教义，不会产生这种实际的危险。任何对宗教或教堂的帮助不过是偶然的。如同威德姆诉文森特一案，依据莱蒙诉库兹曼一案中的三维测试标准，本案中涉及的允许使用学区设施放映电影不会构成建立宗教。这个受质疑的政府许可行为具有世俗的目的，不会对推动或禁止宗教造成重要的或直接的影响，也不会造成同宗教的过度牵连。

学区也提出，它拒绝“激进”的教堂使用其财产有正当的理由。因为教堂这样做的目的是为了改变他人的宗教信仰，而这种行为会导致公众产生骚乱甚至引发暴力。在案卷中没有材料支持这种辩护，无论如何这种辩护很难成立。不能作为拒绝表达宗教观点的原因。如果真的存在骚乱或暴力的危险，学区可以公开讨论这种主题。

因为上述原因，本法院推翻上诉法院的判决。

斯加里法官同意最高法院的判决，托马斯法官支持他的看法。

我同意最高法院的结论，学区拒绝允许原告利用学校设施放映电影，却经常开放学校进行公众活动，违反了第一条修正案赋予原告的言论自由权利。我也同意法院的判决，认为允许拉姆教堂使用学校设施没有产生违反宗教条款的"现实的危险"。但是我不能接受它对这件事情进行论证时所采用的大部分原因。最高法院解释说，原告在放学后利用学校设施放映电影，不会使公众认为学区支持宗教或某种特定的教条；并且进一步解释说，使用学校设施不会违反莱蒙诉库兹曼一案中确立的三维测试标准。

法院提出的莱蒙测试标准的论据，像深夜的恐怖电影里的某种食尸鬼那样，每次被杀死掩埋后，总是不断地从坟墓中坐起来并到处游荡。莱蒙测试标准一再影响着我们对宗教条款的裁决，像食尸鬼恐吓那些小孩子一样，恐吓拉姆教堂诉莫利席联合自由学区中心一案中莫利席联合自由学区中心的学校律师。诚然，仅仅在上一个开庭期没有运用莱蒙测评标准。像掩埋食尸鬼那样，但是没有完全将其埋藏。我们在李诉韦斯曼一案中的判决，明显地避免使用假定的"测评标准"，但是也没有否定它。然而，近期任职的法官中，有不下于五位已经在其个人观点中发表个人看法批判莱蒙测评标准。（作者今天重复的观点）而第六位法官已经表示赞同五位的观点。

我认为莱蒙测评标准能够继续生存的秘密很容易被揭穿，它在我们希望它产生威吓作用时，就在那里恐吓我们（和我们的观念）。但是我们能够随意命令它回到坟墓中去［见林奇诉唐纳利（Lynch v. Donnelly）案，值得注意的是，在该案中法院没有应用莱蒙测评标准］。在我们希望否决它禁止的行为时，我们采用它[见安规喀诉弗尔顿(Aguikar v. Felton)案]，否决了州的补偿教育计划，该计划在部分教会学校实施。当我们希望支持它禁止的行为时，我们就完全忽略它[见玛莎诉议会案(Marsh v. Chambers，前者是一位牧师，而法院支持州立法)]。有时，我们走中间道路，称这种三维标准"仅仅是有帮助的路标"。这种听话的并且有用的怪物值得留在身边，因为没人知道何时会需要它，至少对昏庸的政府来说是这样的。

对我来说，我同意许多法学家的意见，他们批判了莱蒙测试标准，并对由于误解和歪曲宗教条款而产生的大量诉讼问题表示遗憾。

## 解释与分析

根据拉姆教堂诉莫利席联合自由学区中心一案中的措辞，如果允许其他组织使用学校设施，法院的判决暗示法院会支持教堂在放学后使用学校设施吗？根据拉姆教堂一案，某联邦地区法院认为，拒绝把一所高中的体育馆租给一个私人家长会为毕业生举行宗教仪式违反了第一条修正案。法院认为这种宗教仪式是私人主持的，对公众开放，不涉及任何学校或政府活动，而且参加仪式完全是自愿的[见夏姆维诉奥尔巴尼县学区第一委员会(Shumway v. Albany County School District No. 1 Board of Education，826 F. Supp(Wyo. 1993)]。一个法院引用了拉姆教堂一案中的判决，一个基于学区的非会员制的团体，试图从基督教的立场促进高中生的道德发展。但是有政策规定不允许他们放学后在学校直接举行集会。法院判定这种政策违反了宪法。法院解释说，允许其他的涉及青年人道德发展的世俗组织放学后直接集会，如童子军等(女童子军、男童子军、幼童军、幼男童子军、幼女童子军)，而不允许该团体集会，将会产生观念歧视，而不会产生重要的政府利益[见好运动俱乐部消息报诉拉城学区案，Good News/Good Sports Club v. School District of the City of Ladue，28 F. 3d 1501(8th Cir. 1994)]。在百万富翁地方组织委员会诉库克[Local Organizing Committee, Million Man March v.

Cook，922 Fed. Supp. 1494(Co. 1996)]和三圣联合卫理公会派诉纽伯格市学区教育委员会[Trinity United Methodist Parish v. Board of Education of the City School District of Newburgh，907 F. Supp. 707 (N. Y. 1995)]案中均有相似的判决。

一个学区的公共设施的一项政策拒绝一个无宗教教派的儿童俱乐部使用学校餐馆，该项政策在好消息俱乐部诉米尔福德中心学校[Good News Club v. Milford Central School，202 F. 3d 502(2nd Cir. 2000)，cert. granted 531 U. S. 923(2000)]一案中受到质疑。这项政策认为，可以利用设施“进行社会的、公民的和休闲的集会和娱乐活动，以及用来进行与公共福利有关的活动。进行的活动应该是非排外的，应对所有的普通公众开放”，设施必须用于无宗教目的。尽管学区允许男童子军和4－H(四健会，美国农业部主办的美国农村青年组织，在科学农业和家庭经济方面提供教育，四个 H 即 head，hand，heart 和 health，都以 H 开头)使用其设施，它还是拒绝一个基于社区的基督教青年组织使用其设施。该青年组织宣称他们的活动是世俗的，与允许使用学校设施的那些组织的活动是相似的。联邦法院支持学校组织，它认为该俱乐部的主题在本质上还是与宗教有关的，并且它们不仅仅是讨论诸如“青年人的道德发展”之类的世俗问题。法院注意到集会包括祈祷、唱基督教歌曲、记录和背诵《圣经》章节和经文，并且运用和鼓励运用与基督教相关的教材和课程。因为这是限制性公共场所，法院认为学区能够把某一类型的言论排除在外。然而，一旦学区允许某种风格的表达行为，它不能有选择性地拒绝类似于那种风格的行为的进入。在法院的判决中，它赞成学区的规定，即不允许具有强烈的基于教派目的计划行为的组织使用学校设施。

盖莱构芮诉世纪学区[Gregoire v. Centennial School District，907F. 2d 1366(3rd Cir. 1990)，cert. denied，498 U. S. 899(1990)]一案把重点放在有争议行为发生场所的合法性的特征上。法院说明传统的公共会所、指定开放的公共会所(有时被归类为限制性的公共会所)和限制性的公共会所应该有益于学校的合法学生。

布隆克斯信仰宗教家庭会诉第十公共学区[Bronx Household of Faith v. Community School District No. 10, 127 F. 3rd 207 (2nd Cir. 1997), cert. denied, 523 U. S. 1074 (1998)]一案中，发表了对出于宗教目的在放学后使用学校设施的意见。在该案中，对一项学区政策进行质疑，该项政策规定：不允许校外的任何组织或团体在放学后利用学校设施举行宗教仪式或进行宗教教育，却允许校外的组织或团体放学后使用学校设施，讨论与宗教有关的资料或者持有宗教观念的资料或者分发这种资料。

法院在判决中支持这个政策，认为该政策建立了一个限制性公共场所。因此认为禁止用于举行宗教仪式但是允许发表带有宗教观点的言论是合理的，并且保持了观点的中立，并不违反第一条修正案的自由言论条款。

一项有关出租的规定未获得支持。依据该规定，教堂在五年前按非商业化的价格支付租金(依据现实的价格)，但是此后要求教堂在以后的四年内支付的租金增加到商业价格。商业价格是非商业价格的五倍，并随着市场租率而变化。联邦上诉法院认为，如果执行这项规定，提高租金，会因为不平等对待宗教而违反了自由言论条款和自由行使条款[见费尔法克斯市考文内特教堂诉费尔法克斯市教育委员会，Fairfax Covenant Church v. Fairfax City School Board, 17 F. 3d 703 (4th Cir. 1994), cert. denied, 511 U. S. 1143 (1994)]。然而，某学区制定一项政策将其小学的房屋出租，供正常教学时间外使用。这项政策被判定违反宪法。在联邦地区法院的判决中，法院声称这种行为将会造成一种表象：政府支持宗教教育，而这种行为却受益于学生遵守了强迫入学法律[见福特诉曼纽尔(Ford v. Manuel, 629 F. Supp. 771, Ohio, 1985)案]。

某联邦上诉法院发表了对教学时间外利用公立学校设施问题的看法。它从申请者的政治或意识形态观点、接受成员的政策或对加入该组织的限制几个方面进行了考虑，宣布学校组织不会对发表的言论或发表言论的团体的组成负责。法院也声称，“具有种族歧视的团体和所有其他的团体仅仅偶然或暂时地使用政府设施，不会造成政府过度参与他们的行为”[见三K党成员诉巴顿·罗格·帕里什(Knights of the Ku Klux Klan v. East Baton Rouge Parish School Board, 578 F. 2d 1122, 5th Cir. 1978)案和国家社会主义白人联盟诉林格斯(National Socialist White People's Party v. Ringers, 473 F. 2d 1010, 4th Cir. 1973)案]。

地方商业人士经常关心的是，允许社会各界利用由公共费用建造的学校设施造成了与他们的竞争。这个观点在霍尔诉谢尔比县教育委员会(Hall v. Shelby County Board of Education, 472 S. E. 2d 489, Ky. 1971)一案中未获得支持。在该案中，一个地方性的市民团体组织并负责一个音乐项目，所有的盈利用于市民活动。

假定地方教育委员会有一项政策，允许地方团体使用学校设施。如果教育委员会禁止下列任何地方团体使用学校设施，它能获得宪法的有力支持吗？诸如同性恋解放联盟、合法吸食大麻(可卡因、海洛因)委员会、美国纳粹党、自杀协会、堕胎协会、罢免地方教育委员会成员组织、恶魔崇拜党、天体主义者同盟等。你根据什么对这些诉讼案做出反应？

你所在州对于公立学校设施在未被学校使用时的情况制定了相关的立法措施了吗？你们的公共教育组织制定了关于使用学校设施的政策吗？

## 四、对非公立学校的资助

大约12%的美国学生进入非公立学校学习。这些学生中有将近2/3进入天主教会学校，大约15%的非公立学校学生进入与教堂无关的学校。有大批非公立学校学生的12个州已经通过立法机关制定措施，试图从财政上帮助非公立学校部门。因为这些措施已经引起对第一条修正案中的教堂与州的适当分离的严重的争议，所以联邦最高法院已经审查这些措施的合宪性。

在莱蒙诉库兹曼一案中，法院否决了罗德岛州议会的一项提案，该提案试图向非公立学校中教授世俗学科的教师提供15%的薪金补贴。法院也否决了宾夕法尼亚州的一项成文法，该法向非公立中小学提供财政支持，向教授一些指定世俗科目的教师提供薪水、教科书和教学资料。法院认为，"这两个州的法令会逐渐增加政府与宗教的关系，使政府与州之间产生过度的牵连"。而且法院推断这些政府计划有分裂政治的可能性，将会威胁正常的政治进程。因为候选人会被迫根据在这些项目上消耗的资金来宣布他们的立场，将会造成由于宗教而引起的政治分裂。法院认为这是第一条修正案首要反对的违宪行为。

最高法院在莱维特诉公共教育和宗教自由委员会（Levitt v. Committee for Public Education and Religion Liberty, 413 U. S. 472, 1973）一案中否决了纽约州的一项成文法。根据这项法令，非公立学校将会得到下列补偿费用：组织考试、评分、统计成绩并报告考试成绩，保存学生的入学记录和健康记录，记录全体员工的资格及特征，以及准备和提交给州的各种报告。法院判定这种资助会产生推动宗教或宗教教育的直接作用或影响，并将会导致教堂与州之间的过度牵连。然而，在公共教育和宗教自由委员会诉里根（Committee for Public Education and Religion Liberty v. Regan, 442 U. S. 928, 1980）一案中，法院以5∶4的投票支持在莱维特一案中被判定违宪的法令的修正版。修正版的法令允许政府补偿私立学校包括教会学校，因为它们在下列情况下有所花费：保管官方的入学记录及其他记录，组织三次州级测试并为其中两次评分。

在公共教育和宗教自由委员会诉诺葵斯特（Committee for Public Education and Religion Liberty v. Nuquist, 413 U. S. 756, 1973）一案中，法院判定另一项纽约州法令无效，该法令为非公立学校设施的维修提供费用，为非公立学校的学生家长提供学费补偿，并减免那些没有资格获得学费补偿的学生家长的税。宾夕法尼亚州的一项为非公立学校的学生家长提供补偿的法令，在斯隆诉莱蒙（Sloan v. Lemon, 413 U. S. 825, 1973）一案中也被判定无效。大多数观点认为宾夕法尼亚州的学费补助计划和纽约州的学费补偿计划在实际意义上没有不同，而这种做法在诺葵斯特一案中已被判定违反了宪法。

在米克诉彼特恩格(Meek v. Pittenger，421 U. S. 349，1975)一案中，要求对宾夕法尼亚州的一项成文法作出裁决。该法令为一些异常的、补习的或教育条件差的非公立学校学生提供补助服务，供给非公立学校学生一些教育资料和设备，供给非公立学校学生教科书。法院判定宾夕法尼亚州的这项法律除了教科书借贷条款外的所有条款无效。法院认为，因为受益学校具有明显的宗教特征，所以该法案有直接的推动宗教的影响，是违反宪法的。此外，法院声称，该法案为因宗教造成政治破坏和分裂提供了过多的机会。法院对此观点进行扩展，作出声明：即使已经确保参加补助服务的员工在教会学校履行职责时能够保持严格的中立，并不支持任何宗教观念，也存在与宗教有行政牵涉和政治牵涉的可能性。这违反了宪法的有关条款中禁止法律涉及宗教的建立等内容。

在另一项判决，即沃尔曼诉沃尔特(Wolman v. Walter，433 U. S. 229，1977)案中，法院解释了一项俄亥俄州成文法的合宪性。该法令试图遵从米克一案中的判决。这个案件表明法官中间存在着很大的分歧，判决认为向非公立学校提供课本、标准化测试和评分、学习诊断服务和治疗及补习服务等条款是符合宪法的，然而，涉及教育资料和设备以及校外实习服务的条款被判定违反了宪法。

开始，促使非公立学校获取联邦政府财政资助的原动力来自于一些天主教会的支持者，它们在很大程度上要为以上讨论的诉讼案负责。这些支持者认为，获取这种资助是惟一的公平，因为尽管他们支付的税收用于支持公立学校，但是他们却没有利用这些资源。持反对意见的一些人被认为有反天主教的偏见。因为他们认为税收资金不应扩展到有宗教倾向的学校。后来，资助非公立学校的支持者得到另外一些人的支持，这些人有的赞成政府资助一般的私立学校，有的认为如果非公立学校接受资助，也不应差别对待那些具有宗教特征的学校。联邦最高法院在阿格斯蒂尼诉弗尔顿(Agostini v. Felton，521 U. S. 203，1997)和米切尔诉赫尔姆斯(Mitchell v. Helms,530 U. S. 793,2000)两项判决中,反映了州法院关于资助非公立学校的想法有所改变。

根据《中小学教育法案》第一章规定,利用联邦教育基金付费给参加、帮助那些低收入、受教育条件差的教会学校学生和公立学校教师项目,在阿格斯蒂尼诉弗尔顿中得到允许。这个5∶4的判决推翻了阿格斯蒂尼诉弗尔顿案和格兰德·拉佩德学区诉鲍尔(Grand Rapids School District v. Ball,473 U. S. 373,1985)案的判决,这两次判决都不允许这种行为。在阿格斯蒂尼诉弗尔顿一案中,法院放弃了它以前的假设:公立学校教师进入教会学校将会不可避免地把宗教观念灌输给他们的学生,或者他们的出现成为政府和宗教结成联盟的象征。法院建立了下列标准,判定被资助的学校项目是否会产生不被允许的影响:(1)资助是否会导致政府灌输宗教观念;(2)该项目是否把受益者限定为某个宗教;(3)资助是否会造成政府和宗教之间的过度牵连。联邦最高法院很少推翻其先前的判例,只有法院里的大多数法官坚持某个法律原则时才会这样做。但是,这个诉讼案同样表明,法院在教堂与州分离问题上的立场就像"建筑在沙上的界限"一样。

与《中小学教育法案》第二章有关的一个联邦项目,出借计算机、软件和图书馆的图书给宗教学校。在米切尔诉赫尔姆斯案中以6∶3获得支持。大多数法官认为这项拨款资助是建立在既不支持也不反对宗教的中立、世俗的标准上的。基于非歧视的基础,宗教的和世俗的受惠者都可以获得资助。其中,发表赞同的观点如下:

> 这个大多数人支持的判决在评价宗教条款对政府资助学校项目的质疑问题上表现了空前的宽容。那个判决是特别麻烦的。因为,首先,它的保持中立性的处置方式逐渐确定该因素非同寻常的重要性……其次,大多数人目前转向支持政府对宗教教育的资助,与本案以前的判决产生矛盾。因为阿格斯蒂尼诉弗尔顿一案表明了法院最近试图建立一个一般的、可以控制其标准的体制。

米切尔诉赫尔姆斯一案推翻了在米克诉彼特恩格案和沃尔曼诉沃尔特案中的主要判决，即禁止政府向宗教学校提供地图、图表、投影机和其他的教学资料。

在缪勒诉艾伦(Mueller v. Allen，463 U. S. 388，1983)案中，法院以5∶4的投票支持一项明尼苏达州法令。该法令同意了纳税人的一项请求，从州所得税的总收入中扣除一部分作为返还费用支付学费、教科书和交通费用。有子女在K－6年级的不超过＄500，有子女在7－12年级的不超过＄700。本案的判决与法院1973年在利奎斯特一案中的判决之间的差别看起来是：利奎斯特一案拒绝为孩子进入非公立学校的家长提供税收信贷，而缪勒诉艾伦一案却允许为所有家长扣减税收，包括其子女进入公立学校的家长。在缪勒诉艾伦一案中，大多数法官认为，税收扣减仅仅是该州税收法律的一部分，它只是允许为了若干问题而减免税收。反对者认为，税收信贷和减免税收之间的不同是一种"没有区别的差别"，而且90％的私立学校是教会学校。然而，新泽西州的一项成文法规定，为每个进入非公立学校的儿童家长提供＄1 000的税收减免，这项法令被判定违反了宪法[见新泽西州公立学校公共基金会诉伯恩(Public Funds for Public Schools of New Jersey v. Byrne，590 F. 2d 514，3rd Cir. 1979，aff'd 442 U. S. 907，1979)案]。

在埃费森诉尤因镇教委(Everson v. Board of Education of Township of Ewing，330 U. S. 1，1947)一案中，联邦最高法院以5∶4的判决认定向教会学校学生提供交通服务是合宪的。30年后，罗德岛州的一项成文法向非公立学校的学生提供校车服务。法院判定该法令没有违反州或联邦的宪法条款[见詹姆斯敦教育委员会委员诉席姆得(Members of the Jamestown School Committee v. Schmidt，405 A. 2d 16，R. I. 1979)案]。康涅狄格州最高法院要求对该州的一项法令作出裁决，该成文法要求学区在公立学校不上学时，为私立学校和教会学校的学生提供交通服务。在裁定这种要求时，法院认为该法令的目的是使私立学校的学生享受到和公立学校学生相同的交通服务质量，而不管学校的性质如何[见斯塔福德镇教育委员会诉州教育委员会(Board of Education of the Town of Stafford v. State Board of Education, 243 Conn. 772, 1998)案]。

依据国内税收法，免税政策可以赋予“仅仅为了宗教的、慈善的……或教育的目的而组织和运作的……公司”。一个私立宗教大学致力于正统基督教徒的宗教信仰的教授和传播，包括宣称上帝想要进行种族隔离，并指出经文禁止异种族之间的约会和通婚。如果学生不遵守这些禁律就被开除。最高法院支持国内税收机关撤销该大学的免税资格。它判定这项种族政策不是国内税收法所要求的“慈善的”[见鲍勃·琼斯大学诉联邦政府(Bob Jones University v. United States, 461 U. S. 574, 1983)案]。

你所在州有资助非公立学校的条款吗？

## 五、学费

关于公立学校部门对供给品、教材、课外活动、校车服务和教科书收取费用的问题经常引起争论。依据法令条款或对州宪法的解释，是否可以合法地收取费用，各方的意见并不统一。尽管在几个州的判决中，已经拒绝对教科书或供给品收费，但是也有其他州的判决持有相反的观点。

加利福尼亚州最高法院在哈特泽尔诉康奈尔(Hartzell v. Connell)一案中考虑了对课外活动的收费问题。

### 哈特泽尔诉康奈尔(Hartzell v. Connell)
### 加利福尼亚州最高法院，1984
### 679 P. 2d 35

伯德(Bird)首席法官：

公立高中可以仅仅因为一些被称为“课外的”活动教育计划，就对其收取费用吗？

桑特·巴巴拉(Santa Barbara)高中学区提供了广泛多样的课外活动，其范围从拉拉队到歌曲演唱，从剑术到足球。这些活动中的许多项目是近年才出现的。例如，在1956年，桑特·巴巴拉高中学区有六个运动队，然而现在有38个。

在1980—1981学年以前，任何学生可以免费参加任何项目。这些项目是由学区出资(主要是政府资助和地方税收)、售票收入和由指定的高中进行的筹款活动联合资助的。

在1980年春天，学区委员会决定削减＄1 100 000的预算。这个决定反映了税收的下降，而这是通货膨胀、入学人数下降和采纳第13预算提案综合作用的影响。学区出资捐助高中课外活动计划也在被削减的提案条款里。

学区委员会考虑了两个计划来改变项目使其适应削减预算。第一个计划主要要求减少校际间的运动比赛，包括把高中项目从30多个减少为仅仅八个，并且减去九年级的校际比赛。依据这个计划，继续存在的项目对所有的学生免费开放。第二个计划要求小范围地削减运动比赛——仅除去九年级的项目。为了弥补差额，这项计划提出向参加戏剧演出、音乐剧演出和运动比赛的学生收取费用以增加资金。

学区委员会选择了第二个计划。根据最终选择的这个计划，要求学生为每个他们希望参加的运动队支付25美元，为下面所列的四种活动中的每一项支付25美元：(1) 戏剧演出，例如剧本、舞蹈表演和音乐舞台剧；(2) 声乐队，例如合唱团和伴唱团；(3) 乐器队，例如交响乐队、进行曲乐队和诸如军事操练队和升旗手等相关团体；(4) 拉拉队。

学校试图确保收费不会导致学生不能参与这些活动，实行了一项豁免收费计划。只要证明其财务困难，该生就可以获得一种“奖学金”，即可以免费参加活动。这种贫困的标准与免费午餐计划相似。

该免费政策得到一项拓展计划的补充。该拓展计划要求教师和教练告诉那些想参加但没有参加的学生，他们的负责人是谁。然后该负责人会见这些学生，判断是否因为费用问题而导致他们不能参加活动。

* * *

初审法院拒绝了原告的所有要求，它的主要依据是，收费项目所包含的活动没有一个是“必不可少的”学分课程。

加利福尼亚州宪法要求议会“提供一个公共教育系统，在该系统内每个学区应该保证和支持一所免费学校……”（Cal. Const.，art. Ⅸ，§5，emphasis added）。这个条款赋予“该州的年轻人”享有利用公共费用接受教育的权利。

原告认为对教育性的课外活动收取费用违反了免费学校保证条款。他们是正确的。

* * *

因此，本法院认为，学区向学生提供的所有教育性活动——课业的或非课业的——都属于第五节第Ⅸ条中的免费学校教育保护条款。因此，毫无争议，本诉讼案中所涉及的项目从特征上看均是“教育性的”，它们属于该保护条款的范畴。然而，被告声称，对贫困学生豁免收费的政策符合免费学校教育保护条款的要求。他们暗示，利用公共费用享受教育的权利，仅仅意味着不因财政困难而失去享受教育机会的权利。这种观点与宪法的一般立场是矛盾的。

为了保证“免费”的公立教育，第五节第Ⅸ条中确定了财政责任的精确范围，要求不能把这种责任强行施加给任何一个教育阶段。依据学生支付的费用限制学生参与教育性活动的学校不是“免费学校”。

免费学校教育保护条款反映了人们的看法，儿童的公立教育是如此重要。这一点在贫困家庭和非贫困家庭之间没有差别。单个家庭——无论贫困与否，或多或少会依据一些相互冲突的预算的有限程度来考虑教育。免费学校保护条款提出的关于公共教育的预算决议不考虑单个家庭背景，并且要求这种决议由整个社会成员来决定。一旦社会成员认为一种特殊的教育项目很重要，要由公共教育提供，那么学生参与该项目不能依靠他家里的决定，是付学费还是买烤炉。

也不能依据学生是否申请了特殊的豁免政策而限制学生参与活动。而在早期，为建立免费学校作斗争时，人们认为记录贫困生的贫困，会令贫困生感到耻辱。

最后，被告警告说，如果判定收费无效的话，许多学区将被迫停止一些课外活动。他们认为以免费学校保护条款的名义判定收费无效，将会产生异常的结果：学生可以得到的道德教育机会将大量减少。

法院承认，由于征税和支出的合法局限性，学区确实是在困难的财政预算下运行。然而，财政困难不能作为违反免费学校保护条款的辩护理由。

可能在某些人看来，把公立教育推向开放的市场能够使之得到更有效的财政支持。然而，根据加利福尼亚州宪法，公共教育是所有人享有的权利——不是用于出售的商品。必须向所有的学生提供教育机会，而不管他们的家庭是否有能力或是否愿意支付费用或申请特殊豁免。公立教育的这种基本特征不能因为地方学区不可避免的波动的财政状况而发生改变。可以在别处找到解决这些财政困难的方法——例如通过政治进程。

综上所述，本法庭认为，对公立高中学区提供的教育活动强行收取费用违反了免费学校保护条款。这种收费行为的合宪性既不能由向贫困生提供豁免来保证，也不能以提出财政困难为借口证明其有道理。

原告也认为收费要求违反了加利福尼亚州行政法的第五章第三百五十条。该规定认为不应要求注册的学生缴纳任何费用、押金或其他的没有法律特别授权要求收取的费用。

总之，以向公立高中的无学分教育项目强行收取费用作为参加该项目的先决条件，违反了加利福尼亚州宪法的免费学校保护条款和加利福尼亚州行政法的第五章第三百五十条所包含的禁止收取教育费用条款。

## 解释与分析

在卡地夫诉彼斯马科公立学区（Cardiff v. Bismarck School

District，263 N. W. 2d 105，N. D. 1978)一案中，讨论了对涉及学费问题的州宪法条款和判例法所作的一个简要调查。可以因为学生未支付任何学费而扣留学生的毕业证书吗？见保尔森诉米尼得卡县学区(Paulson v. Minidoka County School District No. 331，463 P. 2d 935，Idaho 1970)案，在该案中法院声明，当查阅官方的学生记录报告而支付不合宪法的25美元费用时，不是在提供"免费的公共教育"。当学生不能支付合法的费用时，可以扣留各年级的学业证明书吗？

即使在宪法要求提供免费公共教育的时候，参加运动或文学活动和使用图书馆而支付临时费用，通常会得到支持。是什么决定学校可以收取"临时"费用，而不是其他费用呢？

联邦最高法院的一项判决支持北达科他州的一项成文法。该法令允许地方教育委员会对接送学生上学收取一定的费用。鉴于该项政策导致一些公民要为教育比另外一些人支付更多的费用，原告认为该法令侵犯了联邦宪法的平等保护条款。在否认原告的指控时，法庭依据两点拒绝让该成文法接受"严格审查"。首先，法院重申了它的立场，教育不是"最重要的"宪法权利。其次，它认为由于这个原因，对穷人产生不均衡影响的法律不能采取这种严格的审查。而且，法院声称，一个州选择提供某项服务并不表示该州有宪法上的义务来为其提供费用[见卡德·罗莫斯诉第肯斯公立学校(Kadrmas v. Dickinson Public Schools，487 U. S. 450，1988)案]。

加利福尼亚州的一项法令允许学区向乘校车上学的儿童收取费用。该法令被判定违反了该州宪法的平等保护条款。加利福尼亚州法院认为，这项法律与免费学校教育保护条款相反，并且它不能通过州的严格审查测评标准[见萨拉泽尔诉宏尼格(Salazer v. Honig，246 Cal. Rptr. 837，Cal. Ct. App. 1988)案]。

你所在州的宪法或成文法规定了学费问题吗？你所在的教育部门关于收费的行为和政策是怎么样的呢？

## 六、健康服务

一直以来，教育部门试图把一些家长不同意的健康服务强加给学生。最值得注意的问题和大量的诉讼问题都涉及到免疫预防。近年来，许多家长反对发放保险套，尽管分发的根本理由是基于这是一项防治疾病的健康服务。

### (一) 免疫服务

一些州成文法批准或要求把预防接种或打预防针作为入学的一个条件，这些成文法在每一个受到质疑的诉讼中都获得支持。这种法令通常包括一项免除规定，属于宗教组织的成员，在宗教组织不允许接种预防注射或者他们依靠精神方法或祈祷来恢复健康时，可以不接受健康服务。

**伯格诉格冷·科佛城市学区**

**(Berg v. Glen Cove City School District)**

**联邦地区法院，纽约东区，1994**

**853 F. Supp. 651**

地区法官维克斯勒(Wexler)：

起诉中宣称的事实和听证会上引用的事实可以概括如下：在 1993 年 4 月或在此之前，凯思琳(Kathryn)和戴维·伯格(David Berg)试图为他们的 5 岁的双胞胎女儿，埃米莉(Emily)和萨莎(Sasha) 在格冷·科佛城市学区注册入学，并且要求免于遵守纽约公共健康法典第 2164 条所作出的免疫预防的要求。这项条款要求所有的儿童在其入学之前要接受免疫预防注射，以防止某种传染性疾病。

被告在 1993 年 4 月 8 日和 7 月 22 日，通过所属的公共卫生福利局副局长迈克尔·S. 佩里科恩(Michael S. Perricone)以书信形式从原告那里搜集信息，以决定是否批准其要求免除注射的申请。特别地，佩里科恩要求原告确认他们说明所归属的宗教及其禁止预防注射的宗教教条。

原告回应了佩里科恩的要求，在1993年7月9日的一封信中，概述了他们所声称的宗教信条。如在控告书中第17段所言，7月29日的信中所描述的原告的宗教信条如下：

我们感觉我们是犹太教的成员，我们信奉上帝，我们忠于神圣的宗教信条。我们的信条部分是建立在犹太教经文之上的，我们所信奉的教条是上帝对我们的要求。我们相信上帝赋予我们生命的能量。我们相信上帝给予的这种特殊的能量已经构成我们的细胞、组织和器官，并赋予我们无穷的智力。当我们遵循上帝的教律即自然的规律时，这些相互联系的职能就能很好地协调工作。我们相信，遵循上帝教律的生活方式能够养成健康的身体和头脑。上帝是纯洁的，我们必须努力使我们的生命尽可能纯洁。在我们看来，吃一些不纯净的东西或注射一些非自然的物质进入我们的血液，就违反了我们的戒律。

原告据此在1993年11月9日提起本案诉讼，最后寻求：(1) 一种判决，给他们权利免除法典第2164(9)条款中规定的免疫预防注射；(2) 永久性强制令，阻止被告侵犯宪法赋予原告的权利；(3) 总数达100万美元的赔偿，包括侵犯他们的宪法权利、诉讼费和用于本诉讼的开销，这些费用包括按照规定(42 U. S. C. 1988法典汇编)支付的律师费用。

在讨论谁是谁非之前，法院注意到，在谢拉诉北港-东北港联合自由学区(Sherr v. Northport-East Northport Union Free School Dist.，672 F. Supp. 81，E. D. E. Y. 1987)一案中，本法庭认为法典第2164(9)条款之前的条款违反了第一条修正案中的宗教条款和自由行使条款。法典第2164(9)条款的早期版本要求寻求豁免的家长或监护人是“真正的受承认的宗教组织的成员”，而且该组织的教条反对这种免疫预防注射。对法院在谢拉诉北港-东北港联合自由学区一案中的判决做出回应，纽约州议会修订了法典第2164(9)条款,要求家长或监护人"持有真正的和忠诚的宗教信仰,该信仰与此处所要求的行为相反"。因为法律允许例外,而这支持那些出自宗教信仰而反对免疫预防注射的人,所以这种例外不能够拓展到其他人,例如,其观点建立在"纯粹的医学道德因素"(Sherr, 672 F. Supp. at 92)、"科学的和世俗的理论"或"哲学的和个人的信仰"(梅森诉布朗·斯恩特将军学区,Mason v. General Brown Cent School Dist. ,851 F. 2d 47,51—52,2d Cir. 1988)基础之上。因此本法庭必须首先决定原告所声称的信仰是否是"宗教的"。如果是的话,法院必须判定他们是否真正地和忠诚地持有那些信仰。而且,法官要注意,在试图确定他们所宣称的宗教信仰的真诚度时,必须采取十分小心的措施。

至于原告的信仰,凯思琳和戴维·伯格表明他们认为他们自己是"犹太教徒",但是他们不属于任何一个获得承认的犹太教派。当然,他们忠于他们自己的信念,他们是犹太教徒。尽管被告提供了一份来自于犹太教专家的证据:犹太教的教义中并没有禁止给儿童打免疫预防针。然而原告坚持,他们反对免疫预防针的基本原则是他们自己对某些希伯来经文的解释,并且声称至少在过去的六年里,他们按照他们的理解严格地遵守那些章节。

根据这份证明和原告在控告中对他们的信仰所作的声明,看来原告可能成功地声明,他们坚持的反对免疫预防的信仰具有宗教性质。

至于原告声明他们持有真正的和忠诚的信仰,本法院对医疗和牙科的记录进行审查的结果证明,原告所作的,至少六年来,他们实践了他们所声称的信仰的声明是反对上文中所提出的预防措施,而与接受胎儿期儿科和牙科治疗时的看护等预防措施不同。尽管原告对犹太教的某些教义做出解释来反对免疫预防措施可能看起来很奇怪,然而根据支持被告的专家所言,犹太教的教义并没有提出这种禁令,尽管可以依据这些事实裁决原告的信仰是否是真实和忠诚。但是至此为止,原告已经充分表明他们真正而且真实地坚持他们的信仰。

根据目前所呈现的记录,本法院发现原告已经成功地证明他们的声明，他们反对免疫预防要求是基于他们的宗教信仰，而且他们“真正地”和“忠诚地”坚持他们的信仰。

**解释与分析**

在布朗诉斯通(Brown v. Stone，378 So. 2d 218，Miss. 1980，cert. denied，449 U. S. 887，1980)一案中，有相反的观点，在此案中，不允许有宗教豁免。法院认为基于宗教信仰的豁免，将会造成对大多数的其家长没有宗教信仰的儿童的差别对待。不能因为学生接受了脊椎指压师的医疗豁免，就规定这种免除设施[见赫德诉佩恩(Heard v. Payne，665 S. W. 2d 865，Ark. 1984)案]。

某学校要求把注射破伤风作为参加棒球队的一个条件，这项规定得到法院的支持。宾夕法尼亚州法院认为学区的强迫推行免疫利益没有侵害学生的宗教行为[见卡伦朵诉州立大学区学区(Calendra v. State College Area School District，512 A. 2d 808，1986)案]。

### (二) 分发保险套

一些位于城区的学校试图通过易取得的保险套来处理高年级学生怀孕和学生范围内的艾兹病传染。这些学区认为，分发保险套不仅仅是性教育或健康教育课程的有益组成部分，而且在阻止性传播疾病，例如AIDS方面也有重要作用。反对这项计划的家长，一般认为这种发放行为与原谅性混乱和性自由是相同的，并且鼓励低龄化的性关系和高频率的性关系。当家长提起诉讼时，分发保险套计划得到法院的支持。

在可帝士诉福尔莫斯(Curtis v. School Committee of Falmouth，652 N. E. 2d 580，Mass. 1995)一案中，为12岁的七年级学生推行的获取保险套计划得到支持。根据这项计划，高中生可以从学校护士那里免费取得保险套，学校护士会给他们一些建议，并向他们提供一本有关AIDS/HIV和其他性传播疾病的小册子。在中学，学生可以从学校护士那里免费取得保险套，或者从放置在学生休息室里的保险套自动贩卖机上购买。如果有要求的话，学校提供咨询。这项计划没有提供“选择免除权”，即根据这个豁免权，家长有选择的权利，把他们的孩子排除在取得保险套之外；也没有家长通知条款，依据该条款，学校可以通知家长他们的孩子要求获得保险套。法院判决，这项计划没有侵犯家长的自由权利或私人权利。此外，法院声明，尽管该计划可能会冒犯家长的宗教感情，但是仅仅揭示该项目具有冒犯性，并不违反自由行使条款。家长没有权力更改公立学校计划来满足他们的个人道德偏好。

一项包括“选择免除”条款在内的保险套分发计划，受到家长的质疑，家长声称不必要的政府干涉侵犯了第十四条修正案赋予他们的养育权。法院在家长选择好学校协会诉费城学区（Parents United for Better Schools，Inc. v. School District of Philadelphia，148 F. 3d 260，3rd Cir. 1998）一案中支持一项由双方同意成立的计划，认为该项目没有学生参加，并且给予家长选择权，可以将他们的孩子排除在接受保险套之外。学校没有侵犯家长的权利，保险套分发计划是学区关心青年怀孕、性传播疾病和 HIV 传染的结果。该计划是教育学生关心健康和学会保健方法的大项目中的一部分。依据该项目的目标，法院认为该项目在健康服务所暗含的限定范围之内。

# 第三章 学生与法律

在公立学校中，学生和学校官员之间存在着大量的相互交往是不可避免的。这样，一些学生或者其家长不是对学校官员的行为不满就是对学校的政策不满。然而，除非学校当局已经侵犯了学生的宪法权利，没有遵循相应的联邦或州的法律法规，或者没有采取适当的政策、履行适当的程序，否则，绝大部分这样的纠纷是不可诉讼的。

在20世纪70年代以前，学校当局只要能够证明自身的行为合法，通常会得到法院支持。公立学校被认为享有父母似的特权，甚至学生是否享有宪法权利还不确定。然而，在1969年一个划时代的判决中，美国最高法院宣布学生在学校里没有丧失言论自由、表达自由的宪法权利。后来，在1975年，高等法院裁决公立学校的学生拥有教育中的自由权和财产权益，因此，正当程序的宪法原则适用于学校官员对学生的处置。在20世纪70年代初期出现了几部重要的联邦法规，又进一步扩大了学生权利的范围。作为学生法律地位上这些变化的结果，一个时代随之而至——在这个时代里，学生经常能成功地质疑学校的政策和程序，与此同时，许多学校官员觉察到了他们的权威逐渐丧失。

在20世纪80年代中期，法院从过去支持学校转而支持学生的倾向变得更为明显。尤其是从那以后的几个最高法院的判决，无疑增强了公立学校官员要尊重学生言论自由，以及尊重其他冲突领域中学生自由权的法律意识，相应的法律权威也更为严格。

除了讨论学生的自由表达权外，本章提出的问题还涉及停学、开除、非志愿的惩罚性转学、体罚、搜身及搜查学生的抽屉、学生的外表、怀孕、做父母的身份和结婚、课外活动的参与、学校对校外违法行为的处罚等等。

审查法院对上述这些问题的判决，可以发现，法院必须经常在学生的宪法权利和公立学校官员履行保证学习和安全的适当环境的职责这两者之间作出权衡比较。一个看似简单、既能减少法律对抗又能促进学校运转的学校管理环境出现了，即学校官员应保证政策的采用是合法的，在教育上是合理的，是明文规定的，这样的政策已经充分传达给学生及其家长，其实施方式是适当的。

## 一、表达自由

### （一）廷克原则

1969 年美国最高法院在廷克诉得梅因独立社区学区（Tinker v. Des Monies Independent Community School District，1969）一案中提出表达自由这个问题时，学生还没有被承认享有宪法第一条修正案中的表达自由权。尽管这个 7∶2 的判决并没有提出“纯言论”问题——法庭审理的案件涉及的是学生佩戴臂章，法院在廷克一案中的判决给公立学校系统提供了清晰的信息，即学生享有政治言论自由的权利。

**廷克诉得梅因独立社区学区**

**（Tinker v. Des Monies Independent**

**Community School District）**

**美国最高法院，1969**

**393 U. S. 503**

大法官福塔斯（Fortas）宣布了法院的判决意见书：

原告约翰·F. 廷克(John F. Tinker)，15岁；原告克里斯托弗·爱克哈特(Christopher Eckhardt)，16岁，就读于艾奥瓦的得梅因(Des Moines)学区里的中学；原告玛丽·贝思·廷克(Mary Beth Tinker)，约翰的妹妹，13岁的初中学生。

1965年12月，得梅因的一群成人和学生在爱克哈特家召开了一次会议，决定在节假日佩戴黑臂章，在12月16日和新年前夕禁食，以此来表达他们对越战的反对和对停战的支持。原告和他们的父母曾参加过类似的活动。因此，他们决定参与这个活动。

得梅因学校的校长们开始意识到佩戴黑臂章的计划。1965年12月14日，他们会面并且正式通过了一项政策。该政策规定，任何佩戴臂章上学的学生将被要求除去臂章，如果该学生拒绝的话，他将被停学直到他愿意除去臂章为止。原告知道学校当局通过的这一政策。

12月16日，玛丽·贝思和克里斯托弗佩戴黑臂章上学。第二天，约翰·廷克也佩戴了黑臂章。他们三人都被停学遣送回家直到他们除去臂章才可以返校。一直到计划佩戴臂章的时间结束，也就是新年之后，原告才返回学校。

在1983年修订的美国法典第四十二条的规定下，原告通过其父母向联邦地区法院提起控诉。控诉请求禁制令，阻止被告方学校官员和学区委员会成员处分原告，同时该控诉还以自己的权益受到损害为由，要求获得赔偿金。在听证会之后，地区法院驳回了该诉讼。法院认为学校当局的行为是符合宪法要求的，理由是为防止学校纪律失调而采取这样的行为是合理的。法院参照了第五巡回法院在一类似案件中作出的判决，即佩戴像臂章一类的象征物不能被禁止，除非它“明显地并实质上与学校运转特有的纪律要求相冲突”，但正是基于这一判例的精神，拒绝了原告的要求。

在上诉中，第八巡回审判区的上诉法院认为该诉讼需要全体法官出庭听审。法院被均分为意见不同的两组，因此，无需判决意见书，地区法院的判决相应地得以维持。我们批准调卷令。

地区法院承认佩戴臂章来表达某种观点是受到宪法第一条修正案言论自由条款中保护的象征性行为。我们将要讨论，在本案中佩戴臂章与参与者实际或潜在的破坏性行为是截然不同的，它类似于“纯言论”，这是我们多次强调的、受宪法第一条修正案全面保护的权利。

第一条修正案的权利，按照学校环境的特定特征加以运用，是适用于教师和学生的。难以置信，无论是学生还是教师在学校中就丧失了宪法规定的言论或表达自由权。这已经是本法院 50 年来一直所持的观点。

另一方面，州、学校官员，与宪法基本保障措施相协调，必须享有规定和控制学校内行为的广泛权威，这是法院屡次予以强调和肯定的。我们的问题是学生在享有宪法第一条修正案权利的过程中什么地方与学校官员的规定发生了冲突。

本案提出的问题不涉及有关裙子长度、衣服式样、发型或态度的规则。它并不涉及攻击性、破坏性的行为甚至集体示威运动。我们的问题直接涉及类似于“纯言论”的，主要由第一条修正案保障的权利。

学校官员因原告无声、消极、并没有带来任何无序或混乱的表达观点的方式而禁止原告上学，并试图惩罚原告。没有证据表明，原告的任何行为，实际上已经或即将干扰学校的工作或者与其他学生受保护的和不得干涉的权利相冲突。因此，本案并不牵涉侵犯学校工作或其他学生权利的言论或行为。

学校 18 000 名学生中只有一小部分佩戴黑臂章，只有五个人因为佩戴黑臂章而被停学。没有迹象表明整个学校或任何班级的工作受到了干扰。在教室之外，一些学生恶语攻击戴臂章的学生，但是并没有引起学校范围内的恐吓或暴力行为。

地区法院认为，学校当局的行为建立在对佩戴黑臂章可能带来混乱的恐慌基础之上，因此是合理的。但是，在我们的体制中，无显著征兆的对混乱的恐慌和不安是不足以凌驾于表达自由的权利之上的。任何对绝对管制的违反会引起麻烦，任何与绝大多数人观点的不一致会招致恐惧。在教室、餐厅、校园内与他人观点的任何背离都可能会引起争论或混乱。但是我们的宪法认为我们必须冒险，并且我们的历史告诉我们，这种冒险的自由、这种公开正是我们的民族力量的基础，正是成长生活在这个相对自由、好争论的社会中的美国人所具有的独立和活力的基础。

对州来说，也即对学校官员来说，要证明禁止特定的观点表达方式是正当的，必须要表明所采取的行动不仅仅是出于阻止不受欢迎的观点常会带来的不安和不满的愿望。无疑，要是没有迹象表明参与被禁止的行为将“明显地并实质上与学校运转特有的纪律要求相冲突”，这种禁止就不能被支持。

在本案中，地区法院没有这样的发现，我们对案卷的独立审查也不能提供证据表明学校官员有理由预见佩戴黑臂章将实质上与学校工作相冲突，或者将侵犯其他学生的权利。甚至在停学后准备的官方记录上所列的理由中也没有提到对类似混乱的预期。

相反，学校当局的行为似乎建立在这样一个迫切愿望之上，即防止即使是通过佩戴臂章这样无声的方式反对国家参加越战所带来的争议。在这个方面，据披露，学校校长们决定发布这一有争议规章的那个会议的召开，是对一学生向某校新闻老师提出的报告书的反应——该学生试图写一篇关于越南的文章并且把它发表在校报上（该学生被劝阻了）。

学校当局没有声称禁止佩戴所有政治性的或有争论意义的标志，这一事实也是有意义的。案卷表明，一些学校的学生佩戴与民族政治运动有关的徽章，有些学生甚至佩戴纳粹标志——铁十字勋章。禁止佩戴黑臂章的规则并没有禁止这些东西。一种特定的符号——表达反对本国干涉越南所佩戴的黑臂章——被单列出来加以禁止，很明显，对表达一特定观点的禁止——至少没有证据证明，为了避免与学校工作或纪律的实际冲突，有必要禁止佩戴黑臂章。在这样的情况下，这种禁止是宪法所不允许的。

在我们的体制中，公立学校不能成为极权主义者的“飞地”（孤立的小块地区）。学校官员并没有凌驾于学生的绝对权威。学生在校内和校外一样都是宪法保护之下的“人”。他们拥有国家必须承认的基本权利，就像他们自己必须承认对国家的义务一样。在我们的体制中，学生不能被看作是闭路的接受器，只接受国家选择传递的那些东西。他们不能被限制只表达官方认可的那些观点。没有在宪法上有效地调整他们言论的理由，学生们是有权自由表达自己的观点的。

*　　*　　*

学校应该发挥的主要作用是，为了进行特定类型的活动而在规定的时间里照顾、安排学生。学生之间的个人交流包含在这些活动之中，它不仅是上学过程中不可避免的过程，也是教育过程中重要的一部分。因此，学生不仅仅在教室内的时间享有他们的权利，当他们在自助餐馆或运动场，或在批准时间内的校园中，他们都可以表达自己的观点，甚至是有关越南冲突这样有争议的话题，只要他们这样做并没有“明显或实质上与学校运转特有的纪律要求相冲突”，没有侵犯到其他人的权利。但是，无论在课内还是课外，无论是在什么时间、地点，无论什么行为方式，如果学生的行为实际上破坏学校工作，或带来实际混乱，或侵犯了他人的权利，一旦这样的情况发生，无论是基于什么理由，都不受宪法言论自由权利的保护。

在宪法之下，言论自由并不是一种原则上存在而实际上不存在的权利。如果这种权利只能在仁爱的政府为异想天开的人准备的避难所里行使的话，那么言论自由将不会真正存在。宪法规定，国会和政府不得剥夺言论自由权。这一条款意味着具有特定的法律权威基础。我们有理由根据这一条款批准在严格受限制环境下与言论相关的活动的合理规章。但是我们不能把第一条修正案权利的行使限制在电话亭或小册子或学校教室中受监督的和规定的讨论上。

如果学校官员制定并通过某一规章是为了禁止讨论越南冲突、禁止任何学生在学校内表达对越战的反对——除非这样的表达讨论是作为受控的课堂练习的一部分，那么显然这一规章侵犯了学生的宪法权利，至少是在不能有效证明学生的活动已经明显地并实质上破坏了学校的工作和纪律。在本案中，对无声消极的、被一孩子称为“臂章的证词”的禁止，同样侵犯了宪法的相关保护。

就像前面所讨论过的，案卷不能证明存在任何可能导致学校当局去预测实质的混乱或对学校活动造成干扰的事实，而且实际上在学校范围内也没有出现混乱和无序。原告只不过是遵循学校的规章办事，他们的偏差只是在于他们在袖子上佩戴了一块不超过两英寸宽的黑布。他们佩戴黑布是为了表达他们对越战的反对和对停战的主张，为了使他们的观点为别人所知，并且试图通过他们自己的例子影响其他人接受他们的观点。他们既没有妨碍学校的活动，也没有试图打扰学校事务或他人的活动。他们引起了教室外的讨论，但是没有妨碍工作，也没有导致无序。在这样的情况下，宪法不允许国家官员否决他们表达观点的方式。

我们对准许什么形式的救济不作评判，这应由下级法院判决。我们撤销地区法院的判决，并将案件发回初审法院，要求其依循这一判决意见书展开进一步的诉讼。

撤销判决并发回案件。

* * *

布莱克(Black)大法官提出异议。

法院对本案的判决预示着我所认为的全新时代的到来，在这个新时代里，当选的美国公立学校的官员对学生的控制权实际上最终转移到最高法院那里。

假定法院的判决——为表达政治观点佩戴臂章受宪法第一条修正案的保护——是正确的，关键问题是，学生和教师是否可以在他们心血来潮时将学校作为他们行使自由表达——无论是象征性或纯粹性——权利的场所，法院是否能赋予自己决定学校生活如何度过的权利。虽然我一直坚信受宪法第一条和第十四条修正案的制约，无论是州还是联邦政府都没有规范或检查言论内容的权力，但我从不认为任何人享有随时随地发表言论或参与示威的权利。

尽管案卷没有显示出任何戴臂章学生尖叫、使用污秽的语言或持有狂暴的态度，详细的证据表明他们的臂章引起了其他学生的评论、警告、嘲笑，还有一年长足球队员不准别人干涉他们的警告。还有证据表明一位数学老师的课主要被佩戴臂章示威的玛丽·贝思·廷克破坏了。即便是对案卷的随意翻阅也可以显示臂章确实已经转移了学生在正常的功课、谈话、评论等方面的注意力，臂章也使得约翰·廷克自觉佩戴臂章上学。没有讨人厌的评论或狂暴极端的混乱可能证明了法院作出的少数佩戴臂章的学生没有扰乱学校工作这一判决的合理性，但我认为案卷成功地证明了臂章确实带来了当选学校官员和校长预见的结果，即转移了学生对课堂作业的兴趣而去思考越战这样一个高度敏感的问题。我再次重申，如果公立学校、幼儿园、文法学校或中学的学生能否认、藐视学校官员制定的旨在把学生的注意力保持在学业上的那些规则的时候到了，那么由法官助长的这个国家放纵的、新的革命时代就开始了。对我来说，符合逻辑的下一步将是裁定那些禁止 21 岁或 18 岁以下的学生当选为教育委员会成员的法律是“违宪”的。

* * *

但是，即使案卷只字未提对越战的反对转移了学生在规定学业上的注意力，法院的成员，像其他公民一样，不被告知也知道，对越战正当性的争论已经带来了只有少数几个问题曾带来的那种国家的混乱和分歧。当然，像其他人一样，当黑臂章被夸张地展示在他们面前以唤起对战争伤亡者的注意——一些伤亡者是他们的朋友和邻居，学生们就不能再把注意力集中于次要的其他问题上了。无疑，一些学生坚持佩戴象征性的黑臂章上学直到他们被勒令停学这样的事情也分散了其他学生的注意力。

变化一直被认为是生活的法则，但有时候旧的、可靠和真实的东西，还是值得坚持的。这个国家的学校无疑有助于给我们带来平静，使我们成为更守法的公民。不受控制和无法控制的自由是民主与和平的敌人。国家最大的问题中的一些就是年轻人——很多是学龄阶段的年轻人实施的犯罪带来的，我们不能对这样的事实视而不见。学校的纪律，如同家长制定的纪律，是训练儿童成为好公民、优秀公民所必需的。这里，少量的学生已经干脆拒绝遵守学校规章，给想效仿他们的学生提供了很好的机会。不需要成为预言家就可以知道在法院判决之后，在艾奥瓦地区的学校和事实上所有的学校中的学生将准备好、能够并且愿意公然反抗他们的老师制定的几乎所有的规章；更不幸的是，对学校来说，成群结队的学生松散跑动、盗窃、静坐、砸破玻璃似乎也无法管理了。类似于人们在报纸和电视上看到的那样，许多学生组织早已从事暴动、财产没收和破坏。他们已经用削尖的木条做成栅栏把学校包围起来，强迫学生不得穿过那些栅栏，而且经常狂暴地攻击那些认真的但受到惊吓的学生——他们想受教育但纠察队员不让他们受教育。从事这些活动的学生显然十分自信地认为，他们对如何管理公立学校系统比他们的父母、老师、当选的学校官员们懂得还要多。无需辩解，这里的特定学生还没有形成通过课堂来施加政治压力这样迫切的需要。随意翻阅像本案一样要求损害赔偿和对教师颁布禁止令的诉讼，只会让人想象到，年轻、不成熟的学生很快就会认为控制学校是他们的权力而不是征税为学生聘请教师的国家的权力。因此，在我看来无宪法依据的本案，使所有公立学校受制于那些大嗓门的但不可能是最聪明的学生的任性和幻想。我不能完全信服，即使是有了这个从华盛顿法院获得的周全的帮助，学校的学生理智得足以开办好50个州的23 390所公立学校。因此，我完全希望放弃在个人立场上持这样观点的意图，即联邦宪法强迫教师、家长和当选的学校官员把美国公立学校的控制权让渡给公立学校的学生。我持有异议。

## 解释与分析

必须意识到在廷克案中受保护的表达自由与初高中学生对社会、政治、经济问题的看法和表达有关。学生对教职员工或同学的侮辱、无礼、尖叫、诅咒的行为是不受保护的。

廷克一案被归档于1983年修订的美国法典第四十二条之下的法律

诉讼。民权法这一部分经常被作为涉及师生诉讼的法律基础(见第八章对民权法的简论)。

根据廷克一案,“无显著特点的对混乱的恐慌和不安不足以凌驾于言论自由权利之上”,而且当学生享有宪法第一条修正案权利时,学校当局必须接受“微小的混乱”。只有当学生从事的行为“明显地并实质上与学校运转特有的纪律要求相冲突”时,学校当局才能禁止这一行为。遗憾的是,法院没有提供学校当局可以援引的判例来决定实际的混乱或仅是对实际混乱的预测在他们阻止涉及言论自由的行为之前是否是必需的。使学校行政官员行为更为困难的是,法院不能提供与“实际混乱”预测的意思相关的足够的指导。

几乎毋庸置疑,学校官员为保证学校的有序运转可以制定实施合理的规则。然而,廷克一案表明,当涉及到表达自由时,学校官员不能因为政治观点使官员不满或有带来一定程度混乱的可能而限制这种自由。学生预期的政治社会化的一部分,即他们要明白政府官员——在这个例子中是学校当局——不会仅仅因为言论表达可恶或有点破坏性就限制言论的一些自由表达的方式。尽管一些学校官员对这样一种理论感到不悦,但它是建立在这样一种观念之上的,即如果学生将成为一个自由民主社会完全的参与者,他们必须完全理解他们在任何社会、政治、经济问题上可以自由表达自己的观点,而不受政府非法限制、报复的干涉。法院的观点是,学校是促成学生这种理解的合适场所,这种理解是学生通过对学校环境中言论自由情况的观察获得的,而不是在一特定年龄或中学毕业后,通过那些包含言论自由内容的演讲或政策获得的被赋予的权利。

有关“政治上正确”的当代观点与上述观点不相符合吗?比如,为什么仅仅因为评价可能是讨厌的或令人不悦的,就不允许学生作出与其他学生的宗教、种族、民族背景、性别或集体社团有关的否定性评价?是因为学校有培养良好态度和礼貌的责任吗?或者是因为,除了妨碍学校的运转外,学生是依法入学的,如果允许学生持有类似观点就好像是学校支持这样的观点一样？

在韦斯特诉达比联合学区（West v. Derby Unified School District, 206 F. 3d 1358 110th Cir. 2000）一案中，一位中学生因数学课上在纸上画了南部同盟的旗帜而被处以停学的处罚得到支持。在这个案件中，学区制定了“种族骚扰或威胁”（Racial Harassment or Intimidation）的政策，该政策禁止“任何容易引起种族分裂或者制造恶意和仇恨的书面材料，无论是印刷的还是手写的”，并且特别指出这些材料中包括南部同盟的旗帜。在这个判决中，法院裁定，考虑到白人学生和黑人学生之间种族摩擦的历史，学区有理由假定这个学生的行为将会导致对学校活动实质性的破坏。

一位学生因为在其个人电脑上制作了含有污秽语言、讽刺自己学校的主页而被停学。为了支持该学生，法院宣布他所享有的宪法第一条修正案的权利已经受到了侵害，并且允许有争议的、有挑衅性的言论的存在并不会干扰学校的纪律[见别其英克诉沃德兰德学区（Beussink v. Woodland R-IV District, 30 F. Supp. 2d 1175，Mo，1998）案]。

一学校系统要求学生从事60小时社区服务作为毕业条件的政策受到了质疑，理由是这种做法对受第一条修正案保护的表达自由来说是一种强迫。为了驳回诉讼请求，联邦上诉法院主张参加这个项目并不能确认参与学生的利他主义信念[见斯蒂尔诉伯利恒区学区（Steirer v. Bethlehem Area School District，987 F. 989，3rd Cir. 1993）案]。其他联邦上诉法院已经支持类似的社区服务项目[见以麦迪他诉拉伊·内克学区（Immediato v. Rye Neck School District，73 F. 3d 454（2nd Cir. 1996）cert. denied，519 U. S. ，1996，cert. denied，519 U. S. 813，1996）案和赫恩登诉卡罗来纳州查珀尔希尔教育委员会（Herndon v. Chapel Hill-Carrboro City Board of Education，89 F. 3d 174，4th Cir. 1996，cert. denied，519 U. S. 1111，1997）案]。

私立学校的学生不受基于第一条修正案的廷克判例的保护，这些学生也并不一定享有宪法第十四条修正案的其他修正案所保护的公民权。

公立学校的学生享有类似的权利是因为公立学校是在政府的名义之下运转的。由于大多数私立学校的行为不被认为是政府行为，对将被当作以政府名义行动的私立学校来说，它与州或联邦政府之间的实质性联系必须予以确立。因此，私立学校的学生不享有本章后面两部分讨论的为公立学校学生提供的许多权利。有关私立学校背景下学生权利的争论，一般是通过将合同法适用到指导学生管理的协定上的方法加以解决。

### （二）限定廷克原则

在廷克案后激烈的争论中，提出了诸如佩戴徽章或其他象征物、使用猥亵的和有挑战性的话语、学生出版物的检查、前卫报纸的分发这样的问题。这样的争论几乎不能消除人们对廷克一案的判决给予学生不受约束、随心所欲的许可的担忧和恐惧。一些联邦的地区法院，根据廷克判决，支持许多家长和学校当局认为不适当的学生表达的形式。然而，最高法院的判决，如贝瑟尔 403 号学区诉弗雷泽（Bethel School District No. 403 v. Fraser）案和黑泽尔伍德学区诉库梅耶（Hazelwood School District v. Kuhlmeier）案的判决，已经倾向于限定评论者向来认为廷克判决中承认的那些东西。

1. 非政治性的言论

**贝瑟尔 403 号学区诉弗雷泽**

**（Bethel School District No. 403 v. Fraser）**

**美国最高法院，1986**

**478 U. S. 675**

首席大法官伯格（Burger）宣布了法院的判决意见书：

我们准许调卷令以决定第一条修正案是否阻止学区惩戒一名在学校会议上发表猥亵言论的高中生。

1983年4月26日，被告马修·N. 弗雷泽(Matthew N. Fraser)，华盛顿贝瑟尔高中的学生，为提名一同学担任某一职务发表了演讲。大约600多名高中生——他们中的很多人只有14岁，参加了会议。学生被要求参加会议或者向学习室报告请假。会议是学校主办的自治性教育计划的一部分，不参加会议的学生被要求向学习室报告。在整个演讲中，弗雷泽用复杂、形象、明确的性隐喻谈及他的候选人。

事先已与弗雷泽讨论过演讲内容的两位老师告诉他，这样的演讲是不适当的，他可能不应该发表，发表这样的演讲可能会有严重的后果。

在弗雷泽发表演讲的期间，一学校督导观察了学生对演讲的反应。一些学生叫嚣欢呼，一些学生用姿势生动地表演被告直接提到的性行为，另外一些学生看上去很尴尬并且感到困惑。一名教师报道，在演讲的后一天，她发现必须放弃计划课程的一部分来与全班讨论这个演讲。

贝瑟尔高中禁止在校使用猥亵语言的纪律规定如下："禁止严重地、实质上干扰教育过程的行为，包括使用猥亵、粗俗的语言或手势。"

在会议次日早晨，副校长把弗雷泽叫到办公室，通知他学校认为他的演讲违反了这一规定。弗雷泽看到了五封教师描述他在会议上行为的信，并被给予解释该行为的机会。他承认他发表了信中描述的那样的演讲，并且他在演讲中使用了性的暗示。接着，弗雷泽被告知他将被停学三天，而且他将被从毕业典礼毕业生代表的候选人中除名。

弗雷泽通过学区的申述程序寻求对这个纪律案件的审查。听证官认定被告做出的演讲"对与会的许多学生和教职员的正派和体面来说是不适当的、猥亵的和讨厌的"。听证官认定该言论属于禁止破坏性行为准则里明确的那种"猥亵"言论，而且意义明白清楚，并且完全确认了该惩戒。弗雷泽停学两天，被准许在第三天返回学校。

被告通过作为其诉讼监护人的父亲，向华盛顿西区的美国地区法院提起了诉讼。被告宣称他的宪法第一条修正案中的言论自由权利受到了侵犯，并在1983年美国法典四十二条规定下请求解除禁制令和赔偿经济损失。地区法院裁定学校的制裁侵犯了被告在美国宪法第一条修正案保护之下享有的言论自由权，学校的破坏性行为规则的模糊与宽泛是不合宪法要求的。将被告从毕业典礼发言者名单上除名违反了第十四条修正案中的正当法律程序条款，因为纪律规则并没有提及类似于除名这样的制裁。地区法院裁定给被告 278 美元损失赔偿，12 750 美元诉讼费和律师费，并禁止学区阻止被告在毕业典礼上演讲。被告没有作为学校指定的毕业典礼发言人，但通过同学投票当选为毕业生发言代表人，于 1983 年 6 月 8 日在毕业典礼上发表了演讲。

第九巡回审判区的上诉法院确认了该地区法院的判决，判定被告的演讲与廷克诉得梅因独立社区学区案中的臂章没有显著区别。法院明确驳回了学区做出的以下辩论：虽然弗雷泽的行为与佩戴臂章的消极行为不同，并且这样的演讲对教育过程造成了破坏性的影响。但上诉法院还是否认了学区作出的对学生的一些基本保护规定，包括在学校主办的活动中，保护和控制未成年听众不受猥亵和不体面言语的影响，上诉法院还拒绝对这种保护措施的重大意义进行辩论，同时认为学校委员会不受约束地决定什么课程是体面的自由，将会增加巩固白人、中产阶级确定的什么是公立学校可接受的和适当的言论和行为的标准的风险。最后，上诉法院驳回了学区做出的学校在承担学校课程责任的情况下应当有权控制在其主办活动中表达观点所使用的语言的诉求。

我们批准调卷令。我们撤销判决。

该法院在廷克诉得梅因独立社区学区一案中承认学生在校园内并不丧失自由表达的宪法权利。

上诉法院指示，该案应排除任何对弗雷泽在学校会议上不体面演讲和猥亵行为的惩戒。法院的审判似乎建立在这样的理论之上——为使发言者的想法成为一同学提名演讲的焦点而使用猥亵的语言，与廷克案中佩戴黑臂章作为反对的方式或表达政治立场是一样的。

上诉法院几乎没有注意到廷克案中臂章的政治“信息”与本案中被告演讲的性内容的显著区别。在支持廷克案中学生行使非破坏性、消极的政治观点表达行为的权利时，该法院非常仔细地提及该案没有涉及到干扰学校工作或其他学生权利的言论或行为。

在这个背景之下，我们转而考虑与弗雷泽在600多名学生参加的会议中的言语和行为相关的宪法第一条修正案的保护条款的标准。

美国公立学校的作用和目的，两位史学家已对其作了很好的描述，即公立学校必须为学生成为共和国公民作准备，它必须将礼貌的习惯和态度作为学生自身的、有益于幸福的价值观，作为社区、国家自治实践中不可缺少的东西灌输给学生。

在这些基本的、对民主社会来说不可缺少的有关礼貌的习惯和态度的价值观之中，当然必须包括对有争议的政治、宗教观点的容忍，即使这些观点不受欢迎。但是，这些基本的价值观必须考虑到他人的感受，在学校中，就是要考虑到同学的感受。在学校中，提倡保障那些不受欢迎的有争议观点的自由表达权利，但必须与教导学生明确适当的社会行为界限联系起来，与平衡争议的方式联系起来。即使是在民主社会中最热门的政治演讲中也需要考虑到参与者与听众的感受。

* * *

禁止在公共演讲中使用猥亵和攻击性的措辞无疑是公立学校教育非常正当的职责。确实，维持一个民主政治系统所必需的基本价值观，需要反对极具攻击性或恐吓性的辩论措辞。宪法没有阻止国家强调一些表达的方式是不适当的、是应该受制裁的。这些价值观的教诲无疑是学校的工作，决定教室内或校会上什么样的言论是不合适的正是学校委员会的责任。

在公立学校中，教育年轻人成为公民的过程并不限制在书本、课程、公民学课上，学校必须通过一些范例教给学生文明社会秩序共有的一些价值观。自觉地或不自觉地，教师通过他们教室内外的行为来示范适当的公民演讲和政治表达的形式。他们不可避免地像家长一样，成为低年级学生的核心榜样。学校作为国家的工具，可以决定基本的公民课程。在一个容忍如这个迷惑的男孩放纵行为一样猥亵、不体面和攻击性语言和行为的学校中，慎重考虑的行为是不能得到传递的。

遍布于弗雷泽演讲中的性暗指对教师和学生——事实上对任何一个成年人来说，都是攻击性的。通过赞美男性的性能力，并且在言辞内容上，这个演讲严重侮辱了未成年的女学生。演讲对欠成熟的听众来说很有害，他们中的许多人只有14岁并且刚刚有了性意识。据报道，一些学生对演讲及它引发的模仿感到迷惑。

* * *

我们裁定原告完全是在许可的权力范围内对弗雷泽的攻击性的猥亵的和不体面的演讲实行处罚的。和廷克案中对学生佩戴臂章的处罚不同，本案中的处罚与任何政治观点无关。第一条修正案并不妨碍学校官员做出以下决定，即允许学校对诸如被告的猥亵的和损害学校基本教育任务的演讲进行惩罚。一所高中的会议室或教室并不是面向未成年的无怀疑态度的学生发表明确性的性独白的场所。因此，学校向学生表明猥亵言语和行为与公立学校教育的基本价值观是不相协调的这一做法非常正确。

* * *

被告争论他停学的情况违反了正当程序，因为他不知道发表这样的演讲会使他遭受纪律制裁。停学两天的处罚还未达到像刑事制裁那样可以请求一整套刑事诉讼的正当程序的标准。学校纪律规则禁止使用猥亵的语言，演讲前教师的劝告给了弗雷泽足够的警告：他的猥亵演讲将使他遭受制裁。

第九巡回审判区上诉法院的判决被撤销。

布伦南大法官赞成该判决。

被告为争取成为候选人担当学生组织职务在一高中会议上发表了以下的演说：

> 我知道一个坚硬的男人——他的坚硬在他的裤子里、在衬衫里，他的特征就是坚硬——但是最重要的是，他对你们这些贝瑟尔

的学生的信心是坚硬的。

……

法院把这些言论称为猥亵、粗俗、下流、攻击性的言论，裁定学校官员正当地惩戒了做出这样演讲的被告。读完了被告演讲的内容，我发现很难相信这一演讲正如法院所描述的那样。对我而言，对被告的演讲能说的并且要说的就是，根据学生的辨别能力，学校官员不得不教学生如何有礼貌地和有效地处理公共演讲，不得不防止学校教育的混乱，学校官员在本案的情况下判定被告的言论超出了允许界限是不违宪的。因此，我赞成法院的判决，单列写出来以表达我对法院裁决和宽容的理解。

## 解释与分析

首席大法官沃伦·E. 伯格(Warren E. Bruger)撰写了弗雷泽一案7∶2多数赞成的判决意见书。他在1969年被尼克松总统提名任职联邦最高法院的大法官，在提名之前，他是一名自1956年起就任职于哥伦比亚巡回审判区的美国上诉法院的法官。1986年，首席大法官伯格退休。

在弗雷泽一案中，法院表明，廷克一案并不代表学生享有和成年人等同的权利。特别需要指出，如果弗雷泽的演讲是一成年人公开发表的话，肯定会受到宪法的保护。弗雷泽一案表明，法院确信公立学校在传授学生对公共演讲礼貌的尊敬方面发挥着重要作用。判决已揭示出大多数人的观点，即判定学生言论是否合理是学校官员而不是联邦法官的事。

其他一些法院在试图决定学生在多大范围内可以表达自由时已经援引了弗雷泽一案。一白人女学生为反驳她不是另一黑人学生称呼的“令人讨厌和性交的贱女人”，而使用同样猥亵的行为而被处以停学，法院支持这一处罚。那个黑人女生在自助餐馆插队引起了口角。法院认为她们的争吵除了具有争斗性还具有破坏性。两名学生都受到了停学五天的处罚。法院没有发现平等保护权利受到侵犯，尽管煽动者有一漫长的纪律处理的历史而另一学生在此之前没有纪律问题的记录[见海勒诉霍金(Heller v. Hodgin,928 F. Supp. 789,Ind. 1996)案]。再次援引弗雷泽一案,学生会主席的候选人因为在学校主办会议上的演讲中对一位副校长作了不礼貌的和粗俗的评论而被取消了资格[见波宁诉莫非(Poling v. Murphy,872 F. 2d 757,6th Cir. 1989)案]。

2. 学校资助的表达活动

另一类大量涉讼的表达自由问题涉及到学校当局对诸如学生出版物一类的学校资助的表达活动的控制。尽管一些上诉法院在1988年以前就已经提出这类问题,但是美国最高法院还没有提出类似问题,结果是出现了大量复杂、难以理解的判例。

在很多地区,学校报纸已经被认为是"公共讨论场所",在那里表达的观点是不受调整和管理的。学生所写的、有性暗指的、提倡吸毒的,或者可能是诽谤性的东西似乎都享有宪法保护。因此,许多学校当局要么就是允许有这样内容的出版物发行,要么就全部终止出版学生报纸。在这样的背景下,美国最高法院在黑泽尔伍德学区诉库梅耶(Hazelwood School District v. Kuhlmeier)一案中作出的5∶3的判决——它涉及一学校校长对学生新闻文章的检查,就具有非常大的意义。

**黑泽尔伍德学区诉库梅耶**

**(Hazelwood School District v. Kuhlmeier)**

**美国最高法院,1988**

**484 U. S. 260**

怀特大法官宣布了法院的判决意见书:

案件涉及教育者可以在多大范围内行使对作为学校新闻学课程的校报内容的编辑控制权。

* * *

《光谱报》(*Spectrum*)是由东黑泽尔伍德学校新闻学课程二年级学生撰稿并编辑的。在1982—1983学年,该报纸每三周左右就出版一次。

在那一年，4 500多份报纸被分发到学生、学校员工和社区成员手中。

教育委员会从年度预算中拨出资金供《光谱报》印刷，除了这部分资金外，报纸销售收入也作为印刷的补充费用。在1982—1983学年，印刷费总计4 668.50美元，销售收入1 166.84美元，其余与报纸相关的费用——比如物资供应、课本、一部分新闻学教师的薪水，都是由教育委员会提供的。

*　*　*

我们首先要处理的问题是：《光谱报》能否被合适地称为公共表达的场所？公立学校并不具备街道、公园和其他传统公共场所那样的属性，传统的公共场所"随时被用作集会的场所，交流公民之间的思想，讨论公共问题"。

因此，只有当学校当局"在政策上或实际上"已经将这些设施向一般公众或公众中的一部分——如学生组织"放开"供其广泛使用时，学校的设备才可以被认为是公共场所。相反，如果这些设施因特定目的——如传达信息或其他目的而被预留下来的话，那么就不存在公共场所，并且学校官员可以对学生、教师和学区内其他成员的言论施加合理的控制。"政府不可能通过不作为或者通过准许有限的讨论来创造公共场所，它只有通过有目的地开放一个非传统性的场所作为公共讨论之用。"

学校官员对《光谱报》采取的政策在黑泽尔伍德校委会政策348.51号文和东黑泽尔伍德课程手册中有所反映。校委会政策348.51号文规定，"学校资助的出版物应在被采用的课程及其在一般教室活动中具有教育含义的范围内发展"。东黑泽尔伍德课程规则将二年级新闻课程描述为"学生运用他们在新闻学一年级学到的技巧印刷校报的实验情境"。按照课程手册，新闻学二年级应学的课程包括：在"规定时间内新闻技巧的发展"，"法律、道德和伦理上的约束"，以及"责任心和接纳批评文章的评价"。新闻学二年级由一教职员在规定的课时内教授，学生凭在该课程的表现获得成绩和学分。

学校官员在实践中没有违反他们的政策，即"《光谱报》的制作出版是教育课程的一部分，是一般教室活动”。地区法院发现，罗伯特·斯梯格罗斯(Robert Stegros)在担任1982—1983学年大部分时间新闻学的老师时，“拥有控制报纸的权力并且实际上已经对《光谱报》实施了大量的控制”。比如，斯梯格罗斯选择报纸的编辑、安排出版日期、规定每篇文章的页数、向学生分配写作思路、建议学生在故事发展上的处理、审查引用语的使用、编辑故事、选择并编辑给编辑者的信件，并且涉及到印刷公司。这些决定中的很多内容是在没有经由与新闻学二年级的学生商议的情况下就作出了。

*　　*　　*

校委会政策348.51号文中的部分规定是，“学校资助的学生出版物不会限制负责任的新闻报道规则范围内的自由表达和不同观点”，同样它也确定这样的出版物“要在被采用课程和具有教育含义的范围内发展”。可以合理地从348.51号文的全部政策内容中推出，对什么是学校资助报纸中负责任的新闻报道，学校官员保留了最终的决定权。尽管政策的内容在1982年9月14日出台时，《光谱报》宣称，“《光谱报》作为学生新闻出版物，承认第一条修正案中包含的所有权利”，这一宣称，在报纸在学校课程中发挥作用的背景下理解，最多意味着管理部门不会干涉学生去实施宪法第一条修正案的权利，它并没有反映出通过把课程报纸转换成公共讨论场所来扩大这些权利的意图。最后，学生被允许行使对《光谱报》内容的一些控制权，这与课程手册中规定的培养学生形成“作为编辑的领导责任感”的目标是完全一致的。在课堂活动背景下教给学生领导技巧的决定并不意味着学校放弃对那项活动的控制权。无论从政策上或从实践中，学校官员并没有表明任何将《光谱报》放开供学生记者编辑或其他一般的学生团体广泛使用的意图。相反，他们将这一讨论场所预留下来作为新闻学学生在指导下学习经验的场所。因此，学校官员有权以任何合理的方式来调整规范《光谱报》的内容。正是这一标准，而不是廷克案的判决，影响着这一案件。

第一条修正案是否要求学校容忍特定的学生言论(也即我们在廷克

案中论及的)，与第一条修正案是否要求学校去鼓励特定的学生言论两者是不一样的问题。前一个问题涉及教育者使恰巧在学校范围内出现的学生自由表达停止下来的能力。后一个问题涉及教育者对学校资助的出版物、戏剧作品和学生、家长、部分公众认为受学校批准的其他表达活动的控制权。这些活动可以被巧妙地描述为学校课程的一部分，不管它们是否出现在传统的教室背景下，只要它们由教职员指导，并且被用来向参加者和听众传授特定的知识和技能就可以了。

在上述第二种形式的学生表达中，教育者享有很大的控制权以保证参加者学习这一活动预期要教的课程，保证读者或听者不接触那些与他们成熟水平不相适应的材料，并且保证个别学生的观点不被错误地归因于学校。因此，学校以学校报纸出版者或学校戏剧编制者的身份，可以使自己不仅同实质上干扰学校工作或侵害其他学生权利的言论分离开来，而且也可以同不合文法的、写得很糟的、没有经过充分调查的、存有偏见的、粗俗的、对未成年的读者不适合的言论分离开来。学校必须为自己主办的学生言论的传播设定高的标准——这些标准可能比“真实”世界中一些报纸出版者或戏剧制造者的标准还要高，并且学校可以拒绝传播不符合这些标准的学生言论。另外，学校必须考虑预期读者的情感成熟度，以决定是否传播一些可能涉及到比较敏感话题的学生言论，这些话题包括小学背景下圣诞老人的存在到中学背景下青少年性活动的细节，范围很广。学校也必须保留拒绝赞助一些学生言论的权力，只要这些言论可以合理地被认为是提倡吸毒、酗酒、不负责任的性活动或者是与文明社会秩序不相协调的行为，或者使学校在政治争议问题上处于非中立的地位。否则，学校将过度地被履行他们“作为唤起儿童价值观的主要手段、为儿童日后接受职业训练作准备、帮助儿童适应环境”的角色所束缚。

因此，我们裁定在廷克案中确定的学校在何时及何种情况下可以惩处学生表达活动的标准，并不同时也是决定何种情况下学校可以拒绝将自己的名义和资源用于传播学生言论的标准。相反，我们裁决，只要教育者的行为与正当的教育事务合理相关，他们实施的对学校资助表达活动中学生言论的风格和内容的编辑控制权并没有违反宪法第一条修正案。

这一标准与我们时常表达的观点是一致的，即教育国家的年轻人主要是家长、教师、州和地方学校的责任，而不是联邦法官的责任。只有当检查学校资助的出版物、戏剧作品或其他学生表达的传媒的决定没有有效的教育意图时，宪法第一条修正案是如此“直接地和严厉地暗示”要求司法干预来保护学生的宪法权利。

*　　*　　*

总之，我们不能认为雷诺(Reynolds)校长作出的无论有关怀孕的还是有关离婚的文章都不适合在《光谱报》出版这样的决定是不合理的。雷诺能够合理地推断出写这些文章的学生没有充分掌握新闻学二年级课程中的一些内容——这些内容涉及到对有争议的话题或人身攻击的处理，保护即将被揭露在报纸上的那些自己最秘密的事——“个人的隐私的需要”和“对包含青年对象与读者的学区内的新闻工作者法律上、道德上和伦理上的约束”。最后，我们裁定校长决定删除《光谱报》其中的两页而不是删除不合适的文章或者要求修改这些文章，在当时的情况下是合理的，因为他了解这些。因此，没有出现对第一条修正案权利的侵犯。

第八巡回审判区上诉法院的判决被撤销。

## 解释与分析

美国法院对出版物出版前的检查的尝试持怀疑态度。最高法院对雷诺校长的支持在这一点上是不是很有意义?

黑泽尔伍德学区诉库梅耶案 5∶3 的判决和弗雷泽一案 7∶2 的判决是否会对涉讼的相关案件产生抑制效果? 比如，判决对其他诸如戏剧、年鉴(yearbooks)、项目通知和辩论这样的学校资助的表达活动会产生什么样的影响呢?

很明显，法院的大多数人认为公立学校教育的主要目的是灌输社会中长者确立的社会价值。法院在廷克案中确立了这样的教育性哲理——学校应该作为思想的"市场"，成为自由人合适的社会化方式就是较早地享有自由，法院现在所持的这种观点是否代表法院从这种哲理中的退缩？

作为弗雷泽案和黑泽尔伍德学区诉库梅耶案的结果，学校当局似乎更果断地禁止那些以前他们认为受廷克原则保护的学生的表达。尽管如此，学校当局显然可以选择在他们学校中设立公共讨论场所，这样，就放弃了检查学生表达的自由裁量权。为保留这样的裁量权，他们必须清楚地把课堂活动与学生表达自己观点的活动区别开来。黑泽尔伍德学区当局获胜部分是因为他们从政策上和实际上都保留了《光谱报》的课程性质，并且他们因此保留了对决定什么构成负责任的新闻的最终控制权。书面的政策和课程加上与此一致的实践支持了他们的立场，并且可以被认为是学校行政机关合法辩护行为的典范。

禁止一游行乐队演唱《白兔》——学校管理者认为这首歌提倡非法使用毒品，这一禁止行为并没有侵犯学生的言论自由。在麦卡恩诉福特·朱姆沃特学区（McCann v. Fort Zumwalt School District，50 F. Supp. 2d 918，Mo1999）案的判决中，法院主张如下：类似于足球比赛时的表演一类的团体活动构成了学校赞助的言论活动，需要学校的批准，游行乐队是在交响乐队注册的学生的课程的一部分，参加规定的演出是学生成绩的一部分。

学校可以因为一学生违反了仪表规则而拒绝把他的照片印在毕业纪念册上吗？俄亥俄州最高法院裁定一位发型违反仪表规则的学生的照片不能被从毕业纪念册上剔除出去，这一毕业纪念册将在学年结束后分发。然而，学校可以避免印刷纪念册［见麦克朗诉华盛顿特区市政教育委员会（McClung v. Board of Education of City of Washington C. H.，346 N. E. 2d 691，Ohio 1976）案］。同样可见斯坦顿诉不伦瑞克学部（Staton v. Brunswick School Department，577 F. Supp. 1560，Me. 1984）

案，它涉及毕业纪念册中一学生节选的逼真描绘电刑的留言的适当性。法院宣布学校允许学生在他们照片下加入格言已经创造了一公开讨论的场所，那种个人喜好的事不可以用模糊、主观、具体的标准来审查。

一联邦地区法院支持一校委会不上演《逃亡者》(*Runaways*)一片的决定，在这部片子中包含了虐待儿童、强奸、谋杀和吸毒的内容。在它的判决中，法院裁定 7—12 年级的学生的宪法第一条修正案的权利没有被否决，并且校委会是在其权力范围内保护学生的幸福安康的[见贝尔诉U-32 教育委员会(Bell v. U-32 Board of Education)案]。

校报经常接受，而且事实上征求广告来支付费用，并且为学生提供与报纸运行相关的有价值的商业经验。一联邦上诉法院不支持一校委会拒绝接受圣迭戈反登记征兵委员会广告的行为。审理该案的法院认为，校委会允许一些公众使用它的报纸从事包含政治、商业等内容的言论活动，这已经创设了一个有限的公共讨论场所[见圣迭戈反登记征兵委员会诉格劳斯蒙特联合中学学区管理委员会(San Diego Committee Against Registration and the Draft v. Governing Board of Grossmont Union High School District，790 F. 2d 1471，9th Cir. 1986)案]。然而在计划生育协会诉克拉克县学区(Planned Parenthood v. Clark County School District，941 F. 2d 817，9th Cir. 1991)案中，法院庭审一致否决了计划生育协会在一中学报纸上、毕业纪念册和运动项目单上的广告，这些广告涉及到妇科检查、节育方法、妊娠测验和确定、怀孕建议和指导。在判决中，法院认为所有这三种出版物构成非公开的而不是公开的讨论场所，并且学校当局因为这些广告将引起争议和分散学校的精力而合理地拒绝了这些广告。

一校报和毕业纪念册的学生编辑拒绝接受提倡性戒绝的广告，性戒绝的提议是在学校中发生的“避孕套对性戒绝”的辩论的一部分。学生编辑的拒绝建立在他们不接受政治性的或有争议的广告的政策基础之上。在支持学生编辑的全院庭审的沃诉列克星敦镇(Yeo v. Town of

Lexington，131 F. 3d 241，1st Cir. 1997，cert. denied，524 U. S. 904，1998)一案的判决中，法院强调，不印刷广告仅仅是一名学生的决定，因此并不构成州的行为。在讨论州行为问题时，法院坚持认为，不仅学校官员承认学生编辑的自主权，而且有证据表明他们与学生的关系时常也是对抗性的。

你们的学校系统制定了有关学校资助的表达活动的政策了吗？

### (三) 参加爱国仪式

学生已经对要求他们参加爱国仪式的地方政策或州法律提出了质疑，常见的质疑围绕着参加效忠宣誓这一问题。舍曼诉第 21 社区学区(Sherman v. Community School District 21)案支持一学生不参加这种宣誓的立场，并且遵从了其他已处理这一问题法院所持的基本原则。

**舍曼诉第 21 社区学区**

**(Sherman v. Community School District 21)**

**美国第七巡回审判区上诉法院，1992**

**980. F. 2d 437**

调卷令被否决，508 U. S. 950(1993)

巡回法院法官伊斯特布鲁克(Easterbrook)：

“任何官员，无论职位高低，都不能规定什么是正统的政治见解、民族主义、宗教信仰或其他方面的观点，或者强迫公民用语言或行动表明他们在那里的信仰”[见西弗吉尼亚州教育委员会诉巴尼特(West Virginia State Board of Education v. Barnette)案]。因此，州不能强迫任何学生背诵对国旗的效忠宣誓。在类似的基础上，伍利诉梅纳德(Wooley v. Maynard)案补充认为，州不可以强迫任何人背诵它的标语。接着是不是就是反对宣誓内容的学生可以阻止教师和其他的学生在他在场的情况下背诵誓词？我们裁定，只要学生可以自由选择不参加，学校可以每天举行效忠宣誓。

1979年伊利诺伊州规定了这一法规："全部或部分由公共资金支持或维持的初级学院的学生每天都必须背诵效忠宣誓[《税收法》122章2－3段第三款(Ⅲ. REV. STAT. CH. 122 II27－3)]。"

*　　*　　*

法律对校长、教师和学生的要求依赖于它所包含的语言而不是它疏忽的惩罚。II27－3条款所规定的是宣誓在公立学校中"每一个学校日都应该被背诵"。一些学生？愿意的学生？所有的学生？这一规定没有明确说明。如果是"全体学生"，这一规定显然是违宪的；如果是"愿意的学生"，那么最严肃的有关宪法的问题就消失了。在解决法规歧义时，伊利诺伊州最高法院采纳挽救而不是破坏州法律的议案解释。考虑到巴尼特一案发生在这项法令颁布以前，插入"愿意的学生"而不是"所有的学生"更有意义。学校管理者满足了举行宣誓的必要要求并保证至少有一些学生背诵誓词。引导宣誓是不可以选择的，然而参加与否是可选择的。这样就理解了法律的意义，同时又不会把不能容忍的违宪的法律归因于伊利诺伊州。

这种理解与惠林(Wheeling)的学校中的实践是一致的。地方教育官员——赖利(Riley)学校的校长和一年级教师在诉讼开始时，都提交誓词证明，无论是理查德(Richard)还是其他学生都没有被迫背诵誓词、将手放在胸口、立正或者在别人背诵时离开教室。玛里琳·巴登(Marilyn Barden)——理查德的老师，证明不允许欺辱拒绝参加宣誓的同学，而且她从来没有发现这样的欺辱现象。

*　　*　　*

一名学生反对公立学校规定的课程——无论是教材还是课堂讨论，或者是诸如效忠宣誓一类的公民典礼，主张自己的政治或宗教信仰受到接纳的权利。人道的政府经常需要容纳，学费券等一类的计划就是为这种需要而服务的，并且没有触犯其他宪法规定。政府仍然保留了在自己学校中设置课程的权利，并要求不能接受课程设置结果的学生可以在皮尔斯诉姐妹会(Pierce v. Society of Sisters)案判例之下运用他们的权利,可以自己付费选择私立教育。私立教育市场支撑了大量学校,这其中很多是专为宗教或文化的少数派创立的,使得公立学校中多数人的课程的压迫性减小了。

* * *

所剩下的问题是,巴尼特判决的效力问题。只要公立学校不强迫学生将宣誓的内容当作他们的信仰来信奉,巴尼特判决仍可以继续运用于爱国仪式。少数人的反对并不会使那些想向国旗及其他共和国象征宣誓效忠的人沉默下来。 * * *

## 解释与分析

在更早的一个判决中,一名学生拒绝在向国旗致敬过程中立正的立场得到了支持,学生在这个案件中争辩,宣誓的誓言是不真实的[见利普诉莫里斯(Lipp v. Morris,579 F. 2d 834,3rd Cir. 1978)案]。一名学生拒绝在宣誓时起立的立场也被支持,该学生认为在美国没有那种所有人都享有的自由和公正。法院不赞同在宣誓仪式中要么离开教室要么安静地站着的选择是可成立的选择[见格茨诉安塞尔(Goetz v. Ansell,477 F. 2d 636,2nd Cir. 1073)案]。

美国最高法院支持耶和华见证会不参加国旗宣誓仪式的权利(见西弗吉尼亚州教育委员会诉巴特案)。这一裁决是在美国参加第一次世界大战时作出的,许多评论者认为这一判决是对个人表达自由权利激动人心的一次支持。在经常被引用的部分,法院陈述如下:

“个人生命、自由和财产权,言论自由权、信仰和集会以及其他基本权利都不能提交投票选举决定,它们依赖于非选择的结果。”

“如果在我们的星座中有任何恒星的话,它就是‘任何官员,无论职位高低,都不能规定什么是正统的政治见解、民族主义、宗教信仰或其他方面的观点,或者强迫公民用语言或行动表明他们在那里的信仰’。如果有允许例外的情况,这种情况现在还没有在我们面前出现。”

佐治亚州有一法定条文规定：

> 在每个学校日，应向佐治亚州公立学校的每位学生提供向国旗效忠宣誓的机会。制定政策来规定背诵效忠宣誓的时间和方法是每个地方教育委员会的责任。上述的政策应以书面的形式表达出来并且发送到学校内的每一位教师手中。

像焚烧美国国旗一样的不敬行为已经成为政治、法律和法院争论的主题。美国最高法院在得克萨斯州诉约翰逊（Texas v. Johnson，491 U. S. 397，1989）一案中确认，得克萨斯州规定亵渎国旗属于犯罪的法律是违宪行为的。正是在这一年，美国国会颁布了国旗保护法，该法规定任何人故意撕碎、毁损、玷污、焚烧国旗，将国旗抛在地上加以践踏的行为是犯罪行为。最高法院在宣布这一国旗保护法无效的 5∶4 的判决中陈述如下：虽然亵渎国旗——就像恶毒的民族和宗教称呼、粗俗地对募征义务的拒绝和下流的漫画一样——在很多人看来是非常无礼的，但是政府不能因为社会认为这一观点是无礼和不合意的就禁止这种观点的表达［见美国诉艾希曼（United States v. Eichman，496 U. S. 310，1990）案］。

你们国家有涉及学生参与爱国仪式的条文规定吗？你们的地方学校系统在这个问题上有什么样的政策？

## 二、停学、退学和惩戒性转学

学生会因没有遵守正当的规则而被开除出学校。被逐出学校十天及十天以下——对轻微违犯学校纪律行为的常见处罚——被称为停学。退学就是学生在一季度剩余的天数内、一学期、一学年或者是永远地被逐出学校。退学经常出现在屡次或严重违犯学校纪律或者犯罪的情况下。法院判决意见书裁定，因为学生在入学上有非常有价值的财产利益，因此在他们被逐出学校之前应当被提供正当程序。细读这些判决意见书，可以发现，提供给学生的正当程序的标准直接与逐出学校时间的长短成比例地发生变化。非残疾的学生也会因纪律问题被从他所在的学校转到其他学校。所以，法院不得不决定在这样的转学之前，如果有正当程序，所需的正当程序的标准是什么。

### （一）停学

**戈斯诉洛佩斯案**

**（Goss v. Loppez）**

**美国最高法院，1975**

**419 U.S. 565**

怀特大法官宣读了法院的判决意见书：

由哥伦比亚、俄亥俄、公立学校系统（Public School System）的不同管理者提出的这一上诉，质疑一项由三名法官组成的联邦法院的判决。法庭提出，一些被上诉者，即公立学校系统不同高中的学生的正当程序的权利被否决，因为在他们被临时停学前或在他们退学后的合理时间里没有举行听证会，这样的做法与第十四条修正案要求相反；法庭并且要求管理者将学生档案上停学这样的记录删除。

俄亥俄地方政府年度收入法规 3313.64 条款规定为所有 6—21 岁的儿童提供免费教育。法规 21 节 3313.16 条款授权俄亥俄公立学校校长可以因学生的过错处以其停学最多十天的处罚或者开除该学生。无论如何，校长必须在 24 小时内通知学生的家长，并且陈述这种做法的理由。被停学的学生或其父母可以向教育委员会提起上诉，与此相关，他们将被允许参加教育委员会的会议。在听证会之后，教育委员会可以恢复学生的权利。在 3313.66 条款或者其他州法律条文中都没有类似的适用于被停学学生的程序。除了依照这一法律制定的规章之外，在本案中，公立学校系统在施加停学处罚的时候，也没有颁布任何适用于停学的书面程序。如卷宗反映，与本案有关的中学也没有任何一所有这样的程序。然而，每所学校都正式或非正式地描绘了应该接受停学处罚的行为类型。

九名被指名的被告，声称他们被哥伦比亚公立中学停学最多达十天，但没有按照3316.66条款规定举行听证会，他们依据1983年美国法典四十二条规定对哥伦比亚教育委员会和公立学校系统的管理者提起诉讼。控告请求裁定3313.66条款在允许公立学校管理者不经任何形式的听证会就剥夺原告受教育权的行为是违宪的，违反了第十四条修正案的正当法律程序条款。起诉还请求禁止公立学校按照3313.66条款规定作出新的停学处罚，并要求学校删除有关学生档案上过去的停学记录。

以下证据证实停学起因于1971年2月和3月间公立学校系统里学生大规模的动荡不安的局面。六名署名的原告，鲁道夫·萨顿、蒂龙·华盛顿、苏珊·库珀、德博拉·福克斯、克拉伦斯·拜厄斯、布鲁斯·哈里斯是马里恩富兰克林中学的学生，他们每人因破坏性和不服从行为被在场的学校管理者处罚停学十天。他们当中的蒂龙·华盛顿是在学校大礼堂示威的一群学生中的一个，当时一个班级正在那里接受管理。校长要求他离开，他拒绝了，因此被停学。鲁道夫·萨顿当着校长的面袭击一位试图将其拖出大礼堂的警员，他当场被停学。另外四名马里恩富兰克林的学生也因类似的行为被停学。他们中的任何人都没有被给予听证会来决定做出停学处罚的有效事实依据，但是，他们中的每一位及其家长都被给予参加停学有效期之后讨论学生未来情况的会议的机会。

两名原告，德怀特·罗培斯和贝蒂·克罗姆分别是中心中学和麦加菲初中的学生。前者被停学与餐厅里的骚动有关，它涉及到对学校财产的有形损害。罗培斯证明至少有75名其他同学在同一天也被他所在的学校处以停学。他还作出以下证明：他不是破坏性行为的参与者，只是一个无辜的旁观者。因为学校中没有人可以证实这个事件，卷宗中也没有证据表明学校官员作出那样裁定的基础。罗培斯没有被给予参加听证会的机会。

贝蒂·克罗姆参加另外一所中学的示威运动。她与其他人一起被捕，被送到警察局，没有被正式指控就释放了。在她第二天回学校之前，她被通知停学十天。因为学校中无人可以证实有关这个事件的情况，卷宗没有表明麦加菲中学的校长是如何作出对克罗姆的停学处罚的，同样，它没有揭示作出这一决定所依据的任何信息。卷宗清楚表明没有举行过听证会。

* * *

在证据基础之上，三人法庭裁定，因为在对原告的停学处罚前和停学后合理时间里没有为原告举行听证会，原告的正当法律程序权利被否决了，而且俄亥俄年度收入和依据其颁布的规章允许这样的停学，法庭裁定，俄亥俄州的这一规定是违宪的。所有有关停学的相关资料必须从学校的档案中清除。

法庭尽管没有把任何惩戒程序强加给俄亥俄学校的管理者，而且允许学校的管理者们自主地依据规章规定，采用与当地学校教育目标一致的，并且能反映他们学校和地方特色的公平的停学程序。然而，地区法院宣布，要有“最低程度的要求，包括通知和停学前的听证会，除非是在紧急情况下，这样的程序才能被免除”。在具体解释中，法院宣称有关案件的裁定将：(1) 允许直接将一位破坏学校学术氛围、危及其他同学、毁坏财物的学生逐出校园；(2) 要求停学听证会的通知在处罚学生的决定作出后 24 小时内送达学生家长；(3) 要求在学生被逐出 72 小时内举行该学生在场的听证会。最后，法院宣称，考虑到听证会的性质，相关案件要求必须提交支持诉讼的陈述，要求学生和其他人被允许作辩护性的或要求减轻处罚的陈述，要求学校不必通过律师即可允许当事人参加听证会。

* * *

虽然俄亥俄州在宪法上并不承担设立并维持公立学校的义务，然而它这样做了并已要求本州的儿童入学。尽管州所拥有的制定和实施学校行为标准的权力毫无疑问是非常宽泛的，但这种权力的实施必须与宪法的权利保护条款一致。州必须承认作为学生财产利益的、受正当程序保护的、正当的接受公共教育的权利，这一权利不能因为行为过失而受到剥夺，除非学生的行为过失应当受到处罚，并经由宪法规定的起码的听证程序。

正当程序条款也禁止专横地剥夺自由。“当一个人的好名声、声望、荣誉或所有的一切因为政府对其施加的行为而有丧失的危险的时候”，正当程序条款的最低限度的要求必须得到满足。在这里，学校当局对学生停学多达十天的处罚建立在对行为不当的起诉上。如果这些起诉被认可并被记录下来，那么将会损害这些学生在同学和老师那里的名声，同样会影响他们日后接受高等教育和从事职业的机会。很明显，州所宣称的单方面的、不履行相应程序而对学生不当行为实施的处罚决定权力，直接与宪法的要求相冲突。

上诉者进一步说明，即使存在一般意义上的受正当程序条款保护的受公立教育的权利，正当程序条款也只有在州使学生遭受严重损害或严重损失的情况下才生效。十天的损失，被认为是既不严重也不是难以忍受的。因此正当程序条款是不适用的。在我们看来，停学十天不是无关紧要的，也不是可以完全无视正当程序保护条款而强加给学生的。

当然，短时间的停学是比退学轻得多的“剥夺”，但是“教育可能是州和地方政府最重要的功能”，完全被从教育过程中排除出去相当一段时间，而且如果被停学十天，肯定是被停学者生活中重大的事情。无论是暂时被否决的教育的财产利益，还是它所暗含的声誉上的自由利益，都不是如此脆弱的，以至于无论多么专断的停学处罚都可能符合宪法地以学校选择的任何程序强加给学生。

“一旦决定正当程序是必需的，剩下的问题是应有什么样的程序。”

因此，在最低限度上，学生面临停学以及停学带来的影响其受保护的财产利益的后果时，必须给予其某种形式的通知，并为其举行某种形式的听证会。“权利即将受影响的各方有权参加某种形式的听证会，为了他们能够享受这项权利，他们必须首先给予通知。”

从我们的案件中可以看出，通知的时间和内容、听证会的性质将取决于有着不同利益的人们之间的协调。学生的利益就是避免不公平地或错误地被从教育过程中排除出去，以及所有随之而来的不幸后果。正当程序条款不会使学生免受他应该接受的正当的停学处罚，但是如果这一停学处罚事实上是不正当的，该学生的利益和州的利益都将受到损害。如果惩戒程序是一个完全正确的、不存在错误和不公正的过程，那么这种担忧绝大部分将会是理论上的。不幸的是，事实不是这样，也没有人表明事实是这样。维持纪律的教育工作者，尽管有最真心实意的出发点，经常按照控告和他人的建议采取行动，但是被质疑的绝大部分事实和行为的性质经常受到争论。犯错误的风险应该引起关注，必须预防没有阻止这种风险所付出的昂贵的成本，以及这种风险对正常教育过程的影响。

问题是我们的学校非常多而且复杂，少量的纪律和规则对履行学校的教育功能来说是必不可少的。要求纪律处理的问题经常出现，而且对一些问题还必须采取迅速、有效的行动。停学被认为不仅是维持秩序必需的工具，而且是有价值的教育手段。在每一停学案件中强加严密的听证会程序是否可行受到极大的关注，很多学校当局更喜欢不受有关通知和听证规则束缚的单方面行动和不受妨碍的权力。但是，如果纪律的维持者不尝试与学生沟通，向他告知他的错误，让他陈述自己的观点以确信不会出现不公正，那么教育机构中将出现一个奇怪的纪律系统。

我们并不认为，如果学校要以令人满意的效率运转的话，学校当局就必须要摆脱通知和听证会的程序。面临暂时停学的学生有受正当程序条款保护的权益，并且正当程序要求，有关十天以下的停学处罚，学生必须被给予控告他的口头或书面通知，如果学生否认这些控告，必须向学生解释有关裁定的证据，并且给予其陈述自己一方意见的机会。正当程序条款至少要求这些基本的措施，以预防不公正、不当行为的错误调查结果或者武断地将学生逐出校园。

在给予“通知”的时间和举行听证会的时间之间不能有所延迟。在绝大部分案件中，维持纪律的教育工作者仅在学生尚未证实的不当行为出现后的几分钟内非正式地与学生讨论这个问题。我们只裁定如下：在这样的讨论中被给予机会陈述事实，学生首先应该被告知他因什么被指控以及指控的依据是什么，既然听证会可以紧随不当行为之后举行，那么作为一般规则，通知和听证会在时间上应该先于学生被逐出学校的时间。然而，我们赞同地区法院这样的看法：在不当行为重复出现的情况下，不应该坚持事前通知和听证会的要求。对人身或财产构成持续不断危险的学生或者构成不间断扰乱学习过程的危险的学生应该可以立即被逐出学校。在这样的案件中，必须的通知和基本的听证会应该在可行的情况下尽可能随之而至，就像地区法院指示的那样。

在我们作出的判决中，我们不认为我们已经向学校的纪律维持者强加了班级背景下不适当的程序。相反，我们所施加的要求——如果说有一些的话，都比不上一公正的学校校长为避免不公正的停学处罚而强加给自己的要求。事实上，根据马里恩富兰克林中学校长的证词，学校有可适用于一般停学的非正式程序——非常类似于我们现在所要求的，但是本案并没有遵循这一程序。

我们不至于超越正当程序条款而要求全国范围内的与短期停学有关的听证会，必须向学生提供寻找律师帮助的机会、对抗与询问支持控告的对方证人的机会，或者要求证人证明自己陈述的机会。短暂的停学处罚几乎是无数的，在每一案件中即使实施精简过的审判程序，也会给许多地方的行政体制带来难以承受的压力。如果过度追求严格细致的程序，将会分散资源，导致教育效率受到损害，造成的损失也将大于不遵守程序的损失。而且，进一步使停学程序正规化并且增强它的形式性和对抗性，不仅会使停学作为一种普通纪律工具的代价太高，而且还会破坏它作为教育过程一部分的效果。

*　　*　　*

我们必须清楚，我们应把注意力仅仅集中在不超过十天的短时间的停学上。更长时间的停学，或者在学期剩余时间内被停学，或者是永久性的停学，可以要求更正式的程序。我们也不排除这样的可能性，即在异常情况下，即使只涉及短期停学，比基本程序更多的东西也是必需的。

地区法院发现，涉及到的每一个停学处罚在没有实际停学前或在停学听证会前就实施了，因此每一个停学处罚都是无效的，并且法律在允许没有通知或听证会情况下的停学这方面是违宪的。因此，维持原判。

大法官鲍威尔(Powel)、首席大法官布莱克门(Blackmun)以及大法官伦奎斯特(Rehnquist)一致表示反对。

法院今天使俄亥俄州允许不经听证会让学生停学不超过十天的法律失效了。这一判决不必要地打开了司法对公立学校运转进行干预的途径，这将对教育质量产生不良影响。法院第一次判定，是联邦法院而不是教育官员和州议会，拥有决定适用于公立学校中儿童和未成年人课堂纪律的规则的权力。它确定了这样一项新的宪法权利：不经停学前或停学后即时的通知和听证会，学生不能被停学，即使是停学一天。通过确认这一权利，它证明了法院对初等、中等教育这种前所未有的干预是合理的。

法院的判决建立在这样的假设之上，即在俄亥俄州法保护之下，教育是受联邦宪法第十四条修正案正当程序条款保护的一项财产权益，因此，停学要求通知和听证会。在我看来，学生的教育权益不会因俄亥俄州法规定的有限时段内的停学而受到侵害，而且，就是到了可能会有一些可争论的侵害的程度，证明某一“宪法”规则过分要求的合理性也是非常危险的、短暂的和薄弱的。

*　　*　　*

今天的判决更令人不安的一方面是对司法和对抗性诉讼程序不自制的依赖，把它们当作解决教室里出现的许多常规问题的方法。

俄亥俄州的法律规定了要给予父母和委员会应有的通知，这与师生关系和这种关系规定的师生地位的要求，与对错误的纪律行为的非正式纠正的要求是相一致的。几代人以来，我们依赖经验、依赖真心诚意、依赖那些担任公立学校职务的人的贡献，学校一直运转正常。更主要的是，非对抗性的陈述冤情的方法一直是学生及其家长可以用的方法。在今天的判决意见书面前，人们可能会想到这一非正式的解决分歧的方法比求助于任何法律程序的方法更加符合相关主体的利益，尽管它可能会被法院温和地否决。

*　　*　　*

几乎不用说，如果作为停学一天的结果，一位学生遭受了对其自尊的打击，感到无助，带着愤恨看老师或者感受到老师的指责，许多其他日常和必需的学校决定将会带来同样的精神伤害。考试不及格、没有被提升、不能参加某些课外活动、被安排在为低能儿准备的学校、被安排在职业轨道而不是大学预备的轨道，这些学生所受的精神伤害不可能少于因一相对较轻的违规行为被停学一天所带来的伤害。

*　　*　　*

不久以前，州停止了州慷慨赠与的最重要的形式，这种停止没有被认为需要正当程序保护，理由是这种停止只导致了州提供“利益”的损失。在我看来，最近几年，法院已经理智地否认了权利与特权之间不自然的区别，转而注意州创造的或州主张的权利的重要性和所谓剥夺的实质。事实上，今天法院作出这样的判决，即政府对个人享有权益的侵害，无论是什么权益，无论这种侵害多么微不足道，都需要“宪法”的保护，这样的判决好像放弃了上述合理的做法。就像很难想到比一初中学生停学一天更轻的侵害，同样也很难理解对新的正当程序范围的合理限制。

## 解释与分析

戈斯案5∶4的判决，反映了法院法官之间尖锐的分歧。这样的分歧会使戈斯案判决不能成为目前最高的规则吗？在戈斯案中确立的正当程序要求在教育上是合理的吗？以后对同样的违规行为处以的十天停学处罚将会侵犯到戈斯案确立的基本原则吗？

一些在足球赛中以及球赛后一天在校长办公室里打架的学生被停学五天。尽管在停学之前没有任何的通知或听证会，联邦地区法院裁定本案对戈斯案规定的通知、听证会的要求来说是一个例外。即使在听证会之前没有提供给这些学生行为规则或一份校长的书面报告，而且他们也没有被允许交叉询问对方证人，法院也裁定他们在学生停学之后的听证会是公平的[见克雷格诉塞尔马市学校委员会(Craig v. Selma City School Board, 891 F. Supp. 585, Ala. 1992)案]。

一名学生对校长的行为提出质疑，原因是校长在该学生被指控强奸另一名学生被捕后的某一天拒绝接纳其入学。法院裁定，在杜尔索诉泰勒(Durso v. Taylor, 624 A. 2d 449, D. C. App. 1993)一案中，有校长和副校长在场的非正式的听证会，以及随后的正式的听证会，满足了正当程序的要求。

一中学毕业生因承认在学校体育比赛中喝酒，在学期末被停学 3 天，因此，他错过了期末考试，没有达到毕业应有的成绩总分。他的父母认为这样的处罚已不仅仅是停学。然而，联邦上诉法院尽管看上去很同情该学生，却不赞成该学生有权要求与为开除而设立的程序标准一样的正当程序。会见校长，给予家长向校长辩护的机会已经满足了正当程序的要求。法院宣称："撤销学校管理者做出的裁决——法院可能认为其缺乏理智或同情的基础，这并不是联邦法院的任务[见拉姆诉帕姆汉德索社区统一 2 号学区(Lamb v. Panhandle Community Unit School District No. 2, 826 F. 2d 526, 7th Cir. 1987)案]。"

使用一种被称作"隔离箱"这样的设备临时隔离不守纪律的学生，已经在狄更斯诉约翰逊县学校委员会(Dickens v. Johnson County Board of Education, 661 F. Supp. 155, Tenn. 1987)一案中得到支持。在本案中，这样的箱子三边围着桌子，学生只能看到老师、听课，但不能看到其他学生，他被允许到休息室，也可以参加规定的活动，如吃午饭、体育、特长班。据称他已经在这个箱子里连续六天共度过了长达四个半小时的时间。在解释该学生的正当权益没有受到侵害时，法院宣称：

当然，学生在被开除或被停学之前有权要求举行听证会，因为这些行为已将他们从教育过程中完全排除出去了。但是教师应该可以不受正当程序详细检查的约束自由地向学生施加较小的控制课堂纪律的方式，如训诫学生、要求特别的任务、限制行动、否认一些特权。

法院进一步宣称：谨慎地使用诸如“隔离箱”这样的行为矫正的技术似乎应该比开除有破坏性行为的学生这样的处罚更受人欢迎。这不是说教育者可以武断地在不确定的一段时间内将学生监禁在教室的一角。然而，法院认为被告在本案中使用“隔离箱”不是过度严重或非常不相称的。

你们国家有关于停学的法律条文吗？你们地方学校系统有关停学的规则是什么？

## （二）退学

### 1. 公立学校退学

**冈萨雷斯诉麦克隐**

**（Gonzales v. Mceuen）**

**美国加利福尼亚中心地区法院，1977**

**435 F. Supp. 460**

地区法院法官塔喀苏基（Takasugi）：

11 名中学生通过他们邻近的朋友，在民权法、1983 年美国法典四十二条以及美国宪法第十四条修正案正当程序保护条款的有关规定下向法院提起了这一诉讼。本案起因于 1976 年 10 月 14—15 日校园内一段时间学生动荡之后，原告被要求从奥克斯纳德中学停学和退学。原告被指控已经做出某种行为，据称，这些行为导致了奥克斯纳德中学的一场骚乱。

原告非常强烈和严肃地质疑了委员会的公平性。他们主张他们参加有独立检查者在场的公平听证会的权利被否决了。这一主张的根据是：第一，委员会对案件过于熟悉；第二，被告律师扮演了多重角色；第三，在听证会期间学区管理者麦克隐先生和学区委员会的介入。

承担不当行为责任的学生有获得公平裁决的权利，没有人对这一点表示怀疑。然而，对上述这一点意味着什么，还存在着疑问。不同的情境已经被确认，在这些情境中，经验表明由法官或裁决者做出的严重偏见的可能性高得连宪法都无法容忍。比如，审判结果与审判者的经济利益有关，或者审判者已成为他面前的那个人进行人身攻击或批评的目标的案件中，偏见被假定存在。裁决者也会事先介入本案而获取不适当的偏见。法院面临的问题不是委员会是否真的存在偏见，而是在这种情况下，裁决者受某种驱使做出偏向一方或另一方裁决的可能性是否存在。必须在这样的看法下去考虑原告的主张。

原告的很多主张是从“红书”(red book)中来的。据称这本书包含了有关原告学习和纪律记录情况的信息。据称，委员会在开除听证会之前20—30天就可以获取这些资料，提交到法院的书面证词表明，委员会的成员在听证会之前与学校官员会面过。原告争辩道，委员会的事先介入使原告丧失了一个公平听证会的机会。法院否决了这一观点。在一个非对抗性调查程序中，证据的暴露本身不足以对后来的对抗性听证会中委员会成员的公平性表示异议。如果缺乏诸如预谋或结果将会影响个人利益这样情况的迹象，行政调查和审判功能的有限结合也就并不必然是不公平的。如果学校委员会没有做一些调查去了解它负责的学区的发展状况，那么它在履行自己职责时就出现了差错。扮演法律角色的机构对案件情况的熟悉不能取消其裁决者的资格。

现在转而看被告律师扮演的多重角色，法院强调委员会成员在这一待解决的诉讼中是被告，因此要承担个人法律责任。

毫无疑问，对开除程序中的原告提起诉讼的学区的律师，在本案中也为委员会的成员辩护。原告辩称，在开除听证会上这些律师扮演了双重角色：一是作为行政机关的公诉人；另一是委员会的法律顾问。被告律师承认他们在听证会之前就有关这些开除责任问题对委员会提出了建议，但是他们否认在开除程序中对委员会有所建议。

对副本的阅读显示出要分开这两种角色是多么的困难。必须特别提到这样的事实，即委员会没有法律专长，它必须依赖它的律师。这种情况把律师置于一个极突出和极有影响力的位置。

这个法院的判决意见书认为，学区律师和委员会成员有着亲密关系，这一关系又因律师扮演委员会顾问角色而增强，造成了令人不能接受的偏见的危险。同时知道了在本案中委员会成员要承担个人责任，法院裁定偏见被推定存在。

主管人麦克隐在开除听证会中影响委员会成员，他至少在一个场合下担任委员会的秘书。按照法律，麦克隐先生是委员会的主要顾问，然而，事实上他也是被告方小组也就是学区的重要成员。

卷宗记录清楚地表明，至少在一个场合，在原告的共同听证会上，在委员会审议开除被告问题的过程中，弗洛雷斯·查韦斯、罗德里格斯、主管人麦克隐出席会议大约 45 分钟，原告主张他们的正当权利因麦克隐先生介入委员会一事而被侵害。法院对此表示赞同。

被告律师坚持认为，麦克隐先生没有参加审议会，可能仅仅是向委员成员提供了一些点心和咖啡。不管他参加审议会与否，他的在场在一定程度上成为对委员会自由行动、表达的一种约束。被告争论，没有证据表明麦克隐先生影响委员会或使委员会有某种偏见。主观推理过程的证据是不能用来补强证据或提出反证的。至于究竟出现什么样的情况，被告不应该依赖记忆或者负责人麦克隐先生或委员会的公正感而得出某种结论。也许是因为听证会之前显示出不公平的评论，使得麦克隐在审议会现场变得更加令人反感。

法院裁定委员会的程序基本上是不公平的。这就提出了偏见推定。考虑到在加利福尼亚州教育法典 10608 章规定下选择一公平听证会的选择余地，提供保证公平而且似乎已经保证公平的那些程序将更加合理。

*　　*　　*

原告巴林顿和芒登在1976年11月10日的委员会上被开除。无论是巴林顿还是芒登都不在场，也没有任何一个人的父母或律师作为代表在场。

1976年10月29日，家长接到通知，校长建议开除学生的信件已经被送达到家长手中。这些信件包含对控告的特定陈述：在巴林顿一案中，他参与学校一次骚乱并且使用武力威胁一名老师；在芒登一案中，芒登与另一学生韦恩·贝里打架。信件中没有向学生或家长通知学生有权出席听证会，有权请律师为其辩护，并且有权陈述证据。这明显是对加利福尼亚州教育法典10608章节的违反。给家长的信件中写道："如果你觉得学校并没有作出这一建议的正当理由，你可以参加这一会议提出你认为学生不该被开除的理由。"

*　　*　　*

戈斯案清楚地预期，当学生面临严重的开除处罚时，他应该有权通过律师为其辩护，有权为自己的利益陈述证据，并且有权对质和交叉询问对方证人。

*　　*　　*

通知中必须包含足够的内容，向接收者传达程序的性质。在一开除听证会中，送达学生的通知不仅包括特定陈述的内容，而且要包括可以提供给学生的基本权利：由律师为其辩护、陈述证据并且可以对质、交叉询问对方证人。加利福尼亚州教育法典10608章规定，除了其他事项，送达学生和家长的通知必须陈述特定控告的内容，必须包括由律师为其辩护和陈述证据的权利。联邦正当程序同样是这样要求的。

被告接下来争辩，即使通知是有缺陷的，法院还必须确认原告是否被给予一个公平和公正的听证会。被告误解了通知的意义。如果学生不知道，并且没有被告知他有一些可以在听证会上享有的权利，这就是不公平的。

*　　*　　*

法院判决：给原告巴林顿和芒登的通知没有告知他们所能享受的宪法权利，是有缺陷的。因此，对他们的开除处罚是不适当的。

## 解释与分析

根据冈萨雷斯诉麦克隐案，开除听证会通知必须包括足够充分的内容向接收者传达程序的性质。这样的通知必须要陈述特定控告和学生可以享有的基本权利，如由律师为其辩护、陈述证据和对质、交叉询问对方证人的权利。冈萨雷斯案前的几个判决没有要求通知被学校处罚的学生及其家长，他们享有包括可以请求律师辩护的权利。

根据冈萨雷斯案，一学校负责人可以仅仅通过出席开除审议会的方式处理开除一事吗?

同样的律师是否既可以向学校委员会做出建议，又可以负责向主管者提交听证会上的记录这样的问题，在布莱特令诉索伦伯格(Breitling v. Solenberger，585 F. Supp. 289，Va. 1984)案中得到了讨论。在本案中，联邦地区法院裁定这样的双重角色没有违反正当程序的要求。

一学区对在校园内持有大麻的学生处以开除的政策被支持。法院宣布："清楚地体现在行为规则里的委员会的政策不是武断和任意的，而是处理严重破坏性行为的一种值得推荐的尝试[见拉克诉克罗尼学区(Rucker v. Colonial School District，517 A. 2d 703 Del. Super. Ct. 1986)案]。"然而，在一涉及校园外持有大麻案件中的开除没有得到支持。在这一案件中，处以开除的权力被法律限制在校园内或校车上持有大麻[见拉布罗斯诉圣贝尔纳教区学校委员会(Labrosse v. Saint Bernard Parish School Board，483 So. 2d 1253，La. Ct. App. 1986)案]。

一学生因放学后在校外持有大麻而被捕，并且在被捕后该学生被开除。在州有关开除的法规之下，一学生的行为必须要严重地破坏教育过程才可以被开除。学校声称他的被捕违反了学校的政策，因此严重破坏了教育环境。在支持学生的过程中，康涅狄格州最高法院裁定："为判处一学生退学，校园外的行为要不仅违反学校的政策，而且还要因除了它违反学校政策这一原因之外的原因——对教育过程来说是极具破坏性的。”另外，法院裁定学生没有被提供法律上足够的通知，通知他这样的事件将会使他被从学校中开除出去[见帕克诉教育委员会(Packer v. Board of Education，717 A. 2d 117，Conn，1998)]。

一学生违反学区的行为规则持刀伤人而被处以永久性开除，这一开除得到了支持。审理 D. B. 诉克拉克县教育委员会(D. B. v. Clark County Board of Education，469 S. E. 2d 438，Ga. App. 1996)一案中的法院裁定该学生接受免费公共教育的权利和州强迫入学法律没有被侵犯。

一部名为《1994 年无枪学校法》的联邦法律规定开除那些将武器带到学校来的学生。法律的部分规定如下：

> 每个州都接受联邦资金赞助……在事实上州应该有法律要求地方教育机构在其权限范围内可以对那些被确认带武器到学校来的学生处以不超过一年的开除处罚，除非该州法律允许教育机构中的行政官员在个案基础上拥有对一学生施以开除处罚的自主裁量权。

在这些章节中，没有什么可以被推定为将阻止州承认一个已将学生从正常学校环境中开除出去的地方教育机构，将阻止州向类似情境中这样的学生提供教育服务。

自从《1994 年无枪学校法》通过以后，对校园暴力增加这一情况的觉察，导致了许多学校系统“零容忍”政策的发展。这一善意的政策最初被设计作为一种“一违反即被开除”的政策，针对严重的违法行为，比如校园内毒品交易或持有危险武器。不幸的是，很多评论者认为，一个相对实际和应付学校暴力的万全之计的政策已经变得很有争议。实施“零容忍”政策经常使学生陷入这样的行为的陷阱之中，这些行为在他们的父母看来是无害的。这一政策试图因以下几种所谓的违法行为而开除学生，已经受到了攻击和指责，这些违法行为包括：把一把指甲锉刀带到学校，学校官员认为是一把刀；一学生写的关于学校内的狂暴的故事，还有他做出的将扰乱教室的威吓;一学生用拇指和食指模仿一支枪并且向同学发出“砰”的一声;将礼仪剑带到历史课上。毫无疑问,如果学校系统采纳明确规定的政策,充分地向学生和家长传达政策,公平地实施政策,而且最重要的,通过证明存在于学校环境中的严重威胁来表明这样的政策的必要性,那么学校系统将减少人们对“零容忍”政策的反对。

在涉及“零容忍”政策的一案件中,一名七年级学生因用他在学校走廊里发现的一把小型瑞士军刀锉指甲而被开除。学生和他父母会见了校长,而且参加了他在学区“零容忍”政策之下持有小刀而被开除之前举行的一个听证会。在为学生作出的判决的莱昂斯诉潘希尔学区(Lyons v. Penn Hills School District,723 A. 2d 1073 Pa. Commw. Ct. 1999)案中,法院裁定学区没有制定有关因持有武器而被停学的书面政策,而且没有提供学校负责人在个人基础上对开除进行自由裁决的复审的权力,这些已违反了控制学校武器政策的那些州的法律。

你们国家有有关开除的法律条文吗?你们地方学校系统有关开除的规则或政策是什么?如果一学生转学,其受到的开除处罚,会在新学区自动延伸吗?

2. 私立学校开除

合同法——而不是正当程序法,一般被用来指导私立学校开除的问题。以前已经讨论过,除非私立学校与州或联邦政府之间已经建立了实质性的联系,否则不适用正当程序。因为私立学校没有以政府的名义运转,因此也没有程序是合适的。

**艾伦诉卡斯珀**

**(Allen v. Casper)**

**俄亥俄上诉法院,1993**

**622 N. E. 2d 367**

法院一致意见:

*　*　*

在他们的孩子在伯利恒基督教学校注册之前，艾伦一家填写了注册申请表。作为注册程序的一部分，艾伦一家被提供了一份学校入学政策，这一政策既适用于学生也适用于家长。

政策和程序的第三段规定：

> 学校保留拒绝入学、停学或开除任何不遵守本校规定政策的学生的权利。我们学校所持的高标准和圣经原则在放学后时间里同样适用。如果有家长或学生拒绝遵守这些标准，那么将会导致其在BCS（伯利恒基督教学校）受教育权利处于危险之中。

第七段规定如下：

> 学生家长（在申请书上提到的）必须也把基督耶稣当作救世主和上帝，赞同我们的教义，表现合作的精神，并且赞成学生手册。

在他们的申请被批准之后，艾伦夫妇签署了家长同意书，并且被送给一本学校手册，这一手册涉及纪律程序和家长参与的有关情况。作为家长保证书的一部分，艾伦夫妇作出以下的承诺：

> 我们承认对我们孩子的老师和学校管理的信任是必不可少的。因此，我们将鼓励我们的孩子尊敬并服从学校的政策和学校官员。我们同意，如果我们的孩子在学校过程中陷入了任何困境，我们不会抱怨其他人。但是，带着虔诚的基督教精神，我们将会向称职的老师和（或）管理者提出必要的申述。学校手册与纪律程序和家长参与有关，相关的部分规定如下：
>
> “如果父母遇到与教室情境相关的问题或事情，他应该首先会见指定的班级老师。如果问题没有得到解决，学校管理者就是家长可以联系的合适人选。此后，家长、老师和学校管理者都参加的会议才是妥当的。”
>
> “如果父母认为他们不能接受管理者的决定或解释，他们最后

可以求助的是通过向管理者提交一份召开会议的书面请求，在管理者和老师都在场的情况下，向教育理事会提出这个问题。”

涉及克里斯滕·艾伦的一系列事情导致了艾伦夫妇与学校管理者在如何处理这些事情上发生了争论。由于艾伦夫妇和学校没有就这些问题达成一致意见，学校通过日期是 1990 年 11 月 27 日的一封信，要求艾伦夫妇自动带回他们的孩子。

在 1990 年 9 月的某一时候，克里斯滕告诉她妈妈，有两个幼儿园男孩子在操场上追逐她，并且一个把她的手背在后面，另一个掀她的裙子并偶尔碰到了她的短衬裤。第二天，艾伦太太打电话给迈克尔·斯托布——学校的管理者，告诉他这件事。

在与两男孩子谈话之后，斯托布确信这两个只有六岁的孩子并没有意识到他们已经做错了。斯托布告诉他们不可以用他们触摸克里斯滕的方式去触摸其他儿童，并且告诉他们如果将来还出现类似的事件，他将会用板子打他们。

10 月份，克里斯滕告诉她妈妈，在第一次事件中的一个男孩子又用类似的方法触摸了她。

斯托布与那个小男孩谈话，小男孩承认他触摸过克里斯滕。斯托布打电话给这个男孩的父母，安排会见了他们。他描述男孩的父母非常关心和合作，经过他们的同意，斯托布用板子打了这个男孩。

根据斯托布所言，艾伦太太非常生气并要求知道他是如何处置那个小男孩的。斯托布向她保证他正在处理这个问题，但是只能与有关孩子的父母讨论纪律问题是学校的政策。因为不满这一答复，艾伦夫妇会见了并不负责学校的日常运转的另一学校人士，与其讨论这个问题。艾伦夫妇从来没有尝试过学校手册里要求的会见校委员。

* * *

11 月份，克里斯滕告诉她妈妈另外一个男孩子在大家离校时对她吐唾沫。克里斯滕已经把操场上的事件向一位老师报告了，艾伦太太会见了这位老师。老师向艾伦太太解释，这个男孩有牙齿畸形，并且他不是有意向克里斯滕吐唾沫的。根据斯托布所言，艾伦太太对这位老师处理事件的方式表示不安和愤怒，并且想知道他将如何进一步处理这件事。斯托布告诉她，他将同孩子的父母谈话。

在这个时候，斯托布与校长莱弗（Rev. Hlad）联系，向其说明在该如何解决有关克里斯滕的事情方面，他不能和艾伦夫妇达成共识，他认为也许让艾伦的孩子退学对所有涉及方来说是最好的选择。在更进一步讨论后，似乎有关各方在涉及他们孩子的事情上并没有与学校管理者建立起有成效的关系。莱弗要求艾伦夫妇在1990年12月3日之前将他们的孩子带回。艾伦夫妇被给予一星期时间寻找新的学校，并被告知他们的学费将会退还。

在1991年11月27日，艾伦夫妇因他们的孩子被违法地从伯利恒浸信会教友基督学校中退学而对伯利恒浸信会教友教会、迈克尔·斯托布和莱弗提出诉讼。

* * *

毫无疑问，这里双方的关系是合同关系，有关那种关系的条款在学校政策和手册里都有表述，并且这些表达的条款控制了在什么情况下一学生可以被开除。因为私立教育合同有独特的属性，它们将被用这样一种方式解释，这一方式给予学校理事会广泛的裁量权来履行它教育上和教义上的责任。学区在实施政策、规章过程中没有滥用裁量权，法院是不会干涉这些事情的。

* * *

艾伦夫妇没有能举出合同法上的权利被侵犯的证据，他们也没有能提供任何事实来证明由伯利恒基督学校、迈克尔·斯托布或莱弗做出的滥用裁量权。

相反，证据表明被告除名艾伦的孩子是在他们应有的裁量权范围里的行为。卷宗表明迈克尔·斯托布——他负责学校每日的运转，及时地以一种他认为对涉及方都公平的方式对艾伦太太的申述做出反应。艾伦夫妇不同意他对事件的处理，经过申述程序，采用对抗性策略，并且没有遵守学校手册的规定。艾伦太太认为斯托布违反基督教教义并且指责他与恶魔为伍，斯托布认为他不能与艾伦夫妇合作，将小孩从学校除名出去最符合各方的利益。艾伦夫妇知道他们的孩子之所以被从伯利恒基督学校除名是因为他们没有遵守入学政策和学校手册的有关规定，对这一点没有什么争论。

* * *

维持原判。

## 注释与问题

一私立天主教中学学生指控，在他因违反纪律学校对他实施开除处罚时，他的正当程序的宪法权利受到侵犯。据称导致他被开除的违规行为包括：在校车上与一同学吵架、在一老师房子前倒垃圾、扎破老师的汽车轮胎、给老师起绰号、使用并分发类固醇、向一学生抽屉里排尿。在埃尔南德斯诉登伯斯柯预备中学（Hernandez v. Don Bosco Preparatory High，730 A. 2d 365，N. J. Super. Ct. App. Div. 1999）一案中，一新泽西法院支持这一私立学校，宣布这一开除并不是在第十四修正案正当程序条款意义上的“政府行为”。法院宣称：“如果私立学校与政府之间有实质性关系，私立学校才会受宪法要求的正当程序的约束。”另外，法院特别提到，学校遵循了它的程序——通知了学生所有对他的指控，给他申述、辩护的机会。法院强调只有当私立组织没有遵循它自己的程序时，法院才会介入。

### (三) 惩戒性转学

转移到所谓的选择性学校——这些学校被用来满足那些没有残疾的但具有破坏性行为的学生的需求，这种处置不能被当作是与开除处罚一样的处罚。在这样的案件中特有的正当程序包括：（1）给学生及其家长的书面通知；（2）学校当局、家长、学生共同举行会议讨论相关事项；

(3) 举行陈述证据和询问证人的会议。见乔丹诉伊利市学区(Jordan v. School District of City of Erie,583 F. 2d 91,3d Cir. 1978)案和萨莫拉诉波默罗伊(Zamora v. Pomeroy,639 F. 2d 662,10th Cir. 1981)案。在这样的会议中不需要律师在场[见马杰拉诉纽约市教育委员会(Madera v. Board of Education of the City of New York,386 F. 2d 778,2d Cir. 1967)案]。

法院将赞成这样的选择性学校中更严格的有关行为、服装、搜查、所有纪律问题以及表达自由的规定吗?

## 三、体罚

体罚就是教育者对学生施以类似于用板子打这样的身体接触。尽管曾经广泛地使用过体罚,但是它还是一个有争议的行为。拥护体罚的人认为它是一种必需的、教育上合理的纪律手段。那些反对者认为它是由政府做出的落伍、残忍、不人道和不公正的行为。

直到美国最高法院支持英格拉哈姆诉赖特(Ingraham v. Wright)一案中的做法为止,这一问题已经被反复诉诸于法律。判决中,法院提到了两个关键问题:(1) 体罚的实施是否等同于违反宪法第八修正案的残忍、异常的惩罚?(2) 事前的通知和参加听证会的机会是否是必需的?

### 英格拉哈姆诉赖特
### (Ingraham v. Wright)
### 美国最高法院,1977
### 430 U.S. 651

鲍威尔(Powel)大法官宣读了法院的判决意见书:

本案提出了有关公立学校中体罚的问题:第一,体罚学生,作为维持学校纪律的手段,是否构成了违反宪法第八修正案的残忍和异常的惩罚；第二，在体罚是法律允许的情况下，第十四条修正案的正当程序条款是否要求体罚中要有事前通知和举行听证会的机会。

*　　*　　*

原告的证据可以被简要地总结。在 1970—1971 学年，达德县 237 所学校中的很多学校，依据佛罗里达州法律和一地方学校委员会规则，使用体罚作为维持纪律的方式。事实上法规通过消极推论批准了有限的体罚，禁止卑劣的或过于严重的惩罚或者不经与校长或负责学校事务老师的事先商议就施加的惩罚。规则包含了明确的方向和限制。被批准的体罚包括用不到两英尺长、三到四英寸宽、大约半英寸厚的扁平的木制板子打一不服从纪律学生的臀部。正常的惩罚被限制在用板子打四五下，并且不能给学生带来明显的身体上的伤害。

学校当局认为体罚是比停学或开除惩罚轻的一种维持纪律的方法。与法律法规对程序的要求相反，教师经常在没有事先与校长协商的情况下擅自体罚学生。

因为对老师的指示做出的反应比较迟缓，英格拉哈姆被按在校长办公室的桌子上打了 20 多板。这一体罚很严重，以至于出现了血肿，需要药物治疗并且使他几天没能去上学。安德鲁因为轻微的违纪行为被打过几次，有两次，他的手臂被打了，其中的一次使得他一星期都不能完全使用手臂。

*　　*　　*

这个国家使用体罚作为惩戒学校儿童的方法可以追溯到殖民地时期。它经历了初等和中等教育的转变——从殖民地居民对任选的私立教育形式的依赖到我们现在的义务教育系统的存在以及对公立学校的依赖。尽管人们普遍放弃了作为惩罚犯罪人的一种方式的体罚，但是体罚在这个国家大部分地区为儿童创办的公立教育中继续发挥着作用。专业人士和公众在这一问题上的看法分歧很大，这种分歧已存在了一个多世纪。然而，我们没有发现任何废除它的趋势。

从美国大革命开始之前，普通法中的一个简单的原则就制约着体罚的使用：教师可以向儿童施加合理的但不是过度的暴力来惩戒他。这一基本原理没有改变。现在，这个国家的这一普遍规定给了教师和管理者施加暴力的特权，他们“合理地认为这些权力对适当控制、训练或教育儿童来说是必需的”。如果施加的暴力是过度的或不合理的，那么教育者，事实上所有的州，将要承担可能的民事和刑事责任。

尽管早期的案件认为教师的权力源于父母，父母代理人的概念已经被这样一种与义务教育法更一致的观点所代替，即州本身也可以施加对儿童适当的教育和维持集体秩序来说必要的体罚。在决定一特定案件中的体罚是否合理时，必须考虑所有可能的因素。在这些最重要的因素中有违规行为的严重性，儿童的态度和过去的表现，惩罚的性质和严重程度，儿童的年龄和承受力，采用较轻的但同样有效的纪律方式的可能性。

在23个已经通过立法触及这一问题的州里面，21个州已经将公立学校中体罚的一般使用合法化。在这些州中，只有一些州在普通法中详细规定了体罚合理性的检查，一般规定需要有家长的同意或通告、需有校长或有成人目击者在场的情况下才能施以体罚。只有两个州，马萨诸塞州和新泽西州禁止公立学校中所有的体罚。在立法机关没有做出明确立法的州，州法院一致保留了普通法上允许教师使用合理暴力惩戒儿童的规定。

在历史与当代赞同合理体罚的背景下，我们转而讨论我们所面临的宪法问题。

第八修正案规定：“不得要求过度的保释金，不得施加过度的罚金，也不得实施残忍和异常的刑罚。”保释金、罚金和刑罚已经被与刑事令状联系起来，通过给予上述三种处罚同样的限制，对被授权发挥政府刑罚职能的人来说，修正案的原文暗示着对其权力的某种限制。

审查这一修正案的历史和这个法院对禁止残忍、异常刑罚的判决有关解释，证实了这一修正案能够用来保护被判罪的人。我们坚持这一长时期存在的限制，并且裁定第八修正案不适用于作为维持公立学校纪律方式的体罚学生的行为。

“剩下的问题是应有什么样的程序”。要不是普通法允许教师向他们的教育对象儿童施加合理的体罚，以及为滥用体罚而设立的传统救济的有效性，要求事先程序保护的本案事实上是非常有说服力的。但是这里我们涉及的一项处罚——打——属于那样的传统之中，而且问题是普通法的救济是否足以提供正当程序。在本案中，普通法上为过度体罚设立的救济是否构成了正当程序有赖于在“历史、理性和判决过程”的背景下对涉及的各方对立的利益做出的分析。这一分析必须考虑三个明显的因素：“第一，受到影响的私人的利益；第二，错误剥夺这样一种利益的危险、错误剥夺可能存在的额外或替代程序保护的价值的危险；最后，州利益，包括涉及到运用额外或替代程序要求的财政和管理负担。”

＊　＊　＊

佛罗里达州一直都承认，而且事实上已通过法律巩固了儿童在校不受过度体罚的普通法上的权利。在佛罗里达州法律之下，教师和校长首先决定在特定情况下为惩戒行为不当的学生施加体罚是否是必需的。但是他们必须谨慎、有限制地实施体罚。因为佛罗里达州保留了决定体罚是否合理的传统的司法程序，如果施加的惩罚被发现是过度的——在当时不能被合理地认为对一个孩子的惩戒和训练来说是合理的，实施处罚的学校当局要承担对儿童造成损害的责任，如果显示了任何预谋，他们即将受到刑事处罚。

＊　＊　＊

如果有普通法的救济并辅以包含事先通知和听证会的行政保护措施，儿童的自由权肯定将会得到更好的保护——对这样的做法仍然是有争议的。我们经常发现，一些类型的事前听证会对预防在受第十四修正案保护的权益上施加武断的惩罚来说是必要的。但是，在这个州已保留了“一贯是当地法律所包含的那些东西”的地方，要求行政保护措施的案件就不那么令人注目了。

但是，即使事先程序保护的要求是显而易见的，仍然存在的问题是增加的利益与代价是否相当。接受原告的申述，将会带来佛罗里达州和其他大多数州规范体罚的法律的变化。考虑到无法制订一个能随惩罚施加的严重程度变化而变化的正当程序规则，原告主张事先的听证会必须提前于任何体罚的形式，无论是一般的还是轻微的。这样一个一般的宪法的要求将极大地增加使用体罚作为惩戒手段的负担。听证会——即使是非正式的听证会——需要时间、人力，需要把注意力从正常学校事务中转移出来。学校当局宁愿选择放弃体罚，而不愿招致由遵从程序要求带来的负担。教师正当地忙于维持教室里的权威，宁愿依靠其他惩戒方法——这些方法在他们看来效果差一点——也不愿面临事先通知和听证会可能带来的混乱。看似矛盾的是，这样一种纪律政策的更改最有可能出现在这样一种普通的情况下——在这些情况下，预期的处罚正好在普通法权利的范围内。

排除或减少体罚将会被当作社会进步而受到许多人的欢迎。但是当这样的政策选择因这个法庭对被主张的正当程序的判决，而不是因普通法的社区辩论程序和立法行为而出现的话，社会代价不能被当作非实质性的东西而不予考虑。我们在这里重新考虑一个扎根于历史并在许多州的法律中得到重申的法律判决，即体罚能满足重要的教育权益。必须根据学校中纪律问题的情况来看这一判决。

从我们学校公开的以及已经存在于普通法上的预防措施来看，体罚被滥用的可能性极小，对在校儿童实体权利造成侵害的危险只能被认为是微乎其微的。施加作为宪法要求的额外的行政预防措施会极大地减少这样的危险，但也会对初等教育责任领域造成侵扰。我们裁定，正当程序条款没有要求在公立学校中实施体罚前要有通知和听证会，因为这一实际做法已被普通法认可，并且受普通法限制。

原告在本案中摆在我们面前的两个理论中的任何一个都不能获胜。第八修正案禁止残忍、异常的处罚不适用于学校的“打”，并且第十四修正案对正当程序的要求也因佛罗里达州保留了普通法上的限制和救济而得到了满足。因此，我们赞成上诉法院的看法，即原告的证据没有提供要求禁制解除的基础，原告不能在第八修正案的基础上或正当程序受侵犯的基础上要求获得赔偿。

维持原判。

## 注释和问题

英格拉哈姆案是一个 5∶4 的判决。鲍威尔法官写了英格拉哈姆案的判决，他将有公立学校经验的背景带到法庭上来。在 1950 年公立学校取消种族隔离时，他担任弗吉尼亚州里士满学校委员会的主席，并且领导弗吉尼亚州教育委员会。虽然是一美国民主党党员，他被尼克松总统提名到法院，并于 1972 年任职，他于 1987 年退休，1988 年，安东尼·肯尼迪接替了他的职位。

根据英格拉哈姆案，如果没有与此判决相反的法规，教师可以施行体罚。超过一半的州不允许实施体罚。阿拉斯加、加利福尼亚、康涅狄格、夏威夷、伊利诺伊、艾奥瓦、缅因、马里兰、马萨诸塞、密歇根、明尼苏达、蒙大拿、内布拉斯加、内华达、新罕布什尔、新泽西、纽约、北达科他、俄勒冈、犹他、佛蒙特、弗吉尼亚、华盛顿和威斯康星州的法律或法规已经禁止实施体罚。罗德岛所有地方学校委员会已采取了相同的措施。在一些情况下，允许体罚的州地方学校委员会已经禁止或减少体罚的实施。

有可能调和英格拉哈姆案多数决的判决和戈斯案多数决的判决吗？

英格拉哈姆案判决本来应该引用一些可以证实体罚有效性的经验性的资料吗？这样的资料对支持法院的判决来说是必需的吗？

一讨论“替代父母的地位”的原则的判决裁定，在这一原则下，是不允许通过板子、鞭子、棒子或其他机械工具对公立学校儿童实施惩罚的。然而，这一原则并没有禁止用手打学生、将不守法的学生拽出教室或者使用体力阻止学生打架，或阻止其从事破坏性的或非法的行为[见史密斯诉西弗尼吉亚州教育委员会(Smith v. West Virginia State Board of Education，295 S. E. 2d 680，W. Va. 1982)案]。

法院在英格拉哈姆案中的裁决并没有使体罚这一问题的争论停息下来。在加西亚诉米耶拉(Garcia v. Miera, 817 F. 2d 650, 10th Cir. 1987)一案中，一联邦上诉法院判决体罚使用过度的暴力是对实质性正当程序的一种违反。法院宣称：

> “尽管”英格拉哈姆案清楚表明一般的体罚并不违反学校儿童的实质性正当程序的权利，通过证实体罚涉及受正当程序条款保护的一项基本自由权利，我们认为，依据一定标准可以确定的过度的、残忍的处罚侵犯了学生实质性的正当程序。

另外，法院表明存在三种类型的体罚：“没有超越传统普通法合理标准的体罚是不可以提起诉讼的；超过普通法标准而没有足够的州的救济措施的体罚侵犯了正当程序权利；最后，对人的良心来说是非常过度的体罚，无需考虑州救济措施是否充分，侵犯了实质性正当程序权利。”

在一整天和后一天的部分时间里把一儿童绑在椅子上——据称是一教育技术，这一做法也被裁决侵犯了实质性正当程序[见杰弗逊诉耶斯莱特独立学区(Jefferson v. Ysleta Independent School District, 817 F. 2d 303, 5th Cir. 1987)案]。在加西亚案和杰弗逊案中，法院裁定在1983年美国法典第四十二条保护之下要求赔偿的申述已经出现。

在英格拉哈姆案中提到，对被认为是过度的体罚的救济是一种民事诉讼，或者是一种刑事诉讼，并没有明确的一致的意见。在这样一例刑事诉讼中，一私立学校校长因实施50—60板子的体罚造成学生的极端疼痛被判处12个月的缓刑、150小时的社区服务和500美元的罚金。在那个州，要确认一简单的人身伤害罪，必须要证明，为一特定目的被委以照料和监管未成年人责任的教师、校长、家长和其他人，实施体罚不仅仅是使被罚者遭受实际上的疼痛，而且是非常严重的疼痛。在确立这样一个较高的证据标准情况下，在特定环境中使用暴力的程度和方式下，管理者实施体罚的理由如果恰当，那么，管理者可以免予承担简单的人身责任[见共同体诉道格拉斯(Commonwealth v. Douglass, 588 A. 2d 53,

Pa. Super. Ct. 1991)案]。

在你们国家有关于体罚的法定条文吗，如果有，你熟悉这些条文吗？在你们学校系统中有关体罚实施的事件与州和地方的规定一致吗？这些法律条文是被制定出来保护教师和管理者不遭受那些源于体罚实施的诉讼的吗？

## 四、搜身和搜抽屉

把第四修正案包括在权利法案中的愿望是根据独立战争前英国人的政策而产生的。早期的美国人需要这样的保证，即没有正当的理由，他们的房屋不得被侵入。许多人认为，没有这一保护，政府将从事这样的“调查真相”行为，如搜查房子，搜查政治上不一致的居民直到有罪的东西被发现。这样的调查将威胁到市民，带着这种疑虑，第四修正案被包括在人权法案之中，来保护个人免予遭受冷酷的政府的侵扰。起初，第四修正案的保护条款只适用于联邦政府，宪法其他最初的八条修正案也是如此；然而，作为涉及第十四修正案那些判决的结果，这一保护个人的条款现在也可用来对抗州的权力。

因为怀疑学生偷东西、钱或携带毒品、武器一样的非法物品，公立学校的官员会搜查学生。这些年来，在法院试图解决涉及学生搜查的案件时，已出现一些重要的有关第四修正案的问题。在这些问题中，最重要的是，在单个学生受第四修正案保护不受不合理搜查的权利和学校官员为所有学生提供安全的学校环境的责任之间建立适当的平衡。法院也论及了其他一些更具体的法律问题。这些问题包括：学校背景中的学生是否受第四修正案的保护，如果是，他们受到的保护和成人受到的保护一样多还是比成人受到的保护少？学校官员是否被看作是政府官员，因为第四修正案只适用于政府官员以政府的名义实施的搜查。学校官员必须要有多大程度的怀疑才可以实施个别化的检查？（比如，警察必须要有可靠的理由才能搜查某人——一个比合理怀疑的标准高得多的标准。)在学校环境中,是否需要搜查许可证?当法院越来越多地涉及这样有关搜查问题的合宪性,如搜查一怀疑随身携带毒品的学生,使用毒品识别的狗,大规模搜查学生整个身体,学校运动会上随机的药物测试、手持金属检波仪随机搜查和脱衣搜查等,法院对这些棘手的法律问题(尽管不总是相似的)做出了判决。1985 年美国最高法院在新泽西诉坦娜(New Jersey v. T. L. O. )一案中涉及到其中的一个问题,并且它的判决为公立学校教育者提供了有关搜查学生的指导。

### (一) 搜查学生

**新泽西诉坦娜**

**(New Jersey v. T. L. O. )**

**美国最高法院,1985**

**469 U. S. 325**

怀特大法官宣读了法院的判决意见书:

我们批准本案的调卷令,来检查作为公立学校当局违反第四修正案实施的搜查,以及如果这种搜查是违法的,其救济方式如何,制定怎样的恰当的排除违法搜查的规则。我们考虑到应适当地将第四修正案适用于公立学校,然而,这一考虑使我们裁定在我们面前的这一案件中出现的搜查没有违反第四修正案,因此,这里我们只述及如下问题:评估公立学校官员实施搜查合法性的适当标准,以及在本案情况中这一标准的使用。

1980 年 3 月 7 日,新泽西中塞克斯县皮斯卡塔韦中学的一名教师发现两名女生在卫生间里抽烟,其中一位就是被告坦娜(T. L. O),当时她是一名 14 岁的中学一年级学生。因为在卫生间吸烟违反了学校的规则,这名教师将两名女生带到校长办公室,在那里她们会见了助理副校长西奥多(Theodore Choplick)。面对西奥多的审问,坦娜的同伴承认她已经违反了规则,然而,坦娜否认她曾经在卫生间抽烟并声称她根本就没有抽过烟。

西奥多先生让坦娜到他的私人办公室，要求看一下她的皮包。打开皮包，他发现一堆香烟，他从皮包中取出这些烟摆在坦娜面前，指责她已经对他撒谎。在他伸手去皮包里拿香烟时，西奥多先生还注意到了一包香烟卷纸。在他的经验里，中学生持有这种卷纸与使用大麻是紧密联系在一起的。西奥多先生认为更仔细地搜查皮包可能会发现使用毒品的更进一步的证据，他就彻底地搜查了整个皮包。搜查发现了少量的大麻，一个烟斗，许多空的塑料袋，一笔相当数目面值1美元的钱，一张索引卡片——上面似乎是欠坦娜钱的学生的名单，以及两封暗示坦娜参与大麻交易的信。

西奥多先生通知坦娜的母亲和警察，并且把毒品交易的证据移交给警方。在警察的要求下，坦娜的母亲把她的女儿带到警察局总部，在那里，坦娜承认在中学里贩卖过大麻。在这一供认和西奥多先生掌握的证据的基础上，州在中塞克斯县的少年与家庭关系法院提起了对坦娜少年违法行为的指控。坦娜认为西奥多先生对她皮包的搜查违反了第四修正案，她提议排除在她皮包里和她供词中的证据，她认为这些证据已被诉讼中提及不合法搜查行为玷污了。

在决定本案中讨论的搜查是否违反了第四修正案时，我们首先面临的问题是，修正案对不合理的搜查和没收的禁止是否适用于公立学校官员实施的搜查，我们认为第四修正案适用于这一行为。

现在，毫无疑问，“联邦宪法，由于靠第十四修正案的力量，禁止州官员不合理的搜查和没收行为”。同样，毋庸置疑的主张是，第十四修正案保护学生的权利不受公立学校官员的侵害：

“第十四修正案，现在也适用于州，保护居民不受州和州的派生物（教育委员会也不除外）的干扰和侵犯。当然，这些机构有细致的、高度的裁量功能，但是它们中的任何一个都不能不在人权法案的限制中行动。如果我们不准备将自由思想扼杀在源头，如果我们不准备引导年轻人把政府的重要政策看作是陈词滥调的话，那么公立学校正在教育年轻一代的这一事实，正是谨慎保护宪法中的个人自由的理由[见西弗吉尼亚州教育委员会诉巴纳特(West Virginia State Board of Education v. Barnette，319 U. S. 624，1943)案]。"

这两种主张，即第四修正案通过第十四修正案适用于州，并且公立学校官员的行为要服从第四修正案施加于州行为的限制——看上去已足够回答第四修正案为什么没有禁止学校官员不合理搜查这样的问题了。然而，在再辩论的过程中，新泽西州辩论道，第四修正案的历史说明了这一修正案旨在调整那些执法官员实施的搜查和没收。因此，尽管公立学校官员毫无疑问的是第十四修正案中规定的州的代理机构，但是第四修正案没有设立可实施的针对他们的权利。

第四修正案主要针对的恶行是独立战争以前那种行为的再次出现——用一般的命令状或"协助文书"就可以授权国家官员搜查违禁品的行为。但是这个法院从来没有将这一修正案对不合理搜查的禁止只限制在警察实施的搜查和没收上。相反，长期以来，法院一直认为第四修正案的约束是施加于政府行为即主权行为之上的约束，因此，我们已经裁定第四修正案不仅适用于犯罪的官方人员，如：建筑物检察员，甚至是进入私人领地救火的消防队员，它同样适用于公民的行为。所有这些都必须服从第四修正案施加的约束。据我们观察所知，这一修正案的基本意图——在这个法院里无数判决中都得以承认的，就是保护个体的隐私和安全不受政府官员武断实施的侵扰。

*　　*　　*

虽然第四修正案一般适用于行政当局的行为，但是一些法院裁定由于学校官员施加于学校儿童权威的特定性质，他们不受第四修正案的支配。据说，老师和学校管理者，在和学生打交道时所处的是替代父母的地位：他们的权利是父母的权利而不是州的权利，因此不受第四修正案限制的约束。

这种推理与当代的现实以及这个法院的教训之间的关系并不一致。今天的公立学校官员不仅仅是在志愿地实施父母赋予他们的权利，而且，他们为促进被公开颁布的教育、纪律和政策而行动。在依照这些政策发挥搜查和其他纪律功能时，学校官员是作为州的代表，而不仅仅是父母的代理人，并且他们不能要求父母享有第四修正案约束的豁免权。

*　*　*

尽管法院已经注意到了现在维持公立学校纪律的困难性，但是情况还没有可悲到学校的学生不可以对隐私有正当期望的地步。

州认为儿童没有将私人物品带至学校的正当需要，这一观点在现实生活中也没有得到很好的稳固。学生起码不仅必须带学习用品，而且要带钥匙、钱和个人卫生以及穿着的必备用品到学校来。另外，学生会在他们身上、皮包或钱包里带有非破坏性但却极度私人化的物品，如照片、信件和日记。最后，学生有非常正当的理由携带那些与课外活动和娱乐活动有关的物品。总之，学校儿童可以发现必须携带大量正当的、非违禁的物品，而且我们不能仅仅因为他们把这些东西带到学校里来，就有理由推论他们必须放弃这些东西的隐私权。

儿童的隐私权益必须被确认以对抗教师和管理者在教室里和学校范围内维持纪律的实际利益。维持纪律从来就不容易，但是最近一些年来，学校的无序已出现了特别有威胁性的形式：学校中毒品的使用和暴力犯罪已经成为主要的社会问题。

*　*　*

那么，我们该怎么样才能在学校儿童对隐私的正当预期和学校官员同样正当地维持一个学习得以发生的学校背景的需要两者之间找到一种折衷的方法？很明显，学校背景下需要减轻一些限制——这些限制是公共机构人员搜查时一般必须要遵循的。特别是许可证的要求，这些限制是不适合于学校环境的。要求教师在搜查一被怀疑违反校规（或违反刑法）的儿童之前必须获得许可证将过度干涉学校保持纪律需要的快捷、非正式的纪律程序。就像在其他案件中一样，当“获得许可证的负担很可能挫伤搜查背后的政府意图时”，我们已经特免许可证要求。现在我们裁定学校官员在他们权力范围之内搜查学生之前不需要获得许可证。

学校背景也需要修改怀疑违法行为存在的标准——这一标准是证明搜查正当性所必需的。一般来说，一个搜查——即使是没有许可证的搜查——必须建立在“可能的理由”之上，这些理由可以让人认为已经出现了违反法律的行为。然而，“可能的原理”不是有效检查不可缺少的要求。第四条修正案的基本要求是，搜查和没收要有合理的，而且尽管“可能的理由的概念和许可证的要求两者与搜查的合理性相关，……在特定的情况下，任何一个都不需要”。因此，我们在大量的案件中已经承认，一种搜查虽然“合理”，但这种“合理”没有实际的可靠，即使如此，我们仍然承认这种搜查“合理”。对政府和私人之间的利益仔细权衡表明，通过第四修正案不逾越可能理由的合理性的标准，公众利益得到了最好的保护，我们也毫不犹豫地采取这样一项政策。

我们赞成已审查过这一问题的大部分法院的观点，裁定学校儿童利益与老师、学校管理者维持学校纪律的实质性的需要之间的协调，不需要严格遵守这样的要求，即搜查建立在可使人认为搜查的主体已经违反或正在违反法律的可能理由基础之上。决定任何一种搜查的合理性包括两部分的问题：第一，必须考虑“行为在开始时是否就是合理的”；第二，必须考虑实际上实施的搜查是否“与证明第一点中干涉合理的情况合理相关”。在一般情况下，当有合理依据相信，搜查将发现学生已经违反或正在违反无论法律还是学校规则的证据，老师或其他学校官员对学生的搜查将“在开始时就被证明是合理的”。当所采取的措施与搜查的客体合理相关，并且对学生的年龄、性别以及违规行为的性质来说是合适的，没有过度的侵入性，这样的搜查在它的范围内是被允许的。

我们相信，这一标准既不会过度加重学校当局维持他们学校秩序的负担，也不会批准对儿童隐私不受限制的侵扰。通过把注意力集中到合理性问题上，这一标准将赦免教师和学校管理者不必将自己的行为控制在可能理由的“精细要求”之下，允许他们根据合理性的指导原则和常识来调整他们的行为。同时，合理性的标准必须保证，仅仅在对达到维持学校秩序正当目的来说必须的情况下，学生的利益才将会被“侵入”。

剩下的问题是本案中搜查的合法性。

＊　＊　＊

不能认为，西奥多先生搜查坦娜皮包，看是否有香烟的行为是不合理的。

我们作出的西奥多先生决定打开坦娜皮包是合理的裁决带给我们这样的问题，即当一包香烟被发现后进一步搜寻大麻的问题。当西奥多先生拿那包香烟时发现皮包里有一包卷烟纸时，就有了可以搜查大麻的理由。尽管坦娜没有对西奥多先生认为卷烟纸暗示着存在大麻的想法的合理性进行反驳，但是她主张当西奥多拿到并阅读那些暗示坦娜从事毒品交易的信件的时候，他实施的搜查范围已经超出了被许可的界限。这一争论，也是没有说服力的。发现这样的卷烟纸毫无疑问地带来了这样一个合理的怀疑，即坦娜的皮包里不仅有香烟还有大麻。这一怀疑证明了对坦娜搜查的合理性，这一搜查发现了更多与毒品有关的物品：一支管子、大量一般用于储存大麻那种类型的塑料袋、少量的大麻，以及一笔数量相当的钱。在这样的情况下，将搜查进一步扩展到皮包内独立的用拉链紧扣的间隔并不是不合理的，并且当对那一间隔的搜查发现一张内含“欠我钱的人”的名单的索引卡片和两封信时，推论坦娜涉及大麻交易，对于证明西奥多先生检查信件，以决定这些信件是否包含进一步证据的行为的合理性来说是相当充分的。总之，我们不能在任何一方面裁定搜查大麻的行为是不合理的。

因为发现坦娜进行大麻交易的证据的搜查是合理的，新泽西最高法院根据第四修正案做出的把那些证据从坦娜少年犯诉讼程序中排除出去的判决是错误的。因此，新泽西最高法院的判决被撤销。

## 注释与问题

在坦娜的判决中，法院确立了用以确认搜查合理性的分为两个步骤的检验标准。首先，法院必须确认这一搜查在其开始时就是合理的；其次，真正实施的搜查，是否与证明第一点中干涉的合理性的情况合理相关。在学生对隐私的正当预期和学校同样正当的维持合适的学习环境的需要之间寻找折衷方法的过程中，这一判决很清楚地表明法院促进无毒品学校的决心。毫无疑问，这一判决已经减轻了许多学校当局可能侵犯学生第四修正案权利的担心。

使一些高中学生在一舞蹈教练面前呼气以便教练能闻到他们的呼吸，被认为是一合理的检查，特别由于这些学生曾与另一名醉酒的学生在一起[见马蒂娜诉 60 号学区（Martinez v. School District No. 60，852 P. 2d 1275，Colo. Ct. App. 1992）案]。

一联邦上诉法院处理了一学校官员在离家 5 000 英里的一次短期旅游中搜查学生住的旅馆房间的事件。援引坦娜案判例，法院裁定由于学生已经支付了房间的费用的事实以及这一事件出现在一不完全的教育背景中的事实，搜查必须要有特别的理由。然而，法院发现了这样一条理由，因为学校官员被委以在一需要非正常警戒环境中承担监督责任。同样根据替代父母地位的原则，法院认为，如果学校官员没有足够的监督权利，许多家长将不愿意允许他们的孩子参加这样的旅行[见韦勃诉麦卡洛（Webb v. McCullough，828 F. 2d 1151，6th Cir. 1987）案]。

### （二）搜查毒品和武器

公立学校中的毒品和武器的流行使得学校管理者经常使用特殊的方法来控制这个问题。除了加大对可疑学生搜查的力度，管理者已经求助于一些学生处罚措施和缉毒犬，提出作为入学条件或参加课外活动条件的药物测验，使用金属探测棒，甚至为了与毒品使用和买卖斗争，禁止在学校中持有呼叫器。

要求进行随机的尿液分析药物测试作为参加校际运动会的条件，在美国最高法院对弗农尼亚第 47J 学区诉阿克顿（Vernonia School District 47J v. Acton，515 U. S. 646，1995）一案作出的 6∶3 的判决中得到支持。该案中的证据表明，药物测试之所以设立，是因为学校已经体验到纪律问题和毒品使用的激增，课堂内的粗野增加了，学生说出一些亵渎的语言变得正常，并且学生鼓吹学校对他们被毒品文化吸引无能为力，学校运动队员不仅使用毒品，而且他们还是毒品文化的领导者，另外教练报道，与运动有关的伤害在数量上和程度上都呈上升趋势。在这个判决中，法院认为，“在学校环境中的学生比一般人有更少的隐私期望”(援引坦娜案)，并且学生运动员比其他的非运动员有更少的对正当隐私的期望。法院特别提到在毒品测验项目中，尿液的采集、测试、结果的公开以及要求有关药物的信息相对来说都是谨慎和周密的。最后，法院认为这一项目通过阻止学生使用毒品促进了政府的利益。法院裁定根据“减少了的隐私期望、搜查的相对谨慎、搜查需要的严重性”，这一搜查是合理的，因此也是合宪的。这一判决的反对者有力地争辩道，非常不幸，大部分的判决忽视了历史和先例——他们要求在有关第四修正案的案件中享有特权。

第七巡回法院区的上诉法院的两个判决表明了非常有意思的后阿克顿(post-Acton)问题。在托德诉拉什县学校(Todd v. Rush County School，133 F. 3d 984，7th Cir. 1998)一案中，法院努力解决的是这样一个问题，即经父母同意对所有希望参加课外活动或开车上学、放学的学生进行随机的、例行的和正常的药品检测。这些课外活动包括运动队、学生会、外语俱乐部、文明运动员协会、未来美国高级职员联盟、图书俱乐部等。在支持一药品测试项目中，法院裁定一些学生使用毒品、烟草或酒精的证据具有足够的理由，并且这一证据如此重要，以至应当减少相关的公立学校学生对隐私的期望。在另一判决中，即威利斯诉安德森社区学校法人(Willis v. Anderson Community School Corporation，158 F. 3d 415，7th Cir. 1998)一案中，法院涉及一学生拒绝在他打架被开除返校后参加一药物检测的问题。在这个案件中，要求对持有或使用酒精制品，因打架、习惯性逃学或违反任何一项需要至少三天停学处罚的规则而被停学三天或者更多天数的学生进行药物测试。法院认为这一政策是违宪的，法院宣布非法物质和暴力行为之间偶然的关系不足以产生一合理怀疑来证明诸如药物测试这样搜查的正当性。审理威利斯案的法院，在阿克顿案中运动员自愿参加的事实的基础上，以及运动员一般有较少的隐私期望的基础上，将这一判决和阿克顿案的判决区分开来。

再次援引阿克顿案判决，一联邦上诉法院支持一整体搜查——为搜查危险的武器，所有从 6 年级到 12 年级的男学生被腾空口袋，如果金属检测器探测到它们，他们将被处罚。在这个案件中，因为在校车座位上发现新的刀痕，所以学校官员担心在学校内有刀或其他用以切割的武器。上诉法院做出了如下推理，尽管没有怀疑某一特定学生的证据，学校里可能存在危险武器对学生安全和学校纪律来说是一个危险——没有任何明智的保护人和教师能够对它置之不理[见汤普森诉迦太基学区(Thompson v. Carthage School District，87 F. 3d 979，8th Cir. 1996)案]。

因为私立学校并不像公立学校那样受到同样的第四修正案的限制，有些学校开始测试头发来检测违法毒品的使用。测试得以建立的假设是，被人体摄取的毒品按其摄取量成比例地被储存在头发滤泡中。因为在头发中保留了踪迹，这样的测试也可发现毒品已经被使用多长时间了。直到目前为止，联邦政府还没有设立这类测试的标准，并且一些研究表明，黑头发中保留毒品踪迹的时间比金色头发保留的时间多达 50 倍。

由于电话呼叫器与非法毒品交易的关系，有几个州已经禁止公立学校学生带电话呼叫器上学。例如，见罗厄尔诉州(Rowell v. State，666 So. 2d 830，Ala. 1995)案。

### (三) 强制搜查

出于找到失窃钱财、毒品或武器的热心，教育者偶尔会实施强制性搜查——一般被称作脱衣检查。从历史上看，这种类型的搜查经常被用于年少的儿童，然而，随着校园中毒品和武器的出现，这种搜查越来越多地被用于更年长的学生身上。在这种搜查中，学生会被要求脱到只剩下内裤。脱去部分衣服，脱去所有衣服或被按下。在决定强制搜查案件的合理性时，法院会考虑几个方面的因素。这些因素包括：学生的年龄、学生的纪律和纪律史、问题的严重性和普遍性，以及要求紧急的无许可证搜查的危急情况。在最近几年，法院逐渐地支持实施脱衣检查的老师，特别是在这一搜查涉及年少儿童的情况下。然而，一般来说，实施脱衣搜查必须要有具体的怀疑。因此，当涉及到钱或值钱物品时，教师不得进行全体脱衣搜查。

在詹金斯诉塔拉迪加市教育委员会(Jenkins v. Talladegn City Board of Education，115 F. 3d 821，11th Cir. 1997)一案中，对两名 8 岁的涉嫌偷窃 7 美元的二年级女学生实施的脱衣搜查得到了支持。在这个案件中，在一学生控告失窃的基础上，一系列搜查开始了，但并没有发现失窃的钱。这些搜查包括：开始搜查詹金斯的背包，让詹金斯和另一名被指控的学生脱掉鞋子和袜子，把两女孩带到女孩休息室并命令她们进浴室间“出来后把内裤脱到脚脖子那里”，接着又作了找回那些钱的最后尝试——又一次把她们带到休息室要求她们脱掉裙子(一名女生身上只剩下无袖衬衣，另一女孩只剩下短裤)。在判决中，法院全面地根据坦娜判决，主张这些搜查与寻找被窃 7 美元的目标合理相关，并且“根据学生的年龄和性别以及违规行为的性质，这一搜查并不具有过度的侵入性”。法院强调，学校官员可以认为小学生偷窃 7 美元是一严重的问题，女学生被女老师搜查，8 岁的女生未达青春期而且教师经常在浴室里协助那个年龄的学生。

被学校列入行为混乱名单上的一名 16 岁的男孩被怀疑“胯带”毒品而受到检查，被认为是合理的。法院认为除了学生胯部不正常的凸出外，还有一些因素影响它的裁决。这其中包括对几起最近事件的申述，比如毒品交易、测试证明使用了大麻、持有毒品，当警察突然搜查他母亲的房间时发现一男生“胯带”毒品、可卡因尿液分析阳性、没有顺利完成戒毒计划，以及一公共汽车司机报道的在汽车上学生坐过的那些地方有大麻的味道[见科恩菲尔德诉 230 号统一高中学区(Cornfield v. Consolidated High School District No. 230，991 F. 2d 1316，7th Cir.

1993)案]。

另一脱衣搜查在威廉斯诉埃林顿(Williams v. Ellington,936 F. 2d 881,6th Cir. 1991)一案中得到了支持。在这个案件中,一名被怀疑持有毒品的女学生在一女秘书目击作证的情况下,被一名女副校长要求掏空口袋、脱去短袖衫,把她的牛仔裤拉至膝盖处。学生声称这名副校长拉了拉她短裤的松紧带看看是不是有些东西会掉下来。没有发现有关毒品的证据。在它的判决中,法院强调,学校官员需要自由裁量权以便在特定情况下能有效、迅速地发挥自身的作用,而且,他们的决定不得因事后认识到的利益而受到质疑,因为这样做将会损害对保证学校安全和秩序来说必需的那些权威。

学校官员可以通过缉毒犬在全校范围搜寻毒品,并且对被怀疑的学生实施脱衣搜查吗？一联邦上诉法院已经裁定,通过狗来嗅味道不是搜查,因此不受第四修正案的保护;要求学生掏空口袋和皮包没有违反第四修正案,但是用狗对学生进行裸体检查是不合理的。法院给予学生要求获得赔偿的权利,它认为一裸体检查不仅仅是不合宪法的,而且是与一般的体面冲突的[见多伊诉伦弗鲁(Doe v. Renfrow,635 F. 2d 582,7th Cir. 1980)案]。

在被怀疑虐待儿童的案件中,家长经常辩称已出现了违反第四修正案行为,主张学校员工本不该询问学生或检查一学生的身体来决定儿童是否受到虐待。审理皮卡勒诉泰蕊兹(Picarella v. Terrizzi,893 F. Supp. 1292,Pa. 1995)案的法庭裁定：学校员工询问学生有关是否被虐待的情况没有侵犯第四修正案。法院作出如下辩论,在宾夕法尼亚儿童保护服务法约束之下,被列举出的一些人如教师和管理者,被要求去决定是否有理由相信学生已经遭到了虐待。

在另一被怀疑涉及虐待儿童的案件中,父母因学校官员把学生从教室中叫走询问,并检查她是否遭到虐待这样的行为对其提起诉讼,学校官员被给予免予家长这样的民事起诉的有限制的豁免权。法院推论,未成年的、被怀疑是儿童虐待受害者的学校儿童,并没有明确设立的可以免受调查，并对他们身体未公开部分进行视觉检查的权利[见兰斯特伦诉伊利诺伊儿童和家庭服务部(Landstrom v. Illinois Department of Child and Family Services, 892 F. 2d 670, 7th Cir. 1990)案]。在这个案件中，这个一年级的学生脱下裙子和内裤，学校护士在这名儿童的老师、一学校心理学家、一名社会工作者和校长在场的情况下检查了这名儿童的屁股。有几个州已经颁布法律，授予那些法律上有责任调查和报道儿童虐待情况的官员以有限的豁免权，教育者必须意识到他们所在的州制定并公布了与儿童虐待相关的法令。

### (四) 搜查抽屉

法院倾向于允许学校官员在没有许可证和学生同意的情况下搜查学生的抽屉，认为学校保留了对抽屉的最终控制权并且承担着父母的权利和责任。这个问题 30 年前在堪萨斯州诉斯坦(Kansas v. Stein, 203 Kan. 638, 456 P. 2d 1, 1961)案里涉及到，该案讨论了学生抽屉的公共性质。法院裁定学校当局必需既要保护学校教育功能的发挥又要保护学生的幸福。因此可以检查抽屉以防止它们被违法使用。

法院已连续支持了学校当局对抽屉的搜查，一般运用宣称学生拥有对他们抽屉中隐私的正当期望这样一个标准。然而，这一期望不是绝对的，在它与学校维持秩序和纪律的需要之间必须要有一利弊权衡。在一涉及枪支和可卡因的案件中，随机搜查学生抽屉的行为得到了支持。在判决中，法院强调由于与枪支有关的活动造成了恐慌和紧张环境的出现，并且有这样一书面政策，在这一政策之下学校保留了对学校抽屉的所有权和控制权。法院认为，有这样一个政策存在，学生就不能对他抽屉里的隐私有任何合理的期望[见阿斯海卜诉州(Isiah B. v. State, 500 N. W. 2d 637, Wis. 1993, cert. denied 510 U. S. 884, 1993)。也可以见共同体诉卡斯(Commonwealth v. Case, 709 A. 2d 350, Pa. 1998, cert. denied 525 U. S. 833, 1998)案，在那个案件中，使用缉毒犬搜查学生抽屉的合理性受到了支持]。

## 五、学生仪表

在这些年来，出现了很多针对服饰穿着规章的质疑。最早的案子基本上开始于20世纪60年代，学生及其家长经常对规则特别是有关穿着的规则提出质疑，他们认为这些规则是不公平或落伍的。在他们的诉讼中，家长一般声称他们，而不是学校，对他们孩子的仪表负责，并且这些有争议的规则侵犯了他们的隐私权。一方面，他们主张学校当局只能被授予可以实施对健康、安全或在教育上正确项目来说必需的那些标准。另一方面，学校当局认为他们拥有决定有助于维持秩序和纪律的政策的裁量权。

在最近，有关服饰仪表的诉讼明显变少了，或许不仅仅由于没有了20世纪60年代出现的那些诉讼的环境了，而且因为适当的学校政策被制定出来，并且学校官员已经学会当出现这类问题时如何合适地处理他们。另外，许多学校官员发现实施服饰仪表的规则的努力是一场败仗，因为学生经常发现一些方法，微妙的或者其他类型的，通过他们的发型和着装来表明他们特别的身份。

在最近的案件中，学校官员经常争辩道：服装和仪表上的违反行为是与帮派相关的，因此，给学校安全带来了严重威胁。除了提起有关隐私权的诉讼，在最近的案件申述中包括对第一修正案的违反、性别歧视和种族歧视。尽管近年来围绕这些问题一直存在着争辩并且司法经常加以干预，然而，最高法院还没有在有关服装仪表的案件中做出独立的裁决。

### （一）衣服

在公立学校中流行的帮派、仇恨团体以及反对“政治正确性”的那些人给学校官员带来严重的问题，因为校园中出现这些群体将会带来实质性破坏和对安全的威胁。这些团体的成员经常穿戴表示他们团体成员身份的衣服或象征物。因为这样的穿着会违反服装仪表规则，一旦诉诸法律，考虑到所有有关学校的情况，法院必须在第一修正案赋予学生表达自己的权利和学校当局维持其安全、无破坏性环境的正当权利之间找出折衷的办法。有争议的、涉及第一修正案保护条款的学生表达的例子包括：印有描述暴力、毒品（比如大麻叶子）、种族侮辱性称呼或诸如巴特、辛普森一样的人物的短袖衫；被撕破的、松弛的或下垂的裤子或牛仔裤；带灯的帆布胶底运动鞋、有颜色的有彩色斑点的大围巾、棒球帽或者其他帽子；在头发上刻字、染上鲜明颜色的头发、与众不同的发式或发型，男子留马尾辫；露出衬裤；迈尔肯 X 符号；袖珍收音机、手机或 BP 机；倒踏踏板车；文身、非一般颜色的口红、鼻子或耳朵穿洞；用以装饰的牙齿帽。法院一般认为，在社区或学校存在与帮派或仇恨群体有关的暴力活动的情况下，比如恐吓学生和教职员工、枪击或砍杀、毒品蔓延或者是种族骚动等，上述的这些"表达"是不受宪法第一修正案的保护的。

一禁止学生穿着带有可确认任何专业或大学运动队的字、图案或任何标志衣服的着装规则，由于违反学生自由言论权利受到了质疑。法院同意这一规则侵犯了小学和初中学生的权利，但并没有侵犯高中学生的权利。证据表明，与运动有关的服装相关，出现了群伙和对高中学生和教职员工的威胁，这些将会导致学校活动的混乱。法院裁定减缩学生权利的理由，"不需要对破坏即将出现的肯定，只需存在那些将合理引导学校官员预见到实质性破坏的事实"［见杰克林诉圣哈辛托统一学区(Jeglin v. San Jacinto Unified School District, 827 F. Supp. 1459, Cal. 1993)案］。马萨诸塞中学的学校当局发现白人学生戴圣母玛利亚帽(Notre Dame caps)，黑人学生戴拉斯韦加斯内华达州大学帽(University of Nevada at Las Vegas caps)。这些实际上意味着学生的明确的声明，非常及时地，学校当局发现一些白人戴的 ND 帽子意在传递"黑人消失"(Niggers Die)这样的信息，一些黑人戴 UNLV 帽子以示报复，它表示"美国黑人爱暴力"(U. S. Niggers Love Violence)。

在菲利普斯诉安德森县学区(Phillips v. Anderson County School

District,987 F. Supp. 488,S. C. 1997)案中,不允许穿印有美国西部同盟旗帜的夹克衫上学这一决定受到支持,法院认为这并不侵犯学生自由表达的权利。法院做出裁定的基础是以前出现的种族紧张和动荡的事件,并推定穿着这样的夹克衫很可能导致学校环境中实质性的破坏。另外,法院推定,在最近几次学生被要求不得穿这样的夹克时,学生及其家长已经知道了这一政策。

一禁止佩戴或显露任何帮派标志、禁止任何显露帮派同盟的行为或言论,以及禁止任何助长帮派活动的行为的政策也得到了一联邦地区法院的支持。该法院叙述,在本案中,男性戴耳环一般暗示着帮派成员身份,不受第一修正案的保护。法院确定“当女孩子是帮派成员时,她们以其他方式来象征她们的同盟——这些方式被学校当局禁止”,由此法院否决了关于同等保护的辩论[见奥利森诉教育委员会(Olesen v. Board of Education,676 F. Supp. 820,Ill. 1987)案]。尽管没有涉及到帮派成员身份的问题,在海因斯诉卡斯顿学校法人(Hines v. Caston School Corporation,651 N. E. 2d 330,Ind. App. 1995)一案中,禁止一四年级学生戴耳环得到了支持。法院裁定颁布社区服饰标准来逐渐灌输纪律是一正当的教育功能,禁止男性戴耳环并不违反他们受平等保护的权利。

作为对帮派问题的反应,一禁止穿“松弛”裤子的服装规则被采纳。一名因穿这样裤子的黑人学生声称他的第一修正案的言论、表达和结社的权利被侵犯,因为这种服饰是“HIPHOP(反映当代城市黑人青年活动)”款式的一部分,它的根基在非裔美国人那儿。在否决该学生的辩论时,法院确认非言语的行为要想得到第一修正案的保护必须满足一份为两部分的检测。首先,必须要有传递特定信息的意图;其次,这些信息必须极可能性地被观察到行为的那些人理解。在这个案件中,法院宣布第二部分的检测没有被遵守[见比文斯诉阿布奎基公立学校(Bivens v. Albuquerque Public School,899 F. Supp. 556,N. M. 1995)案]。

另一判决,派尔诉哈德利学校委员会(Pyle v. South School Communittee,861 F. Supp. 157,Mass. 1994)案,支持一学校穿着规则中

禁止穿着粗俗衣服的条款，不允许学生在学校范围内穿印有“CO-ED Naked Band; Do it to the Ryhthm(伴随着旋律，男女同校的裸体队，跳吧)”和“See Dick Drive. See Dick Die. Don't Be a Dick.(见迪克开车，见迪克死了，不要做迪克)” 的口号的短袖衫。然而，禁止“侵扰、威胁、恐吓或贬低”个人或团体的衣服，这些衣服既不粗俗也不具有破坏性，这样一种禁止性条款被认为侵犯了学生第一修正案的权利。

一“无帽”政策在艾萨克斯诉霍华德县教育委员会(Isaacs ex. rel. Isaacs v. Board of Education of Howard County, 40 F. Supp. 2d 335, Md. 1999)案中得到支持。在这个案件中，学校不允许一高中学生为庆祝她非裔美国人和牙买加的文化传统而戴“头包”(headwrap)。学校规则确实将诸如犹太男子所戴的无边小帽和穆斯林帽子一类的宗教帽子作为例外。法院宣布这一政策并没有侵犯学生言论自由的权利，这一权利不是绝对的，并且法院还认为“无帽”规则促进了政府在提供一安全、有礼貌的学校环境方面的利益。

因为穿着异性服装而不被允许参加一高中舞会，在哈珀诉埃奇伍德教育委员会(Harper v. Edgewood Board of Education, 655 F. Supp, 1353, Ohio, 1987)案中，被裁定为没有侵犯学生第一修正案的权利。法院认为服装规则是合理地与教授社区价值、维持学校秩序这样一个有根据的教育目的合理地联系在一起的。

一服装规则要求在毕业典礼上穿着合适的服装受到了支持。法院断言，在毕业典礼上领取毕业证书不是州法律保护下的财产权，并且学生有权在典礼程序后一个个地领取毕业证书[见福勒诉威廉森(Fowler v. Williamson, 251 S. E. 2d 889, N. C. Ct. App. 1979)案]。

一些评论家提出，在我们历史上的一段时间，学校，特别是当它为一同质社区服务时，被当作是社会的代理机构，它是“合适”服装的主宰者。如果这一评价是正确的，什么因素将会使得学校的这一角色消失呢?

你们国家或学校系统有穿着规章吗?

## （二）制服

要求穿制服——许多私立和教区学校这些年已经要求的，已经被全国的公立学校系统逐渐地采纳了。现在，有一半州的学区制定了穿校服的要求，并且估计表明，再经过几年，公立学校中每四个学生中有一个会穿制服。通常当采纳一些校服规则时，他们适用于从幼儿园直到八年级的学生，并且可以是自愿的或者是强制性的，另外附有出于良心的申请决定不参加的条款。

加利福尼亚州在1994年通过了服装规则和校服法，它部分的规定如下：

(a) 立法机关决定并宣布以下各点：

(1) 本州儿童享有接受有效公立学校教育的权利。小学、初中、高中的学生和老师都有在学校中获得人身安全的宪法权利。然而，我们很多公立学校中的儿童被迫把注意力集中于暴力威胁上，社会许多方面包含的暴力信息，特别是在扰乱学习环境的帮派标志中得到了反映。

(2)“与帮派有关的服装”对学校环境的健康和安全来说是危险的。

(3) 指导老师和管理者辨认不断变换的帮派标志和帮派联盟使得越来越多的时间被从教育儿童的过程中分离出来。

(4) 武器，包括轻武器和刀，甚至在我们小学的校园中都已经被变得正常。学生经常通过连衫裤、大衣外套这样的服装或者带大包来藏匿武器。

(5) 采纳全校范围内穿制服的政策是为学生提供一些保护的合理方法。被规定的制服会防止学生与一特定帮派有联系，而且，通过规定全校范围的制服，老师和管理者不需要占用他们大量的时间去识别帮派标志的精细之处。

(6) 为控制公立学校环境,促进并维持一有效的学校环境,并使得教师的注意力集中在学习而不是人身安全上,学校需要这样的授权,为了公立学校的儿童去实施制服要求。

(7) 许多教育者认为学校服装极大地影响学生的行为。这一影响在校内盛装日是明显的。已经采纳了校服规定的学校体验到一种明显的"融合"感、更强的学校自豪感以及教室内更好的行为表现。

(b) 如果学区的管理委员会批准一个可能是单个学校校长、员工或父母发起的计划,并确认这一政策对学校环境的健康和安全来说是必需的,任何学区的管理委员会可以采纳或废止一项要求学生穿校服,或禁止学生穿"与帮派有关的服装"的合理的服装规定。

(c) ……如果要求穿着校服,特定的校服应由每个学校的校长、员工和学生家长决定。

(d) 至少应在6个月前通知父母,并且有可支持经济上处于不利地位学生的资源,否则,要求学生穿校服的服装规则不能被实施。

(e) 管理委员会应该提供一方法,借助这一方法家长可以选择不让他们的子女遵守制定的校服政策。

(f) 如果管理委员会选择根据这一节采纳一规定,这一规定必须包括这一条款:如果学生家长选择不让学生遵从学校统一规定,学生不得被处以学术的或其他的歧视,也不得被拒绝入学。管理委员会将继续为那些学生提供合适的教育负责。

(g) 根据这一节制定的规定,不得阻止参加全国性青年组织的学生在那些组织召开预定会议时的那些天穿那个组织的服装。

法院已经支持强制性的校服规定。纽约市教育委员会通过了一强制性的全市范围的制服规定,这一规定适用于除了标明是中学、中间学校、初中和高中以外的所有幼儿园到八年级的学生。这一规定确定的意图是:"促进更加有效的学习氛围,培养学校内的团结和自豪感,促进学生的表现，培养自尊，减少品牌竞争，简化服装以减少父母的花费，教导儿童在'工作地点'的合适服装和礼仪，帮助促进学生的行为和纪律。"在这一规定中，家长可以请求他们的孩子作为例外。质疑这一规定的一名家长声称，宪法赋予他的，按照他认为合适的方法培养孩子的权利被侵犯了，并且不参加校服规定只会使他的女儿"独树一帜"。在利普斯曼诉纽约市教育委员会(Lipsman v. New York City Board of Education, No. 98 Civ. 2008, SHS, 1999, WL498230, N. Y.)一案未被报道的判决中，法院裁定这一规定与教育委员会教育儿童的正当利益合理相关，并且这位父亲的宪法权利没有被侵犯。在另一判决中，亚利桑那州一上诉法院在凤凰城1号小学区诉格林(Phoenix Elementary School District No. 1 v. Green, 943 P. 2d 836, Ariz. Ct. App. 1997)案中支持一校服规定。法官推论，学校不是一个公共讨论会，因此，可以限制那些不被认为可以促进安全或学校教育使命的那些言论表达。

你们国家有服装规则或校服法规吗?

## (三) 仪表

法院对涉及仪表问题的判决并不是一致的。有些法官的意见支持男性留长发的权利——其支持的基础是这一权利受联邦宪法的保护，有些法院则宣布这一问题不值得联邦法院关注。第五、第六、第九和第十巡回审判区的上诉法院既不支持仪表规章，也不认为仪表规章不值得他们注意[见弗雷尔诉达拉斯独立学区(Ferrell v. Dallas Independent School District, 392 F. 2d 697; 5th Cir. 1968, cert. denied, 393 U. S. 856, 1968)案，杰克逊诉多里斯(Jackson v. Dorris, 424 F. 2d 213, 6th 1970, cert. denied, 400 U. S. 850, 1970)案，金诉萨德尔巴克山初级学院学区(King v. Saddleback Junior College District, 445 F. 2d 932, 9th Cir. 1971)案和弗里曼诉弗莱克(Freeman v. Flake, 448 F. 2d 258, 10th 1971)案]。相反，第一、第四、第七和第八巡回审判区法院认为限制头发长度的规章是无效的[见理查兹诉瑟斯顿(Richards v. Thurston, 424 F. 2d

1281,1st Cir. 1970)案;玛斯诉亨利(Massie v. Henry,455 F. 2d 779,4th Cir. 1972)案;布林诉卡尔(Breen v. Kahl,419 F. 2d 1034,7th Cir. 1969, cert. denied,398 U. S. 937,1970)案,毕晓普诉科拉(Bishop v. Colaw,450 F. 2d 1069,8th Cir. 1971)案]。到目前为止,美国最高法院还没有在学校仪表案中作出独立的裁决,对否决涉及男学生头发长度的案件发出调卷令。

俄克拉何马州、俄勒冈州和阿拉斯加州的州法院已经裁定学校没有管理发型的权利[见赛林独立 8 号学区诉斯旺森(Independent School District No. 8 of Seiling v. Swanson,553 P. 2d 496,Okla. 1976)案,诺伊豪斯诉弗德里科(Neuhaus v. Federico,505 P. 2d 939,Or. Ct. App. 1973)案和布里斯诉史密斯(Breese v. Smith,501 P. 2d 159,Alaska,1972)案]。然而,得克萨斯州、密苏里州和堪萨斯州的最高法院没有作出类似的裁定[见巴伯诉科罗拉多独立学区(Barber v. Colorado Independent School District,901 S. W. 2d 447,Tex. 1995)案,克劳斯诉詹宁斯市教育委员会(Kraus v. Board of Education of the City of Jennings, 492 S. W. 2d 783, Mo. 1973)案和布来恩诉海斯维尔统一 261 号学区教育委员会(Blaine v. Board of Education,Haysvill Unified School District No. 261,502 P. 2d 693,Kan. 1972)案]。

得克萨斯州最高法院在巴伯诉科罗拉多独立学区(Barber v. Colorado Independent School District,901 S. W. 2d 447,Tex. 1995)案中,支持包括以下内容的规则:

学区的服饰规则的设立是为了教授礼仪和卫生,逐渐灌输纪律,预防破坏,防止危及安全的危险,并且教导学生尊重权威。

男孩子可以留发至领子底、耳朵底,并且头发要被梳理得不遮住眼睛。男孩子不得戴任何耳环。帽子不是女性正式装饰的一部分,不可以在建筑物内佩戴。意外的、不适当的时髦或任何用来吸引对个人或活动过度注意力的东西都是不可容忍的。这些指导方针服务于行政裁定权。课外活动组织可以施以更加严厉的服饰规则。

对穿着规则质疑的基础是：该男学生已经18岁(法定成年)，对学生头发长度和耳环的限制侵犯了他基本的宪法权利，因为这一政策并不适用于女学生。在判决中，法院裁定学生的宪法权利没有被侵犯，并且“家长、学校委员会管理者、校长或教师比州法官更有资格处理学生头发长度的问题，这是一个常识问题”。一名持有异议的大法官指责大多数人没有进行法律分析就驳回学生的诉讼请求，并且宣称：“法院拒绝处理不容争辩的性别歧视现象，而且无耻地宣布这样的问题不值得本法院关注。”另一反对者认为，这一判决使得得克萨斯州学校委员会免受有关性别歧视的诉讼。

你们的学校是如何处理头发加长(spiked)、被染色或被设计成异常样式的那些学生的？你们学校的政策足够处理这一问题吗？

## 六、怀孕、父母身份和结婚

多年以前，公立学校政策经常开除那些结婚、怀孕或成为父母的学生。颁布实施这些政策的根本理由是将开除处罚视为一种吓阻力量，由此不鼓励学生怀孕或结婚。这样的政策——在实际中不均衡地适用于女性，人们已在法院中成功地质疑了它的有效性。已颁布的1972年教育修正案第九条款在禁止任何接受联邦资助的教育项目中的性别歧视的基础上涉及这一问题。第九条款的执行规章中的“婚姻或家长的身份”一章中规定：

> 婚姻或家长的状况
>
> (a) 一般情况。(联邦资金的)接受者不得施行与学生真实或潜在的家长、家庭或婚姻状况有关的，在性别基础上区别对待学生的规则。
>
> (b) 怀孕以及相关的情况。
>
> (1) 接受者不得在学生怀孕、生产、假孕、妊娠终止和恢复这些

情况的基础上歧视任何学生,或将学生从教育项目和活动中排除出去——包括任何课堂或课外活动,除非学生自愿要求参加接受者提供的项目或活动中单独的一部分。

(2)只要所有学生因其他需要治疗的身体和精神状况开具证明,以证明自己身体上和精神上都可以继续参加正常的教育项目和活动的话,那么联邦资金项目接受者就可以要求(b)(1)中规定的学生获取同样的医生证明。

(3) 单独为怀孕学生开设教育项目或活动中的一部分,而且在本文(b)(1)规定的学生完全是志愿参加这些活动,联邦资金项目接受者必须保证在单独项目中的教育项目与那些为没有怀孕的学生提供的项目相当。

(4) 必须用对待其他暂时无能力者的态度和同样的政策,对待怀孕、生产、假孕、妊娠终止和从妊娠后恢复的学生,这其中涉及到允许参加教育项目、活动、管理、操作、医疗、医院的优良条件、服务、计划或政策。

(5) 在教育项目没有为学生提供请假规定的情况中,或者学生在这样的规定之下没有资格请假的情况下,可以将怀孕、生产、假孕、妊娠终止或从妊娠后恢复作为请假的理由,请假的时间是学生的医生认为体格上必需的,在请假结束后,学生必须恢复到请假开始时她们保持的那个状态。

在一声称违反第九条款的案件中,一联邦上诉法院涉及一女生因怀孕而被从民族荣誉社团的分会中除名的问题。在判决中,法院宣布婚前性行为(而不是性别)以及怀孕或未能结婚,可以被当作考虑开除一学生的理由。教职员工确认,不是因为怀孕而是因为没有坚持有关领导素质和品质的标准,才导致了这一开除。法院还裁决,没有将一位有婚前性行为的男成员从这个团体中开除出去,对说明教职员是否运用双重标准,并因此有目的地歧视怀孕的学生来说是有意义的[见普法伊弗诉马里恩中心学区(Pfeiffer v. Marion Center Aea School District，917 F. 2d 779，3rd Cir. 1990)案]。然而，在奇普曼诉戈兰特县学区(Chipman v. Grant County School District，30 F. Supp. 2d 975，Ky. 1998)案中，法院批准了一禁制令，强迫一学校准许两名怀孕的并有了孩子但没有结婚的女学生进入一荣誉团体。在这个案件中，法院运用了《禁止歧视怀孕法》，并且认为无论从歧视性影响(这一规定已经给本案中因婚前性行为而怀孕和明显怀孕的学生带来了极为不利的影响)，还是从歧视性待遇(在本案中受保护的班级成员因为怀孕被区别对待)理论这两方面来看，她们都受到了歧视，因此她们在接下来的歧视诉讼中很有可能获胜。

怀孕的拉拉队队长还能被允许继续欢呼吗？流产的拉拉队队长还能被允许重返拉拉队吗？学校系统一般试图去管理那些成为父亲或者要为怀孕负责的男运动员了吗？加标签于参与性活动的女孩子而不是她们的男伴这样一个双重标准是不是继续存在？

你们的地方学校系统或州有关于结婚或怀孕或已是父母的那些学生的政策吗？

## 七、参加课外活动

课外活动一般被认为是在正常在校时间前后、在教室外进行的、一般是无学分的、由学校官员监督的、学术上无需补修的并且是在学生自愿参加的基础上进行的，包括像体育运动、戏剧、俱乐部、乐队、拉拉队和辩论这样的活动。

当将学生从课外活动中排除出去的政策受到质疑时，两个基本的法律问题出现了。一个问题是，作为被保护的财产利益的课外活动的地位以及如果需要正当程序，必需的正当程序是什么。另一个问题涉及到平等保护的申诉，即被排除的学生是否是学校武断分类计划的受害者。

## (一) 课外活动的法律地位

根据戈斯案例原则，法院通常认为，在整个教育过程中存在财产利益。然而，法院还没有赞同参加这个过程的一方面，如课外活动是否是受宪法保护的财产利益。如果认为这样一种财产利益确实存在，法院就要决定必须被提供的正当程序的程度，这些问题在帕尔默诉玛路兹(Palmer v. Merluzzi)案中得到了审查。

**帕尔默诉玛路兹**

**(Palmer v. Merluzzi)**

**美国第三巡回审判区上诉法院，1989**

**868 F. 2d 90**

斯特普尔顿(Stapleton)，巡回审判大法官：

这是有利于被告的、从简易判决中提起的上诉。被告，彼得·玛路兹，亨特登中心高中学区以及亨特登中心教育委员会的地方教育官员。原告丹·帕尔默，亨特登的一名学生和足球运动员，声称玛路兹官员将他从校际足球比赛中开除出去六天，侵犯了他的正当程序和平等保护的宪法权利。我们将维持原判。

1986年9月，丹·帕尔默是亨特登中心高中的一名毕业生，并且是高中足球队的一名后卫。他也报名参加了一门叫"播音技术职业"的中学课程。1986年9月28日晚，为了完成课程要求，帕尔默和其他三名同学在无人监督的情况下被指派去学校的广播站。第二天，在广播站里发现了啤酒斑迹和吸食大麻的吸管。在那天的后一天，帕尔默、学校纪律维持者格里姆以及巴克利先生——帕尔默以前的足球教练，在巴克利先生的办公室会面，帕尔默被询问有关这一发现的情况。在那次会议中，帕尔默承认前天晚上在广播室他吸食了大麻、喝了啤酒。

1986年9月30日，格里姆寄给帕尔默夫妇一封信，通知他们，他们的儿子已被给予十天的停学处罚(从1986年9月30日到1986年10月9日)。这封信告知帕尔默夫妇,如果有另外的问题可以打电话给格里姆,并建议他们及他们的儿子考虑这一建议。帕尔默一家并没有对十天的停学处罚提出异议。

* * *

10月9日,在十天停学处罚期满的前一天晚上,教育委员会成员会面。帕尔默的父亲,詹姆斯·帕尔默,听到有关可能对他儿子施加额外处罚的"传说",参加了这个会议,并且在会议开始前一会与玛路兹交谈过。玛路兹承认他倾向于施加六天不准参加课外活动的处罚,但是他告诉詹姆斯·帕尔默,他会将这一问题提交委员会讨论。詹姆斯·帕尔默被给予半小时时间陈述他的观点,他认为额外的停学将极其不利地影响到他儿子在大学参加足球比赛的机会,而且会减少他儿子被授予大学奖学金的机会。委员会倾向于施加额外处罚,并且在会议之后,玛路兹通知帕尔默父母,他确定将给帕尔默施加六天不准参加课外活动的停学处罚。

* * *

开始的问题是,在帕尔默诉讼程序中会被极大影响的利益是否如此重要,以至于要涉及到正当程序条款。答案是很明显的[见戈斯诉罗培斯案]。最高法院裁定当学生面临十天的学校停学处罚时,需要有正当程序。在学生面临十天的停学和六天不准参加体育活动的处罚时,就更有理由需要有正当程序。

已经裁定应有"一些程序",我们转而考虑应有多少程序这样一个问题。我们从戈斯案中知道,如果只有被从学术中停学十天的危险,应该有什么样的程序。权衡了有关各方利益之后,法院判决必须给予学生被"口头或书面"的对他提出控告的通知,并且如果他否认了这一控告,要向其解释裁定所依据的证据并给予他陈述己方观点的机会。法院继续裁定:"在给予通知的时间和听证会的时间之间不能有所延迟。……我们只裁定……学生首先被告知他因什么被控告以及控告的依据是什么。”法院也还不至于要求学生被给予“寻求律师、对抗和交叉询问证人、要求证人为自己作证的机会”，只要学生“至少有机会说明他的行为并把他的行为置于他认为合适的背景下”，正当程序的要求就已经得到了满足。

帕尔默获得了戈斯案要求的程序。在广播站事件的后一天，在格里姆和巴克利先生在场的非正式的听证会上，他已经被告知了在广播站里发现的情况和正被调查的违纪行为的性质。接着他承认他在广播站里吸食大麻并且喝了啤酒。帕尔默参与了那晚行为的事实从来没有被争论过。在会议期间，帕尔默有机会将前一天晚上的事件放到他认为合适的情境中，并且如果他选择的话，他可以要求宽大处理。

* * *

在本案中，帕尔默一开始就被告知他被怀疑在学校所有的建筑物内消费酒精和毒品。适用于所有学生的学生手册规定，“喝酒和(或)吸毒”，如果是初犯将会导致被学校开除十天的处罚。校际体育项目规定声明——适用于帕尔默和其他参加那个项目的学生，预先通告“没有示范出好的公民身份和责任心的人不得参加”。根据这一规定，以及违规行为的性质和常识，我们就像新泽西州教育厅长一样，相信帕尔默从一开始就已经知道他的足球队员资格以及他作为学生的身份正在面临危险。因此，我们裁定，帕尔默会见格里姆和巴克利先生，为他提供了为反对暂停体育运动和反对学校停学进行辩论的非常有意义的机会。

* * *

正当程序是一弹性概念，并且在任何一种情况下应有的程序必须权衡以下几点来确定：(1) 面临危险的个人利益；(2) 面临危险的政府利益；(3) 现存程序的公平性和可靠性，以及额外的程序保护的可能成本(如果有的话)。

* * *

我们接受帕尔默的观点，即既然被称为课外活动，学校的足球计划是整个教育项目整体中不可缺少的一部分。然而，这只是那个项目中的一部分，并且根据损失的教育利益——由暂停足球运动引起的损失比由停学相当一段时间引起的损失少得多。根据这名学生与老师和同龄人相处的关系，我们认为可能的损失是违规行为的性质而不是处罚带来的。因此，这一损失不可能因裁定包括暂停运动和停学这样一个事实而受到影响。作为一般主张，我们认为在影响以后接受大学教育的机会和就业的可能性方面，可以用同样的方法来解释。事实上，帕尔默并没有争辩别的，他强调的损失是可能丧失参加大学足球队的机会。尽管我们知道丧失了用毕业比赛给大学视察员留下印象的机会，会对获得进入大学足球生涯的机会产生极为不利的影响，但是要为足球运动员和处于类似境况中的运动员提供一纪律处罚的程序，并且为其他学生提供其他纪律程序将给学校教育过程带来过度的破坏性。

* * *

帕尔默还争论，停学侵犯了其第十四修正案中享有的平等保护权利。既然参加课外活动不是受宪法保护的一项基本权利，并且帕尔默被暂停参加课外活动的处罚也不是建立在一可疑的分类基础之上，我们必须在"合理关系标准"下来审查帕尔默的辩论。我们裁定学校采取的纪律措施与有根据的州利益是合理相关的，州在维持学校中无毒品的环境上和设法阻止学生吸毒方面有非常大的利益。我们不愿认为，施加于帕尔默的处罚没有合理地为这些正当利益服务。

既然帕尔默的停学和暂停参加校际足球队的处罚并没有侵犯任何受宪法保护的权利，我们将维持地区法院的判决。

## 注释和问题

这些年来，很多法院论及了这一问题。在一案件中，被控告违反了学校禁酒规定的学生被从运动队、俱乐部和全国荣誉团体这样的课外活动中除名。在否决学生对预防性禁制令的请求过程中，审理福弗诉教育委员会(Farver v. Board of Education，40 F. Supp. 2d 323，Md. 1999)一案的法院裁决，不存在受宪法保护的参加课外活动的权利。法院认为尽管处罚的严厉程度可以受到质疑，但是这是州而不是联邦法院要解决的问题。

在一个更早的案件——达勒姆诉坎伯兰学区（Dallam v. Cumberland Valley School District，391 F. Supp. 358，Pa. 1975）案的判决中，法院宣布：

> “……州设立的教育中的财产利益，即参加整个教育过程。组成那个教育过程的无数的活动不能被分开来设立数百个单个的财产利益，而且不能认为每一个财产利益在宪法之下都是可审理的。否则，将受教育者从体育队、俱乐部或任何课外活动中开除出去，其中的每一个都需要最终满足正当程序。”

在佩格勒姆诉内尔森（Pegram v. Nelson，469 F. Supp. 1134，N. C. 1979）一案中，法院宣布：

> 既然并不是在“教育过程”中每一独立成分中都有财产利益，否决参加的只是几项课外活动中的一项的机会，不会带来有关正当程序权利的追诉。然而，长时期完全不允许学生参加教育过程中被设计为课外活动的那一部分，根据特定的情况，是足够涉及到正当程序的一种剥夺。

在阿尔巴克诉奥尔德（Albach v. Olde，531 F. 2d 983，10th，Cir. 1976）案中，法院宣称如下：

> 教育过程是一个宽泛和全面的概念，它的意义是多变的和不确定的。它不仅仅局限在课堂参与上，还包括无数独立的成分，比如参加体育活动、参加学校俱乐部，这些东西结合在一起提供一种促进智力进步和道德进步的氛围。我们不认为戈斯案对确立每一独立成分受宪法保护的财产利益有特殊的指导意义。

同样的观点在玛兹弗斯克诉霍斯黑兹中心学区（Mazevski v. Horseheads Central School District，950 F. Supp. 69，N. Y. 1997）案中得

到了表达。在该案中，一名学生因未经同意没有出席比赛而去参加加拿大的马其顿音乐节被开除出游行(marching) 乐队，这一开除得到了支持。法院认为，尽管学生在整个教育过程中有受宪法保护的财产利益，但是被排除于一特定的课程、竞赛或课外活动之外，在宪法上来说是不重要的。

学校当局宣布一优胜的中学摔跤选手没有资格获得州摔跤冠军称号，这一行为受到支持。学校委员会之所以做出这一决定，是因为这名摔跤选手和其他三名学生参与了与一名 16 岁女学生多次性交往行为。针对丧失奖学金的问题，法院宣布：

> 奖学金是在大学教练裁量之下授予的，如果这样一种裁量权还没有实施，就不存在奖学金接受者的财产利益，并且原告不能援用他将在州比赛中获得奖学金的期望来主张他在摔跤比赛中的财产利益[见布兰兹诉谢尔登社区学校(Brands v. Sheldon Community School，671 F. Supp. 627，Iowa，1987)案]。

法院已经论及参与课外活动的学术要求问题，这些要求，经常被称作“不通过，就不得参加”规则，一般要求学生在所有学术考试中都要保持及格的成绩(“中”或 70 分)才有资格参加课外活动。法院并不认为这样的规则侵犯了第十四修正案的平等保护条款[见蒙塔纳诉 1 号学区管理委员会(Montana v. Board of Trustees of School District No. 1，726 P. 2d 801，Mont. 1986)案，斯普林·布兰切独立学区诉斯塔斯(Spring Branch Independent School District v. Stamos，695 S. W. 2d 556，Tex. 1985)案和贝利诉特鲁比特(Bailey v. Truby，3321 S. E. 2d 302，W. Va. 1984)案]。

你们的学校系统有关限制学生参加课外活动的规定是什么？

### (二) 体育运动

不允许参加体育运动或被暂停参加体育运动的问题构成了涉及课

外活动诉讼中的大部分。禁止已婚学生、女性和残疾学生参加体育运动的规则经常受到质疑。那些受到禁止的学生，一般指控他们没有受到第十四修正案保证下的平等保护或者学校的行为违反了州法律。

1. 已婚学生

涉及已婚的、被禁止参加体育运动的学生的案件经常与明星运动员相关——他们声称被剥夺获得体育奖学金的机会。那些受到禁止的学生还指控这样的规则违反了结婚的基本权利。过去，法院支持那些禁止已婚学生参加体育运动的规则。然而，从 20 世纪 70 年代早期开始，法院已经一致、持续地认为这些规则是无效的。

**比森诉基奥瓦县 RE - 1 学区**

**(Beeson v. Kiowa County School District)**

**科罗拉多上诉法院，1977**

**567 P. 2d 801**

鲁兰德(Ruland)法官：

原告是一中学四年级的学生，已婚，是一孩子的母亲，提起这一诉讼，要求法院禁止学校委员会改变既有的政策，允许其参加校女子篮球队。

有关这一审查的事实已无可争辩。原告在中学一年级时是校女子篮球队的一“明星运动员”。然而，在紧接着的夏天她结婚了，并且在她二年级时，他们夫妇有了孩子。在她结婚时，原告知道这一规定。

原告无论是在二年级还是三年级都没有试图参加所有学校的大学队。然而，在四年级，原告请求再次参加大学队，但是被学校的规定阻止了。虽然她被允许和运动队一起练习，但是她不能参加校际比赛。

原告声明，她在第四年不能参加大学队的比赛，因此她失去了获得大学运动奖学金的机会。她相信，根据她以前的表现和她姐姐过去在某一时间被授予这样奖学金的事实，她会获得一运动奖学金。

我们首先强调，被起诉的问题是学校委员会的政策在原告是一名已婚学生的情况下是否有效。因此，我们不考虑因她是孩子的母亲而不让原告参加课外活动的规定的合理性，我们也不考虑要求已婚学生满足一定要求来向委员会保证不会因未被发现的怀孕带来伤害这样的规定的有效性。对这些规定的额外考虑在这里是不适宜的，因为正在讨论的不允许原告参加课外活动的规定仅仅建立在原告已婚的事实之上。

根据一项法令规定，“这是这个州宣布的公共政策……去促进和培养婚姻关系……”因此我们必须承认建立“婚姻关系”是在这一管辖范围内的基本权利。

这一基本权利也不会因原告需要父母同意才可以结婚这样的事实而失效。原告的婚姻符合《统一婚姻法》中14－2－106，CRS1973条款的要求。《统一婚姻法》的目的之一即“加强和维持婚姻的完整性并且保护有意义的家庭关系”。某些州的州议会已经明确规定了要达到这一目的，像本案一样，原告的婚姻必须首先征得父母同意。因此，很明显，除非存在着强迫性利益可以证明歧视的正当性，否则委员会政策歧视了实施建立婚姻关系权利的那些人，侵犯了第十四修正案的平等保护条款。

* * *

接下来看学校委员会的理由，我们裁定公开地不鼓励合适的人结婚明显违反了这个州公然宣称的“促进和培养婚姻关系”的政策。这一政策消极性效果的例证在一份档案中很明显——这一档案说明，在同一学区，在第四学年已经成为父亲的明星篮球队员仍有资格参加校际比赛，是因为他直到毕业才和孩子的母亲结婚。

这一政策对婚姻关系的影响需要我们考虑，委员会政策带来的歧视是否能被这样一种需要证明是合理的——即通过将已婚学生排除在课外活动之外的方法，要求已婚学生把注意力放在基本教育和他们家庭责任上。在这里，我们不能找到对这一歧视的支持。为已婚和未婚学生确立有资格参加课外活动的学术标准的管理委员会政策，可以满足使学生把注意力集中于基本教育上这一要求。另一方面，履行家庭责任，在很多情况下，依赖于大学层次的进一步教育，剥夺学生获得大学体育奖学金的机会，或者剥夺其参加课外活动来拓宽他们一般的知识背景，会使得学生丧失获得那种教育的机会。

最后，我们必须评估一下委员会这样的观点：参加课外活动的已婚学生倾向于在其他同学之间提倡不遵守纪律，而且会因为他们的家庭责任而不独立。因为这一政策已经生效了20年，我们理解了为什么委员会没有提到在哪里已经出现了这样的问题。另一方面，我们不能理解，为什么同样的可以控制参加课外活动的未婚学生的纪律和独立性的政策就不能解决任何这样的问题。至少我们不能把这个可能的问题，而且仅仅这个问题当作歧视结婚基本权利的充分理由。

因此，地区法院的判决被撤销，案件被发回并裁定委员会政策因否认了第十四修正案保护之下的平等保护而无效。

## 注释与问题

可以禁止一离婚的学生参加课外活动吗？见罗曼斯诉克伦肖(Romans v. Crenshaw，354 F. Supp. 868，Tex. 1972)案，该案支持了一离婚学生参加类似活动的权利。

你们国家有关于已婚学生参加课外活动的法律条款吗？你们地方学校有关已婚学生参加类似活动的规则或政策是什么？

### 2. 性别平等

历史上曾存在过公立学校男生和女生事实上和法律上的隔离。在一些学校系统中，整个学校在性别的基础上被分为两部分。然而，更为常见的是，在一些课程和参加校际体育方面性别之间也有差别。一个极坏的例子就是：一般分配女孩子学习家政课程，男孩子是商业课程。女性参加体育比赛的机会受到限制，女性担当的老一套角色经常是拉拉队成员。

很多女学生和她们的父母认为这样的待遇，特别是受限制地参加体育比赛的机会，侵犯了第十四修正案平等保护条款，并且是一种性别歧视。许多法院都赞成这一观点。而且，尽管第九条款主要涉及的是增加女性参加以前被男子垄断的那些活动，这一条款为男性和女性都提供了性别平等保护，但是，涉及女性依据第九条款参加体育项目的起诉一直都没有减少。

第九条款实施规则中86.41章，“体育运动”规定：

体育运动

(a) 一般。任何人不得因为性别被排除在参加任何由(联邦资金)接受者提供的校际俱乐部或体育比赛之外，不得被剥夺在这些活动中的利益，不得被差别对待或被歧视。同时，任何(联邦资金)接受者都不能在性别的基础上单独提供体育活动。

(b) 单独的运动队。虽然这一节(a)段有特定的要求，在运动队选择建立在竞争性技巧基础之上或者涉及的活动是接触性的运动时，(联邦资金)接受者可以为不同性别学生分别组织运动队。然而，当(联邦资金)接受者为一性别成员特定运动组织运动队而没有为另一性别的成员提供，另一性别成员参加体育运动的机会已经受到限制，被排除的那个性别的成员应被允许参加运动队的选拔，除非涉及的运动是接触性运动。接触性运动包括拳击、摔跤、橄榄球、曲棍球、足球、篮球以及其他主要活动都是身体接触性的运动。

(c) 平等机会。举办校际俱乐部或运动会的联邦资金项目接受者应该为两性成员提供平等的体育运动机会。在决定是否提供了平等机会时，管理者将考虑以下因素：

(1) 运动的选择和比赛的标准是否能有效地符合两性成员的利益和能力

(2) 设备和物资的提供

(3) 比赛计划表和练习时间

(4) 行程和每日津贴

(5) 接受教练训练和学术教导的机会

(6) 教练和老师的任务和报酬

(7) 衣帽室、练习和比赛设施的提供

(8) 医疗、训练设施和服务的提供

(9) 住宿、饮食设施和服务的提供

(10) 公开场合

如果(联邦资金)接受者举办单独运动队,不均等地为一个性别成员倾斜开支运动经费或在男队和女队之间不均等地开支,不构成违反这一章的行为,但是管理者应当避免在分摊每一性别成员平等机会过程中,向每一性别的运动队提供必需基金方面的疏忽[联邦法规汇编 86.41 中 45(1972)]。

第九条款的通过极大地增加了公立学校和大学女运动员的机会,在大学层次,这已经产生了特别显著的效果。这可以从大学层次对棒球、排球、篮球、游泳、足球、短长跑、高尔夫球、网球和垒球这些运动的不断强调中看出来。

## 八、学校对校外违法行为的处罚

学生的校外行为会对学校的整体利益造成影响。当出现由校外行为带来的问题时,学校当局必须维持学校正常的运行秩序,控制学生的行为,服从法院法官要求的合宪性和合理性的标准,保证学生受到平等对待,更主要的是,学校当局必须在上述各种责任之间实现一种平衡。

有几个法院的判决已经涉及到没有构成犯罪的校外学生行为。在一案件中,据称,两名学生在放学回家途中被其他一群学生殴打。尽管法官认为学校当局可以因校外的对其他学生滥用暴力的行为而处罚那些施暴的学生,但是诸如开除一类的处分不能建立在学生证人未签名和未被确认的陈述的基础之上[见蒂布斯诉富兰克林镇教育委员会(Tibbs v. Board of Education of the Township of Franklin,276 A. 2d 165,N. J.

Supper Ct. 1971)案]。

在麦克莱恩独立学区诉安德鲁(McLean Independent School District v. Andrews，333 S. W. 2d 886，Tex. Civ. App)案中，涉讼的问题是违反学校规则在校园外停车。在促进学校中午休息时间学生在附近街上步行安全的基础上，一学生因违反学校规则被处以停学处罚被支持。然而，法院特别提到，被讨论的这一规则会因学生在离学校更远的地方停车带来进一步的纠纷。

在麦克诺顿诉瑟克尔韦尔教育委员会(McNaughton v. Circleville Board of Education，345 N. E. 2d 649，Ohio Comm. Pleas，1974)案中，俄亥俄州一上诉法院支持一学生因在校外举行一种入会仪式，并且戏弄官方承认的中学俱乐部新成员而被处以的停学和暂停参加体育活动的处罚。俱乐部的指导老师没有被通知而且也不在入会仪式现场，这一仪式在一违规学生家中举行。他们用皮带打新入会者，强迫他们吃洋葱，并且要求新入会者相互把辣椒酱抹在脸上。

有些案件已经涉及到由于违反了学校禁止喝酒的规则而被从民族荣誉团体学校分会中除名的问题，在两例这样的案件——沃伦诉全国中学校长联盟(Warren v. National Association of Secondary School Principals，375 F. Supp. 1043，Tex. 1974)案和艾克顿县独立学区诉霍普金斯(Ector County Independent School District v. Hopkins，518 S. W. 2d 576，Tex. Civ. App. 1975)案中，违反规定的饮酒事件都发生在校园外，法院强调学生因喝酒而面临的开除必须要有合适的正当程序。

法院已经裁定对公立学校学生校外犯罪行为的处罚必须要有纪律听证会，尽管作为一实际问题，学校作出何种反应，可能会受到违法指控的性质和严重性的影响。比如，一与学校无关的言论控告可能被学校当局忽略，而一谋杀或强奸控告就不会被忽略。

在R. R. 诉肖地区高中学区案中(R. R. v. Board of Education of the Shore Regional High School District，263 A. 2d 180，N. J. Sup. Ct. Ch. Div. 1970)，涉及这样一个问题，即公立学校官员是否可以因学生的校外

犯罪行为而剥夺其上学的权利。在这个案件中，一15岁的男孩在放学回家后在邻居家里的一次争吵中刺伤了一名女孩。法院裁定，当对违法学生的身体或精神安全、安康或者对其他学生、教师或公立学校财产安全、安康来说是相当重要的话，学校官员有权因学生的校外行为开除或对其实施停学处罚。尽管有这样的裁定，法院规定学校重新接纳这名学生，因为对这名学生的处罚违反了正当程序。

一群学生参与了犯罪，如绑架、强奸、用保险杠起重器袭击他人、殴打他人，并由此导致一名男孩头碰到人行道(镶石的)路缘上身亡、秘密携带武器、扰乱安宁等等，这些学生因此被处以停学处分。加利福尼亚的一法院支持这一停学处罚。加利福尼亚州这一法院没有去区分这样的违法行为是发生在校园内还是校园外[见斯恩诉旧金山统一学区教育委员会(S. v. Board of Education，San Francisco Unified School District，97 C. R. 422，Cai. Ct. App. 1971)案]。

在考德威尔诉喀那迪(Caldwell v. Cannady，340 F. Supp. 835，Tex. 1972)案中，一联邦地区法院支持一地方学校委员会政策的合理性，这一政策命令对任何持有、使用或出售危险或麻醉药物的学生处以开除的处罚。在这个案件中，学生是在晚上远离学校，在他们的车里发生的一系列事件中被发现大麻被捕后而被惩戒的。

怀俄明州最高法院在克莱门诉谢里登县第二学区管理委员会(Clements v. Board of Trustees of the Sheridan County School District No. 2，585 P. 2d 197，Wyo. 1978)案涉及学校官员惩戒一在校外鲁莽驾驶，并在起诉中被宣告无罪的学生。这名学生被指控鲁莽驾驶故意阻碍一校车。法院裁决学校当局可以因直接和即时的对学校纪律或一般的安康造成影响的行为惩戒一学生。

有关双重追诉和自证其罪的宪法问题，已经在裁决公立学校官员针对学生校外犯罪指控采取行为的合法性的案件中被提出来了。法院一贯认为学校处罚和司法处罚在不违反第五修正案禁止双重追诉的规定下才是被允许的。它们主张，学校听证会和刑事处罚有不同的目的，学校的反应是民事的或矫正性的，而司法反应则是处罚性的，尽管知道学校纪律处罚有处罚效果，但法院认为它基本的目的在于保护学校环境。

法院还裁定，在不违反第五修正案反对强迫自证其罪规定下，公立学校学生校外犯罪行为才可以成为学校纪律听证会的对象。不可要求学生在这些程序中提供证言，并且如果学生的权利在听证会中受到侵犯，法院认为可以要求对这些程序的司法审查。

分析表明，法官支持这样一条基本原则，即如果学生校外行为威胁到学校的有效运转，他们必须受到惩戒，包括开除或停学。一般来说，法院承认，制定、实施用来保护学生安全和安康政策的权力是学校委员会被授予的合理和必要的权力。然而，法院只会支持在那些对学校和学校安排带来直接和实质性影响的校外犯罪行为之上使用那种权利。

当校外行为涉及到暴力或威胁到学生的安全或幸福时，法官不会考虑这一行为出现在校外还是校内。判决表明，对公立学校当局控制学生行为权利的审查，并不在于行为的时间和地点，而是这种行为对学校精神状况和学校效率的影响。可以裁定，行为性质的严重性和对公立学校及其计划潜在的影响比这些行为发生在哪里更为重要。

# 第四章 教师和法律

学校官员怎样对待教师，学校怎样对待教师，教师如有异议，会经常借助法律手段要求获得补偿。在许多情况下，一些历史沿袭下来的人事制度或人事安排被认为是歧视性的，违反成文法规定，或者是违反宪法的，或者是不公平的。尽管教师诉诸法律的行为并不总是成功的，但是他们运用法律手段来表达心中的怨愤和要求补偿的做法，使得公立学校管理者更加注重依据法律对待教师的必要性。

本章主要涉及以下法律：教师不续聘和解雇；教师表达自由；学术自由；药品测试；服饰标准；教师示范；就业歧视；集体交涉和教师的政治权利。

## 一、不续聘和解雇

近年来，国家成文法规和大量的判例法的存在，使得教师能够免受任意解雇的伤害。尽管学校管理者的主要任务是评价教师以及判定他们是否称职，但这项任务必须符合联邦成文法规规定和联邦宪法。

根据美国最高法院对州立学院校务委员会诉罗丝(Board of Regents of State College v. Roth)一案的判决：除非不续聘的决定剥夺了教师的

“自由权”利益，或者如果续聘涉及教师的“财产权”利益，否则，学校无需告知教师不续聘的原因。任何要求给予不续聘理由的声明都能导致教师提请合乎正当程序的听证。

根据联邦法规，解聘终身教师或合同期内教师必须符合规定，常见的解雇的理由有：工作表现不佳，能力不足，不服从管理，包括道德邪恶和犯罪行为，不服从合理命令（安排），违反合同条款或地方规章制度，长期管理学生不严导致学生纪律涣散，撤销教师资格。除此之外，教师必须知晓国家法规所规定的所有的听证程序，这就包括下列要求：准确的通知，包含控告事由，姓名和证人证言，听证的时间地点；法定的程序或者要求证人出庭的传票和有关文件的准备；公正的听证以及上诉的机会。

教师和雇主的关系，在公立学校和私立学校是完全不同的，尽管私立学校的教师受到合同法、工会协议和政府有关反随意解雇的反歧视条款的保护，但当他们因超出条款规定之外的行为被解雇时，他们是不会被告知被解雇的理由的，因为他们不是与政府产生雇佣关系的，所以他们就不享有宪法所赋予的诸如正当的诉讼程序和公平保护之类的法律保障。

州立学院理事会诉罗丝

**州立学院理事会诉罗丝**

**（Board of Regents of State College v. Roth）**

**美国最高法院，1972**

**408 U. S. 564**

斯图尔特（Stewart）大法官宣布了法庭的判决：

1968 年，被告戴维·罗丝（David Roth）被威斯康星州立大学奥士科士分校聘为政治科学专业的助教，这是他的第一份教学工作。他被聘在大学教了一个学年。他在教师任职书上明确写道：他的任期从 1968 年 9 月 1 日至 1969 年 6 月 30 日。被告完成了第一学年的工作，但被告知下个学期他未能被续聘。被告没有续聘权要求继续被聘任。根据威斯康星州的法规,大学教师只有经过连续四年的聘任之后才能获得任期权。作为学校的长期雇员,获得了任期权,教师就有权在工作效率高、品行良好的前提下被续聘。然而,一个只拥有一年任期的相对年轻的教师,在威斯康星州的法律中,法律或行政规定也没有规定续聘资格。州法律就把权力赋予了大学管理者,由他们自主地决定是否在下一年再续聘一个任期已满的教师。

威斯康星州立大学的教师在离开大学之前受到的保护程序与其工作保障相一致。按照法律规定,除非受到书面指控,否则终身教师是不能被解雇的,而且必须按照一定的程序进行。同样地,无续约权的教师,在他一年的任期内也是受到一定程度保护的。董事会颁布的规则规定,无续约权的教师在任期年底被解聘之前,有机会对解聘进行复查。但是对于那些仅仅只是下一年不被续聘的教师,这些规则并没有提供真正的保护措施,他必须在次年的 2 月 1 日就被告知"是否在来年得到续聘",但是,"不需要给出不续聘的原因,在这类案例中,也没有复查和上诉"。

按照这些规则的要求,威斯康星州立大学奥士科士分校校长在 1969 年 2 月 1 日之前就告知被告,他在 1969—1970 学年将不再被续聘,但他没有告知被告作出该决定的理由,也没有给予被告任何听证的机会。

被告向联邦地方法院提起诉讼,声称下一年不续聘他的决定侵犯了宪法第十四修正案赋予他的权利,并对解聘决定的内容和程序提出反驳。第一,他宣称,因为他对大学管理者提出批评,管理者为了惩罚他而作出该决定,所以这种决定侵犯了他的言论自由。

第二,他声称,大学官员未能告知他不续聘的原因,也未能给予他听证的机会,这侵犯了正当的法律程序赋予他的权利。

地方法院对于这种程序性事项的判决是:要求大学官员告知原因以及提供听证的机会。尽管有一法官持反对意见,但上诉法院还是确认了这部分判决。我们同意该判决。

在本案中,目前,我们面对的惟一问题是:大学下一年不再续聘他,被告是否依法享有被告知原因和听证的宪法权利。我们认为他没有这种权利。

只有在宪法第十四条修正案中所规定的自由权和财产权的利益被剥夺时，正当诉讼程序才起作用。当涉及到受法律保护的权利时，预先的听证权就是绝对必要的，但是正当的诉讼程序所保护的权利并不是无限的。

在本案中，地方法院裁决，正当诉讼程序的保护条款仅仅适用于评价和平衡某种特定的重要权利。地方法院认为，被告在威斯康星州立大学奥士科士分校被续聘的权利与大学拒绝续聘他的权利相比，前者更重要。毫无疑问，被告能否被续聘对他关系重大，我们也不能否认这一点。特定情况下的听证的形式一直都是正当的诉讼程序的一个很重要的环节，但是，要判定正当的程序是否适用于本案，我们需要关注的不是重要性而是权利的本质。我们必须看该权利是否属于宪法第十四条修正案的自由权和财产权的范围。

自由权和财产权是意义广泛而重要的术语，属于"神圣的宪法概念，可以从实践中得到解释，它们与整个社会和经济领域相连，后者的进步正是自由权和财产权的伟大作用。缔造美国国家的政治家们深深地懂得，只有缺乏活力的社会才会在原地踏步"。正是出于这个原因，法院最终完全拒绝对"权利"和"特权"作生硬的区别，而这两者似乎一度指导正当诉讼程序权利的适用范围。法院还很清楚地表明：正当的诉讼程序保护的财产权不仅仅限于不动产所有权、动产或金钱，还涉及更为广泛的许多领域。出于同样的原因，法院要求正当的诉讼程序有关剥夺自由权的保护条款必须超越刑事诉讼的限制。

然而，当法院回避就正当的诉讼程序给予僵化的固定不变的定义时，它同时也有一定界限，在宪法第十四条修正案中的正当的程序条款中"自由"和"财产"必须赋予一些意义。

> "当法院没有清楚地界定第十四条修正案中的'自由'时，这个术语已经被众人关注，它的一些内容已经被清楚地阐述了。毫无疑问，它不仅表明了个人享有人身不受限制的自由权利，还享有签订

合同的权利，从事自由择业的权利，获取有用知识的权利。结婚的自由，抚养孩子的权利，宗教信仰自由的权利，同时还享有那些自由人追求快乐的必不可少的权利。”在对于自由人而言的宪法，毫无疑问，“自由”一词的含义的确很广泛。

也可能有这样的案件，州政府拒绝续聘雇员，这可能会牵涉自由权，但本案不属于此类案件。

州政府虽然拒绝续聘被告，但没有做出任何不利于被告的指控，而这些指控可能会严重损害被告的社会地位和人际关系。被告并不是因为不诚实或不道德而未能续聘，如果是这个原因的话，那就是个完全不同的案件了。因为“当个人的声誉、名声、诚实或正直由于政府的行为受到损害时，给予通知和听证的机会是最根本的前提”。在这样的案件中，正当的程序会给被告一个反驳大学指控的机会。然而，在本案中，没有任何迹象表明被告的“声誉、名声、诚实或正直”受到了损害。

同样地，没有任何迹象表明州政府在拒绝续聘被告时认为他品质不佳或能力不够，因而没有损害其日后再就业的自由。例如，州政府并没有禁止被告在州的其他公立大学就业。如果存有这样的限制，那这又是一个不同的案件了。

被告声称，不续聘是由于他基于言论自由的权利所发表的言论，但是没有这方面的证据。在地方法院的诉讼程序中，被告并未提供证据来证明不续聘的确是由于他的言论行为引起的。

因此，我们面前的记录清楚地表明，被告未能在一所大学任教一年后续聘。将本案拓展开来，即表明，当被告不能在一年工作结束后获得续聘，但这丝毫不影响他寻找另一份工作的自由，我们不认为他被剥夺了自由权。

第十四条修正案中的财产保护条款是用来保障人们已经获得的某些特定的利益的，这些利益可有多种形式。

从这些裁决中，产生了一些受到正当诉讼程序保护的财产权益。例如，为了获得救济金，个人仅凭抽象地说明他的需要是远远不够的，他也不能一厢情愿地期望得到它，相反地，他必须利用法律来说明他有权获得它。古代的财产权制度的一个目的就是保障人们对于基本日常生活的要求，这种信念是不能随意破坏的。宪法赋予人们听证的权利，也是让人们有机会为自己辩护。

财产权益当然不是宪法创造的，确切地说，它们是由现行的规则和协议创造和界定的，而这些规则和协议是来自于独立的资料如州法律，这些规则和协议能够保障某些权益，为个人要求获得这些权益的呼声提供了依据。因此，权益受益人有权享有法规所赋予他们的权益。

实际上，受益人并没有表明他们拥有法规所规定的资格，但他们可能想被给予听证的机会，我们认为他们应享有这个权利。

正如权益受益人的福利变化中的“财产”权益是法律术语那样，被告在威斯康星州立大学奥士科士分校的“财产”权益也是任职方面的术语，这些术语令他享有直至1969年6月30日的工作权益，但本案的一个重要事实就是：他们明确地指出被告的工作期在6月30日结束。但在协议中，他们没有，最多只是轻描淡写地指出续签合同的“充足的理由”，事实上，他们在协议中根本没有涉及到续签合同的条款。

这样，被告任职书上的术语根本不能保证他的下一年的续聘问题，校方根本没有为被告提供任何有关续聘的发言权，而且也没有任何州的法规或大学的规章制度可以保障他再次被聘任和法律主张权。在这种情况下，当大学拒绝续聘他时，被告只能对续聘抱有一种幻想，而没有足够的财产权主张，要求大学给予他一个听证的机会。

我们对于本案被告的宪法权的分析，绝不是为了说明在公立高等学校中，提供听证的机会或不续聘的原因报告是否合适于此类系统，因为我们使用的是已经成文的宪法，我们只能对宪法条款做出解释。

我们必须说明对被告的判决本来是不应该通过的，因为被告并没有证明他被剥夺了宪法第十四条修正案所保护的自由权和财产权。因此，上诉法院的判决被认为无效，案件被发回，要求按照与此观点一致的诉讼程序再审。

上述内容，请予执行。

## 注释和问题

对罗丝一案的判决是五票赞成，三票反对，道格拉斯(Douglas)法官表述了他对该案的异议。他说："不续签合同和解雇教师后果一样都很严重，不续聘会是一个永远擦不了的污点，它会限制日后再被聘为教师的任何机会，至少是他所在的州，这种限制是存在的。"你认同他的评述吗？为什么？

在另一起美国最高法院判决中，涉及的问题对那些没有任期权条款的州意义重大。在判决中，法院认为如有事实上的任期权——尽管不存在聘任制度，他们在经过多年的令人满意的工作后期望再被聘任，他们是可以要求有听证的机会来为自己未能获得续聘申辩的[见彼瑞诉斯安德曼(Perry v. Sindermann，408 U. S. 593，1972)案]。

美国联邦最高法院赞成解聘的教师是：任期已满，而且这些教师不能适应再教育的政策要求。此政策规定仅有学士学位的老师每三年要获取至少五个学期的大学学分[见哈莱独立学区诉马丁(Harrah Independent School District v. Martin，440 U. S. 194，1979)案]。

在斯汤达德诉第一学区案中(Stoddard v. School District No，1，590 F. 2d 829，10th Cir. 1979)，解聘一个任期未满的老师是不被认同的。该案中的老师收到校长的一封信，信中告诉她，她的合同将不再续签。因为她不能维持课堂秩序，本人缺乏活力，不能很好地调动学生学习的积极性。该老师声称在与校长的私下谈话中，她得知不能续聘的"真实"原因是：(1) 她与其停车场的某人的绯闻；(2) 她有玩牌的嗜好以及很少去教堂礼拜；(3) 她的体形肥胖，即信中所说的"缺乏活力"。

校方因违反校外兼职制度而不续聘教师是不被认同的，因为该政策并不是法律化制度[见皋斯尼诉莎娜拉独立学区(Gosney v. Sonora Independent School District，603 F. 2d 522，5th Cir. 1979)案]。法院声称校方的不得校外兼职的政策本身不是有违宪法的。

联邦最高法院曾赞成一纽约法令条款，禁止非美国公民获得公立学校教师的永久资格，除非她已表明她想加入美国籍[见阿姆贝奇诉诺威克(Ambach v. Norwick，441 U. S. 68，1979)案]。

州的法规条款经常使用一些总括性用语，“由于其他正当且充分的理由”来作为解聘的依据，在第利奥诉格林弗尔德(Dile v. Greenfield，541 F. 2d 949，2d Cir. 1976)案中，曾有人指出，这些词语过于宽泛，意义含糊，法院也认同这些词语过于概括性。

试用期中途老师是不能被解聘的，除非终身教师也因相同原因被解聘，如经费欠缺，解聘必须符合中途解聘终身老师的程序[见塔班诉哈蒙兹(Taborn v. Hammonds，350 S. E. 2d 880，N. C. Ct. App. 1986)案]。

在私立学校，联邦法规保护其教师工会成员免受随意解雇，也保护私立学校雇员不受源于种族、肤色、性别、年龄、国籍、残疾的歧视。私立学校的非工会成员一般是属于普通法中的“随意雇佣”条款规范和保护的。这方面的法律条文允许无缘由的解聘，前提是不涉及到上述的歧视内容。同时，这方面的法律条文在许多州都实行。然而在大约40个州，特别是阿拉斯加州、加州、蒙大拿州、怀俄明州的法院判决有修改该条文的倾向，那些审查法律实施的人已创造了“组织的正当条款”这样的术语来表达、描述该条文，而且已经出现一些成功地帮助私立学校教师拒绝解聘的案例。一名私立学校解聘的教师得到法院的支持，因为这位教师拒绝违法，具体地说，拒绝违反有关工作安全的合同，进行永久职位的虚假广告，而学校未能在法庭上无视这位教师的长期的服务和忠诚。学校的解聘被看作是表达不满意的不恰当方式。这一案例与陪审团的努力同样密切相关。在联邦最高法院审理的某一随意解聘员工的案件中，法院确认，如果错误解聘，需要进行赔偿[见哈德尔诉伽里安(Haddle v. Garrion，525 U. S. 824，1998)案]。哈德尔说明，他的雇主密谋解雇他，这是报复他按照联邦陪审团的传票要求出庭作证，他的雇主想阻止其对一刑事控诉案件出庭作证，在该案件中他的雇主被控犯有医疗保险诈骗罪。在该案中，现行的联邦法律规定，若损害涉及到某人的人身或财产时，这种损害是可以赔偿的。相反地，在低层次的法院，他们认为损害是针对受宪法保护的财产权益的。

与随意解聘不同，随意雇佣不属于正当的诉讼程序条款保护的财产利益，但是，如果随意雇佣构成对"人身"的损害也可引起物质赔偿。人身伤害无疑必须得到赔偿。

你们有关于老师不续聘或解聘的法规条款吗？你们当地的学校规定对于此类问题的处理是怎样的呢？

## 二、言论自由

法院已经关注公立学校老师的言论自由问题了。在此之前，一些历史方面的因素使得人们有一种共识：即公立组织的雇员，包括老师，只享有有限的言论自由，其中影响最大的因素就是人们认为公立组织的雇佣是一种特权而不是一种权利。尽管这种区分已得到纠正，大多数人还是认为公立组织的雇佣是一种特权。特别是自 1892 年以来，霍曼斯(Holmes)法官经常说的，"原告有谈论政治的宪法权利，但没有因此成为一名政治家的宪法权利"那段名言，对人们影响广泛。这种司法观点加上作为政府雇员不断增长的工作安全系数(政党分赃制的掠夺结果)的观点，导致容忍对公立组织员工某些宪法权利破坏的现象产生。

对于政府职员政治行为的正式限制主要体现在联邦立法的《禁止雇工参加政治活动法》(*Hatch Act*)，一些州已制定了小的《禁止雇工参加政治活动法》(*Little Hatch Act*)，其他州则有一些法规条款限制州职员或教师的某些行为，这些法规与司法观点认为，公立组织雇佣是一种特权而不是权利，强化了长期以来就有的观点。该观点认为政府职员包括教师所享有的言论自由权是有限的。

20 世纪 60 年代，个体权益日益被人们关注，加上联邦司法制度的渐进更新，使得一些教师对自己有限的言论自由的地位进行挑战，一些联邦上诉法院和下级法院的判例支持教师的这些观点。

联邦最高法院对配克尔因诉第205市镇高中学区(Pickering v. Board of Education of Township High School District 205)案的判决，确定了这样的原则：公立学校的教师享有宪法第一修正案规定的言论自由权。配克尔因(Pickering)是由于写了一封信而被解雇的。该信登在报纸上，批评校董会的一些行为，包括在教育和体育项目之间学校资金的分配，对于学区征收附加税收的真实原因，校委员会或校长没有采用适当的方式告知校区内的纳税人，或者根本未告知原因。基于国家追求提高公共服务效率的大趋势，为了平衡教师作为公民享有的公众言论权，强化这样的言论自由对公立管理机关的制约，法院判定教师胜诉。

联邦最高法院对米特·黑尔斯城市学区诉多利(Mt. Healthy City School District Board of Education v. Doyle)案，是另一类似的案例。在该案中，一位非续聘教师与同事发生争吵，说校咖啡馆员工对学生谩骂，并对女学生做猥亵手势，他还打电话给电台，向他们提供从校长那儿获得的备忘录，备忘录是有关教师的穿着打扮的。多利认为，他未被续聘是因为他履行宪法第一修正案的权利给电台打了电话。联邦最高法院撤销了下级法院的原判决，认为在该类案件中，需要对校委员会是否在"缺失保护性行为"的情况下续聘教师进行适当的检测。

### (一) 终身教师的公共言论

**配克尔因诉第205市镇高中学区**
**(Pickering v. Board of Education of Township High School District 205)**
**联邦最高法院，1968**
**391 U.S. 563**

马歇尔(Marshall)法官宣布了法院的判决：

原告马威·L. 配克尔因(Marvin L. Pickering),伊利诺伊州维尔县205区镇高中的教师,被告知被学校委员会解雇了。因为原告寄了封信给当地报纸,信的内容是批评近期学区教育委员会和督学提议的增加税收问题。学区教育委员会、督学和配克尔因所在学校校长已同意,为学校筹集新的资金,加税是校方筹资的重要方式。在全面听证后,学区教育委员会和校长作出决定,解雇原告,因为信件的发表"损害了校方有效的运作和管理"。因此,按照相关的伊利诺伊州法规,……这也是"学校的利益要求解雇他"。

1961年2月,被告教育委员会要求校区的选民投票表决是否赞成通过债券提案,筹集487.5万美元兴建两所学校,提案被否定了。1961年12月,教育委员会向选民们送呈了另一份债券提案,要求筹款550万美元兴建两所新学校,第二次提案被通过了,利用债券出售所得兴办了学校。1964年5月,教育委员会向选民们发布了一项提案,要求提高税率用于教育,这项提案被否定了。最后,教育委员会于1964年9月19日送呈第二份提高税率的提案,又被否定了,原告就是因为这项提案给编辑写信被解雇了。

在第二次增加税收提案之前,205学区教师工会已在地方报纸上发表了各种文章,这些文章要求通过增加税收的提案,文章声称若提案不通过,将导致校区内学生所接受的教育质量下降。在投票表决前两天,学校校长在报纸上发表了一封信,也表达了类似观点。校长还于第二天把信的复印件送呈选民们,原告就是对上列的材料作出回应,才写信给当地报纸编辑的,其信中还提到被否定的增加税收提案。

信的内容大体上包括:攻击学区教育委员会对1961年债券提案的处理,以及其随后对学校教育和体育项目资金的分配。信中还指控校长企图阻止校区的教师反对或批评提议的债券问题。

教育委员会因为他写信并发表了信解雇配克尔因。按照伊利诺伊州法律,教育委员会必须就解雇被告提供听证。在听证时,教育委员会声称信中的一些陈述是不真实的,这种虚假的出版物对教育委员会和学校管理的“主动性、诚实性、整体性、真实性、责任性和能力”提出了指责，这是不合法的。教育委员会还声称这些不真实的报告损害了教育委员会成员和学校管理者的职业声誉，搅乱教职工纪律，在教师、管理者、教育委员会、校区居民间挑起“对立、冲突和不满”。

伊利诺伊州最高法院的判决在某种程度上表明，教师可能必须放弃宪法第一修正案中规定的权利，即教师作为公民，有权对公共利益之事进行评论，这些公共利益是与他们工作的公立学校的运行有关的。法院在此之前的多项判决中已明确地否定了教师的这种权利，该案的判决就是以此为基础的。同时，不可否认，政府作为管理者约束其雇员的言论自由与法律规定的公民言论自由是有重要区别的。任何此类案件的关键都是要在作为公民的教师的权利和作为雇主的权利之间达到平衡，教师评论公共关注和涉及国家利益的事件，而雇主要通过其对雇员的管理行为来提高公共服务的效率。

在现实中，情况是多种多样的，教师和其他的公立单位的雇员会写一些批评性的报告，上级领导会认为报告是对他们不利的，因此这些报告也成为解雇的理由了，用一种通用的标准来评判这些报告的做法并不可取。在评价宪法第一修正案的规定和学校正常管理秩序之间的争论冲突时，我们需要制定一些通则来对一些重要的利益关系进行具体的分析。

我们对受到教育委员会反对的原告信件中的内容进行分析，结论表明，原告的陈述主要包括：批评教育委员会对于教育和体育项目的资金分配；批评教育委员会和校长的告知纳税人征税的方式，因为这种方式未能告知学区的纳税人学校额外征税的真实原因。这些批评陈述不是针对原告所处的教师团体中的任何一人，因此也就不存在维护上下级之间的纪律和同事之间的协调问题。原告与教育委员会，或者从另一角度上说，与校长的雇佣关系，只是一种单纯的工作关系，并没有达到“需要个人的忠诚和信心发挥作用”的程度。

接着，考虑我们所认同的原告信中的陈述是否真实这一问题。教育委员会最初指控说，信件的发表损害了教育委员会和校长的职业声誉，会在教育委员会、教师、管理者、学区居民之间挑起对抗和冲突，然而，在听证会上并没有出示这些方面的证据。从我们的记录来看，配克尔因的信件受到了每个人的欢迎，但信的主要攻击对象——教育委员会却完全不相信此信的内容，教育委员会将此信比喻成犯了诽谤罪，认为信件本身对校方管理造成了损害。

然而，在没有任何证据表明信件造成损害的情况下，教育委员会只能从利益方面得出结论：即信中的内容既损害了学校本身的利益，又损害了教育委员会成员自身的利益，两者受到的损害是同等的。当然，指控学校管理者在体育方面花费太多并不能等同于损害学校本身，二者是不同的。这样的指控反映了配克尔因和教育委员会的不同意见，这也是涉及到公众权益的一个问题，而公众利益是学校系统运作要优先考虑的因素。

此外，信中特别说明教育委员会宣称运动项目受重视度不够是一种错误陈述，这些说明除了激怒教育委员会之外不会对学校的运作产生任何影响。例如，在第二次增加税收提案被否决之后，配克尔因写了那封信，这对于学区征收必需的费用没有任何影响，因为在写这封信的时候，也就是在第二次增加税收提案受到否决后，并没有出现任何迫切的新的加税的提案。

更为重要的是，校方是否需要额外的资金，这在法律上是一个公共利益问题，必须对此类问题进行公众投票，而不能仅仅把学校管理层包括教育委员会的决定看成最终答案。在这类问题上，必须让选民们能自由公开地发表言论，并被告知最终结果。教师作为一个群体和学区的成员，应该享有最充分的权利知道学校的资金将如何被分配。相应地，他们也必须能自由地发表对此类问题的看法而不必担心会遭到报复性的解雇，这是基本的一点。

此外，配克尔因在信中大量提到体育项目费用这个问题，这同样是一个公共利益问题，然而作为学区的教师，配克尔因并没有获得比其他纳税人更有发言权的权利，因而，学校委员会可以轻而易举地对信的内容进行反驳，指出原告的错误，他们既可以通过自己公布确切的数字，也可以给同一家报纸或者利用其他方式做到这一点。我们在此并不是陈述这样一种情况：由于教师的过失，对涉及到学校日常运作的错误意见，给公众造成了不良的影响。人们通常认为教师所处的特殊地位更能使他们知悉真相。因此，我们此时也不是讨论这样一种情况：校委员会是否能够恰当地要求教师在发表意见前核实其看法。

我们现在讨论的是这样一个案例：教师对公众关注的某个问题公开发表了错误的评述，这种评述对其雇主有重要影响，但并没有妨碍教师的教学，也不会影响到学校的正常运作。在这种情况下，我们可以断言：学校限制其教员言论自由公开的权利并不比任何公立机构限制其成员言论自由公开的权力更大。

我们最终结论就是：在这种案例中，由于故意或过失，教师在对公众关注的问题发表言论时，未能提供其陈述的证据，教师并不能因此被公共部门解雇。

## 注释与问题

瑟格德·马歇尔(Thurgood Marshall)法官，配克尔因案裁决的起草者，是第一个被联邦最高法院提名的黑人法官。1967 年约翰逊总统任命他为联邦最高法院的法官，他曾担任有色人种促进全国联合会的顾问和有色人种全国促进联合会法律保护和教育基金机构的顾问长达 25 年。在这期间，他处理过多起民事案件，包括 1954 年著名的公立学校种族歧视案。在他亲自出庭的 32 起案件中，有 29 起胜诉。1991 年，他从法院退休，同年其职位由克拉仞斯·托马斯(Clarence Thomas)法官接替。

另一则相关的案例是考尼克诉梅耶(Connick v. Myers，461 U. S. 138，1983)。这一案例并没有涉及到教育者的教育行为，联邦最高法院的裁决投票结果是五票赞成，四票反对。联邦最高法院并未将配克尔因案的原理编成征求意见书，散发给地区律师。但在考尼克诉梅耶案中，一名助理律师被换到其他的工作岗位上去了。为了表示抗议，该律师就工作调换政策编制了一份问卷，并在她同事中散布问卷。法院同意该律师的雇佣机构终止她的工作。法院声称，“保护问卷的散布，会导致公共机构设立一个处理雇员就内部工作问题进行投诉的场所，这种场所的存在将会损害到整个机构的正常运作”。此外，法院还声称，“当雇员的言论与政治、社会和社区问题无关时，政府雇员有权自由处理办公室事务而不需要受宪法第一修正案所约束”。然而，在本案中，大多数人还是多次复述配克尔因案件中的判决词，“因为各种关键性的陈述产生于复杂多样的事实环境中——公立机构雇员受到上级的猜测——成为解雇的理由。用一种通用的标准来判断所有这类陈述的做法，我们认为这不可取”。

此后的判决就“教师的言论自由是否受到宪法第一修正案保护”开展了讨论，这些意见认为需要从两个方面来判断：第一，引起争论的言论必须与公众有关；第二，因为雇主是通过雇员的工作向公众提供服务的，所以教师（雇员）的利益必须与国家利益相一致。第二条标准，也是我们所说的“配克尔因平衡标准”取决于：（1）办公室或工作场所的和谐需要；（2）发表言论者与同事的融洽工作关系是否会因为发表者的言论受到伤害；（3）言论的时间、地点、方式；（4）争议问题的产生缘由；（5）公众对该言论的态度；（6）言论是否对雇员履行职责造成损害［见罗伯特诉凡・布伦公立学校（Robert v. Van Buren Public School，773 F. 2d 949，8th Cir. 1985）案，考克斯诉达旦尔公立学区（Cox v. Dardanelle Public School District，790 F. 2d 668，8th Cir. 1986）案和戴诉南园独立学区（Day v. South Park Independent School District，768 F. 2d 696，5th Cir. 1985，cert. denied，474 U. S. 1101，1986）案］。

一位担任教练的教师在给某一高中报纸的信中使用了讽刺性语言，被认为贬低了女生，该教师受到了处罚，法院认为这类案件就是对公众话题进行讨论［见肖姆勒诉弗尔法克斯（Seemuller v. Fairfax County

School Board,878 F. 2d 1578,4th Cir. 1989)案]。高中教练在记者面前称他的队员为胆小鬼，教练因此被停职了，但这并没有侵犯他的言论自由权，因为这种表达没有涉及到"公众话题"，后者是受到宪法第一修正案保护的。足球教练解聘所需要的条件，包括没有与其他教练和球员进行足球方面的交流；没有参加或出席比赛、训练、大奖赛以及其他与足球有关的活动，这也没有侵犯宪法第一修正案中的言论自由和与此相关的权利，教练最终结束了25年多的业余任职，也是被法院认同的。因为作为业余教练，他不享有任何受到保护的财产权[见布莱顿诉曼森公立学校(Brayton v. Monson Public School,950 F. Supp. 33,Mass. 1997)案]。在另一起案件中，一学校督导积极支持某一教育委员会候选人而没有成功，并在其后停职，声称停职是对他行使宪法第一修正案权利的报复。在其判决中，法院认为督导的言论自由和相关的政治权利并未受到侵犯，他的受宪法保护的财产权和正当程序权利未被剥夺，因为他已获得了丰厚的补偿[见金斯诉萨莱多独立学区(Kinsey v. Salado Independent School District,950 F. 2d 988,5th Cir. 1992)案]。

教师因为背后抱怨校长或表达不满而被解雇的案例见吉弗汉诉西线联合学区(Givhan v. Westen Line Consolidated School District,439 U. S. 410,1979)案。法院认为，如果教师需要私下表达个人的意见，他们的这种行为仍然是受到政府所规定的言论自由的保护的。

配克尔因案件并不适用于私立学校教师。因为私立学校并不带有"国家色彩"，私立学校的教师也不享有公立学校的教师所享有的民事权利保护，前者所享有的权利体现在他们与学校签订的合同中。私立学校教师的权利要受到与学校所签订的合约的约束，而且要考虑到私立学校与州政府或联邦政府之间的关系。私立学校以故意违反校规为理由解雇某一高中教师是完全可以的。虽然学校参加州里的教师退休基金组织，但学校并不因此而披上"国家色彩"[见约翰森诉平克顿学校(Johnson v. Pinkeiton Academy, 861 F. 2d 335,1st Cir. 1988)案]。

## (二) 非终身教师的言论自由

### 亨尔斯山城学区诉多利
### (Mt. Healthy City School District Board of Education v. Doyle)
### 美国联邦最高法院，1977
### 429 U. S. 274

伦奎斯特(Rehnquist)法官阐述了法院的观点：

原告多利在美国俄亥俄州南部地区法院起诉被告亨尔斯山城学区(Mt. Healthy City School District)教育委员会，多利声称教育委员会1971年不予续签其工作合同侵犯了美国宪法第一条和第十四条修正案赋予他的权利。地区法院审判该案，没有陪审员参加，法院判决认为多利有权复职并可以补发工资。美国第六巡回法院肯定了地区法院的判决。1966年，多利开始服务于教育委员会，在开始的三年中，他的合同是每年续签的，1969—1971年开始签订两年一期的合同。1969年，他当选为教师工会主席，在任期间，多利的职责是扩大教师工会与教育委员会之间谈判的范围，多利担任工会主席职位的一年期内和次年担任工会执行委员会任职一年期内，教师工会与教育委员会的关系趋向紧张。

从1970年上半年开始，多利就卷入了一些争端之中，而这些争端与他在教师工会的职位并无直接关系。一次他与一教师发生争执，以至该教师给了他一巴掌。事后，多利拒绝接受道歉而坚持要惩罚该教师，由于他的固执，有两名教师都在同一天被停职了，由此引发许多教师的罢工，两名停职的教师罢工后恢复了工作，这是罢工的直接结果。

其他情形还包括多利在学校咖啡厅与侍者发生争吵，原因是他要的意大利面条分量太少；他在惩罚学生违纪时，把学生称作“母狗的儿子”；对两名未遵守他作为咖啡厅管理者而发的命令的女生作下流手势。原告在任期内，在这些案件发生的同时，还给当地的电台打电话传送一些事情和罢工的信息。鉴于多利的表现，教育委员会决定将其停职。俄亥俄州南部地区法院认为教育委员会的决定违反了宪法第一和第十四修正案的规定。

1971年2月，校长向各科教师发放了有关教师仪容仪表的备忘录，其原因就是一些学校管理者认为教师的仪容仪表与公众对学校资金的赞助有关。多利知道，这份备忘录是完全可以通过教师工会和校方协商解决的，但他把备忘录的内容告知了辛辛那提广播电台的一位流行音乐节目主持人。这位主持人随即称"服饰礼仪"为一新名词。之后多利向校长道歉说他应该先与学校管理者讨论他的批评意见。

大约一个月后，学区督导到学校委员会就非终身教师的续聘问题进行年度考察，他建议不再续聘多利，不续聘的还有学区的其他九名教师，学校委员会听取了督导的建议，不再续聘包括多利在内的这十名教师。获知该决定之后，原告要求被告知"解聘原因"，随后他收到解聘理由书，理由书中指出他"明显缺乏处理与职业有关事宜的能力，学校对其建立良好校内关系的能力"表示怀疑，这份解聘书是在电台事件和下流手势事件之后的。

地区法院认定这些事实，认为原告多利给电台打电话的行为完全是受宪法第一修正案保护的，而且原告的该行为是教育委员会解聘他的重要原因，原告有权复职并补发工资。法院并没有清楚地表明它是根据哪种证词来判断原告的行为是受到宪法第一修正案保护的，只是简单地宣称给电台打电话就是被保护的行为，上诉法院用一简短的判决对此做了肯定。

多利是非终身教师，但这并不影响他所享有的宪法第一和第十四修正案所保护的权利。但是，作为非终身教师，如果他被无故解聘，在解聘之前他不享有宪法规定的听证权。需要确认的是，只要造成他解聘的原因是其行使宪法第一修正案所保护的自由权利，他便有权要求复职。

政府职员的言论是否属于受宪法保护的言论自由，这个问题有必要加以限定，以达到一种平衡：教师作为公民有权对公众话题进行评论，同时国家作为雇主,也有权要求其雇员改进工作,提高效率,这两者之间的利益也应该达到一种平衡(见配克尔因案)。教育委员会并没有认为多利违反了任何已定的制度,也不认为解聘这件事是故意针对多利打电话给电台使备忘录曝光行为的结果。因此,我们接受地区法院的观点,这种电话交流是受到宪法第一和第十四条修正案保护的。然而,对于法院由此观点推断出的多利有权复职并补发工资的结论,我们不太赞成。

地区法院对该案做了以下结论:

(1) 如果一个不可行的理由,例如:行使宪法第一修正案的权利,构成不续聘的理由——即使存在其他可行理由,解聘决定也不成立。(引文省略)

(2) 不能构成解聘理由的确在该案中起了重要作用,在教育委员会作出决定后,督导随即就此事写了一封信,这一点足以说明这种理由的存在。信中包含了两种这样的因素。其中之一是与电台的交流是完全受宪法第一修正案保护的行为。宪法第一修正案的权利都是经过周密考虑的,法院不可能对这些权利进行限制,但这并不是说我们对本案的处理考虑不够周全。

法院同时又认为:

> 实际上,正如法院所见,教育委员会和督导都面临这样一种事实:不续聘的理由是原告行使其受宪法第一修正案保护的权利。

因为原告多利是非终身教师,而对非终身教师,没有任何一条法规对其聘用或解聘的原因进行详细的规定。但是,法院并没有在裁决意见中详细阐明这一点。倘若没有电台事件,教育委员会本来可以合法地解聘原告。法院判决中所表达的一种似乎较为合理的观点即为:倘若电台事件不是正好受宪法保护的,教育委员会和督导不但能够而且本来也应该能够达到解聘的目的。由此我们面临这样具体的实质性的问题:在这样的案件中,由于行使宪法保护的权利而造成不续聘的事实,是否足够导致采取复职的补救措施?对此我们不认同。

受法律保护的行为是否构成解聘的部分或“根本性原因”，法律如果对此予以明确规定，可以使雇员因行使宪法权利处于较为有利的地位。这种地位对雇员的帮助是，行使宪法权利远比什么都不做更能保住自己的饭碗。但是，法院通过判决确立这一规则导致的困难是：在要求复职的案例中，某一重大或者复杂的因素不可避免地影响到那些做出续聘决定的人，并对其决定发生实际的作用，甚至可以说，如果没有这些因素，同样的决定也有可能出现。但是，如果续聘与否涉及宪法权利，那么宪法原则被侵犯这一理由足以支持法院做出的判决。由于宪法的保护，底层求职者的就业权益不会受到损害；任何求职者不应通过行使宪法权利而妨碍了雇主评定其业绩并根据业绩作出聘用与否的决定。相反，这些法定权利应让雇主更加确信其决定的正确性。

这一点在本案尤其明确，正如地区法院所陈述的那样，现在的续聘结论是根据“终身”雇用惯例作出的，终身制的益处所产生的长期后果对雇员和雇主都非常重要，更确切地说，这种后果如此重要，无论继续聘用抑或解聘多利，都必须充分考虑续聘与否的决定对教育委员会的意义。另一方面，教育委员会作出决定时，应该顾及多利受到宪法保护的行为。在这一意义上，我们认为教育委员会必须向法官证明，撇开多利受到宪法保护的权利这一因素，其业绩和行为在任何情况下都是解聘其任职的理由。

在本案中一开始，一些信息表明多利的行为是受宪法保护的，而且在教育委员会作出不续聘他的决定时，多利的这种受到宪法保护的行为是导致教育委员会解雇他的“实质性的因素”，或者换句话说，是“主要因素”。多利在法庭上充分利用了这一因素。相形之下，区法院本来应该判定学校委员会是否通过大量的证据证明，即使没有多利受到宪法保护的行为这一因素的存在，学校委员会在续聘多利与否的问题上将得出相同的结论。

从地方法院的判决以及上诉法院对地方法院的判决确认看，我们不知道如果法院运用这种证词会得出何种判决。上诉法院尚未对此案做出最后判决，该案还需进行进一步的审理，形成与上述观点一致的裁决。

**注释与问题**

法院对多利案件的判决再次确认了一条法规，即：非终身教师享有宪法第一修正案所赋予的权利，如果由于行使这些权利而未能被续聘，他们有权要求复职。然而，法院也指出，教师由于工作不佳而被雇主解聘，这是与法定权利无关的。此后又有判决认为应该将教师的工作表现与法定权利结合起来，进行混合分析。在此判决之前，一些管理者抱怨有一些工作不佳的雇员会有目的地进行法定权利活动，然后说导致他们被解雇的原因不是工作表现而是行使了宪法保障的权利。

试用教师拒绝参加升旗仪式，不能因此而终止他的试用期，学校制度要求教师参加每天在教室进行的誓词背诵活动，而教师只是静静地站着，也不能因此解雇教师[见鲁索诉第一中心学区（Russo v. Central School District No. 1，469 F. 2d 623，2nd，Cir. 1972，cert. denied，411 U. S. 932，1973）案]。然而，在另一案件帕尔马诉芝加哥市教育委员会（Palmer v. Board of Education of the City of Chicago，603 F. 2d 1271，7th Cir. 1979，cert. denied，444 U. S. 1026，1980）案中，教师出于对耶和华的信仰，拒绝带领幼儿园学生进行爱国主义训练，并且不按照课程的一些内容进行教学而遭解雇，法院的判决是支持解雇该教师，并对两种行为进行了区别，分开宗教信仰自由与履行适当的课程教学义务，并确认后者导致教师的解聘。

## 三、学术自由

学术自由受到学术水平、学科自身属性等影响，所以很难对它下个定义，在涉及学术自由的问题时，教师认为宪法保障其决定某门学科特定内容，选择合适的教学方法及教材的权利，但学校对此有异议，这样两者之间经常出现法律争议。在这种争论中，教师通常认为他们有权教授自己认为合适的教材，尽管这些材料可能受到学生家长或学校的反对。需要明确的是，虽然宪法保障教师的学术自由权利，但这种权利不是绝对的，行使这样的权利，应该与整个社会的利益协调平衡。

### （一）合适的材料

**福勒诉林肯县教育委员会**

**（Fowler v. Board of Education of Lincoln County）**

**美国第六巡回上诉法院，1987**

**819 F. 2d 657**

**cert. denied，484 U. S. 986（1987）**

米尔本（Milburn）法官：

被告林肯县教育委员会（Board of Education of Lincoln County）和林肯县学校督学提出上诉。上诉起因于区法院审理的一起案例，在这一案例中，地区法院裁决，县教育委员会解雇原告杰奎琳·福勒（Jacqueline Fowler）的行为，侵犯了宪法第一修正案赋予原告的权利，区法院裁定县教育委员会对原告进行赔偿，恢复其工作。县教育委员会对此裁定不服，提起上诉。原告杰奎琳·福勒同时提起上诉，理由是肯塔基州法规一项规定[K. R. S 161—790(1)]禁止教师进行不适宜自己职责的行为。原告认为，这一规定在规范教师行为方面，存在宪法的模糊和争议。基于以下的理由，我们认为区法院的判决无效，并驳回原告上诉。

原告杰奎琳·福勒是肯塔基林肯县校区的终身教师，工作年限已有14年。1984年7月，她因实施不符教师职责的行为而被解雇。说得详细点，在1983—1984学年的最后一天，她让高中学生观看"R"级的影片，片名为"墙：粉红弗比得"（Pink Fbyd — The Wall），杰奎琳·福勒班上的学生是9—11年级，年龄处于14—17岁之间。

影片是在1984年5月31日放映的，那天是非教学日，教师们在那天主要是对学生进行教学评分。当杰奎琳·福勒评分时，一些学生要求杰奎琳·福勒放电影,杰奎琳·福勒对影片不熟悉,就问学生这部影片在学校放映是否合适,一个名叫查利·贝利(Charler Bailey)的 15 岁的学生之前看过那部影片,说那部影片有一处不好的镜头。

1984 年 5 月 31 日早上,当杰奎琳·福勒放影片时,她叫那个已看过该影片的 15 岁学生查利·贝利遮盖那些不适于在学校放映的部分,查利·贝利照做了,用长度为 11 英寸、宽度为 4 英寸的文件夹遮住 25 英寸的屏幕。

学生是否看到或者说看到多少裸体镜头,这是个令人争议的证词。在行政人员的听证会上,一些学生证明说他们没有看到裸体镜头,有一个女生说她瞥到一点裸体镜头,但是没有什么"不堪入目"。不堪入耳的影片的声音贯穿影片的始终,这些声音按照电影业的标准是绝对称得上"R"级的。

对于影片中未被遮盖的镜头,有多少与性有关,这也是个令人争议的证词。因为影片的一些部分是动画的,可以给人多种解释方式,一个特别有争议的动画镜头就是屏幕上的花朵变成男女生殖器官,接着又变成男女性交的镜头。这部分镜头是早上放映的,其他的一些镜头如强奸、裸体、口交以及赤身男女在床上爱抚和做爱等都是在早上放映的。影片中除了性镜头之外,还有大量的暴力。

有一个是血淋淋的战场,另一个是警察的暴行,还有一个是主人翁用刮胡刀割自己的胸膛,又有一个是孩子被塞进巨大的香肠机。

1984 年 7 月 10 日,原告杰奎琳·福勒和律师一起出席了行政人员的听证会。她陈述说,尽管在给学生放电影前她从未看过影片,尽管在放电影期间,她在给学生评分并几次离开教室,但她认为影片有重要价值:描绘了人们与令人压抑的教育系统之间的异化的危险。她说若有机会解释的话,她会再把剪辑好的影片再放映一次,她还说因为缺乏时间,她根本没有与学生讨论过这部影片。

教育委员会成员曾完整地看过这部影片,也曾看过在教室放映的剪辑过的影片。教育委员会内部展开了讨论,在内部讨论之后,又公开讨论并全体投票通过中断原告的雇佣，因为她实施了不适宜教师职责的行为。区法院判定杰奎琳·福勒的行为是受到宪法第一修正案的保护的，她是因为行使宪法保护权利而被解雇的。因此，法院判定杰奎琳·福勒有权复职，获得包含利息在内的工资补偿和肯塔基教师退休系统教师应得的赔偿金，法院还裁定教育委员会给予杰奎琳·福勒精神补偿和职业声誉补偿，以及重新寻找工作的花费和律师费。

联邦最高法院已经在公立学校的法规中确定了行使宪法第一修正案权利的重要性：

> 宪法第一修正案在学校环境中适用有其特殊性，适用于学生和教师。学生和教师都享有法定的言论自由权，这一点是不容置疑的，法院做出这一明确、毫无疑问的裁决已近50年。廷克判决后，许多法院已认定宪法第一修正案保障的教师权利包括"学术自由"，即教师在教学过程中可以依据自己的职业判断，选择所用教材。

在界定宪法第一修正案所保护的教室里行为的范围时，无法回避的特殊环境因素是维持民主政治系统所必须的基本价值观的教育。

确实，"维持民主政治系统所必需的基本价值观"，并不赞成使用极度侵犯性的或高度威胁他人的言论。这些价值观的教育就不折不扣地是"学校的工作"。宪法允许各州法律禁止使用某些不适当的表达方式。

> 在这教育过程中的一个最重要的因素就是教师，自觉地或不自觉地，教师通过他们课堂内外的言行举止展示了公民言论和政治表达的合适方式。这样，教师就像父母一样，不可避免地成了学生的榜样。（只摘要重点）

这些基本的价值观内在地包容一种张力，调节这些内含张力的基本价值观，有时会引起某种冲突，特别是当在教室内发生冲突时，形势会变得更加紧张。——最后分析表明：

学校官员的最终目标就是确保教师和学生遵守学校正常运转的纪

律。任何对法定权力的限制都能通过分析的结论纠正,这样的结论必须是由具体而非抽象的事实理智地推断出的,只有这样的理智的推论才能实现纪律的价值和完满教育的意义。“在任何案件中都必须达到:教师作为公民有权对涉及公众关心和与国家利益有关的话题进行评论,同时国家作为雇主,也有权要求其雇员改进工作,提高效率,这两者之间的利益要达到平衡”(引自配克尔因诉教育委员会案)。

我得出以下结论:杰奎琳·福勒在该案中放映影片的行为不属于宪法第一修正案的言论权利,杰奎琳·福勒因为放映影片而被解雇是无可非议的,这种状况下的行为明显地不同于传统意义上的言论,后者是通过书面或口头的文字来表达的。

在本案中,原告杰奎琳·福勒让一名15岁的学生播放有争议的、高度挑逗性的、具有性爱镜头的影片,观众是一群14—17岁的高中生。尽管她被告知影片中的部分镜头不宜观看,她还是没有事先预览影片,没有对影片进行任何解释,也未将影片作为教学工具。说得确切点,她在非教学日放映影片只是让学生有事可干,因为当时她在学生成绩单上评分。我们认为,法规中所规定的“不适于教师职责的不当行为”已经明白地告诉她要遵守法规,不得违反。因此,我们得出相应的结论:在杰奎琳·福勒案件上,法规是明白无误的。

我们认定:原告的行为,尽管不违法,但属于严重的失误行为。而且,这种失误行为与其作为教师的身份有着密切的关系,她把一部有争议的、暴露性爱的影片,未经预览和事先解释或讨论就带到未成年学生的教室。在此过程中,她未曾起到教育者应发挥的作用。她在这种情景下放映电影,很显然是一种缺乏判断力的行为。纵观整个案件记录,包括电影的观点,我们认为粗俗怪异,所含内容完全不适宜14—17岁的学生在教室观看。我们由此认为这种行为符合肯塔基法律中对“教师的不当行为”的规定。

由于以上所述原因,区法院的判决无效,特此裁定。

迈内特(Merritt)巡回审判法官对此有异议。

联邦法官和地方教育委员会未对影片进行严格的内容审查和评论。一个法官认为是粗俗怪异的部分可能被另一个法官认为是中性的，“性挑逗不强”。

我对影片的看法与斯波克博士(Dr. Spouk)类似：性、毒品、各种精神不正常和反社会行为，是与一个高度权威化的社会紧密相连的。缺乏爱心，过度僵硬权威化的父母、教师、法官和官员共同制造了动荡的个人与社会，影片中的墙就象征着爱的贫乏。

杰奎琳·福勒女士没有被解雇，因为她让学生感到开心，她被解雇是因为教育委员会不喜欢影片的内容，杰奎琳·福勒女士在审判中，证明她被解雇的原因是学校委员会成员认为影片不道德、反教育、反家庭、反司法、反警察，仅仅因为教育委员会不喜欢法律保护的言论自由内容，教师的学术自由权或学生的听证的权利就可以被剥夺，这种观点是站不住脚的。教育委员会没有明白地说出这种观点，却这样地做了。而且，那天是学生们的“自由时间”，按教育委员会规定，学生没有离校，这种情况没有发生。因此很明显，杰奎琳·福勒的解雇是由影片内容引起的。

假设教育委员会是以下列理由而非其他理由解雇杰奎琳·福勒：即福勒在放映“R”级的影片(影片含有短时的裸体和性爱前爱抚行为)时判断失误，并缺乏悔改之心解雇杰奎琳·福勒，这是不成问题的，那么该案件就可根据亨尔斯山城学区诉多利案中的混合性“动机”来进行审判了。原告可以证明她的法定权利是其被解雇的“实质性因素或主要因素”。而雇主必须证明“通过大量的证据来得出相同的结论：即使未涉及到法定行为也要解聘”。

在柯亨诉加利福尼亚(Cohen v. California)案中，联邦最高法院裁定穿着印有“i? xi 议案”字样的夹克走进法院走廊的行为不违法。在写给法院的信中，哈兰(Harlan)法官陈述道：“被诉讼的这四字词语可能比其他风格更不讨人喜欢。一个人的粗俗行为却是另一个人所赞赏的优雅行为。这种情况比比皆是，的确，我们认为这很大程度上是因为政府官员未能在此方面做出合理的区分以至宪法给予了个人大量的品味和风格的权利。”

因此我不同意米尔本法官对“教育”和“娱乐”所作的区分，也不同意配克(Peck)法官将粗俗和违反规定视为一体的观点，正如区法院的正确陈述那样，该案中的教育委员会必须否定其成员的法庭陈述，杰奎琳·福勒被解雇的决定性因素是她让“反教育、反家庭、反司法、反警察”的观点在教室内表达。区法院认为教育委员会未能体现亨尔斯山城学区诉多利案件确立的原则，我赞成这两种观点。因此，我赞成区法院的这部分判决。

## 注释与问题

回顾与学术自由有关的现代判例法可以看出，判例法不再像以前那样只保护教师了。近期的判决表明，教师作为一个公民施行的校外行为受到学术自由法规的保护，这种保护制度超出了对其课堂行为的保护。就学术自由对课堂行为来说，必须表明的是教师没有违反法定的国家和地方课程规则，按照正常的职业模式进行年级学科教学，讨论公共话题，依据职业标准行为，当没有前例或政策可遵循时可以凭自己的忠实信念行动。

大多数人认为杰奎琳·福勒的行为不是表达观点的行为，也不是交际性行为，因此不受到第一修正案的保护。除此之外，他们声称，法规禁止“不适于教师职责的不当行为”的内容是很清楚明了的。另一方面，区法院法官和持异议的上诉法庭一些法官认为，该案应该按照亨尔斯山城学区诉多利的“混合动机”来进行审判。按照这种分析，被告有责任证明，即使没有行使宪法保护行为，还是会得出同样的结论解雇职员。这两种截然不同的法律观点区别在哪呢？

在包因诉邦姆县教育委员会(Boring v. Buncombe County Board of Education，136 F. 3d 364，4th Cir. 1998)案中，一戏剧教师由于其选择的参加全国比赛的剧本而被调动工作，法院由全体法官做出判决，结果是七票赞成，六票反对。这部引起争议的剧本讲述的是一个单亲家庭的故事，包括一个离异的母亲，一个同性恋的女儿和一个未婚先孕的女儿。教师声称其享有宪法第一修正案中的权利，能对剧本进行挑选和编排，参与学校的课程开发工作。但是，大多数人认为课程开发应该由校方而不是由教师来进行。法院的判决认为剧本是课程的一部分，选择剧本不属于公共事务的范畴，因此也不属于被保护的言论（引自考尼克诉米尔斯案）。所以学校享有法定的教育权益，不允许教师随心所欲地编排剧本[引自赫兹沃德学区诉库尔梅尔（Hazelwood School District v. Kuhlmeier 484 U. S. 260，1988）案]。在拉克斯诉福格森·利奥瓜学区（Lacks v. Ferguson Reorga School District，R－2，147F. 3d. 718，8th Cir. 1988，Cert，denied，526 U. S. 1012，1999）案中，拉克斯（Lacks）允许学生在创造性活动中使用过多的亵渎性语言，她因此被解雇了。在长达45分钟的录像带中，一些粗话如“性交”、“大便”、“傻瓜”、“母狗”、“黑鬼”等出现了150次，还有学生在教室大声朗读一首诗，诗中含有亵渎性语言和具体详细的口交描述。尽管教师认为校方有关禁止教室内的亵渎性语言的政策不适用于创造性活动，法院还是判定学校委员会有权禁止这些亵渎性语言。教师明知故犯，违反这些规定，那么她就无权声称她的自由言论权受到了侵犯。在该案中也牵涉到种族问题，但没有足够的论据可以证明解雇是与种族问题相连的。拉克斯是白人，她的督导们和学生是黑人。

学校官员强迫学生参加在公立学校举行的性意识与艾滋病防范大会聚会，学校官员因此受到起诉。因为他们没有遵守校规和州法的规定。校规和州法规定：对于性教育活动，必须提前通知家长，让他们有机会对此活动进行挑选。一联邦上诉法院支持学校官员的行为，他认为，即使学校官员未能就青少年的性教育问题按要求提供选择机会，但这种活动是本着善良本意的。法院还宣称家长对孩子的教育指导权并不能限制信息在公立学校的流通[见布朗诉好特卫生品生产公司（Brown v. Hot，Sexy and Safer Production Inc. 68 F. 3d 525，1st Cir. 1995）案]。在另一起案件中，学校委员会禁止在教室内实行“学习运动”管理方式，学校委员会的这种决定受到法院的认同。这种管理方式包括依据一种被称为"学习运动"模式,把班上的学生分成数个小组,学生们选出队长和教师助手,让学生建立班规和改作业。在这一过程中,实施一种奖励制度,如播放收音机以及在教室内用泡沫球射篮等。法院认为宪法第一修正案中的学术自由条款并没有赋予教师采用这种管理方式的权利,因此学校委员会的禁令是合法的[见布兰德勒诉匹兹堡教育委员会(Bradley v. Pittsburgh Board of Education, 910 F.2d 1172, 3rd Cir. 1990)案,也可参照默雷诉匹兹堡教育委员会(Murray v. Pittsburgh Board of Public Education 919 F. Supp. 838, Pa. 1996)案]。在该案中,另一所高中禁止对差生实行"学习运动"管理方式,校方的做法得到法院的肯定。

一个合唱团的犹太学生称她的音乐老师选择了带有明显基督教宗教色彩的音乐和宗教地点作为高中合唱团的表演地,该教师的行为侵犯了她所受到的美国宪法和犹他州宪法保护的权利,在伯彻曼诉西部高中(Bauchman v. West High School, 900 F. Supp, 254, Utah 1995)案中,法院认为教师的行为没有侵犯学生的宪法规定的公立教育与宗教分离条款的权利,因为教师选择音乐的主要目的是教会学生音乐欣赏,课程并不是为了推广或促进宗教传播,也没有与宗教有过多牵连。法院判决,宗教音乐的选择对该学生来说是一种不悦行为,但音乐出现在合唱团的表演目录上并没有侵犯学生的自由练习权,因为学生能在该门课程得到A,而且也可以不在教室内练习她所反对的宗教歌曲。此外,法院指出,"坎贝尔(Cappella)"用来形容合唱团,意思是"在唱诗班",合唱团的音乐常常跟宗教联系在一起,并不是过多牵连宗教,也不是以宗教为主要目的,其内容是符合宪法的,因此法院得出推论:尽管一些歌含有"上帝""君主"等字眼,其意义等同于"一般性祷告词"。

家长对公立教育的不满已经令课程目的受到了直接的政治攻击,特别是那些家长,他们对于用世俗主义和实证主义(只在科学上得到证实的知识)来取代犹太—基督教义教学非常关心,而且有些家长认为,学校只传授政治上要求传授的做法，本身就违反了教育的目的。持有这种观点的家长把他们攻击的重点放在了所谓的“掌握学习”和“教育后果”等类教育目的问题上，这些家长还经常说传统的3R已经被新3R的概念所取代，即重复循环和种族主义。

“赢得”一场学校的诉讼，有时可能等同于一句格言，“赢了一次战役但输了一场战争”，这种情况的最出名事例就是一间名牌小学的名为“印象”的阅读系列的最终停止。尽管有两个上诉法院在弗莱西弗瑟诉学区督学(Fleischfresser v. Director of School District，200 15 F. 3d. 680，7th Cir. 1994)案和布朗诉沃德兰德(Brown v. Woodland Joint Unified School District，27 F. 3d 1373，9th Cir. 1994)案的判决中，认为阅读系列并没有使威肯(Wiccan)传播宗教与政教分离条款的规定相抵触。曾有人认为阅读系列包括了一些宗教内容，而这些内容是属于异教、巫术和邪恶范围的。尽管败诉，尽管这些印象系列已在三个州的1 500多间学校使用，许多校区还是反对使用这个系列。一些学校委员会取消了该系列，有四个州教科书委员会不允许在其书目上出现该系列，在这么巨大的反应下，出版商撤销了该系列的出版。

在有关学校委员会是否有权从图书馆中撤除书籍的案件中，最高法院分歧很大，有七种不同的意见。尽管没有占绝对优势的观点，多数观点的确提供了指引。校方不能因为价值偏袒、政治目的或不让学生接受校方不赞同的观点撤除书籍。此外，有一些宪法条款的规定可以用来判定书籍是否需要被撤除。例如，教学的适用性，一些特殊的适用标准还包括课程的相关性和年龄的合适性。对未成年人不适宜的，有下流内容，有大量暴力描述或语言粗俗的书在法律上可以被撤除书架[见特里兹岛联合自由学区教育委员会诉皮卡(Board of Education, Island Trees Union Free School District No 26 v. Pico, 457 U. S. 853，1982)案]。

蒙泰罗诉坦普尔联合高中学区(Monteiro v. Tempe Union High School District, 158 F. 3d 1022，9th Cir. 1998)案中，《哈克贝里芬历险记》(*The Adventures of Huckleberry Finn*)和《艾米莉的玫瑰》(*A Rose for Emily*)两本书因使用了"黑鬼"这个词,而被从学校的课程中删去,法院认为这侵犯了学生受宪法第一修正案保护的权利。尽管法院意识到美国历史上存有对黑人的种族偏见,它还是认为取消这种文学作品会使学校委员会在确立合适的教育课程时的自由大打折扣,并且这会使他们在选择书籍时,不愿意采用主题、人物、对话片断和措词可能会引起某些人或某个群体的反感的书籍。在详细举例后,法院又说:

> 白人原告会取消托尼·莫雷森(Toni Morrison)和梅亚·安格勒(Maya Angelou),或者其他的杰出的黑人作家的书,因为他们以一种诽谤的方式刻画白人,犹太人会追究莎士比亚作品的民事责任,因为莎的作品中含有反犹太色彩,女学生会对特雷沙·威廉姆斯、海明威、弗洛伊德作品所造成的伤害提出诉讼,而男生则会对安德拉·德沃金(Andrea Dworkin)或者玛格丽特·阿特沃德(Margaret Atwood)提出诉讼。

在以前的判决中,一种人文选修课的教科书被禁止使用受到法院的支持,因该书含有安迪斯特芬(Antistophanes)写的《李斯特拉特》(*Lysistrata*,一部性描述小说)和钱斯(Chancer)写的《米勒的故事》(*Miller's Tale*),法院认为按照自赫兹沃德学区诉库尔梅尔案件所确立的标准,因这些阅读材料含有明显的性描述和粗俗的语言,学校委员会有权对这些材料的适用性进行评定。法院还指出这些材料还放在图书馆,可以拿到课堂上讨论[见弗吉诉哥伦比亚学校委员会(Virgi v. School Board of Columbia County,862 F. 2d 1517,11th Cir. 1998)案]。

很明显,学术自由的内容似乎可以不予理会。教师工会经过协商形成了一项条款:学校委员会有权决定任何课程的进度、技巧、方式和教学手段。一些英语教师对学校委员会不购买或不分配某一些书籍的行为提出指控异议,法院支持学校委员会;法院同时表明,如果没有校方与教师达成的协议,允许校方在一定条件按照特定的标准配置书籍,那么,教师的行为就是合理的[见卡利诉亚当-阿罗帕赫学区教育委员会(Cary v.

Board of Education of Adams-Arapahoe School District，28－j，598 F. d 535，10th Cir. 1979)]。

## (二) 政治演讲者

**威尔森诉校长(Wilson v. Chancellor)**

**美国俄亥俄州法院，1976**

**418 F. Supp. 1358**

伯恩斯(Burns)地区法院法官：

联合高中学校委员会通过一条禁令，禁止在莫拉拉联合高中(Molalla Union High School)进行政治演讲。原告威尔森和拉格(Logue)提起诉讼，要求法院判定被告侵权并禁止其行为。他们声称学校委员会禁令违反了宪法第一修正案的规定，也违反了宪法第十四修正案相应的保护条款，而且这一禁令意思不顺，范围过于广泛，不合宪法。

威尔森在莫拉拉联合高中(MHS)教政治，拉格是该校的学生，当威尔森邀请了一名共产党人安顿(Anton Kchmaeack)在拉格所在的班级进行演讲时，争端就发生了。威尔森之前已经邀请了一名民主党人、一名共和党人和一名约翰·伯奇(John Birch)社团成员进行演讲，并未遭到任何反对。该名共产党人是威尔森计划中的四人小组的最后一个，威尔森希望通过这种方式来表达他们各自的观点。

威尔森按照常规将此邀请向校长汇报，得到校长的同意，被告学校委员会于1975年11月的会议上讨论并同意了该邀请。整个过程都符合常规、有例可循。学校委员会的同意引起了众多非议。两个言语激烈的批评家在12月4日组织了社区会议，他们在会上提出请愿书，要求学校委员会修改决定，大约800人在上面签了名。一些镇民在给报纸的信中提到有可能否决所有的学校预算，更换学校委员会成员。

面对着这份请愿书和众多愤怒的居民，学校委员会于12月11日修改了其决定，发表了口头禁令，禁止所有政治演讲者到该学校演讲。

拉格小姐认为该禁令侵犯了她的第一修正案中的倾听他人演讲的权利。

通常，听的权利主要适用下列人群：不能阅读期刊的囚犯；潜在的观众因为演讲者被禁止演讲不能听；声称有“公共知情权”的人们或者“隐私知情权”的人们。

在这些案例中，只有第二种人群适用于本案。这些案例加上我对宪法第一修正案中对学校委员会权益的保护内容的了解，使我觉得拉格的宪法第一修正案中的权利被侵犯了。

很少有法院会考虑宪法第一修正案中对学术自由条款是否具有保护作用或起到何种程度的保护作用。学术自由沿袭了德国的传统，在许多学术辩论中作用显著，但该学说很少被真正赋予法律意义，而且，即使是最热情的提倡者也常常把大学教授享有的学术自由和中小学教师的学术自由区别开来，似乎前者是对知识的探索，应该享有更多的自由，而后者仅仅是传播知识，因而享有的自由较少。

联邦最高法院已用“措词严密、独立的方式”讨论学术自由的问题……低层法院对此问题讨论更多，但都没有清楚地界定该学说的法律范围，我也不对此作出界定。该案只需运用常见的言论自由来进行判决就行了。

教师的教学属于宪法第一修正案的内容。言论自由的权利不是无限制的，它是要受到限制的。对于教师言论自由的限制可根据“学校环境的特性”来实行。在实行限制和作出其他决定方面，学校委员会应享有更多的自行判断的自由，法院不会仅仅因为学校委员会的决定似乎不明智而干涉学校委员会的决定。但是，如果学校委员会在进行自主判断时，产生妨害教师或学生所享有的宪法赋予的权利的行为，法院就必须对此行为进行干涉，并判定学校委员会是否正确地遵守法律。

考虑到这些，我要提出两个重要问题：第一，教学方法或手段是否属于宪法第一修正案保护的言论自由的范围；第二，如果两者都属于受保护范围，对此进行的限制是否合理？

在基弗诉金内克(Keefe v. Geanakos, 418 F. 2d 359, 1st, Cir. 1969)案，帕多斯诉罗特兰德(Parducci v. Rutland, 316 F. Supp. 352, M. D. Ala. 1970)案，斯迪尔兹恩诉福特本德独立学区(Sterzing v. Fort Bend Independent School District, 376 F. 657, S. D. Tex. 1972)案中，教学方法被判定为受保护的言论自由范围。

在基弗诉金内克案中，教师让学生看《大西洋月刊》上的一篇文章，该文章含有一个词，该词具有"极度的冒犯性，是一个乱伦的儿子使用的粗话"。

校委员会找到基弗(Keefe)，要求其解释自己的行为。当他被要求不再使用该词时，基弗拒绝了，随后他就被停职了，于是他向法院申请临时禁令，禁止校委员会召集解聘他的听证会。

区法院依据案情特点，拒绝给予该禁令。上诉法院持有相反的观点，认为基弗已经证明他可能会胜诉，因为他并不很清楚相关规定，而且其学术自由权利应该得到保护。

在帕多斯诉罗特兰德(Parducci v. Rutland, 316 F. Supp. 352, M. D. Ala. 1970)案中，帕多斯在 11 年级英语课上让学生读小科特・凡尼(Kurt Vonnegut, Jr)的短篇小说《欢迎来到猴屋》(*Welcome to the Monkey House*)。一些家长对此提出投诉，校方禁止该教师在她的任何一堂课上使用该作者的小说，并且威胁说，如果她拒绝就解雇她。该教师辞职了。为了寻求法律救济，她对学校提起诉讼，称学校的行为侵犯了她所享有的宪法第一修正案权利。

法院确认了她的这种权利，但是又指出这种权利不能违背社会利益，特别是"不能损害受到政府保护的青年人的权益，保护青年人免受任何形式的教室内的极端宣传的侵害"。……法院也确认了廷克一案的精神，并提出政府应该提供相关的证据，说明帕多斯的行为构成了对青少年权益的损害：

"被禁止的行为必须是从根本上干涉了学校运作中所需要的适当的纪律。"

因为阅读材料是合适教学的，也没有造成任何混乱，法院由此得出判决，教师因为阅读材料而被解雇侵犯了她的宪法第一修正案中的权利。

在斯迪尔兹恩诉福特本德独立学区（Sterzing v. Fort Bend Independent School District，376 F. 657，S. D. Tex. 1972）案中，斯迪尔兹恩在公民课上表露出他对跨种族婚姻的赞同。一些家长对此进行投诉，校方要求斯迪尔兹恩在教科书范围内教学，但他不理会校方的要求，在其后的五个月中又数次脱离教材进行教学，斯迪尔兹恩组织了一次“被控具有宣传意义的”种族关系的考试之后，学校委员会投票解雇了他，原因是不服从管理。

地区法院判决斯迪尔兹恩复职。法院认为教师有权选择符合教育目的的教学方式，判决说道：“一位有责任心的教师必须有使用他认为合适自己职业的教学工具的自由。”

这些案例也确认了一句流行甚广的格言是有效的：“媒体就是信息。”说话者的表达方式可以对他所表达内容的可信性、影响的持久性、听众的规模和类型产生影响。教学行为本身是一种表达形式，教学方式是媒体。威尔森邀请政治演讲者的行为是他的教学媒介，同样地，帕多斯运用短篇小说作为教学内容，也是一种表达方式，小册子是斯迪尔兹恩的教学方式，含有争议性文字的文章是基弗的教学方式。各个学校委员会在上述案件中限制威尔森、基弗、帕多斯、斯迪尔兹恩使用自己的教学方式，这样就限制了宪法第一修正案中保护的言论自由。

但是如果校方的限制基于学校环境的特殊性考虑，并且在这种特殊性的基础上显得合理时，学校委员会可以限制教师的言论自由。因此，第二个问题就是：这种限制是否合理？

由此我认为威尔森案例中的限制令不合理，侵犯了当事人宪法第一修正案予以保护的权利。

该命令完全禁止政治演讲者，但是无论在威尔森的班上还是在讨论政治学科的学校集会上，都没有出现干扰校方教学的局面。而且，人们也不希望今后会看到这种局面的出现。被告没有表明校外的演讲者是否损害了高中教育，但即使校外的政治演讲的确损害了教育，学校委员会对校外政治演讲者进行限制，还是违反法律的。而且，有证据表明，邀请校外演讲者是被众人推崇的、广泛应用的、职业上允许的。

学校委员会认为政治话题不适于包含在高中课程中，因此作出禁令，但这是不合法的。在莫拉拉联合高中和全国的其他学校中，经常讨论政治话题，因为这是法律的规定。对于那些批准开设的课外活动，学校委员会也无权在此过程中压制政治言论，但事实上，学校委员会对该类言论进行了压制。

学校委员会认为排除不合格的演讲者属于自行判断的权利范围，但这是不正确的。它给人们造成了压力，使人们认为并不是根据演讲者的能力而禁止他们的演讲，这令人们产生害怕的心理而不是怀疑的心理。

学校委员会发布禁令压制被保护的言论，其惟一明显的原因是要使愤怒的居民和纳税人的愤怒得到平息。宪法第一修正案是禁止这类情况的。至少在没有理由担忧教育过程的组织或者教育过程的内容受到干涉的情况下，仅仅因为担心选民反应或者个人异议，便对言论加以限制，是对言论自由的侵犯。

法院裁定，学校可以禁止政治演讲家到校演讲，从而创设了提前限制制度。提前限制本身是不违法的，但是认定它们的有效是有许多前提的，其中一个重要前提是，学校当局必须采用迅捷有效的复审规则和保障程序，决定是允许抑或禁止一种言论在学校的教室里表达。

学校委员会的命令内容空洞，它既没有对“政治演讲者”的标准进行界定，也没有说明禁止演讲的明确和相应的保障程序。

因此，学校的禁令是一种无效的提前限制。尽管我们的语言有大量的词句，人们不需要对这些词句的含义进行界定。但是，“政治演讲者”这个概念是不在此范围之内的，也就是说，需要对这一概念进行界定。

就宪法第一修正案中所保护的行为而言，只有在这些行为会损害到政府的正当的利益时才能对其进行限制，其余任何条件下对这些行为进行的限制都是违法的……正当的政府利益包括为了提高教学效率防止扰乱课堂教学的行为，或者是处理好现有的危险状况的行为，或者是防止出现大量的混乱无章局面或者侵犯别人权益的行为。

我已经在前面论述了该禁令并不能对正当的政府权益有任何促进作用，因此这一禁令是违反了宪法第一修正案的，我还要指出它还违反了平等保护条款。

这条禁令的目的仅仅是担心听众会被非主流政治观点所影响，从而禁止人们表达这种观点，政府及其代表者学校委员会是无权这样做的。

学校委员会表达了一种歧视，它允许威尔森邀请一名共和党人、民主党人和约翰·伯奇社团成员到教室演讲，却不允许他邀请一名共产党人进行演讲。

这种禁令造成的影响也是歧视性的，持有大众观点的演讲者可以演讲，而持有非大众观点的人不能演讲。

威尔森邀请民主党人到他教室演讲，之后他又邀请共和党人，若有禁令禁止他的第二个邀请，这种禁令也是一种歧视。威尔森邀请一名共产党人，而没有邀请持现行正统政治观点的演讲者，这两种行为在宪法上没有什么区别。

我并不是说社区成员可以提出要求，强迫学校对某些校外演讲者敞开校门，因为这样的强制会限制教师的自由而不是保护他们的自由，这与我上文所陈述的那些重要政策是完全相反的。

我也不是说联邦法院可以随时限制公立学校的制度，控制公立学校的课程。我并没有要求教师在他们的课堂上邀请校外演讲者。我只是认为，运用在上述案例中的禁令是不合宪法的。

我也没有诋毁被告学校委员会成员，他们处于非常敏感的地位，这是一种挑战也是一种机会。在他们所处的社区里，许多人把共产主义等同于暴力、欺骗、帝国主义，然而在许多党派的教条中都存有暴力、欺骗和帝国主义。学校委员会对高中课程进行处理，限制一种理论、一种哲学，或者坚定的、和平的、诚实的、非扩张的社会实践进入课程，这样学校委员会会把大多数的课程给取消掉。

同样地，居民也担心莫拉拉联合高中的年轻人会在一夜之间变成年轻的马克思主义者、毛泽东主义者。奥尔良法律要求学校重点是教育学生尊重政府组织形式，尊敬国旗，遵守法律，从这一点来看，居民的这种担心是不恰当的。此外，现在的高中生思想成熟，聪明机智，对问题能深思熟虑，即使是那些最具有强迫性、可信性、普遍性的词语，他们也不是能轻易接受的。

最后，我坚信，课程设置目的应该是让学生认识一个自由民主的社会而不是一个大量限制自由的社会，而且课程设置必须让学生懂得：(1) 不管国家的力量如何强大，它都不能禁止那些不同声音的发出；(2) 生活在自由社会里的居民必须经常聆听与他们意见相左的声音，即使这种声音令他们愤怒，他们也得坚持听下去。只有让学生懂得了这些，我们的课程设置才是成功的。

**注释与问题**

何种活动可以在教室内进行，何种活动不能在教室内进行，谁拥有该问题的最终决定权呢？教师、基层管理者、中心管理者、地方学校委员会、州教育署、州司法机关、教育部、法院？哪种因素会影响你的决定？年级或教授科目的性质会影响决定吗？

## 四、毒品检测

美国社会毒品盛行，在这种环境下，一些学校已经对教师进行搜查，看他们是否使用毒品。人们认为这种检查方式侵犯了宪法第四修正案赋予教师的权利，政府有权创建一个无毒品的环境，但政府的这种权力要与教师的个人隐私权相协调，这种协调要由法院来完成。在协调这些互相冲突的权益时，政府要考虑的因素有：搜查所造成的打扰；毒品问题的牵涉范围;引起搜查的怀疑程度;在特定条件下是否存在特例,从而不需要怀疑个人。在那克斯县教育协会诉那克斯县教育委员会(Knox County Education Association v. Knox County Board of Education, 158 F. 3d 361,6th Cir. 1998,Cert denied 528 U. S. 812,1999)案中,法院判定以下两种政策未与第四修正案相抵触:(1)对所有个体进行无例外的怀疑毒品检测,这些个体是申请、调动或提升到学校系统内的"安全敏感性"职位,安全敏感职位包括校长、校长助理、教师、访问教师、助教、代课教师、学校秘书和司机;(2)对所有学校员工进行的合理性的怀疑性的毒品或酒精检测。法院支持第一项毒品检测政策,法院强调说:教师在学生的生活中起着独特的作用;在学校教育制度中,"安全敏感性"要求为学生提供一个安全环境;由于从事高度制度化的职业,教师的隐私权已被削减了。法院还指出,毒品检测政策并不包含随机检测的成分,检测对象仅限于那些特定职位的申请者和希望调到特定职位的人,一旦第一次检测通过了,那就不需要进行再次检测了。对于校方毒品政策的第二条"合理性怀疑性毒品检测",法院认为是符合宪法第四修正案中的合理要求的,因为该政策是非常清楚地建立在对怀疑个人的调查结果上的。

在新奥尔良教育联合会诉奥尔良教区学校委员会(United Teachers of New Orleans v. Orleans Parish School Board, 142 F. 3d 853,5th,Cir. 1998)案中,有一条规章要求那些工作中受伤的教师和学校员工接受毒品检测,有人对此提出异议,法院认为该规定违反了第四修正案,而且并没有任何证据表明教师、助教或员工使用了毒品。此外,法院还说:"工作受伤与毒品危害之间并不存在必然的联系。"

在学校停车场的教师的汽车里发现了一支燃了一半的大麻香烟,该教师拒绝在事件发生两小时内进行毒品检测,于是她被解雇了,原因是不服从组织规定。在这起赫恩诉撒凡黑教育委员会(Hearn v. Savannah Board of Education, 191 F. 3d 1329,11th, Cir. 1999)案中,法院认为解雇是合法的,大麻是被一只毒品搜查犬发现的,当时这只狗在校园中进行毒品检查，汽车未上锁，驾驶座侧边的窗子开着。由于校区有“无毒品工作环境政策”和“零承受”的毒品政策，该教师的事件被定为“合理性怀疑”，并要求她在事件发生后的两小时之内接受检测，上述两条政策还允许解雇拒绝执行毒品检测的人。

三项美国联邦最高法院的裁决，尽管没有涉及到学校职员，但可以对教师毒品检测案提供指导。在钱德勒诉米勒(Chandler v. Miller，520 U. S. 305，1997)案中，佐治亚洲的法规要求某些州政府职位的候选人要在上任前30天进行并通过毒品检测，最高法院认为这种规定不合宪法，在它的判决中，高院认为非怀疑性检测并不符合第四修正案中“特殊需要”例外的条款。该条款规定，如果没有证据表明州政府官员使用毒品就不需怀疑他们从事不当行为。在斯金纳诉列车行政协会(Skinner v. Railway Executives Association，489 U. S. 602，1989)案中，法院认为，不需要怀疑个体，但要对全体火车工作人员进行血液和尿液检查，以防止致命性病毒或有害物质散发所造成的火车事故的发生。此外，法院还认为，当个体的隐私利益很小时，当怀疑个体会令一重要的政府利益处于危机状态时，这种对个体的隐私可以忽略不计。在国家财政部雇员联合会诉凡·拉伯(National Treasury Employees Union v. Von Raab，489 U. S. 656，1989)案中，法院认为，要对海关一些涉及到禁毒、执行相关法律和携带枪支的职位的申请者进行必要的毒品检测。此外，在国际贸易公司诉斯金纳(IBEW Local 1245 v. Skinner，913 F. 2d 1454，9th Cir. 1990) 案中，法院要求对那些从事天然气和有毒气体管道工作的雇员进行检测，在布劳斯坦诉斯金纳(Bluestein v. Skinner，908 F. 2d 451 9th Cir. 1990，Cert denied 498 U. S. 1083，1991)案中，法院裁定对飞机上负责安全工作的人进行随机的尿液检查。

## 五、个人仪表

教师着装打扮的个人仪表问题已引起了法院的极大关注。校方总是说适当的着装打扮能使教师树立良好的职业形象,促进学生的良好着装,有助于在教室内保持礼仪和庄重。而教师则声称地方有关个人仪表的规章侵犯了他们的隐私权和自由权,这种冲突包括:留长发、蓄鬓角,男性留胡须,男性穿夹克带领带,女性裙子太短或着装过于华丽[见东哈特福特教育协会诉东哈特福特镇教育委员会(East I Hartford Education Association v. Board of Education of Town of East Hartford)案]。

**东哈特福特教育协会诉东哈特福特镇教育委员会**

**(East I Hartford Education Association v. Board of Education of Town of East Hartford)**

**美国第二巡回上诉法院**

**(United States Courts of Appeals, Second Circuit, 1997)**

**562 F. 2d 838**

主审法官卡夫曼(Kaufman),巡回审判法官斯密司·费恩伯格(Smith Feinberg)、曼斯弗尔德(Mansfield)、莫里根(Mulligan)、奥克(Oakes)、哥芬(Gurfein)、凡格拉弗兰德和梅斯基尔(Van Graafeiland and Meskill)要求对尚未判决的此案进行重审。

梅斯基尔(Meskill)巡回审判法官:

尽管刚开始,这个案件似乎太微小了,不足以引起一个忙碌的法院的关注,但它提出了一个重要的问题,即司法部门对地方事务合适的监管范围是什么,原告里查德·包雷姆利(Richard Brimley)是位公立学校教师,由于他在上英语课时没有戴领带而被校方谴责。在教师工会的支持下,他对东哈特福特镇教育委员会提出起诉,声称对他着装的谴责剥夺了他的自由言论权和隐私权。地区法院受理了包雷姆利的起诉,但主审法官克拉里(Clarie)宣布了有利于被告的法庭裁决……法院的陪审团对此意见不一致,否定了法庭意见,要求对此案进行重审。在一法院法官的提议下,积极工作的法官们对此进行了投票表决来决定案件是否需要重新听审。大多数人认为要重新听审。我们现在确认区法院的判决。

事实并不存在争议性，1972 年 2 月，东哈特福特镇教育委员会实施了一条“教师着装的规定”。那时，包雷姆利先生是该高中的英语和电影制作教师，通常穿一件夹克，一件运动衫，不戴领带，他的这种不戴领带的行为违反了这条规定，并因违反规定而被谴责。包雷姆利先生向校长投诉，校长告诉他，上英语课时他必须打领带，但在上电影制作课时他可以着便装。然后他向督导与教育委员会投诉，但未能成功。此后他便开始了正式的仲裁程序，但被告知该争议是不能被仲裁的。接着，包雷姆利向地区法院起诉教育委员会，尽管在诉讼过程中，包雷姆利开始是遵守这条着装规定的，但很显然的是现在他又恢复了以前的着装方式。

在大部分的社区中，公立学校是由地方选举的教育委员会成员控制的，这就使得地方政界对学校的语言行为有高度控制权。公立学校系统的许多日常性规定是由地方民主作出的，而不是由联邦法院作出的。相应地，产生了这种规定与学校系统运作过程中的冲突，对于那些不是直接涉及到基本宪法价值观的冲突，法院是不会也不能干涉的。

因为原告与其雇主的冲突未能“直接涉及到基本宪法价值观”，我们不对教育委员会的政策进行修改。

包雷姆利声称他在日常生活中不打领带是为了辅助他的教学，他认为，以下是其不打领带的益处：(1) 他希望学生把他看成一个不受“已定的规章”束缚的人；(2) 他想以此作为一种象征来表明他与学生群体是属于同一代人的，他们都对众多的传统价值观、社会观和上一代人的观点持否定态度；(3) 他认为这种着装能使他与学生关系更加融洽从而促进他的教学。因此，原告认为，拒绝打领带是一种“象征性的语言”，是受到“第一修正案中防止政府干预条款的保护的”。

原告称他有自由表达的权益，而教育委员会要求教师不能随心所欲，必须着装正式，我们需要对此二者进行协调……从这点上看，教育委员会的决定是正确的。

很明显的，按照包雷姆利的说法，很多行为都可以认为是有“象征性的语言似的”功能，从宪法上看，认为那种行为是“象征性的”仅仅是个开端，而不能称为结束。即使这被看成为一种语言，象征性语言仍然是一种行为，需要受到州的规章的约束。

随着行为变得越来越不像“纯语言”，政府通过规章所表达的利益也就大量减少了……在那些案例中，政府对于表达行为的规定被否决了，参与者的交往目的就变得明显了，“类似于纯语言了”……因此，宪法第一修正案对下列行为予以保护：戴黑色的臂章来抗议越战……在演讲中燃烧国旗来谴责政府未能保护民权领袖以增加演讲的感染力……以沉默的方式拒绝背诵效忠誓言。

相反地，本案中的象征性语言很模糊分散。仅仅是拒绝打领带，包雷姆利声称他用这种行为向学生传达了社会生活的综合观点。在这个日益注重时尚的社会里，很大一部分人可能通过着装来表达某种观点，但是，包雷姆利行为太含糊，不属于上文陈述的“言语行为”的范围……学校的规章必须符合宪法规定，但是，包雷姆利的行为并不能说明学校规章是否违反宪法。如果换一种情形，例如，包雷姆利在公开场合对学校管理发表评论，并受到批评，那么，这样的行为在判定学校规章是否违反宪法方面就会更有意义。

开始，包雷姆利本来可以用更有效的方式把他的社会观点向学生表达。例如，他仅仅需要告诉他们对于当代美国的看法，如果他用一种与他教师身份相符的温和的方式来表达观点的话，我们现在面对的就是一起完全不同的第一修正案例了……在衡量学校关于衣着规定的效力时，可选择性的、有效的交流方式虽然不起最终决定作用，但也是需要加以考虑的。

与原告所称的自由表达权相对的有：教育委员会的利益——尊重权威和传统价值观，维持教室纪律要求教师着职业装。着装规章是实现这些目标的合理方式。需要协调的主要是教育委员会的利益，如果我们是地方官员而不是上诉法院的法官，我们可能会认为包雷姆利控词具有说服力。但是，我们并不是在此挑选一种更好的教育政策。只有在校方的行为超越了其管理范围时，我们才会对此进行干涉。因为，从定义上说，教学是一种表达行为，如果认为包雷姆利的控词成立，那么这条政策就完全无效了。那么校方所做的每一个决定都会引起宪法第一修正案中的相关问题，都会要求联邦法院的介入。

公立教育的概念代表着大量的公共控制，必须有人对教育问题作出决定，对于教师和他们雇主的观点，在宪法上是没有偏袒的……宪法第一修正案涉及的内容在本案没有实质性的规范意义，与教师着装的关系可以忽略不计。我们也不愿把教师的着装选择的内容写入宪法第一修正案。

包雷姆利还声称宪法第十四修正案中的正当诉讼程序条款中的“自由”权益，保护了他的着装选择权……这种说法是经不起推敲的。

……假设包雷姆利享有打领带的法定权益，那么，这种权益在宪法上也不占重要地位。和大多数的司法选择一样，教育委员会的服装规章是被认为符合宪法规定的，它的合理性可以通过宪法中的有关尊重、纪律条款和我们所陈述的宪法第一修正案中的内容来证实传统价值观。

原告以隐私权和自由权作为辩护理由，这两种权利很重要，而且还涉及宪法条文。然而直到今天为止，最高法院只是保护那些最基本的个人决定……最高法院还没有把这些权利扩展到新的领域……和其他的宪法条款一样，我们不能组织各类巡回委员会来宪法的各项条款，纠正各项条款下的全部具体的冤屈，把委员会的正确的法规精神推行至社会的全部细小领域。把我们对正确政策的观点强加于社会。把正当的诉讼程序扩展到这类案件中存有相当大的危险，用宪法来保护细小的行为，这样就把宪法条款琐碎化了。如果我们要维护新的政策的有效性，我们就必须谨慎，不能在任何限制公民自由的政策上喊“狼来了”。

其他两家上诉法院也对类似的案例进行了讨论，并得出了类似的结论。在米勒诉学区（Miller v. School District, 495 F. 2d 658，7th Cir. 1974）案中，第七巡回上诉法院赞成对教师进行着装限制。在他迪夫诉奎恩（Tardif v. Quinn, 545 F. 2d 761，1st Cir. 1976）案中，第一巡回上诉法院得出相同结论，该案中教师因为穿超短裙被解雇。

米勒和他迪夫与本案的原告相比，性质更严重，因为两人都被解雇。而本案中原告只是被批评，而且，米勒涉及到有关头发、胡须、服装的规章，当雇主想见米勒时，无论他是否处于工作时间，他都必须与雇主见面。相反地，一下班，包雷姆利可以除掉领带了，如果米勒和他迪夫的控词都不被法院接受的话，那么，包雷姆利的控词就更不能被法院接受了。

法院必须按照案件的特殊情境来判定对于自由的诉求。考虑到公立学校教师在教室内的独特的影响作用，教育委员会认为实行这条规章是合法的。作为处于特殊信任位置的公共职员，教师在其职业生活中要受到许多合理的限制，但这种限制不适合于在大众中推行……我们接受第一和第七巡回法院裁定中的正确的观点，也接受凯利案裁决（Kelley, 425 U. S.，238，1976）对于检察局警察头发发型规章的肯定。因此，我们认为如果教育委员会想对学校的教师的仪表制定合理的规章，那么学校和教育委员会理应有权这样做，本案不存在重要事实问题，我们确认上文所作的总结性判决。

## 注释与问题

其他的联邦上诉法院对与东哈特福特教育协会诉东哈特福特镇教育委员会案相似的案例的处理结论，也大致相同。一些观察家认为校方对教师的服装限制要比对学生的限制多，这二者之间是不协调的，你怎样解释这种表面上的不协调呢？实际上，尽管校方胜诉了，教师的服装问题不再像以前那样引人争议了，人们多用“理智的规定”去对待教师服装规定了，因为教师服装是一种理性的规定。

## 六、作为示范者的教师

就在不久以前，教师的生活方式要受到学校正式或非正式的，通常是僵硬的规则的限制，这其中的一个例子就是教师行为规则，这是1915年西弗吉尼亚教育委员会制定的。

教师行为规则：

(1) 合同教师不准结婚。

(2) 不准与男性为伴。

(3) 除非参加学校活动，从晚上8点到第二天早上6点之间必须在家。

(4) 不能在冰淇淋店闲逛。

(5) 未经教育委员会主席允许，不准到城外旅游。

(6) 不准与父亲、兄弟之外的男性坐马车或汽车。

(7) 不准吸烟。

(8) 不准穿亮色衣服。

(9) 任何情况下不准染发。

(10) 至少穿两件内衣。

(11) 服装不能短于脚踝以上2英寸。

(12) 为了保持教室整洁干净，一天至少一次扫地，一周至少一次用热肥皂水擦地，一天至少擦黑板一次。早上七点生火炉，这样八点教室就能暖和。

并不是所有的教师都在这样严格的限制下开展工作的。然而，这些年来，人们已形成了一种观念，教师应该是学生的榜样，在着装、打扮、为人处事、道德方面，教师都应是学生的典范。

尽管教师有时会难以接受社区关于典范行为的观点，但他们还是明白这种行为的目的的。在那段时间，教师知道其不适当的着装或打扮、在公众场合醉酒、女性教师的离异，不仅会引起校方的不满，还可能会被解雇。对于婚外情、单身教师的不适当、不道德行为或同性恋都有类似的规定。

在现代社会,生活方式的变化,不了解典范而只了解"合适的"行为,使教师很难知道哪种模式违反了或超越了校方或社区的承受范围。而且,教师在大都市里可以实施的行为在小镇可能会被视为不能宽恕的行为,因为小镇里的人都是同一家族的人,所以他们很保守,这样就使问题复杂化了。

在考查那些令人争议的生活方式时,法院考虑的一些因素包括:这种行为在州法律中是否有错或不道德;是否妨碍了教师有效性的发挥;是否来源于无实质内容的谣言;是否侵犯了教师的言论自由。法院不愿禁止那些仅仅源于习俗、历史先例或专家意见的行为,然而在今天的环境中,法院已很少受理那些解雇下列教师的案件了,这类教师包括:通奸教师、未婚先孕教师、未婚与异性同居教师。

一名小学终身男教师接受变性手术,永久性成为女性,被解雇了,因为校方担心让他继续在校工作会对学生产生负面影响。法院提出的法律问题就是:州法律中规定,教师"无能力"将会被解雇,然而,"无能力"的教师却对学生产生负面影响,教师是否会因为"无能力"与"负面影响"之间的矛盾,对解雇提出法律诉讼?法院在克罗斯曼案件(Lure Grossman, 316 A. 2d 39, H. J. Super Ct. App. Div. 1974)的裁决中,指出变性教师会在年轻孩子中引起焦虑之情,对他们的精神健康有负面影响。但是,法院又强调说,该判决只限运用于在这个学校,并不表示她不能在其他地方教书或其他环境下工作。

### (一) 同性恋教师

在最初涉及到同性恋教师的案件中,教师称他们被校方解雇或取消教师资格,法院总是判定校方胜诉。然而,近期的案例表明,法院已支持同性恋教师的权益了,在一些州,州法规或地方法规都保护同性恋者的受雇佣权。

## 盖洛德诉塔卡玛学区
## (Gaylord v. Tacoma School District No. 10)
## 华盛顿高级法院,1977
## 559 P. 2d 1340 Cert . denied
## 434 U. S. 879(1977)

豪洛瓦兹(Horowitz)陪审法官：

原告杰姆斯·盖洛德(James Gaylord)是一位高中教师,被校方解雇,审判法院对此进行审理,认为被告校方的决定是合法的。盖洛德不服,提出上诉。我们只需要考虑其结论中的错误,从中产生了两个基本问题：(1) 审判法院认为原告盖洛德是不道德的,这一点是否有实质性的证据证明;(2) 这些实质性的证据是否证明盖洛德是一个众人皆知的同性恋者,他的教师身份是否会损害威尔森高中(Wilson High School)的声誉,被告学区教育委员会对他的解雇是否合理。审判法院所得出的有关裁决归纳如下：盖洛德在审判20年前就知道自己是个同性恋者了,在过去的七年中,他一直积极寻找同性恋伙伴,参加同性恋者的活动。他知道,一旦他的这种同性恋者的身份被发现将会危及到他的工作,损害他的名誉,伤害他的父母。

盖洛德的校方是在1972年10月24日知道他的同性恋身份的。一位威尔森高中的毕业生告诉副校长,他认为盖洛德是一位同性恋者。校长就在同一天带着学生写的书面报告去了盖洛德家,盖洛德承认他是位同性恋者,并且想让副校长不张扬此事,但被拒绝了。

1972年11月21日,盖洛德被告知,由于他是个众人皆知的同性恋者,他的这种身份使塔卡玛(Tacoma)学区教育委员会有足够的理由解雇他,他的这种身份违反了校区第4119(5)号政策,该政策规定可以因"非道德行为"而解雇学校员工。听证结束后,被告学区教育委员会于1972年12月21日解雇了盖洛德。

法院在同性恋者的供词中发现盖洛德有非法的、非道德行为。因为

“从同一性别的人身上获得性满足，是同性恋行为”的含蓄说法，华盛顿的法规禁止下流行为(RCW 9.79 120)和鸡奸行为(RCW 9.79 100)。

当盖洛德的同性恋者身份被公开之后，这的确会损害他的教学效率。制约教师教学效率的因素有：师生关系，教师与学生家长的关系，教师与学校管理者的关系，以及教师之间的关系。如果盖洛德在身份公开之后未被解雇，那么会引起恐惧、混乱和怀疑，成为家长关注的热点，学生、家长和其他教师对校方都将施加压力。

法院判定，“原告的供词中含有非道德行为，原告是同性恋者，于是原告的被解雇是合适的”，因此不接受其法律救济，盖洛德真的犯有道德行为方面的过错吗?

我们现在所关注的是学区教育委员会第4119(5)政策中的非道德行为是何种意思。学区教育委员会享有高度的管理权——按照华盛顿州的法规[RCW 28A 58 100(1)]规定，学区教育委员会可以根据“充分理由”解雇教师。在盖洛德与被告校方签订合同期间，学区教育委员会按照第4119(5)政策的规定行事，此政策允许塔卡玛学区教育委员会把“非道德行为”作为解雇的充分理由。

第4119(5)政策中的“非道德行为”在其他政策中也有相关规定。华盛顿州的另一项法规规定(RCW 28A 67 110)：所有教师有责任向学生灌输道德原理、真理、正义、忍耐力、人文主义和爱国主义；再一项法规规定(RCW 28A 70 140)：教师资格申请者是具有“良好道德品质的人”；又一项法规规定(RCW 28A 70 160)：“非道德行为”可以作为撤销教师资格的理由。其他的理由包括“违反州法律的罪行”。考虑教师的道德行为，要考虑其对于学生的合适性和发挥作用的能力——即教学生的能力(本案中是高中学生)。

因“非道德行为”而解雇教师只有在一种情况是合法的：该行为导致了教师的事实上的不良表现或预期中的不良表现，允许以“充分理由”解雇教师的基本法规是RCW 38A 58 100(1)。该法规规定，只有在这些理由引发了教师的不良行为后，才能作为解雇的依据。

在本案中，第4119(5)政策并未对“非道德行为”进行界定，我们就可以从一种常见的、普遍的、日常的意义上去理解该术语，这是我们处理法规中的未被界定的术语的常用方法。

医学、心理学、精神病学著作对同性恋者进行了区分，分为公开同性恋者和被动或潜在同性恋者，前者有同性恋的倾向，在实际的同性恋行为中经历并明确表达了这种倾向。潜在同性恋者对“同性的人有一种性爱倾向，但是没有在公开行为中经历或明确表达这种倾向”，后者反对公开同性恋者的行为。

在本案中，盖洛德“承认他是一个同性恋者”……而且从原告的证词中可以看出，尽管他没有施行公开的同性恋行为，但他的确参与了该种行为，这是无可置疑的。

盖洛德在供词中承认其同性恋身份，这是有证据的，即他作为同性恋者已有20年历史了，他还证实说，在他被解雇前的两年，他曾积极地寻找其他的男性作为其同性恋伙伴，积极参与并成为道同社团(Dorian，同性恋者的社团)的成员；在看到一份社会报纸上的寻找同性恋伙伴的非直接性广告后，他对此作了回应，直至本案发生，他被迫暴露他的同性恋行为，不然他的父母是不知道的。

如果盖洛德指的是常识方面的行为而不是同性恋行为，在审判时他本来可以在他的供词中对此加以解释说明，说明他供词中的同性恋的含义，这样可以避免一些对他不利的干涉，但他并没有这样做。他本来完全有权声明他不是一个公开同性恋者，没有从事法院所称的非道德和非法行为，对于他的供词的解释说明是可以令人接受的……大家都知道原告是个有能力的、聪明的教师，所以法院才由此认定盖洛德知道同性恋行为的含义。这不是一个可以不假思索或轻易使用的词语，20年来，盖洛德一直很谨慎，不让他父母知道他是个同性恋者，这就有力地说明了他明白承认未被界定的同性恋行为将导致的严重后果。

他证明说，1970年6月他意识到如果他“想找到我所需要的同性恋朋友，因为我不能实现期待中的与他们的待遇，所以我要自己付出更多的努力去寻找他们”，就是在那时他参加了道同社团，他证实说，“与那里的人相处，感觉非常舒服”，最终他开始大量参加他们的活动。一次，一位高中男生与原告谈论同性恋话题，知道了原告与其通过广告应征结识的人“密切交往”了一个月。盖洛德本来可以对此种肉体关系进行解释的，这不是一件难事，但他并没有做任何解释。

我们的下一个问题就是大众眼中的同性恋行为是否被认为是非道德行为。同性恋行为被广泛地谴责为不道德行为，在圣经时代就被认为是非道德行为。……一位社会学家在本案中证实说，“这个国家大部分的人们和成年人对同性恋持否定态度”。一位精神病学家证实说，“我认为在我们现在的文化中，在过去几百年的西欧和美国，同性恋是一个令人害怕的区域，这一点是毫无疑问的”……法院认为，“从同一性别的人身上获得性满足，这种说法是‘同性恋行为’的含蓄说法”……

这种判决不适用于潜在同性恋者，然而，法院从一些证据和合理的推论中得出，这种判决适用于盖洛德。在盖洛德受聘和解雇期间，鸡奸和下流行为都属于犯罪。

道德的基本要素是自愿选择。例如，一个病人是不能对他的状况负道德责任的。然而，同性恋不是一种病症。盖洛德的证人，一精神病医生在诘问中证明说，除了激素或先天缺陷因素（本案中不含该因素）外，同性恋者都是后天的，大多数同性恋者有“心理的或获得的倾向”。就在近期，美国精神病协会董事会还声明，“同性恋自身并不构成精神异常”……

然而，对于那些想改变后天形成的同性恋行为的人来说，这是一种异常。本案中，原告没有改变的愿望，也没有寻找精神帮助，因为他在自己的同性恋中找到了快乐，对于他的这种自愿选择，他必须承担道德的责任……

这一点上的另一个问题就是：在本案尚未判决之时，鸡奸法规（RCW 9 79 100）的撤销是否使得鸡奸这个词不含有非道德色彩。1976年7月1日，盖洛德被解雇之后，该法规才被撤销。成年人之间，只要双方都同意，鸡奸不再是犯罪……鸡奸不再属于犯罪，使得这种行为摆脱了非道德色彩，但乱伦与此不同，仍是一种犯罪。

下一个问题，原告是由于其公开的同性恋行为被解雇的，他的这种同性恋行为是否极大地损害了他的教师业绩。法院发现，在盖洛德 1972 年 12 月 21 日被解雇之前，曾经在塔卡玛学区第十校区的威尔森高中任教超过 12 年，而且一直因教学出色受到好评……

原告称他的同性恋行为是被学校公开化的，并因此解雇他，他不应该对此负责，这一点引起了两方面的困难：第一，在寻找同性恋伙伴时，他的行为是冒险的，因为这样做可能会被别人发现。是他与那个男生见面并告知后者他的同性恋问题的，那个男生是他的同性恋朋友介绍的，盖洛德与他那位朋友是通过道同社团的报纸广告认识的，盖洛德对此广告作了积极的回应，便开始了与这位同性恋朋友的交往。面谈之后，男生知道了原告是同性恋者，然后就向高中的副校长汇报了此事。为了核实学生的报告，副校长与原告进行了交谈，副校长有责任将此事汇报给他的上级，因为这涉及到盖洛德的教学能力。学区教育委员会有责任保护学校，并保护学生在学习过程中不受到任何伤害。因此，学校将原告行为公开化，这不能成为起诉学校的理由。

第二，有证据表明，至少有一个学生因盖洛德的同性恋行为表达过对盖洛德教学的反对。三位教师反对盖洛德留在教师队伍里，因为不论作为教师还是父母，他们都不能接受这种行为。副校长、校长和退休的督导认为，他留在学校会带来问题。对于盖洛德行为所造成的损害，存有证据冲突现象，但法院调查结果不一致……学校教师和管理人员的证词构成了充分的证据，证明这些行为损害了教师的工作效率。

盖洛德是一名高中教师，他的同性恋行为要考虑到这个背景，这一点是很重要的。一些学生会认为学区教育委员会保留高中教师的做法代表着成人对其同性恋行为的赞同。认为教师法定的工作能力就是教授道德原理的能力的这种看法是不合理的……没有造成损害，也没有产生表示同意或模仿同性恋的词语，这些并不足以保护学生、学校。对于那些人选择保留“被同一性别的人深深吸引，由于这种吸引，发生同性的心理上的或事实上的性行为”的人，为了避免这些人造成的损害，学区教育委员会要采取行动，如果学区教育委员会在具体的公开的同性恋行为言论发生后才采取行动，那么学区教育委员会就要承担不被人接受的冒险——未能尽到他们管理校区事务的责任。

必须指出的是，“有理由相信，个人行为会影响到其工作能力及其承担责任的能力”。这些原则与本案所采用的原则类似。有大量的证据能证明这些结论。

高级法院确认审判法院的裁定。

多立弗(Dolliver)陪审法官反对上述裁定。

原告盖洛德在其被解雇前，是威尔森高中的教师，工作时间已超过12年。读大学时，他是个优秀的学生，毕业于华盛顿大学的弗比特·卡普学院(Phi Beta Kappa)，是政治科学系的“优秀毕业生”，后来又获得了图书馆专业的硕士学位。作为一名教师，盖洛德一直受到好评。最近的一次教师工作评价中有下列表述：“盖洛德能保持他的高质量的、全面的教学工作。在他从教的领域，他既是教师又是学生。”

尽管有这些优秀的记录，审判法院认为盖洛德应该被解雇，原因是“非道德行为”。为了支持这种解雇决定，我们必须找到大量的证据来证明原告的被解雇是有“充分理由”的。

记录中没有任何证据表明盖洛德参与了上述行为。过去我们认为“充分的理由”必须要有某种行为，我们的记录中没有非法或非道德行为，我们只有一份盖洛德承认同性恋身份的供词，以及证词——他曾寻找过男性伙伴。

毫无疑问，有些人是同性恋，有些人是异性恋，但性欲不强。我们都知道盖洛德可能就是这些人中的一员。很显然，在这个国家，我们不应该对承认身份的供词进行严格的和超出范围的干涉，因为这种身份可能仅仅只是一种思想状态。而且，同性恋行为涉及肉体关系，而这种关系并不在法规禁止的范围之内。

审判法院所作的最令人不解的判决是：“从原告自己的证词中我们

知道，尽管没有任何公开的同性恋行为，原告是积极参与了这种同性恋行为的，这一点是明确无疑的。”最重要的是，法院认为，作为一个承认身份的同性恋者，除非盖洛德否认做过非法或非道德行为，否则就认定他有过这种行为，尽管原告从未被控参与鸡奸或下流行为。法院要原告承担一种责任——证明自己没有任何法庭根据供词推论出的鸡奸或下流行为，如果不能证明这一点，那么，法庭将认定其实际地发生过这样的行为。

我们必须按照以前的做法，要求本案有行为证据来证明其被解雇行为是合法的。惟一与行为有关的证词就是那位毕业生的陈词——盖洛德和另一男性“密切交往”了大约一个月。这既不是“非道德行为”的鸡奸，也不是下流的证词。找不到任何行为证据，我们不能像公众那样进行跳跃式推理，认为在供词中承认同性恋身份就意味着承认非法或非道德行为。

很显然地，公众对此采用了一种新奇的方式。盖洛德从未被控实施任何“同性恋行为”，然而由于他承认了他的同性恋身份，他就必须证明他没有实施任何非法或非道德行为，这些行为是决不会被学校委员会提到或描述的。可以假设按照这种推理，如果一位未婚男性声明自己是个同性恋者，那么他就会被认为实施了“非法或非道德行为”。对于敬业的校方来说，这样的机会太多了，多得无法限制了。

大众对公开和潜在同性恋者进行了详细的区分，权威观点认为公开同性恋是“有这种意识而且表露在实际的同性恋行为中”。然而在案件记录中并没有任何实际的同性恋行为，审判法院的判决中特别声明：“没有实施任何公开的行为。”公众所面临的真正问题是：在华盛顿修订法中，没有一次提到“同性恋”这个词语，州的法律并不认为同性恋是违法的。盖洛德所承认的行为，不在1976年7月1日之后被禁止的行为中，他作为一个同性恋者可能会实施的行为也不在该禁止范围之列。

该诉讼中第二明显的错误就是被告未能证明盖洛德的同性恋身份损害了他的教学工作。正如审判法院在其判决中指出的那样，非常清楚的是，在威尔森高中任教期间，盖洛德一直是个同性恋者，但他的教学工作并未因此受到损害。换句话说，同性恋在本质上并不妨碍工作能力的发展。

法院面对的证据是令人信服的——盖洛德小心地将他的私生活控制在学校不知道的范围内——他没有对任何同事或学生实施任何性行为。盖洛德完全履行了华盛顿州相关法规(RCW 28A 67 110)上所罗列的职责，这一点是不容置疑的。在同一间学校教书超过 12 年，他的最要好的同事一直到他被解雇才知道他是个同性恋者，盖洛德并没有在教室讨论同性恋话题，正是由于盖洛德对私生活的小心谨慎，公众也是在他被解雇之时才知道他的同性恋身份的，这一点在审判法院的判决中也提到了。

在审判中，很多证人都考虑到一个问题，盖洛德的同性恋者身份会对他在教室里的教学有效性产生影响。人们对此有不同的看法，很显然，有证人认为盖洛德的教学有效性会因此受损，也有证人对此持反对意见。因此，审判法院的判决中就有了这样的判决，“原告的同性恋身份被公开后，如果不解雇原告而是继续聘任他，会引起混乱、怀疑、害怕、家长的担心以及学校管理者的压力”。法院要问的问题就是：是否仅仅凭借推测就能得出判决，认为负面影响实际存在。

历史上，教师的私生活在诸多方面受到校方的控制，曾经有一段时间，教师会因结婚、离婚或喝酒、吸烟而被解雇——尽管今天已经不能以这类原因解雇教师了，但是，毫无疑问，还是会有人认为任何一种上述行为都会损害教师的教学有效性，也会引起社区的负面反应。对于一位工作出色的教师，以这种推测方式对其进行解雇，我觉得这种做法不可取。

如果盖洛德是个黑人、罗马天主教徒或者是个年轻的单身异性恋者，而不是个男性同性恋者，又会是什么情况呢？还会用这样一种方式处理他的被解雇案吗？仅仅有推测和身份的证词是不够的……在此判决中，若以“黑人”或“女性”来代替“同性恋者”，那么就能很清楚地看出这种方法的缺陷了。

## 注释和问题

盖洛德案件主要问题是不合适性和非道德行为。最早期的案例中所涉及的问题是：教师的同性恋是否会令他声名狼藉，是否会使学校和教师成为公众的焦点以至于不能再担任教师一职。早期对该类问题的判决都是对同性恋者不利，他们因此被免职、解雇、撤销教师资格[见案例简兹诉缪兹(Jantz v. Muci，976F. 2d 623，10th Cir. 1992，cert. denied，508 U. S. 952，1993)案，基希诉帕拉缪斯波路黑教育委员会(Gish v. Board of Education of the Borough of Paramus，366 A. 2d 1337，1997，cert，denied，434 U. S. 879，1977)案，长岸联合学区教育委员会诉杰克(Board of Education of Long Beach Unified School District v. Jack M.，566 P. 2d 602 Cal. 1977)案，波顿诉凯瑟德联合高中学区(Burton v. Cascade School District Union High School No. 5，512 F. 2d 850，9th Cir. 1975)案，阿肯费罗诉蒙特哥姆利县教育委员会(Acanfora v. Board of Education of Montgomery County，491F. 2d 498，4th Cir. 1974，cert，denied，419 U. S. 836，1974)案，麦克尼尔诉安德森(McConnel v. Anderson，451 F. 2d 193，8th Cir. 1971)案，以及莫雷森诉州教育委员会(Morrison v. State Board of Education，461 P. 2d 375，Cal. 1969)案]。然而近期的判决则日益关注言论自由问题，即教师是否公开表达他的性别偏爱或者提倡同性恋。

一位非终身职业指导顾问对一些同事说她是个两性爱者，并有一位女性爱侣，联邦上诉法院赞成不续聘该教师，认为不续聘并没有违反她的宪法第一修正案中的权利。在引用案例考尼克诉米尔斯(Connick v. Myers，461U. S. 138，1983)时，法院陈述，“如果公共雇员的言论不属于公共话题的范围，就不必对解雇的原因进行仔细调查”。法院认为教师所说的是个人兴趣，在高中或社区中，学校员工的两性爱行为并不是公共话题[见罗拉德诉米德河学区(Rowlard v. Mdd River School District，730 F. 2d 444，6th Cir. 1984，Cert denied，470 U. S. 1009，1985)案]。

美国第十上诉法院裁决赞成俄克拉何马州法规禁止同性恋行为，同时声明，倡导同性恋行为也是不合宪法的。特别是"用某种方式提倡、教唆、强加、鼓励或促进公开的或个人的同性恋，从而引起了实质性的危险，即学校孩子或员工注意到了这些行为……"的这部分内容，法院认为违法。法院说明，这些内容虽然是"纯语言"，但仍然不受宪法第一修正案保护[见全国同性恋同盟诉俄克拉何马市教育委员会(National Gay Task Force v. Board of Education of Oklahoma，729 F. 2d 1270，10th Cir. 1984，affd by an equally divided Court 470 U. S. 903，1985)案]。

在20世纪90年代后期的两起案例判决中，同性恋教师获胜。在格拉弗诉威廉斯堡地方校区教育委员会(Glover v. Williamsburg Local School Dirtrict Board of Education，20 F. Supp. 2d 1160，Ohio，1998)一案中，一同性恋教师称由于他的性别倾向，他被歧视，这导致他的合同不续签。法院发现学校管理者和教育委员会成员是在一虚假谣言的基础上做出不续签合同的决定的，该谣言说，在一次假日聚会上，格拉弗与他的伙伴在学校内互相搂抱。在判决中，法院批评被告轻信谣言，未能与格拉弗就谣言进行交谈，并且由于被告极度相信谣言，从而降低了对格拉弗的评价。法院还认为持异议的教育委员会成员证词不能完全相信，法院称，"同性恋者，从平等保护意义上分析，不应该是一个'被歧视群体'"，他们有权享有，至少是和其他群体一样享有同样的保护。这些保护内容是与州法规中的对异类群体处理内容相一致的。格拉弗获得了46 492美元作为两年损失的薪水费，25 000美元作为名誉羞辱损失费以及律师费用。在威凡诉内伯学区(Weaver v. Nebo School District，29F. Supp 2d 1279，Utah，1998)案中，校方禁止女同性恋教师在课外表达她的性别倾向，而且不再续聘她为篮球教练。在判决中，法院发现校方只是根据一些站不住脚的假设对威凡作出决定的，这是一种老套的方法，厌恶并不能成为不续聘她为篮球教练的合理原因。法院认为她的自由言论权被限制。"我们不能限制政府雇员对公共话题发表言论的权利，同样地，我们也不能因雇员对公共话题进行评论而对他们进行报复。"法院要求恢复威凡篮球教练的职位，并要求从她的个人档案里撤走一封信，信的内容是要求她不再讨论她的同性恋行为。

从全国范围来看，有关同性恋者权利的问题日益成为令人争议的问题，一项对政府行为的测试表明政府的这些行为既有赞成又有反对同性恋的。反对同性恋行为包括联邦和州的立法，这些立法不承认同性恋婚姻，有一项军事政策要求对同性恋者进行隔离式服务，立法机关也批准了这项政策。1996 年通过了婚姻保护法，该法声称联邦政府不承认同性恋婚姻，允许州政府不承认在其他州注册的这类婚姻。现在，30 多个州通过了法律，否认同性婚姻。军事领域中对同性恋者实行“不要问，不要说”的规定，若违反这类规定，同性恋者将被从部队开除。一些联邦上诉法院对此政策持赞成态度[参见案例汤姆森诉彼利(Thomasson v. Perry，80 F. 3d 915，4th Cir. 1996，cert denied，519 U. S. 948，1996)和阿波尔诉美国联邦政府(Able v. United States，155 F. 3d 628，2nd Cir. 1998)案]。在这些案例中，法院赞成对同性恋者的隔离式服务。

也有一些政府行为被视为是赞成同性恋的，这使得同性恋者受到一些保护，享有一些他们迄今尚未享有的权利。现在，有十个州(加利福尼亚、康涅狄格、夏威夷、马萨诸塞、明尼苏达、新罕布尔、新泽西、罗德岛、佛蒙特、威斯康星)和哥伦比亚特区已通过法律，禁止源于性别倾向的歧视，不能在就业、住房、公共住宿、教育和信用方面实施歧视。为了扩大对同性恋者的就业保护，一些州通过了反歧视法令，规定只能因“工作相关因素”而解雇同性恋者。2000 年，佛蒙特州法律批准成立“公民联盟”，该组织将同性恋者伴侣的婚姻权利扩展到州法律的保护范围之内。反鸡奸法律在 20 世纪 60 年代还存在于全国的 50 个州，现在，该法律面临着日益增加的法案修改和调整的压力。现在，只有几个州还存有禁止同性伴侣进行自愿的鸡奸的法律，教师们过去常常因为违反该种法律而被解雇。罗姆诉爱文斯(Romer v. Evans，517 U. S. 620，1996)案例加速了取消禁止鸡奸法的进程。在该案中，法院认为，对科罗拉多宪法进行修改，禁止保护有问题的性取向群体的一切立法或司法行为，这种修改是违反宪法第十四修正案的。法院称，由这些法律所产生的“不可避免的干涉”，是一种“天生的对所涉及人群的厌恶”。

政府在更大范围内保护同性恋者的权利，这对于教育领域中的同性恋者的合法身份有着重要的意义。废止鸡奸法，允许“公民联盟”的成立，以立法的形式禁止源于性别倾向的歧视，都使得那些有相关行为的州，不能拒聘同性恋者或因同性恋而解雇员工。回顾过去，公立学校在过去的时间里，实行过“不要问，不要说”的非州官方政策吗？从一些早期的案例判决可以发现，一些法院认为如果同性恋教师承认其性别倾向，会成为众人关注的焦点，这样会影响教学有效性。这是否表明如果教师中的同性恋没有被承认或公开化，那么这种行为是可以接受的呢？今天盖洛德是否要按同种方式来进行审判呢？环境是一个重要的因素吗？

## (二) 违法教师

### 阿波诉艾奥瓦州公立教育委员会
### (Erb v. Iowa State Board of Public Instruction)
### 艾奥瓦高等法院，1974
### 216 N W 2d 339

麦克尔米克法官(McCormick)：

在上诉中，原告理查德·阿兰·阿波(Richard Arlan Erb)对撤销其教师资格不服；被告州教育委员会检察官在听证之后于1971年7月16日撤销了其资格。阿波向审判法院提起诉讼，请求法院确认教育委员会的行为是非法的。审判之后，法院驳回其起诉。阿波提出上诉，我们驳回上诉。

阿波是艾奥瓦本地人，也是一个老兵，获得艺术硕士学位，于1963年获得艾奥瓦教师资格。从那时起，他就在尼西那山谷(Nishna Valley)社区学校教艺术，该社区包括斯特洛和斯坦顿(Strahn Emerson

Hastings and Stanton)镇。他住在斯特洛，已婚，有两个年幼的儿子，除了教学，他还是个摔跤教练、足球指导和高年级的负责人。

罗伯特·M. 约翰森(Robert M. Johnson)，当地的一位农民，投诉阿波。罗伯特·M. 约翰森的妻子在尼西那山谷社区学校教授家庭经济学。约翰森告诉教育委员会说，他要求学校开除阿波，而不是撤销他的教师资格。因为他看到一份详细的材料，其中详尽地描述了阿波与约翰森妻子之间的通奸关系，这种关系在1970年春开始，并在1970年夏结束。

约翰森的妻子玛格丽特(Margaret)打算辞职，在红欧克(Red Oak)开一家精品店。她和阿波的关系开始于早春，那时阿波答应帮她进行商店的设计工作，他们两人经常见面，到5月份的时候，约翰森对玛格丽特经常夜不归宿起了疑心，怀疑玛格丽特与阿波幽会，在他的汽车里做见不得人的事情。5月的一个晚上，约翰森藏在汽车的尾箱里，玛格丽特把车开到学校，在那工作了一段时间，然后把车开到郊区的一个隐蔽的地方与阿波在那见面。他们在车的后座做爱，而约翰森还藏在尾箱里，他并没有露面也没有揭发整件事。

然而，他立即就与玛格丽特离婚之事咨询了律师。他告诉学区委员会，律师告诉他，如果有其他证人能证实他妻子的不检点行为，那么他在离婚时就获得更多的利益。遭遇捉奸的几次失败之后，他和他的"救援团"最终在6月的一个夜晚在一处荒野把他们逮住了。约翰森和其他人把车围住，对玛格丽特和阿波进行拍照，这两人都在汽车后座上衣冠不整。约翰森告诉玛格丽特不要回家了，会通过律师与她进一步联系，他让阿波把整件事回家告诉自己的妻子。

阿波照办了，他与玛格丽特结束了关系。阿波提出辞去教师一职，但是地方教育委员会不接受他的辞职。教育委员会主席证实，校长和督导高度评价阿波的教学，阿波已得到了妻子和学生的原谅，社区的人还保持着对他的尊重。在接下来的学年中，阿波继续在社区学校教书。

教育委员会的证人，包括阿波过去和现在校长、教师、学校的一位学生家长和一位代课教师，所有的人都证明他的品质是适合教书的。他的督导在区法院也出示了相同的证词。阿波的律师想对约翰森进行盘问，找到阿波适合教书的证据，但法院不允许律师这样做。审判法院在其审判前的指令中指出，在已有的记录中，阿波的师生关系并没有因其行为而受到损害。

对于撤销阿波教师资格，教育委员会的投票结果是五票赞成，四票反对，教育委员会在没有任何调查结果或法律结论的情况下，撤销阿波的教师资格。审判法院和正在审理这一案例上诉文件的上诉法院都持相同态度，确认教育委员会的决定有效。审判法院称阿波已经承认的通奸行为，完全可以作为撤销教师资格的理由，也是上诉法院驳回其上诉的理由。

……在本案上诉中，阿波称教育委员会有违法行为：(1) 不让他盘问反方证人，限制他的证人人数；(2) 未能有任何调查结果；(3) 没有充分的证据证明他道德上不适合教书，在缺乏证据的情况下撤销其教师资格。这样，阿波认为，在撤销教师资格的听证会，自己的权益受到限制。教育委员会拒绝阿波行使盘问的权利，并限制其证人的数量，阿波并没有对此表示反对。这些问题在这里已不是第一次出现了。阿波被迫在教育委员会的会议上和审判法庭上提出这些问题……因为如果他不这样做，他就不能在接受诘问过程中指出教育委员会的错误所在。

教育委员会没有自己的调查结论，没有发现任何事实，这一点在许多场合都提到，阿波第一次有机会对此进行陈述是在起诉过程中。我们认为教育委员会未能有调查结论，在这种情况下采取的行为是不合法的。

尽管艾奥瓦州不存在行政诉讼法案可以指导教育委员会的行为，我们仍然认为，即使没有法规指令，教育委员会也必须在审判程序中出示调查结论，而且这些结论必须十分明确，这样审判法院才能相信该调查结论的合理性以及行政管理者所遵循的合法原则。

在本案中，教育委员会违反了这条规定，没有任何调查结论，在这种情况下，审判法院本该支持原告主张，但是，在那个基础上进行翻案会把案件退回教育委员会，这样，教育委员会将在现有的记录基础上进行调查，而不回答是否真正拥有重要的证据证明阿波在道德上不适合教学的问题。但现在仍然将案件留在法院审理，审理结论可能有利于阿波。

因为教育委员会没有进行调查，就不能用一种清楚的方法来表明教育委员会是根据何种法规来撤销“道德上不适于教书”的人的教师资格的。但是我们还是可以判定，如果运用合适的标准去衡量，记录中没有证明撤销资格的充分证据。阿波没有这类证据。我们同意他的观点，我们将首先检查标准，然后检查证据的充分性。

法院以前没有审判过“道德上不适于教书的组成因素”的有关案例，法规也没有在艾奥瓦州第260章法规中进行明确界定。

教育委员会认为阿波承认通奸行为的事实本身就足以证明他不适于教书，他们认为，这种通奸行为自动地、不可避免地说明了一个人不适于教书，我们不接受这种推论，因为这样会赋予教育委员会无限的权力，只要教师的私人的、秘密的行为引起教育委员会的不满，教育委员会就会撤销他们的教师资格，而不考虑他们的行为对教学的可能性或实际性的影响。在艾奥瓦州第260.23号法规中，法律并没有赋予教育委员会这样的权力。教师行为表达只是一个语言抽象概念，若不包含这种行为对教学造成的可能性的或事实性的影响，这只是个没有实际意义的词[见莫雷森诉加利福尼亚州教育委员会(Morrison v. State Board of Education，461 P. 2d 375 394，Cal. 1969 68 Am. Jur. 2d)案]。法院面对的问题就是教师的特定行为是否构成其道德不合适性，是否能据此撤销其教师资格，法院要求这些行为必须对师生关系产生负面影响，然后才能撤销资格。

审理莫雷森案法院的裁决是：“婚外异性恋事件与多年令人满意的教学相比，当然不能构成‘非道德行为’，而且没有任何证据表明这对于教学合适性有负面影响，因此不能据此撤销其教师资格。”

我们要强调的是，教育委员会撤销教师资格的权力既不是一种惩罚手段，也不允许教育委员会成员作出个人道德判断。惩罚是由刑法实施的，教育委员会成员个人的道德观点与此无关。不允许对此采取主观标准，因为这是违反内容明确的法律规定的。在艾奥瓦州第260.23号法规中，赋予教育委员会权力的惟一目的就是要让学校免受损害。出于其他任何目的的行为都是违法的。在莫雷森(Morrison)案中，加利福尼亚法院讨论了运用该标准的相关因素：

> 在判断教师的行为是否不适于教学时，教育委员会要考虑的因素包括：这些行为是否可能造成对学生或同事的负面影响，预料中的负面影响程度，近期行为影响还是远期行为影响，有关团体的教师资格类型，教师行为与环境张力的大小，围绕该行为，对于引发该行为的动机的可指责性或批判性，问题行为再发生的可能性，对这样的行为会采取纪律措施，会在哪种程度上对有关教师或其他教师享有的宪法权利产生不良影响。

在判断教师的行为是否适于教学问题上，上述这些都是第260.23号法规的相关内容，因为在第260.23号法规中，是用同样的标准来判定是否撤销教师资格的，即只有在保留教师的身份会给学校带来负面影响时，教育委员会才能撤销教师资格。

本案中并没有任何负面影响的证据，甚至没有人肯定地指出存有这种影响。受害者自己承认说，其目的只是让阿波离开学校而不是让他脱离教育行业。有证据表明阿波是位优秀的教师，他工作敬业、勤奋而且卓有成效，但没有证据表明他与玛格丽特的事件影响了或者可能影响了他与学校管理者、同事、学生、社区的关系，有大量的、令人信服的、无可争议的证据表明了地方人士对阿波的尊重和支持，这些证据有力地证明了社区的理解、原谅和调解能力。

没有证据表明阿波的不检点行为与他无瑕的过去相关，也未有证据表明其行为没有可能再现。该行为本身并不是对社区习俗的公然冒犯，只是在他人做了大量工作并将结果公开化之后，人们才知道了他的行为……阿波并未对此进行否定，相反的，他尽力表露出他的悔意。这一行为没有反映他的真实品质，这种行为也不会再次发生。

我们认为给予的证据并不能证明阿波在道德上不适于在艾奥瓦州

教书。

教育委员会撤销其教师资格的行为不合法，审判法院驳回原告的起诉裁决是错误的。

接受原告上诉，撤销审判法院裁决。

## 注释与问题

由于美国的社会习俗处于变化之中，美国生活中没有统一的社会标准对适当行为进行界定，使得地方教育委员会控制与社区联系密切的学校教师的私生活行为，特别是控制他们的生活安排的行为，成了一种非法的侵犯隐私行为。但是这种推论并不适用于私立学校。一位信奉天主教的女教师未能续签合同，因为她与一已婚男子有不正当关系，该男子有三个孩子在她任教的学校读书。法院赞成不续签合同行为，在哥斯赫诉卡凡特高中(Gosche v. Calvert High School，997 F Supp 867，Ohio，1998，aff'd，181 F. 3d 101，6th Cir 1999)案中，法院认为哥斯赫未能达到其雇主在合同中所提出的要求"用词语和例子……来反映天主教堂的价值观"，该部分内容是经她本人同意后才签订的。

### (三) 犯罪行为

**基利特诉联合学区**

**(Gillett v. Unified School District**

**No. 276)**

**堪萨斯州最高法院，1980**

**605 P. 2d 105**

普莱格法官(Prager)：

此案是一学校教师与学区委员会在其合同中不续签问题上发生的争议。第 276 号联合学区(Unified School district No. 276)对区法院的判决提出上诉，区法院否决了学区委员会不续签该教师合同的行为，审判法院要求教师被续聘并且补发工资。

案件中的事实争议性不大，大致如下：第 276 号联合学区位于基威尔(Jewell)县，基利特(Jessie Mae Gillett)是一位终身教师，已被校方连续聘用达七年之久，她的最后工作期是 1976—1977 学年。1977 年 3 月 11 日，学区委员会书面通知基利特，按照州的一项规定(KSA 1977 Supp 72－5437 的规定)，下一年她的合同将不再续签，书面通知中有学区委员会主席和职员写的一封信，信是按照法律规定的形式写的。不续签合同的原因是有人指控基利特在内布拉斯加州的黑斯廷斯商店中偷窃商品。基利特立即提出申请，要求就此事启动听证程序。1977 年 5 月 5 日，学区委员会给了基利特一份通知，对不续聘进行补充说明，包括以下几点：

(1) 不能正确处理学校资金问题。

(2) 称病不履行教师职责次数太多。

(3) 不当使用病假。

(4) 身体和精神状态不稳定。

(5) 未能获得社区、学生和学区委员会的尊重。

基利特通过律师，称这些理由并没有及时出现，因此反对将这些补充性理由作为考虑解聘的因素，听审委员会否决了她的反对，认为应该考虑这些补充性理由。

听证委员会的建议报告送到了学区委员会，该报告中包括了案件中所有的证据和律师的评论与简短发言，并建议学区委员会重新考虑基利特的解聘决定。学区委员会一致同意维持原来的决定，不续签基利特的合同。学区委员会没有进行事实调查，也没有说明拒绝听证委员会建议报告的具体原因。基利特就学区委员会的决定向区法院提起诉讼，这是按照堪萨斯州的一项法规的内容进行的[KSA 1977 Supp 72－5443. K S A 60－2101(d)]。区法院审查了正当诉讼听证中的证据报告，也听取了律师的评论。区法院的判决是基利特获胜，要求学校续聘她并补发工资。

这起上诉案件的主要问题是，区法院认为学区委员会没有出示充分的证据来证明其不续聘的理由，区法院的这种观点是否正确呢？从案件的证据记录看，我们可以得出结论：有充分的、有说服性的证据表明学区委员会不续签基利特合同的行为是有充分理由的。在1977年3月11日的第一份不续签通知中，不续签的原因是对基利特在内布拉斯加州的黑斯廷斯行为的刑事指控。其中包括两起刑事指控。这两起刑事案件中的证据是不容置疑的。尽管基利特自己没有表态，案中所列的证据很清楚地表明她在1976年的10月16日、11月17日在内布拉斯加州的黑斯廷斯的两间商店里拿了东西。基利特没有否认她拿了两件值钱的东西。她的辩词是，由于她那时精神状态不佳，所以对自己的行为她不负刑事责任。戴尔·W.彼得斯，一位实习精神病医生，任职考科迪匀和太阳花的顾问(Corcordia and Sunflower Center，地方精神治疗机构)。1977年3月，基利特到该中心进行精神鉴定，彼得斯医生对她进行检查，没有诊断她的精神状况和健康状况，主要是判定她的精神状况与其在内布拉斯加州的黑斯廷斯的偷窃行为是否有关。通过这些检查，他得出结论，尽管她没有精神病，但她有一种非正常的意识状态，面对大堆食品时会有敏感的反应。各种检测表明她对大量食物的敏感性经常会干扰她的大脑细胞的功能，在这种情况下，她会出现精神失常，从而对她的判断力造成影响。在基利特在内布拉斯加州的黑斯廷斯被捕时，基利特行为怪异，似乎不存在于现实世界中。彼得斯医生证词的关键处就是基利特在内布拉斯加州的黑斯廷斯实施偷窃行为时，她正处于一种非正常的意识状态，所以不必对自己的行为负责。还有证据表明1973年她也与一次商店偷窃事件有关。很显然地，在一些场合，她神志不清，开车迷路，在这种环境中，她都处于一种慢慢变化的非正常意识状态中，彼得斯医生证实说突发性事件可能是戏剧性的，这种事件可以延续一小时，可能会随时发生，在教室内也可能发生。彼得斯医生称以后基利特还会出现在商店偷窃行为。在听审期间她还在接受治疗。尽管彼得斯医生认为这不会对教室的学生构成危险，但他指出，如果课堂上发生这种事件就会引起混乱。在消费某些食物或出现了某些食物时，基利特都有可能出现类似的情况。在听审期间，基利特正在服用一种治疗性食谱，这种食谱很有可能能根治她的毛病。如果这种食谱没有作用，那就需要进行额外的测试和治疗。彼得斯医生提到有80多种食物会使基利特进入非正常意识状态，他还说那张食物清单还不是总结性的，还有其他一些食物也可能对她有相同影响。

一位教师证实说，有一次她坐在基利特车里时，看到了她处于一种非正常意识状态。当基利特在黑斯廷斯被捕之后，她听到学生在讨论基利特被捕的事，另一教师证明他也听到学生谈论基利特被捕的事，这位教师是第一次知道这件事，听证会上并没有证据表明刑事行为的最终结果。还有证词表明基利特很粗心，把糖果的销售金放在她桌子的抽屉里，没有按照学校督导的要求每天去银行存钱，但是没有证据表明，由于基利特处理学校的资金而造成了账目不对或少钱。对于称病而不履行教师职责次数太多这条理由，并没有教师对此做出证实。对于丧失社区、学生对她的尊重这条理由，学区委员会主席证实说，按他看来，社区是支持学区委员会不续聘基利特的。一代课教师证实说，学生在教室内抄袭，被教师发现，当她告诉学生不允许抄袭时，学生回答说“教师可以”。

基利特收到信得知她不再续签合同时，拉尔夫·黑顿(Ralph Hooten)是当时的学区委员会主席。他证实说学区委员会成员一致同意因基利特在内布拉斯加州的刑事指控而不再续聘她，这是学区委员会在几小时的详细讨论后做出的决定。学区委员会认为这些偷窃指控会降低她作为教师的工作效率。他认为，由于这些指控的存在，如果不续签合同，就可以改善学习氛围。黑顿称学区委员会知道1973年的类似的偷窃指控事件，但由于该指控随后被撤销了，学区委员会就决定不再追究此事。当1976年再次发生指控事件时，学区委员会认为在知晓1973年的事件的前提下，他们不能忽视这些指控了，从黑顿的证明中可以很公正地得出结论：学区委员会非常关心对基利特的指控，他们花了好几小时讨论该事件之后才决定不续签合同，他们并没有在中途解雇她。

现在要解决的问题就是从记录的证据中能否得出充分理由来解释学区委员会不续签基利特合同决定的合法性。区法院没有发现这类证据，但我们认为有这类证据的存在。本案所揭示的问题显然是学区委员会的重大困难之一。区法院特别指出，学区委员会没有武断地或欺骗性地拒绝接受听审委员会的结论。区法院在这一点上判决是正确的，但是这种判决很难与附加判决相协调，附加判决认为，学区委员会不续签合同缺乏充分证据。有确凿的证据表明，基利特至少有三年处于一种非正常的意识状态之中，她不知道自己在做什么，这就影响了她的判断力和行为，在听审期间，基利特还在接受检查和治疗，但还没有完成。她想找出她问题的原因所在，而且对此采取了适当的行动。但是，我们认为，为了维护学校的最佳利益，校方在那时做出不在下一年续签基利特教师合同的决定是合理的。

我们认为，本案中，基利特没有证人解释她的身体或精神状况，也没有否认她在内布拉斯加州的黑斯廷斯商店拿东西的行为带有偷窃成分。她没有证明她已接受的治疗是否有效或者开始奏效。她没有证明她与学生、其他教师和学校管理者的关系。没有一个证人证明对她为学区教育事业所做的贡献，这些都是很重要的。

从证据中看，学区委员会的行为不含有不负责，或者说带有武断、非理性、不合理的成分，也不能说这与学区委员会的目标——为学区的学生维持一个高效的学校系统无关。区法院的判决要撤销，案件返回区法院审理，学区委员会胜诉。

特此裁定。

## 注释与问题

在类似的案例中，一终身教师由于三项非道德行为而中止了其无限期的合同，这三项行为是偷了学校戏剧中的主要道具——茶壶；从篮球场的收费中偷了20美元；偷了一套学校的书[见基姆尔诉沃斯县教育委员会(Kimble v. Worth County RIII Board of Education, 669 S W. 2d 949, Mo Ct App, 1984)案]。

一教师在刑事诉讼中认罪,因为其拥有大麻和可卡因,在他的犯罪记录被撤销之后,他没有再获得教师职位。在多布莱特诉家庭保险公司(Dubuclet v. Home Insurance Company, 660 So 2d 67, La Ct App, 1995)案中,法院称撤销记录并不能消除该教师犯罪的事实,也不能消除他的行为的道德可耻性。

一教师的丈夫把家庭住处作为种植和销售大麻的场所,该教师未对其丈夫的行为采取正确的行动,该教师的行为并没有被看成"忽视责任"。奥根公平解雇上诉委员会认为该教师应该复职[见卡丽诉杰弗森县学区(Kari v. Jefferson County School District, 852 P 2d 235, Or Ct App, 1993)案]。

### (四) 与学生的不正当行为

**巴切基诉格兰德拉佩兹公立学校教育委员会**

**(Barcheski v. Board of Education of Grand Rapids Public Schools)**

**密歇根上诉法院, 1987**

**412 N W 2d 296**

克里安法官(Per Curiam):

1976年10月18日,格兰德拉佩兹公立学校委员会投票对原告进行了三项指控。这些指控如下:

(1) 大约在1976年8月10日,巴切基邀请驾驶员培训班的两名女生去参加1976年8月13日星期五晚上举行的派对,即皮筏艇比赛的前一天。

(2) 两名女生那天晚上参加了派对,喝了啤酒,抽了大麻,巴切基一直在场。

(3) 巴切基在派对结束后开车送其中一名女生玛丽(Mary)回家。玛丽那时15岁，在回玛丽家的路上，巴切基把车停下，在车里与玛丽发生性关系。

我们对案件记录进行核查，认为委员会的结论是有充分的、实质性的、令人信服的证据证明的，我们对此进行确认。

关于第一条，原告邀请驾驶员培训班的两名女生参加派对，吉布森(Gibson)委员的主要观点是建立在原告学生玛丽的可信度基础上的。玛丽向学校委员会坦白说，刚开始，她对于派对和原告的邀请这两个问题没有说实话，但随后告知了他们真相，玛丽对委员会证实说，1976年8月10日，她与原告讨论有关皮筏艇比赛的事，原告告诉她，他将于1976年8月13日星期五，即皮筏艇比赛的前一天参加派对。她证实说原告邀请她和文迪(Wendy)去参加派对，那一个星期，他们“每天”都在谈论那派对。在临时听证委员会上，玛丽对原告邀请所做的证词与她对学区委员会的证词一致。

原告在学区委员会上称他从未邀请两名学生去参加派对。他称，一天，在驾驶课上，她们问他是否参加即将举行的皮筏艇大赛，他说“不”，但告诉她们，他参加了在提斯特比森的密歇根威尔(Michigan Wheel Test Basin)举行的一年一度的皮筏艇比赛前夕的派对。当她们问他密歇根威尔的位置时，他简单地给了她们行走路线。而且，尽管他不太记得是否在文迪的书上写了电话号码，但他经常把电话号码告诉学生，因为学生有时在驾驶培训课下课时需要搭他的车回家。原告承认，在女孩参加派对的问题上，由于害怕，他刚开始是没有对委员会说出实情。在听证委员会的结论中，吉布森委员不重视文迪和原告的证词，认为前者是与原告见面谈话之后改变证词的，后者让文迪做假证的行为严重，损害并降低了证人的可信度。另一方面，吉布森委员认为，即使玛丽有很多个人问题，如吸毒品、酗酒、未婚先孕，但她的证词还是可信的。

我们相信听证委员会大部分人的结论，即原告邀请了至少一名女生去参加派对，这是有令人信服的、实质性的、充分的证据的，这些证据在案件记录中可被视为一个整体。听证委员会的第二条结论是，两名女生在原告在场的情况下喝啤酒、抽大麻，这也有令人信服的、实质性的、充分的证据。

原告称他与两名男性朋友晚上 7:30 到达派对，一个半小时后，两名女生到了，原告在派对上的两名朋友说，原告见到这两名女生时很惊讶。两名女生与原告在派对上相处时发生了什么事，对于该问题的证词存在很大冲突。原告说，两名学生称她们在参加该聚会前就已经有过一次聚会，并且看上去神志不清，似乎喝醉了酒。原告说，他把女生介绍给他朋友认识，和他们聊了 10 分钟，之后她们就消失了。原告说他从未叫学生离开派对，因为他认为他们会自己离开的。他承认在他见到两名女生亮相 15 分钟后，他看到文迪就在河边的金属铁架塔的水泥地基旁边，但自那之后，他就没见到她们了，直到几小时后他准备离开派对了，他才再见她们。他称，他大部分的派对时间都待在密歇根威尔建筑（Michigan Wheel building）旁边的废墟后面偏僻的地方。

两名学生称她们大部分时间是在铁架塔附近度过的，离铁架塔相距 70 英尺，毫无疑问大部分派对的参加者都喝酒、抽大麻。

玛丽对学校委员会承认，她和文迪抽了两“碗”（两支满的烟管）的大麻，在到达派对前喝了几瓶啤酒。她还证实说，当她们到达派对时，原告给了她们啤酒，整个晚上她们抽大麻时原告都在场。在听证委员会面前，玛丽改变了她的证词，称原告没有给她们啤酒，而是告诉她们冰箱的位置，她们可以自己从冰箱里拿啤酒。原告和他的一些朋友否认原告在派对上给学生啤酒。

玛丽在学校委员会和听证委员会上都证实说，她在派对上抽大麻、喝啤酒，而且原告一直在场。在学校委员会的听证中，文迪也证明玛丽的确在原告面前抽大麻、喝啤酒。然而，她说，因为觉得难为情，她抽大麻时有意避开了原告。

在听证委员会面前，文迪改变了她给学校委员会证词的部分内容。

她称派对上她和玛丽都没有在原告面前抽大麻或喝啤酒。原告的六个朋友证明，尽管他们每人都在派对上看见学生抽大麻、喝啤酒，但这都发生在原告不在场的情况下。

原告否认在派对的大部分时间见到这两名学生，文迪未改变的证词使得他的否认站不住脚了。文迪在听证委员会上证实说，在派对期间，他们见到对方几次，还微笑示意。文迪还在听证委员会上不情愿地证实，她看见原告与一金发女子一起，之后，她还问原告那名妇女是不是他妻子。原告的妻子在学校委员会证实，她是8:30到达派对的，她和丈夫大部分时间都呆在河边的水泥地上，非常靠近两名学生呆的铁架塔，学生大部分时间都在那度过的。

文迪在学校委员会没有变的证词还包括，她称就在离开派对之前，玛丽坐在警车里，一只胳膊搂着原告，而且还伸出头去吻他。她说她们俩在警车旁都喝了啤酒。原告向听证委员会承认，就在他打算离开派对时，他看见两名学生站在警车旁喝啤酒，看到学生喝醉了，原告说服一位朋友送学生回家。原告，他的两位男性朋友，玛丽和文迪乘着同一辆车离开了派对。

因此，包括玛丽的证词在内的证据都清楚地表明，她在派对上当着原告的面抽大麻、喝啤酒，而且有证据证实原告在派对上与学生有几次照面，至少有一段时间是呆在学生抽烟、喝酒的地方附近的。在这种情况下，我们可以得出结论，学区委员会的结论即学生在原告面前喝啤酒、抽大麻的行为是有充分证据的。

第三个结论是，派对之后，原告单独开车送玛丽回家，是不正确的，不能成为解雇的理由。因为他从未被告知单独送学生回家是一种错误行为。

按照原告陈述，我们相信原告知道，或者应该知道单独用车送玛丽这样一位年轻的喝醉的女生回家这种行为本身是需要自律的。原告称当学生到达派对时已经是醉态，几小时之后当他准备离开派对时，他发现她们醉意更深了。而且，原告证实说，之前，他曾叫另一位驾驶员培训教师开车送她回家,因为他认为她迷恋上了自己。原告还解释说,有一次在班上的学生看电影时,玛丽把头靠在他肩上。正如上面所述,文迪证实说,在派对结束时,玛丽搂着原告与他接吻,文迪所给的未经改变的证词称,原告的朋友,米歇尔·马克斯姆(Michael Maxim)开车送两名学生和原告去社会大厦,原告的车停在社会大厦旁边,在这儿,原告下了车。在途中,玛丽把手放在原告裤子拉链旁边,而原告没有把她的手移开。玛丽自己说搭米歇尔·马克斯姆车的时候,她与原告在汽车后座上热情地接吻。

考虑到这些事实性陈述和学校委员会对此问题的早期结论,原告非常清楚,单独开车送玛丽回家本身就是一种可以作为解雇理由的不正当或错误行为。这些行为还可以导致适当的处罚。

由于上述原因,巡回上诉法院确认听证委员会的裁决,认为对原告的解雇理由充分合法。

## 注释与问题

一任期内的中学教师被控犯有"不正当行为",因此被解雇,法院赞成这种解雇。该教师多次对女生进行性侵扰,把他的手伸进学生后背,解开了她的胸罩带子[见路尔斯诉学校委员会(Knowles v. Board of Education,857 P 2d 553,Colo Ct App, 1993)案]。

一位教师因为 24 年前的不正当性行为被校方终止了任期,法院对此持赞成态度。这位教师反对学校将其违纪行为公开化,但是,案例得到米歇尔诉格林伯格兰特拉学区(De Michele v. Greenburgh Lentral School District No. 7, 167 F 3d 784,2nd Cir 1999)确认,公众享有保护孩子免受性侵扰的重要权益,而且公众的权益超越了教师的权益。

一位教师因为与青少年学生的不正当性行为受到大陪审团指控,法院赞成解雇该教师。尽管该教师没有机会在学区委员会上听证来反驳对他不正当行为的控告,法院仍然认为解雇并没有侵犯他的正当诉讼的权利。对于学区委员会提出的指控,法院称教师本来应该有权在学区委员会听证，法院陈述说：

> 在大陪审团判决之后，学区委员会的问题不是莫尔是否做了被指控的性行为，也不是在这种起诉中他是否有罪，而是起诉或即将发生的起诉能否成为中止他的任期或不续签合同的理由[见莫尔诉路易斯(Moore v. Knowles, 482 F 2d 1069，5th Cir 1973)案]。

在爱华德诉密苏里州教育委员会(Howard v. Missouri State Board of Education, 913 S W 2d 887，MO Ct App, 1996)案中，一初中教师因与学生，特别是一个15岁的男生发生不正当性关系被控丧失道德，法院赞成撤销其教师资格。在其辩护词中，这位教师称她那时因受到精神病影响或者受到治疗该病的药物的影响，在不正当行为中并没有任何主观意识。法院否决了她的说辞，法院称因不正当行为撤销教师资格不需要证实其主观意识。

## 七、就业歧视

一些对少数民族妇女、孕妇、宗教团体、老年人、残疾人产生负面影响的个人举止或行为，被指责为歧视。尽管人们解释，这些行为可能反映了传统习俗，在实施过程中，没有公开的歧视意图，而那些受到直接影响的人称这些行为事实上就是歧视。

宪法第十四修正案中的平等保护和正当诉讼程序条款为反就业歧视提供了宪法保障。除此之外，一些联邦法规也对公立学校职员的就业歧视提供救济和保障，这些法规包括1981年至1983年美国法典第42章部分条款，1972年教育修正案的第九章；1990年美国残疾人保护修订法，1973年康复职业法案第504条款；1978年反怀孕歧视法；1964年民事权利法第7章。1964年民事权利法是对消除美国歧视具有巨大影响力的法令。1964年民事权利法第7章对公立和私立学校的歧视作了规定：

第 703 条

(a) 雇主的如下雇佣行为是违法的。

(1) 在补偿、任用期限、任用条件或权利方面,因为种族、肤色、宗教、性别或国籍而有歧视的。

(2) 因种族、肤色、宗教、性别或国籍,用任何方式限制、隔离或区别对待雇员或求职者,从而剥夺或意图剥夺就业机会或者对他作为雇员的身份产生负面影响的。

(e) (1) 下列雇佣行为不视为违法:一些特定企业的正常运转需要有关宗教、性别、国籍的职业资格要求,在这种条件下,以宗教、性别、国籍为基础雇佣员工。

(h) 下列雇佣行为不视为违法:使用有差异的年资制度或奖励制度……只要这些区别不是由于歧视而引起的……

下列的雇佣行为不视为违法……按照职业发展能力测试办事,只要这种测试的管理、进行不含有歧视的因素。

(j) 雇主不能有该章中的下列行为……因为种族、肤色、宗教、性别或国籍而区别对待个人或团体,雇员的比例与社区、州、机构或其他地区的人口构成比例应当大致相当。

第 706 条

(g) 如果法院发现雇主有意从事非法雇佣行为……法院可采取适当措施加以纠正。

### (一) 种族歧视

在最高法院对布朗诉台北克教育委员会(Brown v. Board of Education of Topeka,347 U. S. 483,1954)案作出判决后,出现了大量的关于教师种族歧视的诉讼。该案的判决认为,隔离行为侵犯了宪法第十四修正案的平等保护条款。继布朗案后,法院的反种族隔离判决有效地规范了针对少数民族职员的雇佣、提升和解雇行为。法院还对违反第 7

章规定的学校行为予以纠正。

在学校系统中，强制中断黑人教师任期的行为，已经受到法院制止。法院判决任何隔离或分别对待不同种族教师的行为均为违法。这些措施反对任何损害学校利益的行为。在相关案例中，法院判决包括给予受到歧视的少数民族原告金钱赔偿、补发工资、支付律师费；对被告校方征收诉讼费用，让原告复职，停止雇佣白人教师，要求校方在某一特定时间向法院汇报其所有人事行为。这些反种族隔离法令的强有力的推行和第7章的广泛运用，有效地减少了对黑人教师不利的雇佣歧视行为。

一些最高法院的判决指出了纠正措施的不足之处。最高法院以六票赞成三票反对，支持对孟斐斯(Memphis)的消防人员实行的"最后一个雇佣，第一个解雇原则"，虽然这与教育无关，法院称在保留新雇佣的少数民族雇员的工作机会问题上，只要年资制度不存有区别，那么就不会引起争议。判决认为："无辜剥夺了应该享受资历制度权利的少数民族员工的工作机会，这样的模式或行为是不正确的，应该加以修正[见消防队员诉地方消防协会(Firefighters v. Local Union, No. 1784 Stotts 467 U.S. 561,1984)案]。"

此外，高级法院不赞成这种计划，该计划是校方组织实施的协商协议的一部分。尽管该计划要求按资历来持续地雇佣教师，还规定少数民族教师雇佣比例与他们的人口占校区的比例相当。按照学区的解聘种族敏感性较强的规定，当资深白人教师中止任期，而资历比他低的黑人教师未被解雇时，白人教师称他受到了歧视。法院以五票赞成，四票反对裁定，该政策侵犯了非少数民族教师的宪法规定的平等保护权。通过政策实施的种族分类只有在为了完成某个特定的迫切的州的目的的前提下才是合理的。但是，法院认为学区可以采用其他的、更不具强制性的方法来达到目的，如雇佣目的的选择。尽管有政策对过去法律上的歧视内容进行纠正，但在法院里还未作出这类结论[见威根特诉杰克逊教育委员会(Wygant v. Jackson Board of Education, 476 U.S. 267, 1986)案]。

一学校委员会作出一项计划，在解聘人员候选人问题上，面向少数民族教师照顾倾斜而不是非少数民族教师，这项计划看上去似乎给了平等的机会，但法院否决了该计划，按照该计划，一位白人女性贸易课教师因种族问题解聘了，而同等资历的黑人女性教师因种族原因没有解聘，法院判定学校委员会的计划侵犯了第 7 章的规定，这不是对歧视的纠正，也不是消除过去歧视的影响，该计划只会加速教育进程中的种族分化，损害了非少数民族教师的利益，而这一切都是多余的。该计划只是学校委员会心血来潮的行为，因而缺乏目的性，并可能导致非少数民族终身教师丢了工作[见托克斯斯曼诉皮斯卡威镇教育委员会(Taxman v. Board of Education of the Township of Piscaway, 91 F 3d 1537,3rd Cir 1996,Cert dismissed 522 U.S. 1010,1997)案]。在最高法院作出判决之前，学校委员会作了价值 433 500 美元的安排，70%的钱是由黑人领袖论坛支付的，用于进一步推动法院审查这一案例。这是发生在法院审查之前的，因为该案涉及到失业，而仅仅是因为种族丢了工作，参与这一行动的人士称，这样做是为了防止最高法院对私人的和公共的具有积极意义的行动计划可能的侵犯。1964 年民事权利法的第 7 章适用于私立和公立雇佣关系。

一教师联盟对教师职位变更政策提出异议，该政策是为了保证教职工比例能反映整个系统的种族平衡，法院不赞成该异议，一联邦上诉法院在其判决中称，尽管该政策含有“种族意识”，但它是“实际的种族中立的”，而且也没有不良的影响。法院同意在某些情况下，会令白人教师受益或受损；在其他情况下，令黑人教师受益或受损[见乔考布森诉辛辛那提教育委员会(Jocobson v. Cincinnati Board of Education, 961 F 2d 100,6th Cir 1992)案]。

在阿拉斯加沃兹柯凡罐头工厂诉阿尼奥(Wards Cove Packing Company v. Alonio, 490 U.S. 642,1989)案中，最高法院的判决对民事权利立法有重要影响。在此判决之前，有数据表明，在无技能要求和高级技能要求的职位之间，存在着种族不平衡。在许多情况下，这已足够构成1964年民事权利法案中第7章"不同影响"的案例。法院经常规定，当对所有的申请者或雇员平等地运用同一标准时，会产生不同的影响，但是这种运用会对一些群体，如黑人产生不良影响，这种观点最终体现在格里哥诉杜克电力公司（Grigge v. Duke Power Company，401 U.S. 424，1971）案中。法院裁定，表面看似中性的雇佣行为，甚至没有雇主主观的歧视意图证据，可能被认为侵犯了第7章规定。对阿拉斯加沃兹柯凡罐头工厂诉阿尼奥案的判决极大地改变了这种观点。判决认为，仅仅有数据不足以证明歧视，必须表明雇佣行为和所谓的雇佣不平等之间的因果关系。尽管少数民族大多集中在技能需求不高的职位，与此有关的问题是高技能职位的申请者中少数民族的数量较小。但是，如果认定高技能职位雇佣存在歧视，原告需要证明雇主的行为不恰当地排除了少数民族人士和妇女。

1991年民事权利法案取消或修改了最高法院对阿拉斯加沃兹柯凡罐头工厂诉阿尼奥案和其他一些20世纪80年代晚期的判决，这些判决使工人难以在反歧视诉讼中获胜。按照该法律，由于种族、性别、残疾、宗教或国籍而被歧视的雇员可以获得一定的补偿和惩罚性赔偿金。这里所说的赔偿只针对因种族问题而受到歧视的人。按照1991年民事权利法案，雇佣行为必须是"与职位工作相关，与贸易必要性一致"。该法的另一主要目的是回到最高法院在阿拉斯加沃兹柯凡罐头工厂诉阿尼奥案之前制定的标准，要求雇主证明引起不良影响的雇佣标准是成功工作不可缺少的。

尽管有证据表明，学校忽视少数民族教师申请是个错误行为，联邦一家上诉法院确认，裙带关系和口头雇佣的行为对少数民族同样有着恶劣的影响，违反了民事权利法案第7章[见托马斯诉华盛顿县教育委员会（Thomas v. Washington County School Board，915 F 2d 922，4th Cir 1990）案]。

黑人副校长因为赞成挑选一白人求职者而失去了职业教育指导者的职位。副校长以第7章为理由提出诉讼，法院赞成对该白人求职者的挑选，肯定了高级资历是一个有效的、不含歧视色彩的原因[见克拉克诉亨茨维尔市教育委员会(Clark v. Huntsville City Board of Education, 717 F 2d 525, 11th Cir 1983)案]。在另一项涉及第7章的案例中，一位职位更高的白人员工因为其职业属于部分裁员计划而失去了职位，法院持赞成态度。法院指出，学校没有仅仅因为她的肤色而保留她的工作，也没有由于校方希望雇佣黑人管理者取代她的职位才解雇她。此外，法院还证明说，校方以往在雇佣行为上不存在歧视行为；诉讼中的该行为是按照法律规定改进了的、积极的种族意识行为[见卡尼考诉普布罗学区(Cunico v. Pueblo School District, 917 F 2d 431, 10th Cir 1990)案]。

一高中乐队教师未能续签合同，这位教师声称，自己被解雇是种族歧视的结果。实际上这位教师被解雇的原因包括家长对乐队混乱的、不成体系节目的关注；乐队没有维护好乐器和设备；节目结构松散；乐队未能给学生提供指导，未能获得学生的尊重；这位教师缺乏组织才能。联邦上诉法院称"校方所称的理由可能部分出自于主观考虑的原因，但是它们是建立在客观与实际观察的基础上，这就清楚地说明了不续签原告合同的合法原因"[见泰勒诉赫特学区(Tyler v. Hot Springs School District No. 6, 827 F 2d 1227, 8th Cir 1987)案]。

在一些情况下，教师和其他公立学校雇员被迫不把他们的孩子送到私立学校。一位公立学校秘书把女儿送到全白人的私立学校上学，该秘书因此受到惩罚，法院判决认为，校方的这种行为侵犯了她的民事权利[见弗福诉库利(Fyfe v. Curlee, 902 F 2d 401, 5th Cir 1990, Cert denied 498 U. S. 940, 1990)案]。

对于公立学校优秀业绩的关心，使得人们越来越关注教师素质和充分的教师培训课程。其结果之一就是在对实习教师和试用教师进行授予资格、雇佣、提升和续聘之前，举行越来越多的资格测试。在这些测试中，少数民族比例不协调，因而引起了种族歧视问题，应当指出的是，第7章明确接受职业发展雇佣测试，条件是这些测试不含有歧视内容。

今天，教师资格测试受到了挑战，这主要在南部的州，这种挑战是以各种宪法法规为依据的，包括那些所谓的种族偏见内容和所谓的未能与有效的工作相联系的内容。法院认为这种测试履行了一种法定的州的功能，因而他们赞成这种测试。另一些观点认为，客观的有效性必须和实际的工作资格相联系，法院否定了那些观点。在美国诉南卡罗来纳(United States v. South Carolina，445 F Supp 1094，SC 1977)案的判决中，尽管国家教师考试会引起美国黑人大量的不合格，但法院还是赞成把该考试作为获得州资格的必然要求。在美国诉路洛丝(United States v. Lulac，793 F 2d 636，5th Cir 1986)案中，大学生要求通过得克萨斯(Texas)职业技能测试之后才能参加任何一间学院或大学的时间超过六小时的职业教育课程，法院赞成这种做法。在得克萨斯诉普林波(Texas v. Prinpie，724 S W 2d 387，Tex. 1987)案中，法院赞成对已经工作的教师进行测试。

### (二) 性别歧视

尽管没有违反第7章上的规定，玛希赫尔诉可克·兰德(Marshall v. Kirk Land)案提出了这样一个问题：在管理和特殊岗位，不雇佣女性，这是一种性别歧视。判决描述了一种曾经流行的做法，即女教师只能限于在教室里教书。

**玛希赫尔诉可克·兰德(Marshall v. Kirk Land)**

**美国第8巡回上诉法院，1979**

**602F 2d 1282**

汉森(Hanson)区法院高级法官：

上诉者起诉基于性别的歧视。在那顿莱克瑟(Narton Lexa)学区，女性占绝大多数，比例为3或4比1，区法院收到的证据表明，“特殊”岗位的任命(该职位因附加职责而享有额外的报酬)，提升到学区里三个管理职位(小学校长、中学校长和学区督导)都受到雇员的性别影响，还有数字表明男性和女性之间，前者的报酬要高于后者。

区法院做出判决：

> 在本诉讼开始后的三年内，原告未能出示证据证明性别歧视造成的影响。

原告对此结论提出上诉，认为区法院裁决未能确认显而易见的性别歧视。

区法院称，违反宪法的显而易见的性别歧视的案件并不存在，因而没有理由在性别歧视上萌发易于驳倒的臆想。我们认为在这个问题上，区法院的结论明显是错误的，这是与最近阐明的宪法规定不相符的，这些规定涉及到特殊岗位人员的任免，也与提升教师到管理职位密切相关。

在性别歧视问题上，上诉者们没有区别宪法的内容与第 7 章否定的内容。正如最高法院最近清楚地指出的那样，两种行为是不同的。从这些证据来看，我们面临的一个问题是，被告是否侵犯了女性教师的权益。美国联邦最高法院在 1983 年第 42 号文(42 U.S.C 1983)确认了管理者和申请者的受平等保护的权利，但人权法案第 7 章没有涉及该方面内容。

一般认为，宪法第十四修正案中的平等保护条款，其内容在第五修正案中也有大量的描述，让公共雇员享有"联邦规定的宪法权利，不受到性别歧视对待"，除非出于重要的政府目的，而且性别直接关系到目的的达到，否则不能实行性别区别对待。

在芬妮(Feeney)案中，最高法院详细说明了什么构成"歧视目的"。这种"目的"表明，"决策者——选择或重复某一特定的行为，至少部分'因为'而不仅仅是'尽管'，这一行为对于某一特定群体具有不良影响"。如果在公立机构雇佣员工的过程中，决策者作出的雇佣决定和制定的政策部分地涉及到"因为这样的决定或政策能间接地使妇女处于一种模式化的、预先设定的位置"，那么这种情形就违反了宪法。

案例记录表明，在这几年中，有10或11个管理和特殊岗位，与性别歧视相关。其中2个或3个管理职位是督导和小学、中学校长。7或8个特殊岗位因担负附加的职责而享有额外报酬，这些职位包含各种各样的工作——教练、体育、顾问、农业和家庭经济学教师。学区的做法是3个管理者通常从教师中产生，特殊职位的承担者自然是那些担有附加职责享有额外报酬的专家教师。

关于特殊岗位问题，家庭经济学教师和女生的体育教师职位在近几年中都是由女性担任的，其他的特殊岗位都是男性，男女教师的比例是1∶3或1∶4，女性所占比例大。但是，学区里所有的或几乎所有的男性教师都担有特殊岗位，而占大部分比例的妇女却没有。在报酬问题上，尽管证据不充分，却还是可以看出特殊岗位女教师的收入低于男性。学区委员会主席波尼（W. F. Burney）证实："雇佣男性作为教练一直是学校的政策"——他承认，"男性总是得到特殊工作而女性几乎没有这样的机会"。学校督导克尔拉德（Kirklard）1973年前担任中学校长，跟波尼一样，是一位决策者。他承认，足球、篮球、跑步教练传统上一直是男性，而且女生的篮球教练（新近设立的享有特殊报酬的工作）应该还是男性。克尔拉德坦率地说：

> 没有证据表明，只有男性才能做这些工作，但是，这是这个国家的传统，我同意这种做法。
>
> 事实表明，以前男性教师教过女生的体育，男性也能做女生的篮球教练，相比之下，女教师不能成为男运动员队伍的教练，因为"我只是认为在处理那一群年轻人的问题上，男性能比女性做得更好"。

在管理者问题上，有证据表明，在审讯期间，女性实际上是被认为没有资格担任中学校长的。因此，督导托德（Todd），担任几年的小学校长，是三位管理者中收入最低的。1973年，一名戴维·巴基（David Bagiey）中学教师被提升为中学校长，代替克尔拉德，后者升为督导。毫无疑问，托德比戴维·巴基更称职——但这不是从工作上考虑的。托德证实，她对中学校长或督导职位没有表现出任何兴趣。但是督导克尔拉德没有在他的证词中表明，那是因为托德没兴趣才不把她作为该职位的候选人的。相反地，他承认没有考虑托德，是“因为我们所处的环境，我们面对的学生，我认为我们需要一位男性来从事这项工作”。于是出现了下列上诉者的律师与克尔拉德的谈话：

问：现在，请详细解释一下，你们所处的环境和你们面对的学生。

答：因为对于中学生来说，我认为和女性相比，男性是更严格的纪律维持者，我认为在这个职位上我们需要的是男性，因为这是一种特定的环境，该职位的部分工作是一些运动比赛，时常会发生这样或那样的事。各种事情都可能发生，因此我觉得男性比女性更合适。

问：你认为女性不能做这些事情，你的客观证据是什么？

答：我没有证据，沃克先生。

问：这仅仅是一种先天自然的偏见吗？

答：我想是的。

这些客观证据清楚地表明了在管理者和特殊岗位上，男女比例失调，学区委员会主席波尼和前任校长、督导在他们的证词中明确表示，在学区对教师的任命和提升问题上，性别是一个重要的因素，在刚开始，上诉者提到了一个案件，表明学区的决策者想把女教师置于学区的“模式化、预先设定的位置上”，区法院的这种判决是错误的——波尼和克尔拉德的证词本身就是一种事实的调查结果，它表明校方在某些特定的管理或特殊岗位上只雇佣男性(或女性)。这样就会引发一个问题：这种非中性的性别区别对待与重要的政府目标之间是否存在密切的实质性的联系。

区法院发现校方“展示了大量的证据来证明在学校系统运转过程

中，不存在性别歧视”。但是，法院没有对案件的这个初步结论进行详细说明。相应地，区法院在发回案件时应该在现有的证据的基础上，确定：(1) 按照正当的程序，被提名的原告是否能代表所有的女教师和上诉者提出诉讼；(2) 如果该案件被认为是教师行为，区法院所提到的没有性别歧视的证据是否能与其维护性别平等的假设保持一致；(3) 对个人救济的假设是否与涉案的女性的证词不一致。这一点可能要依据区法院的补充结论来进行判决。

我们不同意区法院的结论。我们对宣称受到不合宪法规定的性别歧视而提出诉讼提供法律救济，这种歧视涉及到女性教师在特殊岗位的任职和行政管理职位的升迁。我们把案件发回区法院进行与此结论相一致的进一步的审判。

尽管此案的结论复杂，但由于在本上诉案件中，上诉者的律师在这起性别歧视案件上获得了成功，我们由此要求上诉者支付上诉费用，包括 500 美元律师费。

## 注释与问题

克尔拉德有关雇佣女性的观点今天还盛行吗？

见杰普森诉佛罗里达州立大学董事会(Jepsen v. Florida Board of Regents, 610 F 2d 1379, 5th Cir 1980)案。本案属于权利法案第 7 章的规范行为。

权利法案第 9 章的规定是否调整学校和学校的雇佣行为，并不确定。美国最高法院以 6 票赞成，3 票反对判定，国会认为第 9 章包括了雇佣内容[见北赫文教育委员会诉贝尔(North Haven Board of Education v. Bell, 456 U. S. 512, 1982)案]。

在格罗凡城市学院诉贝尔(Grove City College v. Bell, 465 U. S. 555, 1984)案中，最高法院在谈到私立学校时，称第 9 章并不适用于所有学校和学院，仅仅适用于那些直接受到联邦资助的组织。但是，1988 年民事权利恢复法案的条款内容推翻了格罗凡城市学院诉贝尔案的判决。

法案声明，只要组织的一个部分受到联邦资助，那么整个组织都应包括在内。

在“雇佣条件”问题上，第7章禁止不平等对待，法院分析了“条件”包括冒犯性和侮辱性对待雇员的案例。因此，第7章适用于工作中的性侵扰。

一男性教师依据集体谈判协议，要求得到一年的不付工资的抚养孩子的假期，法院否定了这一要求，认为该行为侵犯了权利法案第7章。因为第7章只允许女教师以这种理由请假。但是法院没有指出，在除去因怀孕、生育、相关的治疗引起的身体不适而请假之外，还可以在哪些条件下请假[见席弗诉匹兹堡教育委员会(Schafer v. Board of Education of Pittsburgh, 903 F 2d 243, 1990)案]。

### (三) 怀孕

美国联邦最高法院受理的案件，对地方学区委员会的政策提出异议，该政策涉及到怀孕的某个特定时间必须请假和产后再被聘的内容。在克莱凡勒德教育委员会诉拉弗尔(Clevelard Board of Education v. La Fleur, 414 U. S. 632, 1974)案中，法院判决认为，强制的产期休息政策规定了产前的休假时间，侵犯了宪法第十四修正案的正当诉讼程序条款。法院认为，只要规定教师提前告知校方怀孕了，那么，任意规定或削减产假时间的行为与州政府维持教学连续性的需要之间就没有冲突关系。法院称，令人争议的政策导致了一种武断的假设，即教师在怀孕的某个特定时间不能继续她的职责。此外，一些政策规定，母亲需要等到孩子三个月后的下一个学期才能返回学校工作，法院也否决了这一政策内容。

联邦最高法院的上述判决生效后不久，引起了许多法院争议。这些争议涉及到怀孕期间无法工作时的福利、病假、健康保险的政策。美国最高法院在通用电气公司诉基尔布特(General Electric Company v. Gilbert, 429 U. S. 125, 1976)这样一起非教育案件中，谈到相关的问题。基尔布特(Gilbert)的判决赞成把与怀孕相关的不能胜任工作的政策和相应的调整政策从通用电气公司(General Electric)的整个怀孕政策中加以排除，以保护孕妇的利益。最高法院的这一裁决直接导致国会通过《孕期歧视法案》，并于1979年生效。

这一法案是对权利法案第7章的修正。孕期歧视法案保证"由于性别"或"以性别为基础"的雇佣歧视(这是在第7章中是禁止的)，包括"源于怀孕、生育或相关治疗的"歧视发生时，当事人可以得到救济，规定在上述情形下，按照女性的工作能力，采用与其他申请者、雇员同样的方式，给予同等对待。妇女不能因为怀孕和流产被解雇、未被升职和不雇佣。当她们还能工作时，不能迫使她们离开。怀孕女性与其他身患疾病的人士一样，在规定的假期期间享有假期福利。如果其他雇员有权在病假之后继续工作，那么因为怀孕而未能上班的妇女也能享有该权利。需要说明的是，怀孕女性产后并不一定能够回到原来的职位或学校。

在额外补贴方面，如残废津贴、病假和健康保险，都可以运用同样的原则。因为怀孕等相关原因不能工作的妇女有权享受津贴和病假，这与因临时性病痛而不能工作的雇员享有的待遇是一样的。任何健康保险必须包括怀孕方面的支出，这一点也与其他医疗花费相同。但是，流产的花费不在健康保险之列，但有一种情况是属于健康保险的，即当胎儿被取出时，母亲有生命危险或由于这种流产引起了医疗并发症。

## 爱克曼诉霍桑学区教育委员会

**(Eckmann v. Board of Education Hawthorn School Distoict)**

**美国区法院 北伊利诺伊州，1986**

**636 F. Supp. 1214**

罗兹考基(Roszkowski)区法院法官：

1982年6月6日，原告吉安·爱克曼(Jeanne Eckmann)提出民事诉讼，起诉霍桑第十七学区教育委员会(Hawthorn School Distoict No. 17)和多名委员会成员，原告称她被解雇了，这是不合法的，要求赔偿和惩罚性的损害补偿。

本案举证责任应根据黑尔斯城市学区诉多利案的裁定规则予以确认。

以黑尔斯城市学区诉多利案为例,在这种类型的案件中包括三种举证责任。教师首先必须指出受宪法保护的行为。一旦完成这一项,教师需要表明,自己的受到宪法保护的行为是学校委员会对教师的惩罚行为背后的"实质性"或"催化性"因素。一旦教师完成这两项举证责任,学校委员会必须以大量证据表明,即使教师没有实施宪法保护行为,校方同样会采取惩罚教师的行为。

在本案中,原告称,因为她婚外怀孕并打算以单身母亲的身份抚养孩子,学校解雇了她,而她的这种行为是受到宪法保护的。因为在具体罗列出来的宪法权利中不包括原告的行为,法院认为这是属于"实质的正当程序"权利。

在拉凡诉弗吉尼亚(Loving v. Virginia)案中,最高法院认为决定跟谁"结婚或不结婚,是个人自己的事情,州政府不能侵犯,这是一种自由"。换句话说,州政府干涉个人的结婚决定,或像本案那样,不结婚的决定,是不正确的。最高法院之后对案件进行陈述:

> 隐私权是指:结婚或独身是个人的权利,不需要受到不正当的政府干涉,在个人是否生孩子或扶养孩子方面,政府也不能干涉个人的决定。

1972年,爱恩斯坦德诉伯德(Eisenstadt v. Baird,1972)案发生。第二年,茹诉沃德(Roe v. Wade,1973)案出现。在这两例案例中,法院判定,宪法上的隐私权"内容广泛,包括妇女有权决定是否终止怀孕"。最高法院之前已清楚地表明,个人的结婚和生育的决定是受到宪法保护的,不受不正当的州政府行为干涉。按照这种权威解释,毫无疑问,原告享有独立的正当诉讼程序权利,她的婚外怀孕和抚养孩子的权利,不受到不正当的州政府(学校委员会)干涉。

学校委员会请求法院作出与陪审团的裁定相反的判决（JONV，judgement notwithstanding the Verdict），但是，学校委员会并未对原告非婚怀孕以及她决定以单身母亲的身份抚养儿子是受到独立的正当诉讼保护这个问题提出异议，而只是将重点放在指证原告的行为本身促使学校委员会作出解聘她的决定。简言之，学校委员会的立场是：

> 在本案中，综观全部证据，而不是进行任何与无可争辩的事实冲突的臆想或推测，为了原告的利益，学校委员会毫无疑问将作出解聘原告的决定。这样的决定是学校委员会的必然选择，即使没有解雇书中提及的非道德行为。

为了给其立场提供佐证，学校委员会称“原告或被告的每一个证人都能证明，即使没有非道德语言，学区委员会还是会实施相同的行为的”。

法院同意学校委员会的意见，每一个委员会成员都能明确地证实，即使原告没有怀孕，她也会被终止任期。每个委员会成员还证实，在原告的“改正通知”和“解雇信”中，学校委员会只含有一种对“非道德行为”的指控说明，在学校委员会的提议下，学校委员会在解聘书中附加了特别的说明，告知原告解聘的原因。律师确认了这种证词。法院传讯了大量的被告证人，这些评价证实：“自1979年到被解雇期间，他们与原告之间存有冷淡、谩骂、不敬和其他问题。”然而学校委员会忽视的问题——就是原告的确有证据，这些证据能表明解聘书中的“非道德行为”的确导致了她的被解雇。

例如，原告上交了学区委员会给她的“改正通知”，通知中罗列了大量的对原告教学能力不足的指控，通知还指出有11项行为需要被改正。这其中的一条指控是：“你的非婚怀孕行为降低了你的教学能力和学生们从你身上获取知识的能力。”通知还警告原告：“今后不要再发生这种行为。”

原告还出示了行政法官西德尼·莫戈斯（Sidney Moguls）的书面报

告。该报告要求学校给予原告复职并补发全部工资。阿尔吉·麦格尔(Alj Mogul,法院法官)面对的问题是学区委员会是否有大量的证据可以证明原告犯有“解雇信”中所说的“无知、不服从命令、残暴、不道德”等过错。在长时间的听审之后,阿尔吉·麦格尔写了25页的判决书。在其中,他写道:

(1)原告被指控不能发挥模范作用,但学区委员会未能表明教师改变了学生的信仰,也未能证明教师非婚生子的事实对学生影响巨大。

(2)学区委员会未能证明原告未婚母亲身份对学生、员工或学校造成了巨大的伤害。

(3)记录中没有证据表明教师是个不道德的人,相反的,记录表明,她是个道德高尚的人,一个虔诚的教徒,一个有坚定信念的人。

阿尔吉·麦格尔又指出,“如果不是因为非婚怀孕生子,教师就不会被解雇”,“对无知、不服从命令、无能力的指控仅仅是为了掩饰‘非道德的指控’”。

一起上交的证据还表明,1981年7月,在通知原告改正过错之后,学区委员会投票减少原告的工资,并且让督导告诉她,她不再管理学生会,不再是拉拉队教练,不再负责学校筹资工作或旅游工作,也不再参与毕业训练,仅仅因为她是个母亲,就对她实行所有这些限制。

原告还上交了由学校委员会的成员欧伯林(Ed Obrien)写的评价报告,报告表明原告在学校工作出色,教学质量很高。原告自己从未收到这份评价报告,欧伯林把它寄给学校委员会的威勒(Weiler)律师,征求他的意见,威勒律师只是把这封信公开了。

学校委员会收集了很多事实,表明只有在威勒律师建议中才使用了非道德语言。这一事实也许能够说明委员会成员的良好诚信,但学校委员会作为一个整体并不享有这种诚信。

陪审团并不仅仅依据双方证人的数量和证词的长短来对案件进行

裁决，如果是这样的话，那么学校委员会明显占有优势。陪审团有权，实际上，这是他们的职责，判断证人的可信度。他们可以根据自己的判断来相信或不相信证词。在本案中，陪审团不相信委员会成员所作出的说明自己立场的证词，而相信原告的短篇证词，但这并不代表原判决无效。

因为本案的判决，很大程度上取决于学校委员会成员证词的可信度，因为原告出示了大量的证据来支持陪审团的判决，这判决和证词是相反的。学校委员会申请的推翻陪审团裁决的请求被否决。

原告律师所要求的损害补偿的精确数目令人迷惑，她要求的数目竟然达到200万美元。法院清楚地知道，原告所要求的损害补偿没有金额限制。但是，这笔金额至少必须与审判中出示的证据有联系。法院认为，75万美元足够补偿原告在本案中受到的伤害，因此判定学校委员会赔偿。

## 注释与问题

其他的一些法院也有与爱克曼诉霍桑学区教育委员会类似的裁决[见普顿诉纽普特学校委员会(Ponton v. Newport News School Board, 632 F. Supp. 1056, Va. 1986)案，阿凡里诉赫姆沃德市教育委员会(Avery v. Homewood City Board of Education, 674 F. 2d 337, 5th Cir 1982)案，可黑冉诉切德斯德尔学区(Cochran v. Chidester School District, 456 F. Supp. 390, Ark. 1978)案，布朗诉巴斯克(Brown v. Bathke, 566 F. 2d 588, 8th Cir 1977)案，新墨西哥州教育委员会诉斯汤达(New Mexico State Board of Education v. Stoudt, 571 P. 2d 1186, N. M. 1977)案，安德鲁斯诉杜城市分区学区(Andrews v. Drew Municipal Separate School District, 507 F. 2d 611, 5th Cir 1975)案，以及杜克诉科威顿县教育委员会(Drake v. Covington County Board of Education, 371 F. Supp. 974, Ala. 1974)案]。

在七票赞成，两票反对的判决中，法院认为一保险计划违反了1964

年民事权利法案和怀孕歧视法案,因为它给女性员工的丈夫提供全额的住院补贴,但是男性员工妻子所享有的全额补贴却不包括怀孕费用。判决称,按照计划,“女性员工的丈夫在任何情况下都能享受特定的住院补贴,男性员工的妻子可以享受除怀孕之外的这种补贴——1978 年法案对此进行了说明,怀孕所受到的待遇不如其他疾病所受到的待遇是一种歧视行为”。因此,该计划“让已婚男性员工家属享有的补贴低于已婚女性员工家属享有的补贴,这是一种违法行为”[见纽普特造船公司诉平等就业机会委员会(Newport News Shipbuilding and Dry Dock Company v. Equal Employment Opportunity Commission, 49 462 U. S. 669,1983)案]。

美国第五上诉法院审判确认,佛罗里达州教师母乳喂养小孩的决定是符合宪法的。在判决中,法院称如果没有规定禁止教师以任何理由带小孩上班,并且教师以母乳喂养小孩这种行为没有妨碍重要的教育利益,那么教师有权以母乳喂养小孩[见迪克诉奥兰吉县学校委员会(Dike v. School Board of Orange County, 650 F. 2d. 783,5th Cir, 1981)案]。1993 年,佛罗里达州通过法律保证妇女享有在公众场合以母乳喂养孩子的权利,这是美国第一个通过这种法律的州,该法律还禁止因猥亵、下流、裸体逮捕哺乳期妇女。

还有两个法院的判决也涉及到怀孕问题。在加利福尼亚存贷协会诉戈拉(California Federal Savings and Loan Assocation v. Guerra,479 U. S. 272,1987)案例中,法院六票赞成,三票反对,确认加利福尼亚州的法律给予怀孕员工四个月无薪产假,并保证她们能回到以前的工作。但是,最高法院一致同意一项密苏里州法律,该法律没有给因怀孕而不能工作的妇女提供复职或失业救济。按照该法律,只有那些由于与工作相关的原因而失去工作的人才享有救济。下岗或工伤都是与工作有关的因素,但怀孕不是[见威姆伯利诉密苏里劳工与产业委员会(Wimberly v. Labor and Industrial Relations Commission of Missouri,479 U. S. 511,1987)案]。

一联邦法院认为,单身教师有权通过人工授精受孕。在卡姆容诉俄亥俄城希尔伯罗教育委员会(Cameron v. Board of Education of Hillsboro,Ohio City School District, 795 F Supp 228,Ohio 1992)案中，法院认为，按照第7章中的规定，否决卡姆容的这种权利，这是性别歧视。

在布伊德诉哈丁学校(Boyd v. Harding Academy of Memphis Inc.，88 F 3d 410,6th Cir, 1996)案中，一私立学校教师因为犯有非婚性行为被解雇了。法院对此持赞成意见，尽管教师称她是由于怀孕被解雇的，这样做违反了第7章，但校方坚持说因为她违反了禁止婚外性行为的规定，所以她被解雇了。在过去的几年中，有男性和女性教师因此而被解雇。

## (四) 宗教歧视

1964年民事权利法案中第7章规定，“只要雇主的工作没有受到不合适困难的干扰，雇主就要合理地接受雇员的宗教习俗或行为”。在安瑟尼教育委员会诉弗伯罗克(Ansonia Board of Education v. Phibrook, 479 U.S. 60,1986)案中，教师出于宗教目的，要求获得“必要的个人事务”假期，法院认可了该教师的要求。教师集体协商的条款批准三天带薪的宗教假期，三天带薪的个人事假。个人事假列表中，不包括宗教习俗。学校委员会规定，因宗教习俗请假，只要超过三天，就没有报酬。法院赞成学校委员会的做法，法院声明该政策是属于第7章“合理的赞同”的范围的。

大多数州都有像第7章那样的法律，要求雇主接受雇员的宗教行为。但是，这存在着一个问题，这种赞同可能侵犯了美国宪法第一修正案的宗教条款。康涅狄格州法规允许雇员在任何一个他们所谓的安息日旷工。最高法院否决了该法规，法院认为该法规强迫雇主使自己的工作受制于雇员的宗教行为。除了一些特定的常规宗教例行假期，如教师所说的星期五安息日，法规没有允许特例。法院得出结论说，该法规的作用就是推进特定的宗教行为的发展[见瑟顿地产诉卡尔多(Estate of

Thornton v. Caldor, Inc, 472 U. S. 703, 1985)案]。

宾夕法尼亚州的一穆斯林教师对“服装法”提出异议。该教师以民事权利法案第7章为依据，认为穆斯林妇女在公众场合应该遮住她的全身，只需露出头和脸。学区不允许她穿这样的衣服，一联邦上诉法院赞成校方做法。法院规定，在公立学校保持宗教中立的氛围是一种强制性的州的利益，禁止教师教学时穿宗教服装的法规是合法的。法院称，接受教师的做法会让学校系统处于一种“非法的困境中”[见美国诉宾夕法尼亚州学区教育委员会(United Stats v. Board of Education for the School District of Philadelphia, 911, F, 2d 882, 3rd Cir, 1990)案]。但是，一审法院认为：一个人在面试时因宗教信仰而戴了头巾，他因此未能得到工作，这种行为是宗教歧视。抢手的职位是一私人公司三年级学生的顾问，该公司与公立学校签了合同，为公立学校学生服务。法院认为宾夕法尼亚的宗教服装法在此不适用，因为三年级的学生不知道头巾代表着求职者的穆斯林信仰。头巾会冒犯地方学校人员的宗教敏感性，但这个事实并不能将此案划入该法规范围内[见爱克诉李兹公司(Eeoc v. Reads, Inc, 759 F Supp 1150, Pa, 1991)案]。俄勒冈州法律禁止教师在教学时穿宗教服饰，如果违规，将受到停职或撤销教师资格的处罚，这种规定得到法院赞同。在该案中，教师穿白色的衣服，戴印度锡克教徒的头巾[见柯普诉欧根学区(Cooper v. Eugene School District No. 4J, 301 or 358, 1986, appeal dismissed, 480 U. S. 942, 1987)案]。在这种法规中，“服装”常常被定义为任何衣服、面具、徽章或标志，这些都表明教师的宗教成员身份或对宗教信条教派、派别的信奉。这种定义包括十字、十字架、大卫的星座、发型或无边小帽吗?

私立卡姆赫姆(Kamehameha)学校的教师必须是基督教徒。一联邦上诉法院否决了这一要求。法院称，除了学校的宗教课教师(第7章认为他们具有“真正的职业资格”)，学校的其他教师按照传统的世俗的方式教学。因此，信奉基督教是工作的基础这种说法是不存在的。

第7章中的部分解释陈述：

> 在宗教是真正的职业资格条件下，这种资格是特定的企业或组织正常运行不可缺少的组成部分，雇主对雇员的雇佣以宗教为基础，这是一种合法的雇佣行为[见爱克诉卡姆赫姆主教学校(Eeoc v. Kamehameha Schools Bishop Estata, 990 F 2d 458, 9th Cir 1993, Cert denied, 510 U. S. 963, 1993)案]。

在教师的宗教集会上使用学校设备问题已被划入法律条款中。印第安纳学区政策禁止教师在未经报告批准前使用学校财产进行宗教集会。法院赞成该政策[见梅诉依凡斯威尔—凡德伯格学校集团(May v. Evansville-Vanderburgh School Corporation, 787 F 2d 1105, 7th Cir, 1986)案]。

### (五) 年龄歧视

按照1967年的反就业年龄歧视法案(ADEA)及其修正案规定，雇主因年龄歧视任何雇员或准雇员的行为都是违法的。但有一种情况除外，“年龄是一种真正的职业资格，这种资格是特定的企业或组织正常运行不可缺少的条件，或者这种区别是由其他的合理性因素而不是年龄引起的。”1967年反就业年龄歧视法案刚通过时，该法案并不适用于联邦政府、州政府和他们的下属部门，也不适用于雇员少于25人的私人雇主。但在1974年，国会把法案的禁止范围扩大到包括至少有20名雇员的雇主、联邦和州政府，因此也包括公立学校雇员。

法案把雇员的年龄限定在一个特定的范围内，范围的上限就是确定法定退休的最小年龄。1967年法案规定的范围是40—65岁，1978年修正案把上限提高到70岁，让联邦雇员完全不受限制。1986年的修正案在1994年为高校终身教师解脱了束缚。

但是在基姆尔诉佛罗里达州大学评议会(Kimel v. Florida Board of Regents, 528 U. S. 62, 2000)案件中，美国最高法院称反就业年龄歧视法案运用在州，包括州公立教育机构是不合宪法的。在基姆尔诉佛罗里达州大学评议会案中，大学雇员起诉佛罗里达大学评议会（Board of Regents），称实际上存在着的年龄歧视违反了反就业年龄歧视法案。在辩护中，州称其享有宪法第十一修正案中的免于诉讼的权利。由于法院在分析基姆尔（Kimel）案中，交替运用了宪法第十一和第十四修正案的复杂条款，所以这种判决使人们一开始对现行的反年龄歧视法案就有所误解。但是仔细推敲基姆尔一案，就会发现，如果没有自愿的州的豁免权弃权，州机关的雇员包括公立学校雇员，再也不能以反就业年龄歧视法案年龄歧视起诉。大多数州的雇员还是受到州禁止年龄歧视法规的保护的。但是，有些州法规的内容可能不如反就业年龄歧视法案内容全面。因此，法院对基姆尔案的判决是以宪法第十一修正案中州豁免权为基础的。然而，反就业年龄歧视法案仍然使用于联邦机构，拥有20或更多雇员的私人企业，包括私立学校。你所在的州有法规禁止就业方面的年龄歧视吗？如果有，你所在的州的法规内容与反就业年龄歧视法案的内容不同吗？

法院一般认为在具体的退休年龄范围之外的教学是建立在逐年教学的基础上的，在对该问题进行阐述时，南达科他高级法院在莫尼尔诉托德县独立学区（Monnier v. Todd County Independent School District, 245 N W 2d 503, S. D, 1976）案的陈述为：

> 在学区实行强制退休政策之后，学区内达到政策规定的退休年龄的教师不再享受继续合同法规定的权利。从术语上来说，强制退休概念与继续合同权利概念不一致。

## 八、教师谈判

在有关学校雇佣关系上，50个州的情形并不相同。有的州没有相应的法规条款，有的州禁止集体谈判，有的州强制谈判，还允许教师罢工。

尽管大多数州都有法规条款规定学校雇佣关系的有关问题，一些州还是依靠案例法的权威，一些州依靠律师的普遍观点。

在那些制定法规规定学校雇佣关系的州，法规条款的内容区别很大，一些州教师的协商或谈判在学区委员会这一层次开展。其他的州则是赋予教师与学校谈判的权利，而且，这些谈判权比私立学校雇员所享有的范围或空间更为宽广。不同法规中所提到的问题包括：一个教师群体是否享有专有的谈判权，而另一教师群体则不享有这样的权利，哪一个群体包括在谈判单位中，正当收入怎样结算，学区与教师之间的代表关系机构如何建立，这种代理机构怎样收取服务费用，谈判涉及什么范围，谈判处于僵局后依据什么程序处理，罢工条款如何确定等等，都可能在与谈判相关的法规中出现。

根据国家教育组织数据，大约70％的州有法规，使校方和谈判群体能进行真诚的谈判。亚拉巴马州和马里兰州有法规要求学校委员会与雇员组织代表“见面并商议”。相反的，北卡罗来纳和得克萨斯以法律形式禁止谈判，佐治亚和弗吉尼亚州按照法院法令实施谈判，禁止与此冲突的行为。

实际上，在那些制定了集体谈判法律的州，这些州都要求有职位大致相当于副校长的管理人员作为谈判单位的一方。在一些州，法规条款或地方政策规定，管理人员不得参与集体谈判。

公立学校教师的罢工权利是一个极度令人争议的问题。有部分的雇佣条款涉及到罢工问题。根据国家教育组织的数据，一些州（阿拉斯加、夏威夷、伊利诺伊、明尼苏达、俄亥俄、俄勒冈、宾夕法尼亚和威斯康星）都有法规条款允许教师在一定的条件下罢工，大约有一半的州法规特别禁止教师的罢工，在一些条例中还具体列出了罢工要受到的惩罚。

那些不愿加入工会的教师，经常对一个问题提出诉讼，即工会会费是否可以强制征收和使用。

## 李纳特诉弗里斯职业协会
## (Lehnert v. Ferris Faculty Association)
## 美国最高法院,1991
## 500 U. S. 507

布莱克姆(Blackmun)法官宣读法院的判决,陈述最高法院的意见:

本案的争议涉及宪法的一些规定。问题的焦点是,对一位非工会人员来说,是否可以把工会作为一种公共机构,要求其缴纳会费,并将此作为雇佣的一个条件。

密歇根公立雇佣关系法(Act. Mich. Comp Laws 423. 201 et seq. 1978)案规定,正当选举的工会,应该是特定谈判机构,是公立雇员的集体谈判代表。该法案适用于密歇根公立教育组织的全体成员。它允许雇主和企业通过代理机构安排工会的一些事务,按照这种安排,谈判单位的雇员如果拒绝加入工会,那么他们必须向工会缴纳"服务费"。

被告弗里斯职业协会(Ferri's Faculty Association,FFA),是密歇根教育组织(MEA)和国家教育组织(NEA)的下属机构。按密歇根州法案,被告是密歇根州弗里斯学院教职员工的独家谈判代表。弗里斯是一个依据密歇根宪法设立的公立组织,它是由州资助的……从1975年开始,弗里斯职业协会(FFA)和弗里斯学院已进行了成功的集体谈判,达成协议,包括教职员代理服务条款。这些协议是弗里斯和教职员工管理机构弗里斯学院董事会及管理人员之间的谈判结果。

在李纳特诉弗里斯职业协会案之后,出现了阿波德(Abood)起诉底特律教育委员会(Detroit Board of Education)案。在这一案例中,法院确定了密歇根工会代理服务条款的合法性,并规定了公立雇员工会可以使用强制会费的范围。在此案判决之后,弗里斯学院提议,弗里斯职业协会认同阿波德案中工会代理协议。该协议要求,所有谈判的雇员,只要他不属于弗里斯职业协会,他就要缴纳服务费,其数量与工会成员缴纳的会费大致相等。这一协议在1981—1982年产生争议,争议发生期间，共有 284 美元的服务费，其中 24.80 美元归弗里斯职业协会，211.20 美元归密歇根教育组织，48 美元归国家教育组织。

在本案得到部分解决之后，原告上诉，称区法院赞成由原告教职工支付一些有争议的工会活动的开支，区法院的这种判决有错误。说得具体点，原告反对区法院的判决——工会可以合法地向他们征收费用，包括：(1) 游说活动和政治选举费用；(2) 代表非原告谈判单位的成员进行的谈判、诉讼和其他活动费用；(3) 公共关系活动费用；(4) 各种职业活动费用；(5) 总工会的会议和集会费用；(6) 罢工的准备工作费用，这种罢工一旦付以行动，就会侵犯密歇根法律。

直到阿波德一案的判决之后，区法院才确定了公立雇佣中工会费用条款的合法性。区法院赞成密歇根法规，这是与第一修正案的规定相违背的。同时，最高法院认为，工会利用个体的代理服务条款，强迫持异议的雇员资助涉及意识形态的活动，这种行为，如果证据确凿，就是违反了宪法第一修正案。最高法院对此争议提出一些重要的提议。

第一，最高法院确定，“强迫雇员为集体谈判组织代表提供经济资助会影响他们所享有的宪法第一修正案的权利”……一直以来，工会都使自己与广泛的社会、政治和意识形态观点保持一致，而这其中任何一项都可能会遭到个体雇员的强烈反对。强迫雇员为推进这些观点的发展做出直接或间接的贡献，始终是宪法第一修正案最为关注的问题。

第二，在阿波德一案的判决中，最高法院确认，私立部门附属于公立雇佣部门的工会或获得其资助，并没有侵犯宪法第一修正案中公共雇员的利益，类似的，即使有雇员反对工会集体谈判代表的观点，雇员的自由言论权并没有受到非法的限制……

关于这一点，最高法院认为，私立部门的代理制度有助于创造平静的劳动环境和消除“自由之马”，这在公立部门中也一样重要。相应的，“以集体谈判、合同管理、投诉调整为目的”使用持异议者缴纳的会费，这是铁路劳工法(RLA)赞同的，在获得州政府批准或授权后，这样的代理同样适用于州政府和其他公立机构雇员。

第三，最高法院确立了宪法规定，禁止州政府干涉公立雇佣组织与政党的关系问题[见埃奥德诉布恩(Elrod v. Burns)案]，或干涉宗教信仰问题[见托卡瑟诉沃特金(Torcaso v. Watkins)案]。同样地，禁止公立雇主，作为一名公立教育者，“要求(雇员)为支持意识形态活动做贡献，并将此视为工作的一个条件，但雇员可能并不接受这种思想观点”。

因此，尽管法院是通过分析一个个案例来进行判决的，并以此来决定工会可以就哪一种活动合法地向持异议的雇员收费，但法院还是制订了一些原则，使人们在作出决定时有章可循。汉森、斯迪德(Hanson and Steet)和他们的继承者认为，可收费活动必须是：(1)“适当的”集体谈判活动；(2)符合政府有关和平劳动和避免“自由之马”的重要政策利益的要求；(3)不会对自由言论造成压力，因为自由言论是工会代理制或工厂制补充条款中固有的。

上诉法院判定，工会可以合法地用持异议者缴纳的会费资助游说活动和其他政府活动，条件是这些活动“与工会作为谈判代表应履行的职责相联系”。法院是依据公立部门薪水的政治实质和其他公立雇佣部门的工作性质，得出上述结论的。法院总结说，“为了有效地代表自己的成员”，“公立部门工会不仅要关注谈判桌上的谈判，还要在立法上和其他政治领域扩大其成员的利益，这是很必要的”。

这种论述是非常正确的。为了使有关的州或地方立法机构批准谈判协议，公立部门工会要花费大量的财力物力……同样地，为了使已获批准的集体谈判协议获得拨款，工会所作的努力经常是这些协议能得以实施不可缺少的条件……关于公立雇佣部门的这些特性，法院在阿波德一案中谈到，在公立部门中，与谈判有关的活动与纯理论的活动之间存有“某种程度的模糊的”界限……在这类案件中，政府既是雇主又是决策者的双重身份使得公立部门中游说和集体谈判这两种活动联系更加密切。

但本案不是这样的案件。在本案中，引起争议的游说活动与批准或实施持异议者的集体谈判协议无关，而是与为雇员或公立机构雇员提供经济资助有关，工会是谈判代表，但这并不能强迫持异议的雇员对此进行支持。

追求劳工和平并不能对征收这种费用作出解释，因为不同于工会与管理者之间的集体谈判，我们国家和州的立法机关、媒体、政治舞台都是向所有人开放的公共平台，个体雇员有权向政府提出请求，反对工会作为工作场的代表。因为工人与工会不能达成一致意见，那就不能促进和谐的工作关系的发展，也不能强迫持异议的雇员资助工会的政治活动和工会自己的活动。

同样地，我们赞成，非工会会员如果没有缴费，那他们就不能享受工会的雇佣条款所赋予的福利，当游说超出了集体谈判协议的范围时，所谓的"自由之马"问题也不存在了。立法机关协调金融和其他政策之间的关系，这并不局限于工作场所，这些政策选择还会影响到雇员生活的方方面面。

相应地，我们认为，在协议批准或实施的有限的范围之外，州政府不能在法律上强迫其雇员资助与立法有关的游说或其他的政治性的工会活动。

附属关系的本质就是当子方需要时，母方要提供其所需的大量的经济、政治和信息资源。因此，子方的那部分附属费用就构成了资源库，该资源库的最终使用者是子方，即使该费用在其成员任期内没有花在谈判单位上，这笔费用还是受到谈判单位保护的。

我们由此得出结论，地方谈判代表按照分摊费用的比例向持异议的雇员收费，该费用是与州和国家附属机构的可收费活动联系在一起的，即使这些活动没有让持异议雇员的谈判单位直接获益，雇员也要缴费。但是，这种结论并没有给予地方工会特权，工会不能把持异议者的钱花在与单位雇员完全无关的谈判活动上。例如，工会完全不能因直接向持异议雇员收费，用于推进雇员权利或广泛的工会主义，工会因向无关的谈判单位提供无利息贷款而向持异议者收费，这也是不允许的。此外，地方工会给更大的工会提供捐赠，这不是地方工会作为分支机构应尽的责任，但是如果是慈善性质的捐赠，则不能向持异议者收费。必须指出的是，地方工会的成员同时也是更大的工会组织成员，他们可以因服务而获得报酬。而且，按照惯例，工会有责任证明收取的费用占总开支的比例数……我们只做出以下结论：工会不需要阐明征收的费用对持异议的雇员单位具体地发生什么直接的和明显的效益。

上诉法院认为工会可以合法地为维护公共教育（PPE）计划向原告们收费，该计划是为密歇根的公立教育筹资，密歇根教育组织（MEA）杂志，教师声音栏目报道了这些活动。原告称，与法院判决相反的是，维护公共教育计划超出了游说活动的范围，它是试图影响投票结果或地方税收来支持公立学校。鉴于我们对游说和政治选举的结论，这种事实的争议就无足轻重了。因为这些活动的性质相当清楚。这些活动都不是以原告集体谈判协议的批准或实施为目标的。我们认为持异议雇员缴纳的费用不能花在这些活动上。

原告接着对上诉法院一些活动的补贴规定提出异议，称工会并没有直接代表原告谈判单位中的成员开展工作。反对意见主要集中在国家教育组织（NEA）"开支计划"，该计划是为国家而不是为密歇根制定的，"教师之声"的开支列为"集体谈判"和"诉讼"。工会可以向持异议雇员收取州或更大工会集体谈判开支中他们所占比例的那部分费用。鉴于国家教育组织开支巨大，我们认为这种做法不妥。地方法院认为这些开支对于集体谈判和相应的后勤服务而言是笔合适的数目。我们接受这种观点，在集体谈判方面，不需要更多的关系。

这种推论不包括与持异议雇员谈判单位无关的诉讼费用，也没有包括工会对这些活动所作的文字报道……

上诉法院判定，工会可以合法地向原告收取公共关系开支方面的费用，在这一点上，上诉法院称："公共关系费用是为了提高教师职业的声誉，我们认为，这是与工会的职责密切相联的，工会作为谈判单位的雇员代表，有权向持异议者收费"……我们不同意这样的意见。

区法院和上诉法院允许对"教师之声"的以下部分收费：与教学和教

育大体有关的问题、职业发展、失业、工作机会，密歇根教育组织奖励活动和其他各种事情。诸如此类的服务在本质上既不是政治的也不是公共的。尽管它直接涉及原告谈判单位的成员，但这些费用是为了全体成员的福利而征收的，并且没有侵犯宪法第一修正案中的权利。简而言之，我们同意上诉法院的判决，这些费用与爱莉丝(Ellis)案中已批准的社会行为收费是一样的。

上诉法院规定，工会可以利用持异议雇员缴纳的费用送弗里斯职业协会代表去参加密歇根教育组织和国家教育组织的会议，去参与另一个协会组织的会议。原告们对此结论提出异议，他们称与爱莉丝案中向持异议者征收全国性会议费用不同，本案中的会议不是地方会议而是母工会的分支会议，因此这种会议不是专门面向原告的单位的。

我们不需要对原告是否必须承担这些会议的费用这个问题进行裁决。法院面对的问题是：工会是否有权要求原告资助参与这些会议的地方代表。我们认为工会有权这样做。会议是为包括弗里斯职业协会在内的多种对象服务而举行的，这就使得工会可以要求原告支持这种会议，我们从以上可以得出结论，宪法第一修正案与此并无很大关系。此外，地方工会成员参与母工会的正式活动，这本身就是一种分支机构享有的重大福利。

在宪法中，因工会费用事件引起的罢工是违法的，这是一个令人争议的问题。在1981—1982财政年度刚开始时，弗里斯职业协会和弗里斯在协商一项新的集体谈判协议，工会觉得这些努力不会有结果，就开始准备“工作行动”，用更通俗的话来说，即举行罢工，这些准备工作使得弗里斯职业协会和密歇根州教育组织成了“危机中心”或“罢工总部”。

原告们不能接受密歇根州的判决：单纯为非法罢工进行的准备活动本身就是违法的，也是违反公共政策的。我们对此不知情。此外，我们接受上诉法院所提供的理由。只要这些费用属于“合同谈判时，并且公立部门工会运用合理的谈判方式，就可以收取这些费用”。

总而言之，这些费用与属于集体谈判的费用很难区分开来，区法院和上诉法院得出结论，他们会协助这些谈判，保证持异议者单位成员能直接获益，我们赞成这种结论。此外，他们没有对宪法第一修正案中的权利提出附加条件，工会可以适当地向原告们收取这些费用。

以上是最高法院的裁定。

### 注释与问题

从判决中可以看出，密歇根州实行了一种工会代理服务制度，按照该规定，不强制雇员加入工会，但非工会成员必须向工会缴纳“服务费”。尽管州法律对公立和私立部门的规定有所不同，但一般来说，按照规定，成为工会成员是雇佣的一个条件。同时，按照规定，工会成员身份和一些相关活动都是被限制的，被禁止的。

除了在李纳特(Lehnert)案中提到的阿波德诉底特律教育委员会案件涉及到该问题，在另一起案件芝加哥第一地方教师协会诉哈德森(Chicago Teachers Union Local No. 1 v. Hudson, 475 U. S. 292, 1986)案中，法院的判决也阐明了工会从非工会成员收取代理费的正当程序。在此判决中，法院认为宪法要求：(1) 收取费用拥有充分依据；(2) 依据正当的政策和程序，对收取费用的问题举行论证；(3) 在论证之前，准备一份协议，注明引起争议的费用数目。

在那些没有集体谈判、协商甚至“见面商讨”法规的州，教育者常常认为李纳特判决中对工会活动的描述很令人震惊，例如，这些教育者根本没想过判决中所涉及的“自由之马”，即不属于任何工会组织的成员。

## 九、政治活动

为数不多的州谈到公立学校教师的政治活动是否要受到限制这个问题，尽管有些州对公立学校雇员作为政治候选人的身份作了一些法律规定，但大多数州的相关法规条款都不够全面。

当公立学校雇员成为公职的候选人或其他政治竞争活动的候选人

时，有四项重要的法规对此作了规定，这些规定指令是：(1) 学校雇员享有的宪法第一修正案中的言论和交往自由；(2) 避免竞选公职与现有任职冲突的规定；(3) 利益冲突回避规定；(4) 禁止裙带关系规定。

尽管公立学校雇员有权按照宪法第一修正案的规定参加公职竞选，但是必须区分雇员参加公职竞选的权利，与担任公职的同时继续学校任职的关系。成功的案例法已经表明，如果违反了避免竞选公职与现有任职冲突的规定、利益冲突回避规定和政府的三权分立条款，那么公立学校雇员不能同时担任公职又继续在学校任职，相应地，法院一直认为这些条款代表了强制性的国家需要，因此没有侵犯学校雇员的政治权利。

按照州的相关法律，法院裁定公立学校雇员在任职时，不能同时在任一政府部门，或在学区的上级管理机构任职。但是，没有法规限制公立学校雇员在其受雇任职之外兼职。

公立学校雇员是否能兼任与学校利益冲突的职务，一些州有相关规定。这一规定不仅适用于公立学校雇员，而且适用政府机关，包括州立法机关的议员。在一些州，禁止立法委员任职期间直接或间接从拨款基金合同中获益。学校雇员如果兼任了与学校利益冲突的职务，便不能继续在校任职。但是，在没有这些禁止条款的州，法院裁定学校雇员可以竞选议员，在立法机关任职；学区委员会可以批准雇员请假，在立法机构工作，但不给予报酬，这种做法是合理的。按照相关规定，法院认为在任职于地方学校和州立法机构这两者之间不存在矛盾之处，但是，有些法院认为，州立大学的雇员同时在立法机构和大学任职，这两者是矛盾的。

按照州的禁止裙带关系规定，如果一学校雇员的亲戚被入选进入他受雇的学区委员会，该雇员可能不能继续被雇佣。学区委员会成员的亲戚被学区委员会雇佣，那么该成员也可能不能继续在学区委员会任职。在制定了这些规定的州，州法院在授予学校员工资格方面，并没有严格地遵守这些条款的规定。这些州的理由是：公立机构的任职资格要求和教师的任期法案，使得裙带行为不会出现在学校雇佣雇员的过程中。在另一些州，教育法规中对学区委员会成员的规定中涉及禁止裙带关系，法院严格地按照法规的内容履行职责。

一公立职业学校的反裙带政策不允许已婚夫妻在同一间学校工作。蒙特哥姆利诉卡尔(Montgomery v. Carr，101 F. 3D 117C6TH Gr. 1996)案对此提出了异议。法院判定该政策没有侵犯宪法第一修正案权利。法院声明，该政策是与立法目标合理地联系在一起的，这样的政策能够避免婚姻破裂产生的摩擦，增进同事之间的交往，减轻管理者的压力。有趣的是，反裙带政策不适用于那些同居的教师。

宪法第一修正案赋予公立学校雇员权利，他们可以参加政治竞争活动，成为候选者，但这种权利不是无限制的，法院称这些活动：(1) 不能在工作时间进行；(2) 不能在教室里进行；(3) 不能影响到学校雇员的工作；(4) 不允许雇员利用他的职位影响政治选举的结果。此外，法院还称，如果这些活动引起了学校系统正常管理工作的混乱，那么这些活动就要被禁止。

一学校政策禁止教师在任何时候参与与学校财产有关的政治活动。因此，不允许已下班的雇员在位于学校财产范围内的官方投票处拉票，这种做法被认为是侵犯了第一修正案中教师的权利，法院对喀斯尔诉卡罗里学区(Castle v. Colonial School District，939 F，Supp，458，Pa，1996)案的判决认为，从学区委员会候选者的角度出发来看待雇员，这是"公共话题"问题。法院断言校方所称的利益，如教育过程的混乱，保护投票者免受非法影响，避免官方对候选者的赞同，所有这些权利都比不上教师的言论自由权利重要。

尽管在一些州，学校雇员积极参与学区委员会的竞选活动。肯塔基州高等法院赞成下列立法：禁止地方学校雇员参加学区委员会的任何政治竞选活动，还禁止学区委员会候选者索取或接受任何政治捐款，禁止接受捐赠或校方雇员提供的服务。这些法规是为了清除公立教育所受到的政治赞助和影响而实行的[见州初等和中等教育委员会诉爱华德(State Board for Elementary and Secondary Education v. Howard，834 S. W. zd 657，Ky. 1992)案]。

# 第五章　学校中的非种族隔离

1896年,美国最高法院在普莱西诉弗格森(Plessy v. Ferguson)案中,针对黑人使用公共设施、公共服务,确定了"隔离但平等"原则。这一原则为在公共设施、公共服务领域实施种族隔离提供了合法性基础,由此宣告了美国种族隔离合法化时代的开始。由于没有任何州的法规或者宪法条文适用种族隔离政策,普莱西案的裁决作为美国联邦最高法院的判例,确认了双轨制学校系统内种族隔离的合法基础。通常,人们总是把双轨制学校与黑人和南方各州联系起来,但是,事实上,在一些非南方州也同样有双轨制学校。在双轨制学校系统内,一个社区的黑人学生只能进入教师都是黑人的隔离学校,白人学生只能进入只向白人开放的学校,这两类学校之间几乎没有任何相互的交流。在南方公立学校里,这是一种有严格的条例规定和操作规范的合法的种族隔离,因为背后有着国家宪法、州立法和地方教育政策的支撑,显示了强大的法律效力。

1954年,美国最高法院在布朗诉教育委员会(Brown v. Board of Education)案所作的判决,推翻了普莱西原则适用公立学校的规定,认为在教育领域"隔离但平等"原则毫无立足之地。如此一来,公立学校种族隔离的合法化基础就被推翻。这一判决也必然会带来一系列的案件,审理这样的案件时,必须确定南方各州的学校、部分非南方州的学校以及私立学校的种族隔离政策是否是不受此原则约束的。

本章的基本目标就是提供一种历史的视角思考公立学校的种族隔离政策问题。要把握这一视角，最重要的是把握种族隔离合法化概念的沿革和背景，这也正是法庭能够借助合法渠道抨击公立学校中种族隔离政策的武器。依靠概念理解这种策略，使得早期的非种族隔离化的努力完全指向了南方各州的公立学校。另外，这种分析也展示了联邦法院继续发挥重要作用的进展情况。本书特别关注美国最高法院20年来为非种族隔离政策做出不懈努力，却在近年来不再对非种族隔离化的努力保持一贯的同情态度。

普莱西诉弗格森案较为深刻地描述了在整个国家盛行的一种认识：美国黑人是“低等”的；其判决也清楚地揭示了种族隔离合法化的烙印具有多么鲜明的官方色彩，揭示了在伟大的布朗案判决前，可怕的政策何以盛行近60年！

## 一、历史视角

### （一）隔离但平等原则

**普莱西诉弗格森(Plessy v. Ferguson)案**

**美国最高法院，1896**

**163 U. S. 537**

布朗(Brown)法官在案情陈述完毕后，宣布了法庭的决定：

本案法律适用可以依据1890年路易斯安那州议会通过的一项宪法性法案，该法案规定铁路当局应向白人和有色人种提供不同的车厢。……

上述法案的第一部分规定：“本国所有的客运铁路公司的客车车厢都应该向白人及有色人种提供平等但分隔的乘车条件，可以在每辆客车中设立两个或者更多的车厢或者在每个车厢中设置隔间以确保白人和有色人种分开乘车；但是，这一规定并不适用于市内铁路运输系统。任何人都不允许在不是自己种族的指定车厢内就座。”

法案的第二部分规定：“客运列车的长官也有权利和义务去依据乘客所属种族把乘客分配到不同的车厢或者隔间；任何坚持进入非指定车厢或者隔间的乘客可能会被处以25美元的罚款，或者本区监狱监禁20天以内；任何铁路公司的任何官员坚持把乘客分配到非指定车厢或者隔间也将被处以25美元的罚款，或者本区监狱监禁20天以内；对于任何拒绝在列车长官指定的车厢或者隔间就座的乘客，列车长官有权拒载，而且该官员及其所代表的铁路公司在本国任何法庭中都不会因此而有任何损失。”

法案的第三部分规定了对抗或者藐视谨遵此法的铁路公司官员、领导人、售票员及一般雇员的相关处罚措施，并补充规定：“本法不适用于护士、保姆等需要照料其他种族的儿童这种情形。”第四章是一些非实质性的要求。

地区刑事法庭档案记录了普莱西的起诉理由：作为一名乘客——乘车区间是路易斯安那州的两个车站间——被列车长官分配到认为是其所属种族的指定车厢，但是他坚持进入非指定车厢。在起诉和抗辩时，都没有证明普莱西具有某种特别的或者有色人种的血统。

法庭同意终止上诉的请求是因为证明了原告确有7/8的高加索人(白种人)的血统和1/8的非洲人血统，而在普莱西身上混合了的有色人种的血统是很难辨别出来的，因而他应该拥有美国白人公民所具有的所有权利、基本人权及豁免权。基于这一事实，下面这些内容——普莱西在白人乘客指定车厢内找到空位，却被售票员命令退出该车厢到有色人种的指定车厢中找个座位。当普莱西拒绝服从命令时，警方又协助将其逐出火车，还被监禁于地区监狱听候指控——就违背了路易斯安那州颁布的法案。

上述法案的合宪性受到了质疑，是因为考虑到它与宪法第十三修正案——废除奴隶制及第十四修正案——禁止针对美国的部分地区实行某种限制性立法——都发生冲突。

(1) 法案并没有与宪法第十三修正案中废除奴隶制、废除强制劳动(作为一种犯罪惩戒除外)有冲突，这一点即使要争辩起来，结果也是明确的。奴隶制意味着强制劳动，这是奴役，人身所有权是一种私人物品，奴隶制至少是控制一个人的劳动、服务为他人谋利，剥夺了个人支配自己、自己财产及自己服务的合法权利。……

一项仅仅表明白人和有色人种有合法差别——这种基于两个种族的肤色的差别，只要还能够把白人与其他人种从肤色上区别开来，就必然是存在的——法案并没有破坏两个种族的合法地位或者重建强制劳动制度的倾向。事实上，我们无法理解原告何以做出这种与第十三修正案的不恰当关联。

(2) 关于第十四修正案，所有生于美国或者移居美国并且愿意服从管辖之人，都是美国以及他们所定居的州的公民；国家禁止实施任何以下这类法律：剥夺美国公民基本人权、豁免权；剥夺只有依法才可以被剥夺的生命、自由、财产；拒绝承认辖区内任何人都有受法律的平等保护。

这一宪法修正条款最终完善是在法庭审理杀人屋(Slaughter-house Cases, 16. Wall. 36)案时完成的，然而本案涉及的并不是种族问题，而是一项有关特权的问题。案件并没有呼吁应该明确表达这种观念，即为了保障有色种族权利必须明确地赋予他们某些特权；但是，人们通常认为本案的主要目的就是为了确立黑人的公民权，对美国公民及各州公民的资格进行明确界定，保护黑人不被各州的歧视性立法伤害、不被各州公民所特有的特权以及豁免权(与美国公民共有的权利区别)所伤害。

本修正条款的目标毫无疑问就是为了强化法律面前两种族的绝对平等，但是从本质上说，它不可能消除由于肤色所造成的基本差异，也不可能真正实现社会平等(与政治平等相区别)，否则两个种族在这些方面的混合会使得双方都不能满意。法律允许甚至还要求他们在某些方面进行分离，比如那些与他们自身特征紧密相关的方面；某些方面实行分离并不必然表示其中一个种族就比另一个种族低劣些；虽然不是全部但是总体而言，某些方面实行分离被认为是州立法者行使管理权力的合法形式。与此相关的最常见的例子就是白人儿童与有色种族儿童的隔离学校的建立，它曾被许多州法庭认为是合法的行使管理权的方法；而且就是这些州，有色人种的政治权利得到了最长效最认真的实施。

罗伯兹诉波士顿市（Roberts v. City of Boston，5 Cush.）案，就是最早的此类案件中的一个。在本案中，马萨诸塞州最高法庭认为：在那些专门为有色种族儿童建立的隔离学校中，波士顿市学校总委员会有权为有色儿童制定教育计划，有权禁止有色种族儿童去别的学校上学。而且，学校总委员会的权力进一步扩展到为同年龄、性别、肤色的儿童开设隔离学校，以及为那些年龄过大无法进入小学却又不具备学习能力基础的人设立专门（特殊）学校，帮助他们能够顺利进入普通学校。国会也通过了类似的法律，在其影响之下，哥伦比亚特区最高立法机关以及其他许多州立法机关都相继颁发有关法令，而且，这些法律虽说不是全部但总体而言还是受到法庭支持的。

这些法律中有些禁止两个种族相互通婚的规定，可能会被认为是干涉婚姻自由权利的技术性手段，但是它们还是广泛地被认为只是州政府行使管理权力的手段而已。

干涉黑人政治平等权的法律与要求在学校、剧院以及铁路车厢中实行两种族隔离的立法之间有何差别，法庭对此有着明确的结论。因此，在斯特劳德诉西弗吉尼亚（Strauder v. West Virginia）案中人们就认为，西弗吉尼亚一项限制本州21岁黑人男性参加陪审团的法律就是存在歧视，因为他们暗示着社会中存在合法的优劣差别，并且削弱了有色人种基本权利的保障体系；另一方面，这项法律在促使黑人摆脱奴隶性上迈出了重要一步。事实上，有色人种有选择陪审团表达他们生命、自由以及财产安排的权利，并且不会因为种族遭到排斥或者因为肤色而遭到反对，这些在许多案件中都得到了证实。

* * *

迄今为止，就其与第十四修正案的冲突而言，本案把问题简化成一个问题，即路易斯安那州的立法是否是一项合理的规定。充分考虑后我们认为在立法方面肯定存在一定的合理性。在裁定合理性问题时，我们以为充分考虑到已有的适用、习惯以及民族传统，并坚持一种促进生活舒适度和维持和平、维护良好秩序的理念之后，立法应该具有很大的自由度。据此标准评估，我们就不能认为那些赞同甚至要求在公共运输系统中两种族必须相互隔离的法律是不合理的；我们也不能因此就认为这些法律比那些要求在哥伦比亚特区建立有色儿童隔离学校的、其合法性问题没有产生任何质疑的国会规定，或者说州立法机构的相应的行动，更容易背离宪法第十四修正案。

我们认为原告争论中最根本的谬误在于其所作的假设，即在两个种族间实施隔离给有色种族打上了低劣的烙印。如果事实真是如此的话，也不会是因为有关法律中的规定，而仅仅是因为有色种族把问题故意归因其中。争论必然会假设有色人种应该成为州立法的主导力量，以往的案例中不止一次出现过这种情形，而且很可能马上就会如此；争论还主张应该颁发一种术语非常类同的法律，通过这样的法律必定会把白种人归为一种劣等的民族。我们以为至少是对白人来说，他们不会接受这种假设。争论中也假设社会歧视可以通过立法来克服，而要保障黑人的平等权利除了实施两个种族的混合别无他法。我们无法接受这种假设性的前提，如果两个种族真正要实现社会平等，那么这也必然是两种族之间相互吸引、彼此相互欣赏对方的优点，同时个体自愿实现融合的结果。要抹杀种族的天性或者消除基于身体条件形成的差异，立法显得非常无力；如果一定要对此立法的话，只会加剧目前所面临的问题的艰巨性。如果两个种族的民事权利和政治权利是平等的话，那么无论是民事权利上还是政治权利上就不存在一个人比另一个人卑劣了。如果一个种族比另一个种族社会权利上略逊一筹的话，那么美国宪法就不应该把所有这些人置于同一个平台上，放在一起考虑了。

确实存在这样的问题：各州在确定有色人种与白人的差别时，对于有色人种所具有的有色血统的最低比例应是多少持有不同的意见。有人认为，任何具有明显的黑人血统特征的混血儿就算是有色人种；也有人认为应该看混血儿的主要血统是哪一种；还有部分人认为白人血统必须超过 3/4 才能算白人血统占有绝对优势。但是这些问题都只是适应于各州的地方法律，与本案无关。在原告上诉中，要确定原告在路易斯安那州的法律之下是白人还是有色人种毫无疑问成为关键的问题。

本法庭对本案的判决如上所述。

哈兰(Harlan)法官对此判决持有不同意见。

* * *

展现在我们面前的州法令，借助法律惩戒，强行规定两个种族的人们在乘火车时必须使用不同的车厢以实现隔离，当一个种族的人进入其他种族的指定车厢会被认定属于犯罪行为。然而该法令最明显的不公平之处还在于，我们只是关心这个法令是否与美国联邦宪法一致(而不关心其本身的合法性)。

* * *

为了尊重公民权利，实现人人平等，我以为，美国联邦宪法不应该允许任何公共权力机构可以确定某些种族享有某种特殊的权利并受到法律特殊保护。每一个人都有其为之骄傲的血统，在正常情况下，只要其他人(他们在法律面前也同样平等)的权利未受影响，他就有权采取一些他认为适当的行为来表达这种骄傲。但是，我不同意任何立法机关、司法机关在处理涉及公民权利的问题时总是考虑公民的血统因素。事实上，那些至今仍是异议颇多的立法，不仅与"公民、州、国家之间的权利平等"这一原则相违背，也与所有美国人民热爱的个人自由(personal liberty)不协调。

宪法第十三修正案禁止解除或者剥夺任何与生俱来的自由权利。为此，它不仅废除了此前存在于美国的奴隶制度，而且废除了一切象征着奴隶或奴役的强制责任和不利条件，它确定了全国范围内广泛的民事自由。本法庭一直依此裁决纠纷，但是，第十四修正案证明其无法充分保护那些过去饱受奴役的公民的权利；第十四修正案强调美国公民资格的严肃性和荣誉性以及个人自由的保障，它宣布，“所有生于美国或者移居美国并服从管理的人们都属于美国公民及其所在州的公民”，“不允许任何州制定、实施任何可能剥夺美国公民基本人权或豁免权的法律；也不允许任何州未经合法程序而擅自剥夺任何人的生命权、人身自由权或者财产所有权，保证辖区内所有人都平等受法律保护”。这两条补充条款如果确实能够据其本意得以实现，将会保护所有适用于有关人身自由和公民权的民事权利。最后，第十五修正案宣布“美国联邦及各州不得因为公民种族、肤色或者曾经受过奴役而否定或剥夺其选举权”，以此来确保不会有任何一个公民会因其种族而被否定了具有管理国家的政治权利。

这些著名的宪法修正条款受到全世界热爱自由的人们的欢迎，因为他们消除了国家统治中种族差异的不合理限制（the race line）。他们就像本法庭所说的那样有一个共同的目标，即为了保障“一个刚刚解放的种族，一个世代经受奴役的民族可以享受过去只有所谓的优等种族才能享受的各种权利”。事实上，他们也正如本法庭进一步说明的那样，宣布“联邦的法律对待黑人应与对待白人无二，所有公民无论是有色人种还是白人，法律面前一律平等；考虑到有色种族的某些情况，宪法修正案中还有特别的保护条款，即不得因为其肤色而设置一些歧视性法律”。我们还要说的是，“宪法修正条款的文字表达确实是禁止性的，但是其中暗含了一项肯定性的豁免权或者权利，这是对有色人种最有价值的条款，即不再因为其有色的肤色而遭受不友善的歧视性立法，不再会遭遇合法的歧视——在过去，他们常被视为劣等种族，总是被剥夺如白人那样平等享受基本人权的保障，总是被人歧视，被人为的纳入到从属性的劣等种族”。因此，依照那样一项过时的法律——那项法律曾经无视有色种族的公民各方面的优秀表现，否定有色种族可以充分履行陪审员职责，而把他们排除在陪审团成员之外，其原因仅仅是种族不同而已——作出的判决是与第十四修正案的规定相矛盾的。

*　　*　　*

大家一直争论说，路易斯安那州的那项法令其实并没有歧视任何种族，只不过是制订了一项对白人和有色人种同样适用的规定。但是要解决这一争论并不难。所有人都知道，这一备受争议的法令最初的目的，并没有打算像禁止有色人种进入白人指定车厢那样禁止白人进入黑人的指定车厢。路易斯安那州的铁路公司在向乘客提供车厢等乘车条件方面并无差别，其最终目的却是借助向白人、黑人提供同等乘车条件为掩饰，迫使黑人在乘车旅行时安分守己、恪守自己的身份。事实上，如果一个白人和一个黑人选择乘坐同一公共运输工具，他们都有权自由行事，没有哪个政府能够在不侵犯公民的人身自由的前提下，单靠种族背景的理由就可以阻止他们自由的选择。

* * *

白种人相信他们自己是这个国家的最优越的种族。当然，以他们的声望、成就、教育程度、财富还有权力等方面看来，确实如此。所以我毫不怀疑，只要他们可以坚持传统认为的天赋权利，并牢牢掌握所谓权利天赋的原则，这种情形还将会一直延续下去。但是从法律的角度来看，美国宪法应该坚持在美国是不应存在什么优等的、优越的或者统治阶级的公民的，不存在等级社会中的各种阶级地位，不承认也无法容忍公民中的特别阶层存在，总之，肤色差异不构成需要特殊限制的理由或者说无视肤色差异。为了维护公民的权利，宪法规定所有公民法律面前一律平等，最谦卑的与最有权势的并无二样。法律认为人（man）就是人（man）而已，国家最高法律赋予每个人基本权利，涉及到有关基本权利的问题时，并不需要考虑个人的背景或者肤色。对此，人们感到非常懊恼的就是：最高联邦法院，具有国家最高法的最终解释权，却是要求各州去整顿州内那些把享受权利完全与血统背景联系起来的做法。

就我个人观点而言，今天的判决终将会产生一些相反的后果，将会被证明其实与联邦法院在诉讼案中所做的判决一样是极其恶劣的。德莱德·斯各特（Dred Scott）诉讼案的判决规定，移民美国或者被卖到美国当奴隶的非洲黑人后裔不能纳入到美国宪法所说的“公民（citizens）”

概念范畴之中，而且也不打算将他们纳入其中，因而这些非裔居民不能要求享有那些法律规定并保障美国公民可以享受的各种权利或者特权；还说一旦本案判决被采纳，这些非裔居民“就应被视为处于依附地位的劣等人种阶层，将会被优等种族所统治，无论是否可以被解放，都要始终臣服于优等种族的权威，没有权利和权力，除非手握大权的人或者统治阶级的政府愿意选择授予他们某些权利、权力”。宪法的最新修正案已经从制度上根除了这些准则。但是，在有些州似乎仍然没有废除，还是存在一个优越的种族——这个优等的公民阶级制定人们享受权利的规范，在同一种族的前提下，人人是平等的。目前这项有着不同理解的判决不仅会进一步刺激对有色血统公民权利的侵犯——无论如何多少有点残忍和令人不快，而且会鼓励人们这样的信念——虽然美国人民采纳最新的宪法修正案最初持有的善意目的是这样的：本国的黑人是美国的公民也是所在州的公民，作为公民应享有的特权、豁免权，国家不得随意剥夺，但是判例是对法律这一善意目的的挑衅，旨在使其失去效力。面对这样的判决，6 000 万的白人毫发无伤而 8 000 万的黑人同胞则不然；而在我们这个国家，两个种族的命运是密切相连的，为了两者共同的利益，首先要求两者共有的政府不得借助法律授权播种种族仇恨的种子。有些州立法认定有色种族公民非常的低下，低白人一等，他们不配因而不允许进入白人公民占据的公共车厢，你想，有什么能比这样的立法更能激发种族的仇恨，更能引起或者激化种族间的不信任呢？而你们大家又必须要承认：这其实就是路易斯安那州立法的真正意义所在！

* * *

这个国家存在一个与我们外表不同的种族，除了他们中极少数人之外，我们拒绝把他们这个种族的人当作美利坚合众国的公民，把他们排除在我们的国家之外，一切仅仅因为他们本身那固有的与我们不同的特征。在此，我要提到华裔，刚才那个仍然非常有争议的法令中，华裔是可以与美国白人公民同乘一车的；而路易斯安那州的黑人如果这样做，就要被视作犯罪而身陷囹圄。而事实上，许多黑人曾冒着生命危险维护美利坚联邦的完整，根据法律他们也被赋予参与管理州和国家的权力，他们不曾因其不同的血统而被法律排除在任何公共场合之外。也就是说，他们依据法律是应该享有所有白人公民拥有的各种合法权利的。

* * *

我认为没必要继续对作为参照的那些争议很大的州法院判决进行历史考察。现在重要的是要明白，那些判决依据的法令现在已经完全过时了和不适用了，有些法令只是反映新宪法修正案采纳之前的需要，而那时候优等人种只“赐予”有色血统的人们极少的权利；另一些法令颁布时，许多州的公众信念仍是深受奴隶制度的影响，要想给黑人以真正的公道还是件危险的事情，因为本土最高法院的要义就是黑人无权，就是种族歧视与偏见！所以，那样的判决对新宪法修正案指导的当代社会已经没有指导价值了。新宪法修正案发展了最广泛的公民自由，赋予所有生于美国或者移居美国的人以美国公民权，消除了州、联邦政府管理系统中存在的种族警戒线（race line），把我们的自由制度建立在最广泛最确定的“法律面前人人平等”的思想之上。

基于上述理由，本人坚持自己的观点，不赞同本法庭大部分人的观点及本案最终判决。

## 注释与问题

南方诸州重组时期（the Reconstruction Period），采用的就是杰姆-克劳法（Jim-Crow），即对黑人差别对待法。该法要求美国白人和黑人要分开使用诸如卫生间、喷泉、娱乐设施等公共设施。在某些具体情况下，法律还要求分开使用电话亭、赌桌、作证时宣誓用的圣经、公墓、戏院以及饭店。法律做出这样的隔离目的就是为了阻止白人与黑人之间的交流。

后来，哈兰法官的不赞同意见被证明是非常有预见性的。我们将要看到的典型案例就会展现：作为不同意见者的思想如何被接纳，继而成为主流的理念。哈兰法官，肯塔基州人，后来被认为是公民自由的最忠实的维护者，人们将永远记得这位“伟大的持不同意见者”！

普莱西判决中所使用的“平等(equal)”这个术语在“隔离但平等(separate but equal)”中到底代表着什么？是表示提供给黑人的设施和服务与提供给白人的将是平等的，还是说提供给所有黑人的服务与设施应该是平等的？当时白人在政治、经济、社会生活各方面均占据主导地位的情形下，“平等”是不是还有除此之外的其他涵义呢？

考虑到那时的种族态度，有人争辩说，如果普莱西案作出相反的判决将会遭到公众的嘲笑，继而会削弱联邦法院作为一种社会公共机构的权威。你认为联邦法院做出判决时会考虑这样的因素吗？

联邦法院对“社会的(social)”和“政治的(political)”平等进行了区分。是否有国家行为的介入是不是他们作出这种区分的关键？你同意美国宪法只应该保护“政治权利的平等”吗？

直到1927年，联邦法院才明确把普莱西原则拓展到了公共教育领域[详见诺姆·龚诉莱丝(Gong Lum v. Rice，275 U. S. 78，1927)案]。

## (二) 公立学校种族隔离：从合法走向违宪(布朗案Ⅰ)

在普莱西原则受到布朗诉教育委员会案的致命冲击之前，美国联邦最高法院有几例高等教育种族隔离的案件判决就已经对它产生了重大的影响。诸多案例中，申请到一所法律学校上学的黑人学生的诉讼首先对这一政策提出了挑战。起因是这名学生家乡所在州没有为黑人开设的“隔离”法律学校，不得不去别的州的法律学校上学。联邦法院判定这种状况是不符合“隔离但平等”原则的[见密苏里·哥恩斯诉加拿大(Missouri ex rel. Gaines v. Canada，305 U. S. 337，1938)案]。另一个案件即1950年的斯沃特诉普恩特(Sweatt v. Painter，339U. S. 629，1950)案的判决中，联邦法庭承认得克萨斯州的“隔离”法律学校与白人学生所读的同类学校其实并不“平等”。本案判决中联邦法庭不仅就“隔离”法律学校的“外显性因素(tangible)”进行了比较，还对学校声望、教职员名声以及管理者素质等“内含性要素”作了比较。

诸如哥恩斯、斯沃特这些案件的判决，为全面挑战公立中小学种族隔离合法化做了铺垫。但是真正的挑战来自布朗诉讼案，联邦法庭宣布公共教育中的种族隔离是对宪法第十四修正案规定的人人平等受法律保护的原则的否定。

## 布朗诉托皮卡教育委员会
## (Brown v. Board of Education of Topeka)
## 美国最高法院，1954
## 347 U. S. 483

大法官沃伦（Warren）先生宣布了联邦法庭的意见：

这些案件分别来自堪萨斯州、南卡罗来纳州、弗吉尼亚州以及特拉华州，他们上诉理由各不相同，所处环境也不尽相同，但是都存在一个同样的法律问题，所以才会有了这样一个整合性的决定。

各个案件中，少数黑人通过他们的法定代理人向法庭寻求帮助，争取在“非种族隔离的基础上”获得当地公立学校的入学权；各个案件中，由于法律规定或者允许白人学校实行种族隔离政策，这些黑人都曾受到过那些只允许白人孩子入学的学校的拒绝。坚持种族隔离政策是对原告可以平等受法律保护这一基本权利的剥夺，而这项权利在宪法第十四修正案中有明确规定。除了特拉华州的案件以外，其他的案件都被三人联邦巡回法庭（a three-judge federal district court）以普莱西诉弗格森案的“隔离但平等”原则为理由拒绝了原告的申诉请求。在“隔离但平等”原则中，平等对待是指提供给不同种族的硬件设施应是平等的，尽管这些设施使用时是分开的。特拉华州法院的判决也坚持了这一原则，但是法院还是责令白人学校录取原告，因为他们是黑人学校里的优秀分子。

所有原告坚信实施“种族隔离”的公立学校是“不平等”的，也不可能“平等”，正因为如此，他们才被剥夺了平等受法律保护的权利。显而易见，这些都是很重要的问题，因此，联邦法庭决定行使裁判权。1952 年首次开庭进行法庭辩论。本次是第二次开庭辩论，主要讨论本法庭提出的参考方案。

能够再次开庭辩论主要归功于1868年宪法第十四修正案实施之后法律环境的改善。本次法庭的辩论涉及的内容非常广泛，从国会提出的修正意见、各州的意见，到种族隔离的事实存在、甚至修正案支持者和反对者们的意见，无一遗漏。本次法庭辩论以及我们自己的调查使得我们相信，某些法律依据是有所助益的，但是不足以解决我们现在所面临的问题，可以说是，法律援引不得要领。毫无疑问，战后宪法修正案的热情支持者们希望消除“所有生于美国或者移居美国的公民”之间的所有的法律上的差别；他们的反对者（是必然存在的）则是既反对修正案的根本精神又反对修正案的遣词造句，希望新的修正案只能产生极其有限的影响；至于国会和各州议会也是各怀鬼胎，心中所想各不相同。

隔离学校在当时公立教育中的地位，是另一个我们可以认定讨论修正案的历史沿革未得要领的依据。在南方，靠公共税收支持的免费公立学校运动尚未形成气候，白人儿童的教育主要靠的还是私人团体，黑人受教育几乎就是没有过的事情，事实上整个黑人种族都是文盲，甚至有些州禁止开展任何黑人教育。如今情况却是完全相反的，许多黑人在艺术、科学以及商业、专业技术领域都取得了巨大成就。确实，在宪法修正案颁布之时，北方各州的公立学校教育已经是先行一步，但是修正案对北方各州的公立学校教育发展的影响并未受到各种委员会的重视。就是说，即便在北方，公立教育的情况也是不容乐观的，不能反映社会发展的需要。课程都是非常初级的，在乡村地区不分级学校非常普遍，许多州学期只有三个月，强制入学更是闻所未闻。因此，毫不奇怪，虽然宪法第十四修正案对公共教育产生影响也是其应有之要义，但是它却很少或者说几乎没有把相关的内容写入其中。

在宪法第十四修正案采用后不久本法庭受理的首例适用该修正案的案件判决中，我们对它的解释是，禁止任何州实施对黑人种族有歧视的政策。直到1896年“隔离但平等”原则才在普莱西诉弗格森案中首次运用(参照前文)，而且首先涉及的不是教育领域而是交通运输领域。美国法院受此原则的影响超过了半个世纪。在本法庭，就有六件案子涉及在公共教育领域适用“隔离但平等”原则。但是柯尼诉县教育委员会(Cunning v. County Board of Education, 175 U. S. 528)案和龚·诺姆诉莱丝(Gong Lum v. Rice, 275 U. S. 78, 1927)案的判决都没有对该原则本身的合法性提出挑战。最近的许多案子涉及到了研究生院(Graduate School)层次，他们发现也存在着不平等：拒绝把白人学生享有的特殊优待给予具有同等教育水平的黑人学生。密苏里·哥恩斯诉加拿大(Missouri ex rel. Gaines v. Canada, 305 U. S. 337, 1938)、西普尔诉俄克拉荷马州(Sipuel v. Oklahoma, 332 U. S. 631)、斯沃特诉普恩特(Sweatt v. Painter, 339 U. S. 629, 1950, 339 U. S. 629)、麦克拉林诉俄克拉荷马州委员会(McLaurin v. Oklahoma State Regents, 339 U. S. 637)诸案都没有重新审视这一原则，都没能够赋予黑人原告请求救济所希望获得的权利；但是在斯沃特诉普恩特案中，本法庭明确表达了其保留对普莱西诉弗格森案判决是否适用于公共教育领域的最终裁决权。

在目前正讨论的案子中，人们开始直指问题的核心。现在与斯沃特诉普恩特案所处的情况是不同的，目前涉案的黑人学校和白人学校，无论是在建筑设施、课程、教师的资格与薪资方面还是其他“实体性要素”方面都已经是平等的或者正趋于平等。在这种情况下，人们开始有新的认识。因此，我们的判决就不能仅仅拘泥于那些涉案的黑人学校、白人学校“外显性因素”的比较，而是必须要捕捉到种族隔离政策本身对公共教育产生的内在的影响。

处理这个问题时，我们无法让时间回到1868年新宪法修正案正式通过之时，甚至也无法回到1896年普莱西诉弗格森案判决成文之时，但是我们必须看到：当前，全国范围内的公共教育通过发挥促进个体自身发展职能而在美国人民生活中占据着极其重要的地位。惟有这样的分析才能决定是否要在公立学校中继续实施种族隔离政策，继续剥夺这些黑人原告平等受法律保护的权利。

今天,教育可能是国家和地方政府发挥作用的重要手段。义务教育法的实施以及教育经费的增加都表明我们已经意识到在民主社会中教育的重要性:它是履行大部分最基本的公共职责的要求,甚至也是能在军队服役的基本要求,是成为一个好公民的基础,也是唤醒儿童感知文化价值、继而进行准备性的职业训练以及帮助他们正常适应周围环境的基本工具。一方面拒绝给予儿童受教育的机会,一方面又期待儿童能够正常地在生活中取得成功,这在今天的社会形势下实在是不可思议的。由国家负责提供的教育机会是一种权利,这种权利应该是人人平等的。

现在我们再来讨论刚才陈述的问题:是不是公立学校的孩子们即便他们的身体素质和其他"有形"因素可能是一样的,但是只要是少数族裔孩子,只要存在种族血统不同,就要隔离他们,就要剥夺他们平等受教育的机会? 我们知道事实就是这样的。

斯沃特诉普恩特案(参考上例)中,人们发现为黑人学生开办的法律学校无法提供平等的教育机会。对此,本法庭把主要原因归结为:"质量问题是很难客观度量的,但是黑人法律学校的开办本身确实是法律学校发展进程中的重大进步。"麦克拉林诉俄克拉荷马州委员会案的判决,责令白人研究生院接受一名黑人学生,并要像对待其他学生一样平等对待这名学生;但是判决却被学校以"无形因素"难以考察为由搪塞过去,"……他学习的能力、与他人讨论和交流意见的能力,总而言之就是他进行专业学习的能力难以确定"。这些"无形因素"在外部压力的影响下,会对所有分级学校和中学的学生发生作用。仅仅因为其黑人血统,就把黑人儿童与其他的白人儿童区别对待,然后赋予他们不同的资格,这会给他们造成一种社会地位低人一等的感受,这种感受将会对他们的心灵产生无法预料的影响;这种教育机会上的隔离所产生的影响在堪萨斯州案件的调查结果中得到了较全面的阐述,尽管堪萨斯州法庭因为遵守成文法还是没有支持黑人原告:

> 白人儿童和有色肤色的儿童在公立学校中被隔离对待,这对有

> 色血统的孩子产生的影响是非常不利的、非常有害的。当这种隔离政策被法律认可后所产生的影响更为严重：因为种族隔离政策通常被理解为黑人种族低人一等的意思，这种低人一等的感受将会影响黑人孩子学习的动机。因而，合法的种族隔离有妨碍黑人孩子教育发展和心智发展的倾向，还可能剥夺他们在多种族同校的学校系统中更多可能受益的机会。

无论普莱西诉弗格森案的判决在当时产生的心理影响范围有多广，上述调查结果是受到现代当局的广泛支持的，普莱西判决中任何有悖于此的规定都应该遭到拒斥。

我们可以断定在公共教育领域，“隔离但平等”原则是没有立足之地的。教育设施分离本质上是不平等的。因此，我们认为原告和其他具有类似情形的人被剥夺了宪法第十四修正案赋予的平等受法律保护的权利，这正是人们为什么对种族隔离产生抱怨的根本原因所在。这种根本性倾向的存在，使得没有必要再讨论隔离政策是否也同样违反了第十四修正案规定的诉讼程序合法的条款（the Due Process Clause）了。

因为每个判决都体现了统治阶级的意志行为从而具有广泛的适用性，又因为各地情况具有较大的弹性，所以许多案例公式化的判决导致了许多相当复杂的问题。需要再确定的就是，要给予黑人原告正当的救助必然要基于对“公共教育中种族隔离的合宪性”这一基本问题的解释。现在，我们宣布公共教育中的种族隔离是对人人平等受法律保护原则的否定。

## 注释与问题

布朗案的判决可能是美国联邦最高法院曾做出的最伟大的判决之一。布朗案判决宣布公立学校中原本合法的种族隔离成为违宪行为，它所造成的影响远远超越了学校教育领域。这是一个催化剂，迫使美国人民去审视政府原本认可的各种形式的隔离政策的合法性。

有必要强调一下布朗案联合判决中提及的公立学校种族隔离合法

化的问题。宪法有关条款以及南卡罗来纳州、弗吉尼亚州、特拉华州、堪萨斯州的有关法律条款都规定，白人学生和黑人学生应该实施种族隔离。因此，布朗案判决只适用于那些政府强制实施种族隔离的州，而不适用于那些“声称不合法但又确实存在”种族隔离的南方地区之外的公立学校。

布朗案判决遭到反对“非种族隔离”的人们的强烈批评；同时，也受到了支持“非种族隔离”人们的鼓掌欢迎。来自坚持墨守成法的人们的批评集中于这一问题：联邦法院借助社会学方法对向黑人学生实施种族隔离的负面效应进行了调查，在调查结果的基础上做出判决，而不是判例法。从这个角度看来，联邦法院是受到了瑞典社会学家、经济学家奎那·米尔德(Gunnar Myrdal)著作的影响——奎那·米尔德在1944年出版了《美国人的尴尬：黑人问题与现代民主》一书。联邦法院采用这些信息结果又引发了这样的问题，我们要想判断人们是否享有宪法第十四修正案赋予的“人人平等受法律保护”的权利，确切地说来，应该要考虑哪些因素？

“司法行动主义(Judicial Activism)”的提倡者们认为，由于执法机关与立法机关的态度明确，他们不愿意讨论这样的问题，所以，司法者或者说法院就应该担负起保证所有人(比如本案中的美国黑人)能够享受宪法赋予的权利的职责。布朗案判决的反对者认为，仅仅是九名委任的法官(而不是选举产生的法官)是无权做出这种可以引起社会发生根本性变革的判决的。对此，你持什么观点？

### (三) 补充(布朗案Ⅱ)

布朗案讨论的是公立学校实行种族隔离引起的各种问题，并且最终宣布公立学校中原本合法的种族隔离成为违宪行为。然而，布朗案的判决并没有给那些深受种族隔离伤害的人们提供有效的补救措施。法庭宣判时曾说：“因为每个判决都体现了统治阶级的意志行为从而具有广泛的适用性，又因为各地情况具有较大的弹性，所以许多案例公式化的判决导致了许多相当复杂的问题。”因此，联邦法院在布朗案Ⅱ判决中专门提出了有关问题。

**布朗诉托皮卡教育委员会案**

**(Brown v. Board of Education of Topeka)**

**美国联邦最高法院，1955**

**(Supreme Court of the United States, 1955)**

**349 U. S. 294**

大法官沃伦(Warren)先生宣布了联邦法院的意见：

这些案件在1954年5月17日都已经作出了判决。在此，我们重申上次判决意见中规定的基本原则，即公共教育中的种族歧视应被视为违宪行为，以备参考。此后，任何联邦、州及地方的法律条文如果要求或者允许类似的种族歧视行为存在，都应参照此原则进行处理。另外，我们还需进一步探讨有关的法律救济办法。

由于案件发生所在地的地方情况各不相同，各地方法庭在处理案件时总会更多地考虑到地方的情况，因此我们要求进一步讨论有关法律救济的问题。

每个案件的陈词都是非常有价值的，可以帮助法庭充分考虑到问题的复杂性，这种复杂性主要来自于“公共教育中不再允许种族歧视”这一巨大的转变；案件的陈词也表明在公立学校彻底废除种族歧视的行动已经迈出了相当重要的一步，而且不是仅仅局限于发生了这些案件的州，还包括一些其他没有使得问题明朗化的州。曾牵涉到本案的哥伦比亚特区和堪萨斯州的某些地区以及特拉华州都已经取得了很大的进步。至于南卡罗来纳州和弗吉尼亚州案件，案件中的被告们正在等待着本法庭的法律救助方案出台。

如果要充分贯彻落实上述基本原则，可能还要求有适合不同地区学校不同问题的解决方案。学校当局有进行教育、评价以及解决有关问题的基本职责;法庭必须要考虑到学校当局的行动能否忠实执行这一具有指导性的法律原则。考虑到各个案件与当地情况关联很大,还可能需要进一步的听证,而这些都只有最初接手这些案子的地方法庭才可能较好地完成并做出有效的判决评估。因此,我们相信把这些案件发回到地方法院是适合的。

在形成和贯彻判决决议时,法律遵循了"公正(equitable)"原则。传统意义上,"公正"被概括为:"法律补偿时,要有适度的弹性,能够便于协调公私双方的利益需求。"这些案件都希望传统意义上的"公正"可以实现。所有的案件的利害所在就集中在原告的个人利益问题上,也就是说,他们能否就读于公立学校而且不被歧视。要满足原告的利益诉求必须要扫除一些障碍,它们会涉及为配合1954年5月17日颁布的宪法原则而进行的学校系统变革。要实现公正,必须要首先考虑到公众的利益,然后再采取一种有效的系统性的方式来消除障碍。但是这样就必须要忍受可能出现这种情况:因为有人不赞同这个原则,所以宪法原则不可能很快地完全被接纳、被认可。

在充分考虑公私双方的利益诉求之后,法庭将会要求被告针对1954年5月17日原则作出快速有效的先行应对措施。一旦制定了先行的应对措施,法庭就会发现有必要给出一些时间继续制定一系列有效的方式来推行这些措施。这时候,一切问题主要取决于被告学校对实现公共利益的计划和有效执行计划的时间进度如何安排了。在上述一切准备就绪后,法庭可能会开始考虑一些与学校管理有关的问题,比如校办工厂的物质条件、学校交通系统、学校人事问题、学区调整以及学校合并等等,以便形成一种有决议性质的没有种族歧视的公共学校入学机制,同时努力促进一些地方法律法规进行修订从而能够从根本上解决上述诸多问题。法庭也可能会考虑被告们为了解决这些问题,以及贯彻"向没有种族歧视的学校体制过渡"的规定时所采取的各种计划措施的可行性。在过渡期内,各法庭将会保留对这些案件的最终裁决权。

因此,除了特拉华州的案子以外,各个案子的最初判决都暂时作为保留意见，案件将全部返回到地区法庭进入到规定的诉讼程序。当然，规定的诉讼程序必然符合上述基本原则，即案件的原告、被告双方都必须而且应该“各自尽全力”(all deliberate speed)，使没有种族歧视存在的学校体制得到公众的认可。特拉华州案最初的判决本身就是符合1954年5月17日原则的，它责令先前只允许白人学生入学的学校立即录取原告；但是该案之所以要返回到特拉华州法庭是考虑到，即便基本观点相同也必须有进一步的合法程序。

以上即是本法庭整理后得出的综合意见。

### 注释与问题

是否可以说，布朗案Ⅱ的判决其实只是通过使用“各自尽全力”这样一种模糊的标准来协调、缓和各地方法庭最初的较为极端的判决？弗兰克费特(Frankfurter)法官就是从这样的角度进行思考，所以他说，“就我个人看来，没有什么比法庭只是抽象地宣布种族隔离不好却同时玩起各种把戏逃避解决实质性的问题更糟糕的事了”。那么，比如说要制定详细具体的时间进度表是否可行呢？

如果说不会另外提供日程安排，你认为联邦最高法院为什么不向那些确实会影响非种族隔离进程的地方法庭提供详细具体的非种族隔离进程实施指南呢？布朗案Ⅰ和布朗案Ⅱ的判决能否给联邦最高法院及其下级法庭以充分的指导和说明，以便有效落实非种族隔离政策？由于联邦最高法院并未提供相应的用来检验实施非种族隔离政策效果的方法，那么，如果一个学校系统的行动与布朗案Ⅰ判决是一致的，我们怎样才能确定它们确实是一致的呢？

## 二、早期南方各州的非种族隔离

在布朗案Ⅱ判决的框架指导下，地方学校当局便承担起了制定非种族隔离措施的基本职责，而由各下级地方法庭来确定这些计划措施是否认真贯彻落实了布朗案Ⅰ判决规定的基本原则。然而，由于联邦法院的原则过于抽象，缺乏明确清晰的实施指南，而且时间进度安排也非常模糊；所以，特别是那些仇恨相当深刻的南方地区，他们虽然不敢直接反对布朗案Ⅰ判决的原则，却是极力想办法拖延时间。

结果，南方地区地方法院积压的有关学校非种族隔离问题的案件越来越多。有些案件涉及到地方学校系统某些方面的设计与布朗案Ⅰ判决有抵触；另外一些案子则是地方当局因为推行非种族隔离而遭到州政府层次的阻挠。当时阿肯色州小罗克(Little Rock)发生的事情，闹得满城风雨、全国皆知，就很能说明上述后一种情形。当地学校系统内部努力推进非种族隔离，然而，州长却命令国民卫队阻止黑人学生到重新安排的学校上学。在那种情况下，地方当局借口维护公共安全，推迟实行非种族隔离措施。针对这个问题，联邦最高法院在1958年考普诉阿伦(Cooper v. Aaron，358 U. S. 1 案)中宣布，“尽管联邦法院非常同情地方当局的努力遭到来自州政府的阻挠，但是无论如何，在学校系统内推行非种族隔离是不能耽搁推迟的”。

在弗吉尼亚州，州义务教育法被废除，入学与否成为各地可以自由决定的事。爱德华王子县(Prince Edward County)关闭了本县的公立学校，但是当地那些只允许白人入学的私立学校却受到州和联邦两级政府的扶持。联邦最高法院否定了格里芬诉爱德华王子县一(Griffin v. Prince Edward County，377 U. S. 218，1964)案中这样的做法，并且指示地区法庭应该要求地方当局通过税收增加教育经费，重新开放那些被关闭的学校，继续像弗吉尼亚州其他县一样推进非种族隔离的公立学校系统的建设。

为了在公立学校中推进非种族隔离计划，学校系统采用的另一种方法是所谓的“自由选择”计划。在这一计划中，父母可以自由选择让他们的孩子进入哪一所学校学习，于是，某一所学校内可能实际上很少或者根本没有真正实施非种族隔离。对于这样的问题，在格林诉新肯特县学校委员会(Green v. School Board of New Kent County，391 U. S. 430，

1968)案中，美国联邦法院做出了较好的解释。在不排除“自由选择”的前提下，法院意见如下：

> 虽然已经备案的情况都表明“自由选择”作为实施非种族隔离原则的一种手段是无效的，但是，它还是有可能成为一种有效的手段的。它在人们实施非种族隔离原则进程中做出了真诚的承诺，就是协助教育体制由国家规定的种族隔离的双轨制向非种族歧视的一元制转变；在成功转型后的学校系统中，人们是不会认为“自由选择”是一无是处的。另一方面，如果真有一种别的更为合理可行的方法可以用来进行分区规划，可以快速有效地促进向一元的没有种族歧视的学校体制转变，那么所谓的‘自由选择’当然将会令人无法接受的了。

在格林(Green)案判决宣布一年之后，联邦法院又宣布，考虑到种族隔离学校仍然存在，所以“各自尽全力”的标准不再继续实行、不再具有合宪性，各学区必须立刻取消那些基于种族或者肤色实施种族隔离的双轨学校体制[见亚里山大诉霍尔姆斯县教育委员会(Alexander v. Holmes County Board of Education，396 U. S. 19，1969)案]。

此后，另一个关于非种族隔离的重要决定是联邦法院对斯沃恩诉夏洛特-麦克兰伯格县教育委员会(Swann v. Charlotte-Mecklenburg，402 U. S. 1，1971)案的判决，界定了取消双轨学校体制的基本职责范围。这是另一个可以证明联邦法院强烈要求废除双轨制的例子。全体一致通过的决议规定要废除双轨制学校体制应该首先做到：对教师进行统一调度，一定程度上实现教职员的非种族隔离化；确保新学校的设立和废止都不会使双轨的学校体制得以死灰复燃、继续发展；认真审查那些单一种族的学校，确保当前的或者过去的种族歧视行为不会导致一些种族分布上的消极问题；改变过去的学区划分，采用把不相邻的地区进行配对或者分组的方法消除继续实行种族隔离的可能性；虽然不是必然要求，但还是可以尽量利用公共交通系统，使之成为合法的可行的废除双轨制的手段之一。如果布朗案第一判决中有这样的实施指南，废除种族隔离合法化的道路是不是会平坦顺利得多？

## 三、非南方地区的非种族隔离

南方各州为实现非种族隔离所作的努力源源不断且行之有效，两相比较可以清楚地揭示出许多非南方州在这方面的努力是多么的有限和无力，毕竟这些州的公立学校中也存在着许多的种族隔离事实。人们常会非常严肃地提出这样的问题：在美国，为什么一方面强烈地要求南方地区的学校系统必须实行非种族隔离；而另一方面，却可以对北部及西部各州的学校中明显存在的种族隔离视而不见，使之可以堂而皇之地继续推行？从合法性的角度看来，这一问题的片面性在于联邦最高法院相信“合法”的种族隔离与“不合法但确实存在”的种族隔离之间是有本质区别的。

正如前面特别提到的，由于南方各州存在一些准许种族隔离学校存在的法律、法规条款或者地方性政策，所以，南方各州存在国家批准的合法的种族隔离便有了很大的可能性。而非南方州的学校系统中也存在着种族隔离。当然，一般而言，这些种族隔离都是没有地方政府或者州政府颁布的法令为合法依据的，除了个别地方过去的情况比较特殊之外——有几个非南方州就曾经宣布“隔离但平等”原则的合法权威，虽然最终被取消了，但是相关的法规在纽约州的法典中一直保留到1938年，怀俄明州到1954年，而印第安纳州则是到1959年。在这样的法律指导下建立起来的业已持久的种族隔离学校模式通常是极难改变的。

非南方地区存在的种族隔离还有着别的形成原因。有些案例中，长期稳固的地方“传统”影响非常大，形成了一种广泛的种族歧视的态度，于是，种族隔离学校的形成也就成了一种必然结果。然而，导致种族隔离学校形成的最显著的因素可能还是居住模式（housing patterns）。人们发现，在有些地区美国黑人们常常群居一处，他们就读的学校里主要也是黑人。依此陈述，这种不合法却实际存在的种族隔离并非是国家或州行为的直接后果，只是实际居住模式引起的结果而已。由于联邦最高法院并没有考虑到这种不合法的种族隔离虽然违背了布朗案第一判决的规定，由于存在的基础是自然而然形成的，并且是人们习以为常的，所以非南方地区的公立学校内存在种族隔离事实并没有立刻受到地方法庭的质询；然而，法庭最终还是注意到了非南方地区学校系统内的各种种族隔离事实。在反对非南方地区学校系统内的种族隔离的过程中，一直争论的一个焦点就是：它们是否也是种族隔离合法化的一种形式，因为，虽说可能没有像南方州那样堂而皇之，但是无论如何它们造成了法律不允许的种族歧视却是事实。

对于涉及南方学校中的种族隔离的案件，美国联邦最高法院的判决是积极的，对指导消除种族隔离合法化有一定的普遍适用性；但这并不代表联邦法院的判决也同样适用于消除非南方州的种族隔离事实。这种差异我们也可以从联邦法院对待这两种问题时，所持的区别对待的态度中窥见一斑，所谓的“故意的种族隔离”和“区域间的种族融合”即是在此态度下产生的。

### (一) 故意的种族隔离行为

布朗案第一判决之后的 20 年内，南方农业区的绝大部分的非种族隔离诉讼案主要集中于废除双轨的学校体制。然而，在 20 世纪 70 年代中期，学校非种族隔离问题进入“第二阶段”，在学校推进非种族隔离的努力扩展到非南方地区的全国广大的中心城市地区。在对俄亥俄州代顿和哥伦布地区的有关案件进行判决时，美国联邦最高法院宣布说，支持种族隔离合法化，或者虽然意识到种族隔离不合法，却支持确实存在的种族隔离仍是大有人在。最高法院坚持，如果双轨的种族隔离学校是在 1954 年布朗第一判决之前开办的，那么，教育委员会必须要履行其基本职责，采取措施制止这类可能继续阻碍“非种族隔离”原则实施进程的行为[见哥伦布教育委员会诉配尼克(Columbus Board of Education v.

Penick,443 U. S. 449,1979)案]。

对另一个与上述问题相关的案子——科罗拉多州丹佛市案——的判决,联邦法院的处理意见是这样的:

> "我们对那些故意实行种族隔离的学校委员会在整个学校系统内的分工情况进行调查研究,结果表明,可能存在这样一种假设,就是学校系统内的其他种族隔离学校可能并非是偶然的。比如我们的案子就是这种情况,换句话讲,他们一方面在树立榜样,即学校当局可以不顾法律规定故意实施种族隔离政策;一方面又努力让学校当局去证明这样一种结果,即整个系统内的其他隔离学校并非是故意的种族隔离的结果[见凯耶斯诉第一学区(Keyes v. School District No. 1,413 U. S. 208,1973)案]。"在凯耶斯案中,该地区的学校系统并没有经过州政府强制实施种族隔离原则的历史,这是联邦法庭首次遇到这种情形的案例。

## (二)区域间的种族融合

大量白人从市区"逃离",住到郊区,使得在市区学校内实施非种族隔离原则变得更加困难。情况其实非常简单,因为再也没有那么多的白人学生呆在市区学校了。结果,许多位于市区的学区事实上成为黑人学生或者拉丁美洲族裔居民的天下了。底特律为了应对这种情况,联邦巡回法院责令实施一种都市整合方案作为补救措施:事实上,就是要求底特律城区周边的学校系统内的53个独立学区进行合并,使得这些历史上分开管理、互不干涉的独立单位联合成一个新的巨型的超级学区。许多从底特律城区搬到城郊富人居住区的家长们认为城郊有着比内城贫民区好得多的学校系统;但是,现在他们却不得不面对这样的事实,他们的孩子必须乘坐很长时间的公共汽车去那些以低劣、危险状况的学校去上学。大部分遭遇这种情况的家长都声称,他们坚决反对法庭的决定。当这个问题通过米丽肯诉布莱德丽(Milliken v. Bradley,418 U. S. 717,

1974)(米丽肯案Ⅰ)案被诉诸美国联邦最高法院后，最后判决意见的表决结果是5∶4，判决如下：

> 摆在我们面前的这份卷册颇多的记录里，有可以揭示目前底特律学校系统中仍然存在“合法化的种族隔离”的证据；事实上，这些也是最初的立案依据以及指导地区巡回法庭取证的依据。由于53个郊区学区并没有表现出明显的种族隔离倾向，也没有证据可以表明在区域间实现融合之后会产生任何种族隔离方面的影响，所以本法庭决定超越原来的理论框架，实施一种都市整合方案作为补救措施。为了使得这个即将在城市周边学区实行的补救方案可以通过批准且不触犯宪法，这项非常敏感的措施的所有的立论标准都将超越布朗案第一、二的判决甚至是最高法院的其他任何意见。

在案件返回地方法庭之后，法庭批准了一项非种族隔离计划，计划囊括了教育领域中阅读、在职教师培训、考试、咨询等诸多方面。所需费用将由底特律学校委员会和州政府共同承担。联邦最高法院对地区法庭的这项行动表示支持，并认为这种针对过去种族隔离合法化措施采取的补救措施是合情合理且非常有效的[见米丽肯诉布莱德丽(Milliken v. Bradley, 433 U. S. 267, 1977，米丽肯案Ⅱ)案]。

许多评论者认为，米丽肯诉布莱德丽案(案Ⅰ)标志着美国联邦最高法院一贯支持推进非种族隔离的态度的终结；对于促进学校非种族隔离，联邦法院长期以来都是一个对此表示友好、表示理解的论坛，但是案件判决之后，人们认为这种论坛形象已经渐渐失落。

1996年康涅狄格州最高法庭受理了谢弗诉欧内尔(Sheff v. O'Neill, 678 A. 2d. 1267, 1996)案，涉案的市区学校系统所处的困境与米丽肯案中所描述的情况非常地相似。法庭在判决过程中发现，哈特福德(注：康涅狄格州首府)的学校里集中了非常多的贫民儿童，他们在康涅狄格州的标准化考试中成绩名列倒数；康涅狄格州的少数族裔学生占学生总数的26%，而哈特福德学校中就集中了其中95%的少数族裔学生。

法庭认为，这种情况是由于州内的学区划分以及有关入学法规没有遵守宪法相关规定造成的。种族隔离早已被宣布为违反宪法原则，但是法庭却发现哈特福德的学生仍然深受其害；而且也可以发现，与周边城郊学区相比较起来，城区学校根据种族、民族差异进行的隔离违背了宪法规定的教育机会平等的权利。法庭提醒州政府应该更多地注意在公立学校中弥漫的种族或者民族隔离的倾向。无论是不是由于立法机关制造了各种导致民族、种族隔离的环境，我们都不能因此而减轻政府官员应该担负的责任，即提供有效的补救措施。法庭宣布，无论是种族隔离仍然“合法”还是种族隔离“不合法但事实存在”，立法机关都应该承担起其自身的职责，立即采取有效的补救措施去解决公立学校中仍然存在的种族隔离。

康涅狄格州针对 1996 年谢弗案判决中描述的情况，很快就采取了全面的补救措施。对此，康涅狄格州最高法庭在 1999 年的谢弗案案件中作了详细的介绍。

**谢弗诉欧内尔(Sheff v. O' Neill)**

**康涅狄格州最高法庭，1999**

**733 A. 2d 925**

奥里格姆(Aurigemma)法官：

1996 年 7 月 9 日，康涅狄格州最高法院已经在谢弗诉欧内尔(Sheff v. O' Neill，238. Connecticut 1，678 A. 2d 1267，1996)案中对此问题做出了判决，决议认为哈特福德公立学校的学生受到了种族、民族以及经济上的隔离，并且无法保障哈特福德公立学校的学生享受州宪法赋予的教育机会平等权利的机会。

法庭明确地表示州政府并非故意在哈特福德公立学校系统内推行种族的或者少数民族的隔离措施。但是也认识到，州政府的学区设置是导致哈特福德地区黑人种族和少数族裔过分集中的最主要的原因。

虽然，法庭也提醒说，“调查庭的调查结果显示，贫困是导致哈特福德地区学生低水平学业成就的主要因素，而不是种族或者民族的因素”；但是，判决意见还是清楚地意识到种族或者民族隔离与低水平学业成就之间存在着强烈的因果关系。

对于针对哈特福德公立学校系统中存在的种族的、民族的以及经济方面的隔离问题而采取的补救措施，法庭并没有要求司法手段介入其中。相反，法庭指示调查庭对此问题只需发表一些参考性意见，但是要保留最后裁决权，以便给立法部门充分的行动时间。具体来说就是，法庭指示“立法机关以及下级执法机关应该着重关注确定补救方案的实施进程”。

康涅狄格州政府对康州最高法院判决的反应非常地敏锐。1996 年 7 月 25 日，约翰·罗兰德(John Rowland)州长签署了第 10 号政府令，成立了“促进教育发展专门工作组”，其职责是“在本州公立学校系统内自由进行调研、查实、采访，以最终消除种族隔离，提高教与学的质量，促进社区认同感并激发家长的参与意识”。

收到专门工作组调查报告五个月之后，康涅狄格州立法机关通过了名为“教育选择及教育机会促进法”的第 97—290 号公共法(1997)。这项立法的宗旨是消除种族的、民族的以及经济方面的隔离，同时促进全州教育质量的提高，其中重点在于促进内城区教育发展。

第 97—290 号公共法的第一部分被界定为“州教育发展的重要性”，责令“消除种族的、民族的以及经济方面的隔离”，要求各学区担负起自己的责任，“给学区内的学生提供与其他种族、民族及经济背景的教师、学生进行相互沟通的机会……”

第 97—290 号公共法的第二部分规定了学校委员会可以采取以下方案和措施来消除种族、民族及经济上的隔离，比如：“(1) 跨地区优质学校(Interdistrict Magnet School)计划；(2) 特许学校(Charter School)；(3) 跨地区课外活动、星期六活动、暑假活动项目以及姐妹学校项目；(4) 地区内以及跨地区的公立学校自由选择计划；(5) 跨地区学校建筑计划;(6) 为教职工、学生提供的跨地区互助合作计划(interdistrict program collaboratives for students and staff);(7) 聘用少数民族教职员工;(8) 借助现代技术进行远程学习;(9) 其他任何可能促进个体及文化多样化意识形成的行动。"

跨地区合作项目是校方发起的,在此项目中,来自不同学区的学生共同参与到一个经历各不相同的多元的教育集体中。这些项目主要由州政府资助,旨在促使那些教育质量、教育经历不尽相同的市区学校和郊区学校的学生们能够走到一起来。

为了能够得到州政府的资助,跨地区合作项目必须能够促进教育进一步的多样化以及提高教育质量。州教育厅就此设计了一个具有竞争性的程序:各地学区或者地方教育服务中心必须提前递交有关项目的书面计划。

跨地区优质学校是指两个或者更多的地区整合他们的教育理念、教育技术以及教育资源,围绕某一独特的主题建设一所新学校,专门为培养学术发展非常优秀的人才以及消除种族的、民族的以及经济上的隔离而设计的。跨地区的优质学校在最高法院判决之前业已存在。因为据此定义,一所跨地区的优质学校应是由来自不同地区的学生组成,所以州政府和原告都意识到这种优质学校是消除种族的、民族的以及经济上的隔离的非常好的方法。

总体来说,1998—1999 财政年度州政府投入到优质学校的经费是 1 750 万美元,超过了 1997—1998 财政年度经费总投入的 700 多万美元。

如果一所优质学校需要搬进新的教学区,州政府还将提供房屋建设的全部费用。为了能够获得州政府这笔学校建设费,各地区必须事先承诺至少经营新学校 20 年。

州教育厅对此有明确分工。有关的工作人员必须定期检查新建的跨地区优质学校的实施进展,在建设过程中要随时提供指导和帮助,包括与整个进程配套的实施指南;而一所新建的优质学校的举办者必须递交一份详细的"实施计划",今后的监督检查都将以此为据。

如此安排跨地区优质学校发展资金的使用，主要是考虑到要鼓励种族或者民族的多样化。优质学校通过经济(财政资助)刺激，最大可能地实现了学生群体中种族或者民族构成的多样化。如果参与跨地区优质学校项目的地区派送到新学校就学的学生不足30%，那么优质学校将可以从这些未能完成计划的学区获得不足生源的补偿，标准是每个学生补偿其基本教育费的90%。一旦派送就学的学生超过了30%或者更高，那么操作性的补偿将相应减少。这种资助模式给了优质学校的举办者们更强烈的经济刺激，促使他们去寻找三个或者更多的地区加入到优质学校项目中，并且希望这些地区派送入学的学生人数都不足30%。由于新学校必须要展示出他们在消除种族、民族隔离方面的所做出的努力和成就，这种资助模式刚好可以保证参与项目的市区学区和郊区学区各自占有比较合适的比例，从而避免掉入按种族进行配额的陷阱中，避免可能与某些法律相抵触。随着跨地区合作项目获得批准，到2000年7月将会有专门的法律出台以禁止出现这种情况，即某一所优质学校80%以上的生源都是由某一地区派送的。

州政府为鼓励各地的学区参与到跨地区优质学校项目中去，还提供了进一步的财政激励措施。允许那些向优质学校输送学生的学区统计他们派送的学生数，因为学生数与教育经费在此有着近乎相同的含义。比如，如果1999年西哈特福德地区向位于哈特福德的蒙特苏里(Montessori)优质学校输送的学生只有七名，那么它将可以从州政府获得与原来一样的教育经费，即假设这些学生仍然留在西哈特福德地区就读，学区应该从州政府获得相应的经费数量。很明显，在这种资助模式的指导下，参与项目的地区实施计划就有了州政府资金资助作为保障，而这些资金比普通学校可以获得的资金多一些。有些学区确定生均教育经费为1 200美元，那么对于那些不是居住在本学区内的学生来说，交通费用补助是另一个非常令人关注的问题。

* * *

与优质学校一样，特许学校也是由地方教育工作者和家长们共同构思、共同推进的。特许学校源于使用企业化的手段向学生提供教育并且形成了一套独特的自治的管理体系。特许学校可以很快地开办起来，但是如果经营不善或者无法胜任其教育职责，它们也会很容易被撤销，州政府撤销或者不再继续颁发特许状。一般来说，特许学校的典型特征是，学校规模较小，小班化教学，学校所有者和举办者负担全部的责任。特许学校的开办一般也是围绕特定的主题，教育中常会采用新的方式和手段。

* * *

特许学校的建立也是一个需要争取的过程。政府要求有详细的实施计划，计划要求详细罗列出举办一所学校可能遇到的一切变数，期望开办特许学校的人必须首先对此作出回应。早在第 97—290 号公共法中已经有了有关特许学校的法律规定。而且，第 97—290 号公共法还补充了有关依法设立、运作特许学校的内容，要求把“愿意努力消除种族的、民族的以及经济上的隔离”作为批准开办新的州立或者地区性的特许学校以及允许已有特许学校继续办学的一个重要条件。

* * *

除了调整过去把“愿意努力消除种族、民族隔离作为批准特许学校的主要条件”之外，州政府对特许学校的经济资助有了明显的增加。1997—1998 年，政府拨款 600 万美元，1998—1999 年拨款是 900 万美元，与此对应的就是特许学校提供的入学机会越来越多。第 97—290 号公共法第二部分也将“招聘少数民族教职员”作为一种可能缓解种族、民族以及经济隔离压力的手段被列了出来。促进学校教职工和管理人员的多元化，比如在教师培训计划中吸收少数民族代表等都可能有助于消除种族或者民族隔离，对此公众都没有反对意见。各地区教育委员会必须立即构思并颁布一份有关招聘少数民族师资的书面计划，并报告有何困难有何要求。另外，1998 年的立法给康涅狄格州州立大学以及康涅狄格大学追加了一笔资金作为那些未来的少数民族教育工作者的助学金之用。

*　　*　　*

新自由选择计划，最初创办于哈特福德、纽黑文以及布里基普(Bridgeport)地区，然后在全州内推行。要参与这一计划，各学区必须向所属地方教育服务中心报告，自己可以向那些进行跨地区学习的学生提供入学机会。本学年之前一直在哈特福德地区实行的"关爱计划(Project Concern)"已经被纳入到此项计划之中。在最高法院对此案的判决尚未公布之前的一年，"关爱计划"获得的教育拨款只有90万美元，而相比起来，1998—1999学年里，"自由选择计划"就接受了300万美元的拨款。

……在"自由选择计划"中，所有的学生都可以自由地申请入学，不像"关爱计划"还把需要特殊教育的学生以及英语水平不好的申请者拒之门外。自由选择计划中，拉丁美洲人的入学率已经超过"关爱计划"实施情形"最好的"一年。

如果参与自由选择计划的学生需要特殊或专门的教育，那么接受该学生的学区必须提供相关的服务。一般来说，各个学区是按生均基本教育经费2 000美元的标准从州政府领取拨款，如果特殊的服务费用超过了2 000美元，那么输送学生的学区就应该承担起超支的费用。从某种教育的角度来看，这也是接受学生的学区的责任。

州政府采取许多激励措施以鼓励各学区尽量给"自由选择计划"提供更多的入学机会。学校设施建设过程中，任何州，只要愿意向跨地区学习的学生额外提供一些空间位置，都可以得到州政府的经济资助，总额比各学区正常补偿率高10%。

……许多立法人员都呼吁，必须鼓励教育工作者努力促进本地区内某一所学校质量的提高，以便吸引本地区内其他学校的学生就学，最终要吸引其他学区的学生前来就学，结果便形成了一种"灯塔学校"的概念。"灯塔学校"可以说是"跨地区优质学校"的前期或者说雏形。

*　　*　　*

对此问题的反应，该州的执法、立法部门都表现得非常敏锐，认真地落实着最高法院的判决，仅仅是在州最高法院判决宣布后的 16 天之后，罗兰德州长就签署了第 10 号政府令，设置了促进教育发展专门工作组。此后的六个月内，罗兰德州长和立法部门的官员们一共任命了 21 位公民进入到专门工作组。专门工作组花了大量时间进行讨论、商议、收集信息，在 1997 年 1 月 22 日递交了专门工作组调查报告。在收到报告后的五个月内，康涅狄格州立法局通过了一项法令，时间虽短，但是并不草率，相反具有很强的综合性，起草得也相当谨慎并且对资金计划等也非常周到。

* * *

为了保证州政府对最高法院判决反应的效力以及敏感性，有必要考虑采取更多的可供选择的补救措施，以促使州政府能够真正努力去消除哈特福德公立学校中的种族、民族以及经济方面的隔离问题。这些措施可以被分为两个基本类型：主动实施的和强制完成的。

第 97—290 号公共法中规定的措施以及其他参考本法规定的措施都属主动性质的。

* * *

第二类非种族隔离所采取的补救措施是强制性的。“强制性的再分配”事实上就是“强迫上车”的同义词。

克莉丝汀・罗塞尔博士（Christine Rossell，PhD）被被告方称为“真正内行的证人”，她出示了非常有力的证据以证明“强制性的再分配”并不能达到原告所追求的目标，实际上还会产生相反的效果。不像奥弗尔德（Orfield）的证据总是没有什么统计性研究作为支撑，罗塞尔博士却是对各种不同的非种族隔离计划的效果都作了广泛的经验性的调查研究。她说，她以前也是一个“强制性的再分配”方案的拥护者，但是现在她郑重宣布她已经改变了自己的观点：因为她所作的经验性调查研究的结果表明，强制性地把白人学生重新分配到少数民族学校，事实上却是引发了白人学生入学人数的急剧下降，或者说是引起了白人学生从新学校中“逃离”出来。

罗塞尔博士宣称，“强制性的再分配”方案应该只是对学区内最穷的人群有强制性：“其他任何人都有自由选择权，我们其余人可以送我们的孩子去私立学校，我们也可以搬到别的学区，事实上我们也的确是这样的；而穷人则必须去法庭重新分配的学校或者政府部门叫你必须去的学校上学。所以说尽管实施这些计划的初衷是非常的好，我还是想让你们知道，我现在对此是不赞成的，我还是认为他们应该只对学区内最穷的人群有强制性的为好。”

罗塞尔博士认为州政府应该推行一种全州普遍适用的补救措施，而这个补救措施应该是基于这样的假设：主动的整合更能够形成持久的融合，更可能产生积极的社会影响，而且这种融合通过公正地强调提高每个孩子的教育水准会得到进一步的深化。她的研究结果表明，通过主动的手段去实现非种族隔离将是最为行之有效的，更可能形成持久的融合。换句话说，根据罗塞尔的意思，在学校非种族隔离化地区，想要真正赢得种族隔离问题的缓解必须通过缓慢而稳健的步伐来展开。

……罗塞尔博士预测说，如果把城郊白人学生强制性地分配到哈特福德，人们将会看到哈特福德公立学校系统中白人学生的入学率将会减少大约45%—50%。

* * *

原告期望尽可能快地实现非种族隔离，而这样就只能依靠实行“强制性的再分配”方案才能完成。根据听证会上呈现的证据，法庭发现主动的计划一般来说效果优于强制性计划，它们遭到的反对最少、引起的分裂最小，却可以促进更为持久的融合。

对于那些虽然不合法但确实存在种族隔离的地区，主动的整合计划特别适用。

* * *

在州政府实施补救措施的“第二阶段”之前，被告向法庭请求司法介入。本案中，州政府对州最高法庭的判决的反应非常敏锐并且相关措施也已经切实付诸行动。州政府已经设计出一套综合的、关联性极强且资金到位的方案,旨在提升所有儿童教育水准(当然重点是放在了内城区儿童的教育促进上)以及促进教育环境多元化的相关法律也已经出台;同时,立法、执法部门都在法庭进一步介入之前积极营造良好的环境去落实他们的补救措施。事实上,这些行动既满足了最高法庭的期望,即作为州最高法庭应该敏锐而及时地“借助宪法权威对政府机关之间的关系进行调整”;也可以使得各种教育改革计划可以得到广大民众的支持。民众的支持对任何改革计划的成功都是至关重要的。的确,想要获得广泛的支持,最佳的方法不是借助司法手段强制把种种补救措施加给民众,而是要鼓励康涅狄格州所有民众直接从他们中间选出代表,共同来解决州教育或学校所面临的问题。

从上述诸多理由来看,法庭发现州政府确实在积极地贯彻落实最高法庭的判决。

## 四、非种族隔离问题发展现状

### (一) 法庭命令的解除

为了弥补过去种族歧视造成的影响,全美许多学校系统都开始受到了联邦法庭的监督。事实上,20 世纪 90 年代中期以来,将近 400 个以前存在种族隔离的地方学校系统都处于联邦法院各种形式的指导、监管之下。至于到什么时候这种监督才能结束,这个问题越来越多地受到了情感因素和政治因素的支配,当然近年来还是有大量的案件被诉诸法庭。此后,大概是 20 世纪 90 年代初,美国联邦法院的两个判决为教育工作者们提供了有效的指导。俄克拉何马州城市公立学校教育委员会诉德威尔(Board of Education of Oklahoma City Public Schools v. Dowell, 49 U. S. 237,1991)案,以 5∶3 的表决结果通过了取消强制令的决议。这也表明了最高法院对“一元集中管理”的态度,即强调地方控制管理,法庭的监督只是权宜之计。弗里曼诉配兹(Freeman v. Pitts,503 U. S. 469,1992)案,又以 8∶0 的表决结果通过了一项决议,即联邦地区法庭可以自由决定是否撤销对以前存在种族隔离的学校系统的监督，而且法庭无需对学生人口变化可能造成的种族隔离负责。弗里曼案要求通过对以下方面的检测来决定某一学校组织是否真正具备了进行“一元集中管理”的条件：

> 在这些即将撤销监督的学校里，与撤销监督有关的法律规定能否充分而令人满意地得到执行？在与学校组织其他方面有关的法律中规定继续保持司法控制是否有必要甚至是否可行？另外，新的学区是否向公众、向曾经受到不公正对待的种族的家长和学生们显示其如何忠实完整地执行着法庭的决议以及有关宪法法律条款（在最初的案子中他们都是坚持司法介入的）？

从1985年算起来，堪萨斯市非种族隔离诉讼的历史已经相当悠久了。弗里曼案中，引起广泛争论的就是其中一个极端矛盾的计划。这个计划曾经还被认为是美国最为宏伟、最有抱负的非种族隔离方案。这个计划包括一个主要的促进方案，主要是为了改变此前学校物质设施薄弱的情形；大量的教育质量促进项目；还有一项长期的优质学校计划。这一补偿计划的目标就是：通过提高现有教育的质量，向那些种族隔离原则的受害者们提供补偿；通过深化补偿计划，从私立学校或者郊区学校赢回白人学生，扭转白人学生流失的现状，结束以前的受害者们所受的种族隔离；通过实施优质学校计划，促使堪萨斯市学校系统的学生主动实现重新分配。密苏里州一个联邦上诉法庭最初坚持认为，杰更斯诉密苏里州案（杰更斯案Ⅰ）中，密苏里州政府必须要向堪萨斯市非种族隔离计划提供资金，结果被否决（484 U. S. 816，1987）；到了密苏里州诉杰更斯（Missouri v. Jenkins，495 U. S. 33，1990）案中，法庭又认为可以允许学校系统按照法定标准之上的比例抽税，以此来支付实施非种族隔离计划的费用。而密苏里州诉杰更斯案（杰更斯案Ⅲ）中，法庭再次向之前的意见提出挑战，认为州政府不应该糊里糊涂地被要求去支付补偿性的“促进教育质量发展计划”的费用，除非有了明确的国家规定可以适用。在指导下级法庭时，最高法院重申了进行“一元集中管理”必须具备的标准，即需要证明从开始到现在都“如何忠实地执行着有关的非种族隔离决议”，以及“多大程度上消除了以前种族隔离造成的遗留问题”。最高法院提醒下级法院，之所以返回案件，除了要补偿种族隔离造成的影响之外，还有一个非常重要的终极目标就是恢复州以及地方当局对学校系统的控制权。

杰更斯案Ⅲ之后，密苏里州和堪萨斯市学校委员会达成了一项协议。根据这项协议，州政府三年内将向学区提供32 000万美元的资金，并且到1999年，非种族隔离诉讼案判决要求州政府进一步承担的责任也将全部解除。这项协议在杰更斯诉密苏里州案中得到补充说明(Jenkins v. Missouri，959. F. Supp. 1151，密苏里州，1997)(杰更斯案Ⅷ)，在杰更斯案XIV(122 F. 3d 588，8th Cir. 1997)的审议中也得到了强调。杰更斯案XIV的判决也认为学区仍然没有成功补救“有关学业成就差距的遗留问题”，也没能够采取有效措施弥补格林(Green)案中由于学生分配、教职员工的分配、交通以及硬件设施等四个方面所造成的消极影响。

1989年，布朗诉托皮卡教育委员会(Brown v. Board of Education of Topeka，892 F. 2d 851，10th Cir. 1989)(布朗案Ⅲ)案产生了一份非常冗长的决议，可以算是学校非种族隔离案的一项重要成果。决议认为托皮卡的学校并不是建立在种族隔离基础上的“一元集中管理”，因为学区之所以没有全力投入到非种族隔离行动中，是为了避免与问题产生正面冲突。然而，1992年美国联邦最高法院在充分考虑了德威尔案和弗里曼案的观点后，还是决定撤销并驳回了决议。作为回应，联邦上诉法院全面恢复了最初的判决意见并形成了一个补充意见。法庭认为，布朗案Ⅲ所基于的事实与最高法院处理德威尔案和弗里曼案时所遇到的情况是大不相同的，因为，托皮卡学校委员会在学生和教职员的分配方面并没有完成其应尽的职责[见已被驳回上诉的布朗诉托皮卡教育委员会(Brown v. Board of Education of Topeka，978 F. 2d 585，10th. Cir，1992)(布朗案

Ⅳ)案，以及被驳回上诉的第501单一化学区诉斯密斯(United School District No. 501 v. Smith，509 U. S. 903，1993)案]。1999年，布朗诉托皮卡教育委员会(Brown v. Board of Education of Topeka，56 F. Supp. 2d 1212，1999)案再次开庭，法院最终宣布：

> 谨慎考虑之后，法庭决定不对我们的发现结果作任何保留。在相当长的时期里，被告都是在忠实地执行着法庭的命令，从实践层面来看，学区实施种族隔离之后的遗留问题已经被消除了；而且在有关法律、宪法条款尚未决定采取司法手段介入的情况下，被告们对法律决议也表现出毫不犹豫的忠诚和支持。

1998年克利夫兰县在里德诉罗兹(Reed v. Rhodes，1 F. Supp. 2d 705，1998)案的决议中宣布，本地区不再继续负担实施补救措施所需资金的职责。在该案的判决意见中，法庭认为社会经济因素是造成黑人学生与白人学生在阅读能力测试中成绩悬殊的根本原因。法庭还进一步宣称："不要过分相信本案中提到的大量的补救计划真能使学生受益，虽然某种意义上讲，这的确是许多政党和联邦最高法院所期望的。"

### （二）种族安置计划

不管是为了执行法庭命令，还是其他什么原因，许多学校都努力把所在社区文化的多元性反映在班级、学校或者其他各种改善计划中。为了实现文化多元化，学校系统都制定了一些"入学规定或准入制度(admissions schemes)"，以确保有一定数量的少数民族学生代表可以进入本校。这些准入制度包括优质学校项目、优待方案、保留一定的机会、少数民族代表数量不足情况下的补救措施、制定不同种族的入学配额、适当控制下的自由选择计划，以及倾斜性的抽签制等等。因此，有些白人学生虽然分数比那些被录取的少数民族学生要高，还是不能被录取，于是，他们拒绝到邻近学区就学或者拒绝参与改善计划，以此来挑战各种规定的合法性。

在许多类似的案件中，法庭评估是否合乎宪法的问题都采用了极其严格的审查标准。在这种严格的标准之下，有强烈争议的种族政策必然会激发政府考虑自身的利益，然后作出适当的调整以符合政府的利益需求。法庭要想界定诸如什么是多元化或者到底什么构成了政府的巨大利益等问题有着很大的困难，因此，法庭通常只是假设多元化可能就是所谓的巨大利益，但是只是假设而不是决议；一旦认可了这种假设，判决就会考虑到这些引起争议的入学政策是否能够准确地传达宪法的意志。如果说种族平衡是入学政策的一个要素，法庭发现这种政策其实是违反宪法的。多少年来，学校非种族隔离案件都是关注黑人，使黑人不受种族歧视；涉案的白人总是推行种族歧视。但是一直以来，联邦最高法庭都没能解决“多元化是否就是州政府的最大的利益所在”这一问题。

优质学校

优质学校安排了一种具有促进和改进作用的专门化的课程。当然，要实施这种课程也是需要争取的，主要看是否符合既有的标准。这种课程只是在相对较大的学校体系中才具有可行性，而且最初的设计意图并非是为了实现非种族隔离。然而，当他们被用作推行非种族隔离的手段时，他们就开始强调以此来吸引市郊的白人学生留在新的学校系统或者以此来鼓励他们自愿到位于内城区的优质学校上学。高分的白人学生被学校拒绝，而低分的黑人学生却因为其种族或者民族的倾向性被录取，这种情况使得许多矛盾以及入学者的合法性问题开始浮出水面。

在这类政策的指导下，出现许多问题：因为“影响了多元化的实现”，学校当局拒绝了一名一年级的白人学生入学；与此同时，附近的学区已经有大量的白人学生流失。所以说，这是一项不被支持、不受到鼓励的政策。爱森伯格诉蒙哥马利县公立学校（Eisenberg v. Montgomery County Public Schools，197 F. 3d 123，4th Cir. 1999，denied，529 U. S. 1019，2000）案的判决决议中承认，如果学生是非裔、亚裔或者西班牙裔美国人，那么他肯定能上优质学校的。法庭认为，学校系统追求背离宪法的种族平衡只是一种未经慎重思考的补偿措施而已，种族不应该被作为接受或者拒绝学生转学到优质学校的理由。虽然按种族进行分类已经被认为可以矫正过去那些违反宪法的行为，但是法庭认为这种方法并不适用于此。学校系统决不能仅仅为了应付法庭命令而去实施非种族隔离，实际上布朗案之后，它们就应该主动去废除以前的隔离体制。

波士顿拉丁学校，是一所非常有声望的公立学校，它采取了一项体现种族性的入学政策，这项政策在1998年受到了威斯曼诉吉特恩斯(Wessmann v. Gittens，160 F. 3d 790，1st Cir. 1998)案判决的挑战。最初有这样一项入学规定，即要求每个授课班级至少由35%的非裔或者西班牙裔学生组成。因为学生安排已经实现了一体化的集中管理，所以1987年的一个法庭决议就宣布名额分配不再必要了；但是，直到1996年人们还一直执行这种至少35%的名额分配规定。随后的一个入学规定要求申请入学者参加标准化考试，而且只有考试合格的学生中的前50%才有资格申请入学。在总的入学机会中，一半是提供给那些排名最前的申请者，另一半则是提供给其他有申请资格的人(即考试合格且属前50%之列)，按照所有符合条件的申请者中黑人、白人、西班牙裔、亚裔以及土著美国人的总比例来确定如何安排这些人入学。本案即是由此问题引起的：一名白人学生的总成绩比许多少数民族学生高，少数民族学生被录取而白人学生则被拒之门外。在此案的判决决议中，法庭宣布“任何项目，只要可能促使学校根据种族或者民族倾向而给予特殊照顾，就应该被认为是违反宪法的”，因此必须借助严格的“一元集中管理”的标准来检视这些政策。在判决决议中，法庭坚持认为具有明显的种族特征的入学政策无法通过严格的“一元集中管理”标准的检验，因此根据法律“平等保护条款(Equal Protection Clause)”判断，这种入学政策是不合法的。在分析过程中，法庭承认在仍然存在按种族进行分类的情况下，还是无法明确地合法地界定到底是什么构成了政府的巨大的利益。法庭对有些学校几年前就实现了“一元集中管理”表示认可，认为种族歧视过去的行为和现在的影响之间存在的关联绝非偶然。这种认识确实非常正确。

旧金山市在经历了多年持续不间断的诉讼之后，旧金山学校系统、有色人种发展全国联合会以及华裔学生组织暂时摒弃彼此的差异，共同向法庭提交并请求批准一份承诺解决问题的方案。这些参与者认为要解决问题最好是他们自己制定出方案，而不是依靠永无休止的诉讼。在一件华裔学生的诉讼案中，人们认真地思考并尝试着去结束种族性的定额制度，该制度规定各个种族的前40%的优秀学生可以被直接送到颇有盛名的罗威尔高中。在此例中，华裔学生因为符合资格的人过多而遭到了种族歧视。旧金山有色人种发展全国联合会（NAACP）诉旧金山联合学区（San Francisco NAACP v. San Francisco Unified School District, 59 F. Supp. 2d 1021，加利福尼亚州，1999）案判决批准了上述解决方案。对于学生的安置问题，法庭指出：

> "事实上，解决方案明确承认，在把学生向旧金山联合学区（SFUSD）安排时，'州和联邦的法律都要求地方官员应该考虑到各种因素，包括在学区学校系统内促进当地居民地理、经济、种族以及民族的多元化'。"解决方案基本上排除了学区学校系统把种族或者民族作为决定学生入学与否的基本的或主导的考虑因素……（第1034页）

解决方案中的时间安排显示，为了服从法庭判决，它将在2002年12月31日之前解决问题，终结有关规定。

在把学生向优质学校安排过程中，由于有些学校仍处于法庭命令指导之下，因此，可能仍有学校系统继续坚持种族性的政策。虽然夏洛特—麦克兰伯格县（Charlotte-Mecklenburg）学校系统已经实现了教职员工、课外活动、学生训育实践等方面的整合，在贝尔克诉夏洛特—麦克兰伯格县教育委员会（Belk v. Charlotte-Mecklenburg, 233 F. 3d 232, 4th Cir. 2000）案判决中，法庭还是认为，学生分配、学校校址选择、交通政策以及学生成就水平方面仍然存在种族隔离。因此，法庭总结认为，实施一种在学生入学分配中强调种族的优质学校计划是不符合宪法规定的。

学生选拔中采用了一些极其敏感的种族性手段，法庭推测，“这是为了既要弥补过去非种族隔离努力不足的影响又要符合法庭命令的要求”，因此这些手段“不能也不应该背离宪法”。

倾斜性抽签制

托特诉阿灵顿县学校委员会（Tuttle v. Arlingto County School Board, 195 F. 3d 698, 4th Cir. 1999）案认为，采用倾斜性抽签制是违反宪法的。在这种抽签制下，每个申请者的签号的权重不同，所以来自少数民族学生代表不足的团体的申请者就更有可能被选中。采用这种制度的学校系统的目标，包括：(1) 为学生在全球化多元化的社会生活中提供准备和教育，这种社会全球化多元化反映在社区生活的多元化上；(2) 帮助学校委员会向本地区学生所在的多元文化群体提供合适的服务，包括有些家庭背景较差的群体，他们来学校上学往往有着与别人不同或者比别人多的教育需要。多元化通过三个关键性的因素被定义成：(1) 申请者是否来自低收入家庭或者其他特殊情况的家庭；(2) 英语是否是申请者的第一语言或者第二语言；(3) 申请者所属的种族或者民族。因为本案涉及到种族划分，所以法庭运用了严格的“一元集中管理”标准进行审查。在这种标准之下，入学制度（政策）必须为政府的利益服务，必然要被仔细地修改调整以实现政府的利益。在本案决议中，法庭宣布：“除非最高法庭制定了最后的实施指南，否则我们只能假设多元化可能就是政府的重大利益所在，并且需要继续检查这一入学政策是否经过了谨慎的修改调整以适应多元化的需要。”在本案判决中，入学政策是不符合宪法的。因为该项政策没有被认真地修改调整，所以法庭认定该政策没有合乎逻辑的结束程序，给某些少数民族团体以特殊对待，使得不属于某些特定团体的人们负担过重。法庭宣布：“我们发现试图教育儿童把人当成个体而不是当成特定种族或者民族团体的成员来看待是很可笑的，因为特定的少数民族团体就是把那些同类的孩子当作某一特定团体的成员的。”

## 五、结语

公共教育发展进入到了21世纪，各种反主流的力量开始在非种族隔离图景中发生作用。在促进非种族隔离的历史发展中，联邦法院不再是赖以求助的目标。在内城区学校系统中进行的大规模的、代价很大的非种族隔离努力并没有带来预期的效果。在传统的公立学校中进行的非种族隔离努力几乎没有得到公众的支持，特别是公交运输政策还被认为是导致白人学生流失的一个主要原因。观察家们认为，都市里的大型学校系统在经历了多年的非种族隔离努力之后，开始重新恢复种族隔离而不是进一步推进非种族隔离。而且，近来常常是白人学生而不是黑人学生在申诉遭受了种族歧视，因为这些白人学生被排斥在某些很有声望的公立学校之外，其原因就是这些学校为了确保多元化给少数民族学生留有配额。美国黑人的民事权利在法律上是平等的，但是布朗案Ⅰ判决引发了这一决议或者说立法准则的崩溃；这些平等权利不仅存在于教育领域还包括诸如公共膳宿、住房、选举权等方面。然而，判决宣布之后的近50年以来，教育中的种族图景并非走向了该判决支持者们所期望的方向。许多为应付法庭命令而采取某种努力的例子，比如数量上的定额配置和强制性地让学生乘坐公交系统等措施都没有达到预期的效果，而且，很不幸的是，在许多例子中还表现为增加种族关系的紧张。

虽然南方地区从完全的种族隔离地区转变成为美国种族隔离最少的地区，但是这种情形也开始每况愈下了。根据1997年哈佛项目组(Harvard Project)对学校非种族隔离研究报告来看，那些在学校推行非种族隔离措施过程中有着令人羡慕的记录的南方各州，正在重新恢复种族隔离并且伴随着这样的一个全国性的趋势，即黑人进了劣质的学校而他们的白种同龄人则迈向了富裕的高级学校。内城区学校越来越多地成为完全的“少数民族”学校，因为白人学生以及中产阶级黑人学生出现流失。报告进一步指出，西部地区的中部以及东北地区的黑人、白人学生之间仍然存在着显而易见的种族隔离，而在西部地区，白人和西班牙裔学生之间的种族隔离也在不断扩大。

诸如优质学校这样曾经人人乐道的努力在非种族隔离进程中所取得的成功也是参差不齐的。堪萨斯市法庭规定的计划雄心勃勃而且又有着雄厚的资金支持，但是也没能实现最初的目标，即把大量的白人学生从郊区学校吸引过来。在整个计划到位后的两年，1994 年哈佛的研究揭示该计划无论是种族还是学术成就方面的获益都相对较小。基础教育在学术成就上的收获"尚可"，然而，仍有一半的学生在进入高中之后无法顺利毕业。从 1986 年到 1993 年，该地区少数民族学生的比例略有上升，从73.5%提高到 74.8%。2000 年，堪萨斯市学校被大城区学校的主席描述为"一个无名的海洋中的一座无名的小岛"。由于该地区教育业绩记录不佳，密苏里州决定撤回授权；而且如果之后没有得到继续改善的话，这一学区可能会有被州政府撤销或者接管的风险。20 年来，根据法庭命令实施的非种族隔离项目总投入达到了将近 20 亿美元，而且在 1999 年之后，这些计划已经是不再接受州政府资助了。

20 世纪 90 年代中后期的许多法律事件对公立学校非种族隔离发展前景都产生了重要的冲击。其中一个例子是这样的，在毫波沃德诉得克萨斯州(Hopwood v. Texas,78 F. 3d 932,5th,Cir 1996)案中，联邦上诉法院判定，一所州立大学法律学院在录取学生时不能再仅仅考虑民族或者种族了。虽然判决是专门针对法律学院入学制度的，但是这一决议也对其他高等教育机构入学机会产生了潜在的影响，毫波沃德案判决直接适用只限于得克萨斯州、路易斯安那州以及密西西比州，但是对其他州类似案件的处理也一样有效；1996 年加利福尼亚州选举人通过了一项第 209 号建议，提出"在公众就业、公共教育以及公众合同运作中，州政府不应因为种族、性别、肤色、民族或者原有国籍而有任何歧视或者有任何优待"。209 号建议有效制止了加利福尼亚州公立学校对此类行为的支持态度，此类行为给其他州一种积极的信号也去执行类似的措施，最高法庭拒绝进一步评论下级法庭支持此类行为的态度[见经济公平联盟诉威尔森(Coalition for Economic Equity v. Wilson,122 F. 3d 692,9th Cir. 1997,denied,522 U. S. 963,1997)案]。1998 年华盛顿州投票通过了类似的措施,其目的就是为了消除州政府发起的“强制措施(Affirmative Action)”的影响。

“多元化”观念的形成越来越多地受到攻击。那些提倡培育多元化意识的人认为,任何一个组织应该尝试着反映本社区的种族或者民族构成状况。反对者们则认为,经常强调价值多元化会导致学术活动一落千丈。为促进多元化而设计的种族性入学政策在受到白人学生的挑战之后,也一直受到了法庭消极对待甚至是打击。

布朗案Ⅰ之后的半个世纪里,对于持续很久的非种族隔离的不同的结局,这两种观点可能能够比较明晰地描述 21 世纪开始时的发展图景。迪恩斯(Dinesh D' Souza)是《种族优越论的终结》一书的作者,他认为希望通过法庭介入和反种族歧视立法来影响非种族隔离“已经失败”;并进一步争论说,今天黑人面临的主要问题不再是种族主义,而是“在黑人最底层的亚文化圈内的有破坏性的病态的文化指导下的行为方式”。

他认为,如果说种族歧视还存在的话,那也是“理性的种族歧视”,即白人会理性地选择是否要沿着病态的亚文化去发展。卡里(Gary Orfield)是进行学校非种族的隔离研究的哈佛项目组的领导人,他不赞同迪恩斯的评价。他引用了南方地区的例证,由于它们充分地执行了非种族隔离措施从而带来了南方社会的深刻变革。卡里认为,非南方州在执行非种族隔离的补救措施过程中,由于缺少法庭支持,从而从根本上阻碍了全国范围内的非种族隔离的发展进程。他认为从布朗案以来,非种族隔离的成果将慢慢被遗失。考虑到非种族隔离努力所处的特殊的社会氛围,你是否同意说公立学校的非种族隔离努力可能会兜一个大圈子然后再恢复到“隔离但平等”的原点,特别是在内城区?

# 第六章　残疾个体与法律

美国议会在其1997年《残疾个体教育法案》修正案中确认，残疾是人类经历的一个自然组成部分，绝不应该削减残疾人参与社会或为社会作贡献的权利。有了适当的教育服务，残疾儿童就和正常儿童一样能够最大限度地过着丰富的、独立的、成熟的生活。但是在保护残疾儿童的法律条文通过以前，许多残疾儿童被排除在公立教育之外，或者不能享受适当的教育服务。教育哲学普遍认为，残疾儿童的教育并不属于正常公共学校教育的范围，因为残疾儿童不能达到一般的认知、健康和卫生标准。对这些儿童进行教育的责任仍主要由他们家庭承担，但家庭又通常缺乏充足的资源来提供适当的教育服务。给这些儿童提供的教育服务通常是分散的设施，这样阻碍了这些儿童和正常同龄人之间的交往。议会发现：在《全体残疾儿童教育法》(1975)实施之前，有100万个儿童被完全排除在公共教育之外，在美国有超过一半残疾儿童不能得到相应的教育服务。

继美国最高法院在布朗诉教育委员会案中强制废除种族隔离学校之后，残疾人支持者成功废除了残疾人隔离学校。依据布朗裁决的法律理论，许多在全国范围发布的案例都表明了残疾儿童被排除在公立教育之外，被剥夺了平等受保护和应得的安置权利。其中宾夕法尼亚残疾儿童协会诉宾夕法尼亚(Pennsylvania Association for Retarded Children v. Pennsylvania,343 F. Supp. 279,E. D. Pa. 1972)案和米尔斯诉哥伦比亚区教育委员会(Mills v. Board of Education of the District of Columbia,348 F. Supp. 866,D. C. 1972)案,促使人们作出了划时代的决定,确认残疾儿童享有受教育的权利。在宾夕法尼亚残疾儿童协会诉宾夕法尼亚一案中,联邦地区法庭认为应该为6—21岁之间智力落后的儿童提供免费的公立教育,那些残疾儿童应尽可能安排在正常的班级里,如有必要,再安排在特殊班级中。在米尔斯诉哥伦比亚区教育委员会一案中,另一个联邦地区法庭把这个观点扩大运用到所有的适龄残疾儿童中,认为必须给他们提供免费的、充足的公立教育。

美国议会已经通过保护残疾人权利方面的立法。最早的联邦立法包括《1965初等和中等教育法》以及1966年对此法案的修正案《第六条》。在1970年,《第六条》被废止,并被《残疾人教育法》(1970)所替代。这个法案促使了联邦残疾人教育局的建立,并且引起了国民对障碍学生更多的关注。早期的立法并没有提供主流的或免费的合适的公立教育,但为将来这方面问题的立法奠定了基础。在1973年,议会通过了《职业康复法案》,该法案第504条款规定:在美国任何符合法律规定的残疾人员,不能因其残疾而在任何接受联邦补助的计划与活动中被排斥或被剥夺其权利。1975年议会通过《全体残疾儿童教育法》,该法案为残疾人提供了很多新的有意义的法律权利和保护程序。在1990年,该法案被更名为《残疾个体教育法案》,并进行了一些重要的实质性的修改,例如"过渡服务"条款的修改和一些术语条目的修改,将障碍儿童改为残疾儿童。同年,议会也通过了《美国残疾人法案》,该法案同《职业康复法案》第504条款相似,扩大了反歧视保护地域,把公立教育扩展到许多个人领域,规定了就业、公众食宿、公共交通、电信等方面内容。《职业康复法案》第504条款、《残疾个体教育法案》、《美国残疾人法案》这三个法案有效地为残疾人提供了基本的法律保护。

在这三个法案中,《残疾个体教育法案》对公立学校起着最重要的影响。关于该法案的立法、规程、司法评判形成了一项复杂的法律权利和责任系统，并且学校经常被卷入到该法案的诉讼中。因此，本章主要关注的是《残疾个体教育法案》，包含其1997年的修正案和1999年规程中的一些重要条款。但由于关注残疾儿童方面的法律不断变化发展，因此教育者在遵循《残疾个体教育法案》、《职业康复法案》第504条款和《美国残疾人法案》时，应该关注这些法案的新的立法、规程和司法裁决。

## 一、《残疾个体教育法案》

议会于1997年再次通过了《残疾个体教育法案》，并进行了一些重要的新的修订，同时加大了联邦政府对特殊教育的资金投入。1997年修正案的目的是确保所有的残疾儿童获得一个免费的且适合其需要的公立教育，强调提供特别的教育和相应的服务来满足他们独特的需求，从而为他们以后的职业和独立生活做准备。该法案另一目的是确保残疾儿童的权利得到保护，并帮助州政府在提供合适的服务时协调此项工作。

### （一）残疾学生的法定标准

要获得《残疾个体教育法案》所提供的相应服务，必须符合对残疾儿童规定要求，并经过两方面的测试。第一，儿童的残疾类型必须在法案规定的种类中。该法案的第1401条款规定了残疾儿童的种类：智力落后，听力损害（包括耳聋），言语损害，视觉损害（包括盲童），重度情绪困扰……肢体损害，自闭症，脑外伤，其他健康损伤，或者是特殊学习障碍；第二，儿童由于残疾必须需要有特殊的教育和相应的服务。《残疾个体教育法案》中特殊教育是指为满足残疾儿童的特别需求而设计的一种特别教育；相应的服务是指帮助残疾儿童从特殊教育中受益而进行的服务。在1997年《残疾个体教育法案》的修正案中，政府把3—9岁之间发展滞后并需要特殊教育和相应服务的儿童界定为残疾儿童，这一界定得到了通过。

并不是所有健康受损或智力受损的儿童都能满足该法案提出的两个合法性测试，不符合测试要求的儿童将不能得到该法案所提供的服务。有些儿童的残疾类型并不在该法案所规定的残疾种类中，例如，法案中并没有把注意力缺陷失常、糖尿病、癌症和慢性疾病这几类界定为残疾儿童的缺陷种类。如果这些儿童的疾病完全限制了他们的体力、活力、灵敏性进而影响了他们的学习成绩，需要有特殊的教育和相应的服务时，他们也仅仅被称为有其他的健康损害。另外，有些儿童的残疾类型也许在《残疾个体教育法案》中所规定的残疾种类中，但他们并不需要特殊的教育和相应的服务。例如，尽管肢体损害是该法案所规定的残疾种类，但这些儿童并不需要特殊的教育和相关的服务。这些儿童也许符合《职业康复法案》第504条款，也许需要公共设施和公共交通中为其提供合适的条件，但如果他们不需要特殊的教育和相关的服务时，他们也就不符合《残疾个体教育法案》所界定的要求。

### （二）残疾学生的鉴定和评价

《残疾个体教育法案》确立了政府对残疾儿童的鉴定责任，要求政府负责任在本州内的所有残疾儿童的鉴定，包括那些私立学校里的残疾儿童，不管他们的残疾程度如何；另外那些需要特殊教育和相应服务的儿童也都需要被鉴定。这些儿童的鉴定是通过大量的筛选测试来进行的，包括视力测试、听力测试和对一般学龄儿童所进行的基本测试。另外家长、学校人员和其他推测某儿童需要得到残疾个体教育法服务的人员也应推荐该儿童进行测试以决定是否符合该法案所规定的条件。但是在为儿童进行测试之前，学校必须征得家长的同意。

如果家长拒绝，学校官员应通过劝告或调解的方式来鼓励家长们进行合作。在情况复杂的场合下，学校官员也许会在听证官员评估之前就进行预期的测试过程。家长的拒绝并没有消除学校为学区残疾儿童提供免费合适的公立教育的责任。如果家长拒绝检查而学校又怀疑该儿童是残疾儿童，那么听证官员将对学校的怀疑依据进行分析，这将确保残疾儿童能获得所需要的服务，并帮助和保护了学校，使之免于承担没有为残疾儿童提供合适教育的责任。

依据《残疾个体教育法案》，一个合格性的评价应该包含大量的评价工具和评价策略，应该合乎技术地使用合理的工具来评价儿童残疾方面的健康、认知、行为、发展的因素。为了避免得出错误的结论，不应该用单一的程序来测定儿童是否残疾。例如，不应该依据单一测试的结果，或由于儿童在测试过程中存在视力、听力、言语方面的问题就被划定是智力落后儿童。测试应有意向性的目的，应由合格的人员来操作，测试中不应该有种族或文化的偏见。如果可行的话，测试应用儿童的母语来进行。依据测试数据，以及家长和同学的评价信息来决定一个儿童是否符合《残疾个体教育法案》所规定的条件，是否需要特殊的教育和相应的服务。

### （三）实质性的教育权利

符合《残疾个体教育法案》条件的儿童有权利获得免费合适的公立教育。根据残疾个体教育法，免费合适的公立教育包括特别的教育，以及一些对家长和学生都是免费的相应服务，并且是在公众的监督和管理下通过适当的教育计划来提供服务，而且这个教育计划要与儿童个别化教学计划相一致。尽管“免费”、“公立”、“教育”这些词目相对比较清晰，但“合适”却是一个相当主观性的词目，而且《残疾个体教育法案》中并没有界定“合适”这一词目。由于免费合适公共教育的提供是《残疾个体教育法案》最本质的要求，因此美国最高法院的第一个案件就说明该法案中“合适”这个词目的含义就不会觉得惊奇。对许多观察者来说，这个法案使学校有义务在学生需求时提供最佳的教育服务来满足任何确证的教育需要，而不应考虑其花费。因此在 1982 年罗利法案中，美国最高法院以 6∶3 的决定确定了残疾个体教育法实质性保证的限度。

## 亨德里克·哈德森中心学区教育委员会诉罗利
## (Board of Education of the Hendrick Hudson Central School District v. Rowley)
## 美国最高法院,1982
## (Supreme Court of the United States,1982)
## 458 U. S. 176

兰奎斯特(Rehnquist)法官说明了法庭的观点:

这个案件代表了法令的解释问题,上诉者认为上诉法院和地区法院误解了议会规定州政府资助残疾个体教育的法律条款,我们同意上诉者的上诉并推翻了上诉法院的裁决。

残障者教育法规规定联邦政府提供资金来资助当地代理商来进行障碍儿童的教育,资助的条件是要求州政府遵守联邦政府规定的资助目标和程序。这个法案代表了联邦政府有雄心去支持残疾儿童的教育。议会也通过了该项法案,因为议会也感觉到美国大部分智障儿童要么被完全排除在学校之外,要么空闲地坐在普通教室里等着由于自己年龄增加而离开学校。

为了使自己有资格从事该法案下的联邦资助行为,州政府必须表明自己有实质性的政策来确保所有残疾儿童能获得免费合适的公立教育。这个政策必须在州政府提交的政府报告中得到体现,并且得到教育部长的批准。而且州政府对本州内残疾儿童的教育必须要有详细的目标、计划和时间表。政府从该法案中得到的资金必须优先进行残疾儿童的教育,首先资助的是那些不能进入学校的残疾儿童,其次是那些有严重缺陷而不能得到充分教育的残疾儿童,并且应最大限度地教育残疾儿童,努力使其正常化。该法案把残疾儿童广泛地界定为智力落后、重听、聋、言语损害、视觉障碍、重度情绪困扰、肢体损害和其他健康损害的儿童,以及特殊学习障碍的儿童。

尽管法案赋予了州政府有主要的权利去为残疾儿童制订和执行教

育计划，但同时也对此提出了一些重要的要求。如果参加的州或地方代理商认为自己不能满足法案规定的要求的话，可以拒绝接受联邦资金的资助。当今，虽然法案的部分条款还在争议中，但除新墨西哥州外，其他所有的州都从该法案得到联邦资金。

本案的产生过程是，艾米·罗利(Amy Rowley)是亨德里克·哈德森中心学区(Hendrick Hudson)熔炉森林学校一个患有听力障碍的学生，只有微弱的残余听力，但观唇辨意非常优秀。在她进入熔炉森林学校的那年，她父母和学校官方经过商讨，决定先把她放在一个普通的幼儿园班级中，以此来决定她需要哪些必要的补充服务。学校的几个管理人员为艾米的到来作了一些准备，他们参加了解释手势语言的课程，并在校长办公室安装了电传打字机以方便和她的家长的联络(她的家长也都是聋子)。通过试验最终决定让艾米仍然留在原班级中，但应该给她提供一个调频助听器，以提高某些课堂活动中教师和学生的语言在无线接受器中的音量。这样，艾米顺利地完成了她幼儿园阶段的学习。

根据法案的要求，在艾米一年级的下学期，为她设计了个别教育方案。该方案认为艾米应在普通班级中接受教育，应继续使用调频助听器，应每天从聋哑教员那边接受一个小时的训练，并且每周进行三小时的语言临床医学治疗。罗利夫妇同意了个别教育方案中的部分内容，但他们坚持认为应在她所有的学术课程中，提供一个合格的手势语言翻译者。这种翻译服务在艾米上幼儿园期间曾进行过两周的试验，但当时翻译者认为艾米并不需要这种服务。学校管理者在与学区残障委员会商讨后达成共识，在一年级时，艾米仍不需要翻译服务。在此决定之前，校方从艾米家长处收到了专家关于手势翻译重要性的意见，以及听取了艾米老师和其他熟悉艾米学习和生活的人的陈述，并且参观过聋哑学生的班级。

当家长提出的翻译服务被否决后，罗利夫妇要求进行听证。听证委员会在收到双方证据后，同意了管理方的决定，认为没有必要给艾米提供翻译服务，因为艾米不需这种资助就能在教育、学习和社会交往方面取得进步。

地区法院发现，艾米明显地是一个适应性很强的儿童，她能很好地和同学进行沟通与交流，并且已经和老师们形成了非常好的友善关系。地区法院同时发现她比班里的一般同学表现得好，能够很容易地逐渐地进步。但是艾米明显地知道如果她不聋的话，她会知道班里更多的情况，而且在学习上也会学得更多更好。由于她的潜能与她所取的成绩不一致，所以导致了法庭认为她没有受到免费合适的公立教育，没有得到与其他小孩相同的机会来发挥她的全部潜能。地区法院认为，智障儿童的潜能应被测量并与她取得的成绩相比较，比较的结果应再与正常儿童的缺陷相比较。地区法院的界定来源于它的设想：对合适教育的界定责任完全交给联邦法院和听证官员。

这是要求法院来解释该法案规定的第一个案例。

根据法案的规定，免费合适的公立教育包括设定特别的教育指导来满足残疾儿童的独特需求，提供必要的服务使儿童从这种教育指导中获利。该法案下的补充条目界定了这种指导和服务：以公共支出的方式提供并且受公众的监督，符合州政府制定的教育标准，与州政府规定的一般教育水平相似，与儿童的个别化教育计划相符。因此，如果提供充足的服务来满足个人教育的需求并让儿童从中获利，而且其他项目也满足补充条目的规定，那么儿童就得到了法案所规定的免费合适的公立教育。

法案的其他内容也清晰地体现了议会的意图。议会发现，在制定该法案的时候，美国大概有 800 万残疾儿童，其中有 100 万被完全排除在公立教育之外，超过一半的儿童得不到合适的教育。另外，正如该章第一部分所提到的，法案要求政府首先给那些被排除在公立教育之外的儿童提供服务，然后再考虑那些不能得到合适教育的儿童。当这些明显的法律规定和优先权、大量的程序规则和免费合适的公立教育的界定被确定后，议会实际上通过法律权威的威信表明了把受排斥的残疾儿童引入公立教育系统之内的意愿，并要求政府采取措施来考虑和保证每个儿童的教育。

很明显，法律条文缺乏明确的标准来衡量残疾儿童的合适教育标准。法律条文肯定不包含由下级法院所制定的法律规则，如政府要最大限度地扩大儿童的潜能，并提供与其他儿童相同的教育机会。地区法院在没有法律定义的参考甚至在没有法案的立法历史的情况下详细解释了这条标准。虽然法律对免费合适公立教育的界定对该法案的解释有帮助，但仍然存在着这个问题，立法的历史是否表明了议会的这种意图，即教育应该满足一些例外的实质性的标准。

毫无疑问，公立教育系统提供给学生的教育机会各不相同，而且影响特殊学生吸收课堂内容的因素众多，因此，要求州政府提供平等教育机会看上去是不切实际的。同样，提供给残疾儿童那些适用于正常儿童的服务将很有可能不符合法律规定的免费合适公立教育的要求；另一方面，我们认为，扩大每个残疾儿童潜能的特别服务要求将比议会所想象的要复杂，因此，平等服务这个单词在一些情况下低于法案的要求，而在另一些情况下却高于法案的要求。法案中“免费合适公立教育”这个词目太复杂了，很难用平等这个单词来概括。

当地区法院和上诉法院认为，法案要求纽约最大限度地扩大残疾儿童的潜能以和正常儿童获得同样的机会时，这就错误了。尽管目标是这样的，但这个标准并不是议会强加给那些接收资助的州政府的，而议会主要想鉴定和评价残疾儿童，并且提供给他们一个免费公立教育的机会。

残疾儿童什么时候获得了充足的教育利益并符合法案的要求，这是一个更复杂的问题。法案要求接受资助的州政府提供广泛的教育给那些残疾儿童，从轻微的听力损害到重度的智力障碍。很明显：一种情况下的儿童的获利将完全不同于另一情况下的获利，其间有明显的差别。有些残疾儿童也许在学习上超过正常儿童只有一点点困难，而另一些残疾儿童也许在最基本的生活本领上都有很大的困难。我们今天并不试图进行一项测试来决定该法案下的所有儿童是否获得了充足的教育利益。因为在这个案件中，我们所关注的残疾儿童正在接受实质性的个别化教育和相应的服务，并且他们在公立教育系统中接受着特殊的教育，我们只把分析限定于这种情形。

法案要求州政府尽可能地教育正常儿童与残疾儿童。当法案的主流优先权被满足，并且儿童在公立教育系统的正常班级中接受教育时，系统本身就监控了儿童的教育进展，进行正常的测试，给予相应的等级，对于那些得到课程充足知识的儿童来说，可以升入高一年级的学习。升级和进展规则构成了评价获益的一个重要因素，从我们公立教育系统毕业的残疾儿童至少已经被社会认为接受了教育，并达到他们应有的水平，给残疾儿童提供教育正是议会希望在法案中提供的。当法律条文和立法历史被一起考虑时，议会所提出的要求就开始变得清晰，州政府要求在一定范围内给残疾儿童提供一个免费合适的公立教育。我们认为，以充足的服务设施来提供给儿童个性化教育并让儿童从那种教育机构中获利，这种做法符合了议会提出的要求。这种教育和服务以公共支出的方式提供，而且必须符合州政府的教育标准，必须与同级水平的一般教育要求相似，必须与该儿童的个别教育方案相一致。除此之外，个别教育方案，以及由此而实施的个别化教育应该依照法案的要求进行说明，并且，如果儿童被安排在公立教育系统的普通班级里接受教育，那么应合理地考虑使他通过测试并能升入高一年级学习。

应用该案例的事实原则，我们得出结论，上诉法院错误地确认地区法庭的裁决。地区法院和上诉法院都没有发现，艾米的父母并没有遵循法案的程序，无论是地区法院还是上诉法院，都没有找到证据说明艾米的教育计划并不符合法案中提出的实质教育要求。相反，地区法院认为：证据明确地说明了艾米正在接受充足的教育，因为她比班里的一般儿童表现更好，而且能很容易地进入高一年级的学习。根据这种发现，艾米正在接受个别化教育及相应服务的事实上符合她的教育需求，地区法院不应该作出裁决，要求学校给艾米提供一个语言手势翻译者；同样，上诉法院的裁决也被驳回。本案需要进行重新审理。

## 注释与问题

因为“合适的”这条词目在法律条文中并没被界定，对它的广泛解释可能关系到法案对“合适的教育”的实质性保证问题，法院可能已经发现议会想最大限度地扩大每个残疾儿童的潜能，并尽可能地消除残疾带来的影响。在使用不太严格的标准情况下，法院认为学校仅需要提供充足的教育使儿童从中获利。在罗利案中，法庭的裁决是否公正呢？如果法庭认为，《残疾个体教育法案》要求学校最大限度地削减儿童由于残疾而带来的影响，这又将意味着学校有怎样的花费呢？

法庭也说明了这个问题，如果残疾儿童不能从特殊教育中获利，那他是否有资格接受特殊教育呢？如果一个儿童患有严重的痉挛、大脑性麻痹、大脑受损、关节挛缩、失明、不能移动、四肢瘫痪，法院认为这样的儿童属于法案中认定的残疾儿童，但法案中并没有强调这个儿童该从特别教育中获取多少益处。

公立学校在不上课期间是否该提供教育服务？第十一巡回上诉法院认为，佐治亚州拒绝给残疾儿童提供 180 天以外的学校教育，违背了《残疾个体教育法案》和《职业康复法案》第 504 康复条款。法院认为，法案要求合适的教育来符合学生的个人需求，但对某些学生来说，180 天教育的限定并不能充足地提供一个免费合适的公立教育。当不提供服务时，儿童能力是否衰退？依据什么决定该儿童何时接受额外的教育？当继续提供服务时，这又有多大的效果呢？依据美国最高法院在罗利案中的裁决，学校并不要求最大限度地扩张每个残疾儿童的潜能，额外的教育服务并不仅仅因为儿童能从中获利而提供。第六上诉法院认为：不能仅仅因为残疾儿童从 12 个月的计划，比从 9 个月的计划获得更多的利益而提供额外的教育服务。

### （四）个别化教育计划

个别化教育计划是为了保证特殊教育和相应服务而制定的基本计

划。《残疾个体教育法案》要求为每个残疾儿童制定书面的个别化教育计划，并不断地充实和更改从而与残疾个体教育法的要求相一致。个别化教育计划是由个别化教育计划小组制定的，小组的成员必须包括儿童的家长、教育机构的代表、儿童参加普通班级时的上课教师以及熟悉该儿童情况的其他人员。在小组成员中还必须包括能够分析评估教育结果及其意义的人员。

个别化教育计划是由计划小组成员起草的，内容包含儿童现有的教育水平、教育目标、应该提供何种特别教育和相应服务。如果儿童不能参加普通班级学习，教育计划中应该包括相应的解释。个别化教育计划依据以下因素进行更改：儿童的身体状况、父母的意见以及评估的结果。个别化教育计划也应包含儿童严重行为方面的问题。《残疾个体教育法案》认为，在儿童的行为妨碍自己或别人的学习情况下，个别化教育计划小组必须考虑对其行为进行合理的干预。儿童的个别化教育计划需要定期检查，期限不能超过一年，以此来决定是否达到预期年度目标。

### （五）适当安置

在制定个别化教育计划时，必须同时考虑到儿童的安置问题。根据《残疾个体教育法案》的第 1412 条款，残疾儿童应在受最少的环境限制的情况下接受教育，为了满足这个要求，《残疾个体教育法案》规定：

> 为了使残疾儿童最大限度地得到合适教育，残疾儿童，包括公立和私立学校以及其他设施中的儿童，都应该和正常儿童一样接受教育。由于残疾原因，在提供了充分的帮助和服务的普通教育机构中仍然不能达到满意的教育效果时，才允许脱离正常教育环境而进行分校、分班的教育。

《残疾个体教育法案》规定，要依据大量的事实信息作为分班的理由，这些信息应被证实并经过仔细考虑，而且分班决定应遵循受最少环境限制的要求。《残疾个体教育法案》要求儿童的父母参与分班的决定，但儿童的分班也不能由单个因素来决定，例如：父母的期望。儿童应在受最少限制的环境中学习，应和普通儿童一样最大可能地接受教育。另外，除非个别化教育计划方案基于提供免费合适的公立教育而提出一些其他要求外，儿童应在他们正常情况下在该就读的学校学习，或尽可能地离家近些。

然而，《残疾个体教育法案》并没有要求普通学校接受所有儿童的教育，"完全包含"这个词目并没有出现在《残疾个体教育法案》的任何地方，包含所有残疾儿童违背了《残疾个体教育法案》的意愿。《残疾个体教育法案》禁止用以一代全的方法来给儿童分班，相反认为给残疾儿童分班应根据个人的特点来决定。而且法案的第1401条款把特别教育界定为在班级、家庭、医院以及其他设施中实行的教育，为了避免一些儿童不能在普通的班级中接受到免费合适的公立教育，《残疾个体教育法案》要求学校提供一个可供选择的连续性的分班计划。

尽管残疾儿童必须要在最少受限制的环境下接受教育，而且应和正常儿童一样尽最大可能地接受教育，但为了给儿童提供一个免费合适的公立教育，一些限制性的分班是必要的。当在普通班级中接受教育不能达到满意的效果，甚至使用了额外的帮助与服务也不能达到效果时，采用合适的标准和方式的分班是必要的。当一个受很少限制意义上的分班威胁到残疾儿童和其他正常儿童的安全时，或者当一个残疾儿童在班级中产生破坏性，以至其他学生受到影响时，这种情况下按照更严格的要求的分班是合适和必要的。学校官员一方面有法定责任确保残疾儿童得到合适教育，但当残疾儿童的行为妨碍自己和其他儿童学习时，他们就没有这个责任了。美国教育部在1999年对《残疾个体教育法案》的解释中指出：如果在普通班级中，儿童即使在提供了合适的行为支持，适当的策略以及干预后，仍然明显地影响他人学习的话，那么在普通班级中学习就不会符合他的需要，他也就不会得到合适的教育了。

残疾儿童一般在公立教育系统中接受教育，但也有学校官方和儿童家长把他们放在私立学校接受教育。依据个别教育方案，学区也许会将残疾儿童安排在私立学校接受教育以获得特殊的教育和儿童所需的相关服务。父母亲可能也会把他们的孩子安排在私立学校接受教育，但他们并不能因为单方面的意愿而得到学区的财政补偿，除非父母亲能确信儿童在公立学校中不能得到免费合适的公立教育。《残疾个体教育法案》第 1402 条款对补偿方面增加了一些附加的要求，父母亲需要向拒绝去的那个学校官方进行说明，并且告之想让儿童进入私立学校读书的愿望。对儿童进行有效的评价，并依据回复性的评价进行合理的操作。

私立学校为残疾儿童提供服务引起了一些额外的法律关注。然而，1997 年《残疾个体教育法案》修订案中指出：提供给残疾儿童的教育服务包括私人的和教会的学校，这是与法律相一致的。在最近的决定中，法庭已经认为在宗教学校中提供残疾个体的服务并不违背现行的法律条款。在最近的一个案例中，学区以 5∶4 的决定，拒绝给一个在一所罗马教会学校学习的聋哑儿童提供口语翻译。美国最高法院认为现有的法律条款并没有限制这种服务，法院认为这种服务是政府总的计划的一部分，《残疾个体教育法案》规定这种服务应该让每一个有资格的残疾儿童获得同等的利益，不应该考虑宗教派别或非宗教派别，不应考虑儿童所在学校是公立学校还是私立学校。至于翻译者，他不像老师或者顾问。法庭认为，翻译者既不添加也不删减宗教学校的信息，仅仅翻译材料所呈现的东西，而且现行的法律中并没有绝对的要求，不允许在一个宗教学校中安排公务职员[见左伯里特诉卡塔林拉·福特希尔学区(Zobrest v. Catalina Foothills School Dristrict，509 U. S. 1，1993)案]。同样，提供给残疾儿童的公共费用资助的交通，由原来属于儿童所有的教区学校附近的一条道路，转向了儿童现在接受教育的一所公立学校的一个特殊班级，得到了密苏里州法律的支持。联邦地区法庭强调这种转换属于个别化教育计划下的一个相关服务，并且这种服务能使学生从中获利，并非是宗教学校获利。

### (六) 相关服务

在《残疾个体教育法案》中，相关服务包含以下这些方面：

> 交通服务，以及一些发展性的、矫正的和其他的支撑服务(包括说话语言病理学和听力学的服务，心理服务，健康和职业的治疗，还包括治疗的恢复，社会工作的服务，咨询服务以及恢复的咨询，导向和活动性服务，医疗服务)。这些服务要用来帮助残疾儿童从特殊教育中获利，并且包括对儿童早期的鉴定和对其残疾的评价。

上述所列的相关服务只是举例性的，并没有穷尽。

由于给残疾儿童提供与健康的相关服务需要很高的花费，学区是否有必要为学生提供特殊的健康服务的费用，这成了一个有争议的问题。把健康服务看作是特殊相关服务，还是看成并不作要求的医疗服务，这之间并没有清晰的界线。美国最高法院在欧文独立学区诉塔特罗(Irving Independent School District v. Tatro，468 U. S. 883，1984)案中首次说明了这个问题。在这个案件中，一个患有先天性脊椎分裂症的8岁女孩的父母要求作为一个相关的服务，学校人事部门应定期为学生清洁插入性导管。为了避免损害这个儿童的肾，要每隔三至四个小时就给她做一次清除导管插入性工作，在学校也要如此。做这个工作仅需几分钟，也并不一定需要医生来操作，一个门外汉在不到一个小时训练内就能学会。法院认为清除导管插入工作并不是学校用来提供诊断和评价的一项医疗工作，而是一项使儿童从特殊教育中获益的相关服务。然而法院确实意识到：相关服务应该仅仅是指那些能使残疾儿童从特殊教育中获利的必要服务，不管对一个学校护士还是一个门外汉来说，给儿童做清除导管插入工作再怎么容易，这也不是他们必须做的事。例如，如果不是在学校里为残疾儿童治疗的话，学校就没有提供护理服务。而且，法院认为，学校只有在护士或合格人员能够护理的情况下才可能提供护理服务，而且这种护理不一定需要医生来实施。

美国州最高法庭在 1999 年又重新强调了学校护理服务的问题。在塞勒·莱彼德诉格雷德(Celar Rapid v. Garret F. ,526 U. S. 66,1999)案中,法院运用了塔特罗(Tatro)案例中的两方面测试来决定学区是否一定要提供健康护理以作为相关的服务。在塔特罗测试中,健康护理作为必须提供的相关的服务,必须符合两个方面的条件:(1) 对儿童来说,儿童从特殊教育中获利需要此项服务;(2) 这种服务不被认为是医疗性服务。医疗服务是指需要医生的服务,而不仅仅是一个诊断或评价的目的。在格雷德案中,父母亲要求对那些被束缚在轮椅上和依赖于空调的学生进行一对一的护理服务。在 7∶2 的裁决中,法院认为,学区必须在《残疾个体教育法案》规定下,提供儿童所需的护理,以作为相关的服务来使学生获益。塔特罗测试表明,这种护理是学生从特殊教育中获利所必需的,尽管非常昂贵,而且这种服务并不需要医生来实行。

### (七) 保护程序

为了更好地保护残疾儿童的权利,《残疾个体教育法案》对重要的程序进行了应有的规定。从最初资格的认定或否决到整个特殊教育的完成,当事者都有被告知和听证的权利。《残疾个体教育法案》规定这一保护过程包含以下几个方面:

(1) 残疾儿童的父母有机会检查所有与儿童相关的记录,并且有机会参加对该儿童鉴定、评价、班级安排,以及如何提供免费合适公立教育的所有会议,并且获得对该儿童的一个独立教育评价的权利。

(2) 当儿童的父母不了解情况时,要有保护儿童权利的程序。

(3) 当代理机构提议或拒绝启动和改变儿童的鉴定、评价、班级安排时,或是提议给儿童提供免费合适的公立教育时,要求事先通知儿童父母。

(4) 各类通知要以父母亲本族语书写,除非用该语言不能进行清晰地表达。

(5) 提供争议调解的机会。

（6）父母享有对儿童的鉴定、评价、班级安排、合适公立教育的提供等所有相关的方面表示不满的权利。

《残疾个体教育法案》第1415条款提及的预先发送给残疾儿童父母的通知，必须包括下列内容：

（1）代理方提出或反对某项行动的描述。

（2）代理方提出或反对采取某项行动的理由。

（3）对代理方考虑的选择进行描述，以及对某些受到拒绝的选择进行说明。

（4）对每一项评估程序、测试、记录，以及代理人用来作为提倡或拒绝某项行动的依据进行描述。

（5）描述代理人赞同或反对某项活动的任何其他因素。

（6）在此程序保护下，代理人提供残疾儿童父母受到保护的声明。如果这一声明只是与残疾儿童接受教育初期的评价相关，那么，在残疾儿童教育过程中的其他环节，父母同样可以获得相关教育和服务的书面说明复印件，并据此获得保护。

（7）为父母提供资源以提高他们的理解力。

在残疾儿童接受初期教育评估时，残疾儿童的父母应该得到所有这些保护程序的书面文件，告知残疾儿童父母享有参与讨论个别化教育计划会议通知的权利；在对残疾儿童进行重新评估时，父母享有提出不同意见并被记录下来以供参考的权利。如何处理父母的不同意见，学校应当为父母提供具体的说明文件。对这些程序保护的描述必须使用父母亲的本族语言，除非有些是很明显不可行的，而且必须以容易理解的方式来进行描述。残疾个体教育法案要求这种文件必须包含与以下权利相关的详细解释：

（A）独立教育评价。

（B）正式的预先书面通知。

（C）父母亲的同意。

（D）获取儿童接受教育的记录的方式。

（E）表达意见的机会。

（F）残疾儿童接受教育过程中遇到的一些问题的处理计划。

（G）教育过程中变换学生教育活动安排的程序。

（H）以公共费用支出的父母单方面提出的安排其残疾子女就读于私立学校的要求。

（I）争议的调解。

（J）合理的程序保护，包括保护儿童评价结果和教育建议秘密的程序。

（K）向州级政府提出上诉。

（L）行使公民权利的行为。

（M）律师费用。

在《残疾个体教育法案》中最重要的程序保护是应得的公正听证权利，听证过程中的任何一方都应该享有以下权利：

（1）获得辩护律师和专业人员帮助和建议的权利，专业人员都必须有专门的知识或者接受过处理残疾儿童问题的专门训练。

（2）有权提供证据，有权面见、盘问和要求证人参与听证。

（3）有权获得书面的或逐字逐句的电子录音的听证记录。

（4）父母亲有权获得书面或电子的认定和裁决文件。

《残疾个体教育法案》还包括一个特定的条款，其内容是：

> 本款规定，处于变动教育计划、安排等过程中的儿童，除非州政府或当地教育机构和父母亲同意变化，否则其原来教育计划和安排不变。如果教育计划或安排为最初申请进入公立教育系统，在得到父母同意，儿童将被安排于公立教育系统接受教育，直到教育计划和安排得到最终确认。

然而，这个特别的条款也有例外，例如，当接受特殊教育的学生构成对他人安全的严重威胁，或是在其表现出一些错误行为的情况下，对残疾儿童的处理不适用本条款。

## (八) 纪律

尽管法律规定所有的残疾学生享受到相应的法律保护程序，包括在作出严重影响其自由和财产权利前的预先告知和听证权利，但是，残疾儿童的纪律问题是人们广泛关注的焦点。当学校官方决定残疾儿童停学或开除残疾学生时，《残疾个体教育法案》为这些儿童提供了一些额外的重要法律保护，包括提供一个特定的法律条款，以使他们免受学校单方面改变其教育计划和教育安排。这些特别的保护政策源于对历史上就存在的对残疾个体偏见的关注，源于对残疾个体生理和心理状态误解可能会导致的问题行为，源于州政府可能因为偏见、误解、资金问题或其他不合适的原则而停止对残疾儿童的教育或开除残疾儿童所产生的焦虑。联邦最高法院在赫尼格诉多伊(Honig v. Doe，484 U. S. 305，1988)案中，对基于纪律问题变更残疾个体教育计划和《残疾个体教育法案》的问题进行了裁决。

在赫尼格诉多伊案中，两名学生由于自身的残疾原因，表现出暴力性和破坏性的行为，加利福尼亚学校官方试图无限期地对两名受情绪困扰的学生除名。在确定《残疾个体教育法案》中特定的保护条款能否禁止学校可以单方面地对残疾学生除名，法院这样描述道：

> 《残疾个体教育法案》中对残疾学生专门保护条款的语义是一点不含糊的。条款清楚地规定：在对残疾学生的处理意见尚未最终确定的时候，除非得到州级政府或当地政府机关，以及残疾儿童监护人的同意，残疾儿童应该仍然按照原来的教育计划和安排，在原来的机构接受教育。面对这样清楚的法律条款，而学校官方却让我们看一个危险的例子。学校认为，一个简单和普通的常识是：立法机关不应该以字面的意思来解释《残疾个体教育法案》中对残疾学生给予专门保护的法律法规规定，因为这样一种解释会导致明显的超出预先设想的和站不住脚的结论，即学校必须让那些具有暴力倾

向的和危险性的学生回到原来的教育计划中或班级中;然而,我们对此考虑得很清楚:立法机关通过立法剥夺了学校单方面排除残疾儿童入学的权利,学校管理者因此无权单方面处置具有危险性的学生。立法机关虽然没有完全剥夺学校的自主管理权,但专门保护残疾儿童的法律条款确实否定了学校官方先前拥有的自主权,从而使残疾儿童的教育计划的变更或教育安排的调整可能仅仅只有在父母亲同意后才能完成。这其实是一种无可奈何的手段。立法机关发现,在全国教育系统中,每八个残疾儿童中就有一个被排除在校外,这是导致立法机关制定《残疾个体教育法案》的直接原因。在起草这个法律时,立法机关充分参照了宾夕法尼亚残疾儿童协会诉宾夕法尼亚案和米尔斯诉哥伦比亚区教育委员会案中的裁决,两例案例都卷入了如何处理残疾儿童退学的困境。我们的结论是,《残疾个体教育法案》对残疾学生的专门保护,并没有使学校对具有危险性的学生无法有所作为。联邦教育部也已经发现:面对那些对他人和自己具有危险的学生,在对这些学生进行处理并引发争议的时候,《残疾个体教育法案》没有妨碍学校运用正常的程序处理问题,解决纠纷。

这些正常的程序包括阅览桌的使用安排、课间暂停、隔离和残疾儿童特权的某种限制。更充分的措施是,当儿童可能对其他人员构成直接危险时,学校官方可以中止他最多十天的学习。这个没有争议性的权利,不仅确保了学校官方可以通过快速地隔离最危险的残疾儿童以保护其他学生的安全,也为学校提供了一个处置的时间,可以对个别教育方案进行重新评价,或劝告儿童家长同意临时性的安置。然而,大多数情况下,那些对别人构成危险的儿童的家长却坚决拒绝在安置上的任何改变。十天暂缓的权利给学校官方提供了请求法院援助的时机。

在赫尼格诉多伊案后的一个案例中,某联邦地区法庭同意学校官方改变一个具有过度侵略性学生的安置，该学生被界定为情绪困扰、缺乏学习能力和言语能力，并且诊断显示残疾学生患有精神病混乱。他已经30次对教师、工作人员和其他学生进行了攻击，这样的行为已经扩散到其他班级中，该学生两次试图从二楼的窗户跳下去，损坏了一个供休息的房间，经常公开进行亵渎，而且有一次试图想冲向一辆正在行驶的汽车[见得克萨斯独立学区诉亚斯太德（Texas City Independent School District v. Jorstad，752 F. Supp. 231，S. D. Tex. 1990）案]。

作为对重视学校暴力事件和毒品使用关注的响应，1997年《残疾个体教育法案》修正案，提供给了学校官方额外的权力，凡是正在接受特殊教育的残疾学生如果发生携带武器或发生涉及毒品的问题时，或对自身和他人产生威胁时，学校官方有权变更其教育安排。修正案这样阐述：

> 学校职员在一些情况下可以要求对残疾学生作这样的安置：
>
> (1) 安排到另一个合适的临时性的教育机构中，或者中断其学习，但不超过十天（需要注意的是，无论作出何种变更，学校采用的处理残疾儿童的措施应该是同样适用于正常儿童的）。
>
> (2) 安排到另一个合适的临时性教育机构中，或者中断其学习，中断学习处罚的行为如果发生于正常学生身上，正常学生将会同样受到处罚，但最长时间不超过45天；下列行为应当受到处罚：
>
> a. 携带武器到学校或学校的场地；
>
> b. 在学校或学校的场地故意占有和使用非法药品，或出售受控的物品。

如果残疾儿童对本人和他人构成了严重的威胁，学校官方可以要求通过听证程序，调整其教育计划，或对其作出新安排。1997年《残疾个体教育法案》的修正案规定：

在下列情况下，听证官员应该要求改变残疾儿童教育计划，把他们安排到另一个合适的临时性的教育机构中：

(1) 听证人员确认公共机构已经陈示真实性的证据，表明维持现有的安置将会危害本人和其他人的健康。

(2) 听证人员已经考虑儿童现行安置的合适性问题。

(3) 听证人员已经考虑公共机构是否做了合理的努力来减少当前安置中的危险性，包括是否使用了援助和服务来减少这种危险。

(4) 听证人员认为一个临时性的其他的教育计划可以满足《残疾个体教育法案》规定的其他要求。

法律要求学校通过实质性的证据来说明，维持残疾儿童现有的教育计划和教育安排，将会导致伤害。1997 年《残疾个体教育法案》的修正案没有界定什么是实质性的证据。1999 年该法案的规则中将其解释为具有充分说服力和优于其他证据的证据。《残疾个体教育法案》同时规定，在对具有攻击性、威胁性的残疾儿童实施的一些临时教育计划或教育安排中，应该使儿童继续参加一般课程学习，并且获得原先教育计划中所阐述的相关服务，符合原先的教育计划的目标，能够避免问题行为的再度发生。关于临时教育计划或教育安排的期限，1999 年《残疾个体教育法案》规定，最长时限不超过 45 天；如果残疾学生再度发生攻击性或威胁性行为，再次变动其教育计划或教育安排，在最终确认新的教育计划和教育安排前，实施临时教育计划和临时教育安排，时限同样不超过 45 天。

在处理残疾儿童时，另外一个需重要考虑的问题是，残疾儿童的问题行为是否是其丧失能力而导致的。如果儿童的行为是由于残疾而引起的，那么对其进行惩罚性的处理就是不公平的。例如，患有综合征的残疾儿童肌肉不协调，无意识移动、痉挛、不连贯的呼噜声和吼叫声，使用庸俗的、淫秽的、亵渎的语言，等等，这种情形对大多数儿童来说将会受到道德的谴责，但对患综合征的儿童来说可能是无法控制的。因此，如果残疾学生由于综合征表现出上述行为，并因而面临教育计划和教育活动的调整，《残疾个体教育法案》就会要求个别化教育计划小组和其他有资格的成员进行一个评定，决定这样的问题行为是否由于残疾本身而导致的。

这种评定只有在残疾儿童违反纪律后面临调整教育计划和重新安置时才会进行。重新安置只有在下列情况下发生："停止执行残疾学生原先的教育计划已经超过了十天；或者残疾学生多次经历原先教育计划的停止执行，习以为常，累计停止执行个别化教育计划超过十天，并且每次个别化教育计划停止执行的时间长短和停止的频率相关不大，形成高度相似的反复的个别化教育计划停止执行。"

为了说明残疾儿童的问题行为不是由于儿童残疾而引起的，必须依据以下几条来作决定：

（1）与残疾儿童问题行为发生后基于纪律的临时教育计划和安排相比，残疾儿童原先的个别化教育计划和安置是合适的，特殊教育服务、额外的帮助、行为干涉策略的提供与其个别化教育计划和安置是相吻合的。

（2）残疾儿童的残疾没有影响其对自己行为后果的理解，也没有影响其判断自己的行为是否与学校的规定一致。

（3）残疾儿童的残疾没有影响其控制自己行为的能力，残疾儿童能够使自己的行为符合规范和要求。

如果评定的结果证明，儿童的问题行为并不是由其残疾而引起的，那么学校会像对待其他儿童一样，对其进行相应的约束，包括暂停课程学习直至十天。在最初停止学习的十天中，学校不需要提供特殊服务。然而，如果超出十天，需要给与《残疾个体教育法案》的程序保护。当残疾学生的行为并不是由其残疾而引起的时候，学校也许会依据法律停止该生十天以上的学习，或者将其开除。然而，学校并不能终止残疾学生的特殊教育，《残疾个体教育法案》第1412条规定，即使被停学十天以上或被开除，残疾个体仍然有权获得免费和合适的公立教育。1999年的《残疾个体教育法案》规定：残疾学生在最初十天停课期间，学校没有必要提供个别的特殊教育和特别服务，但是，在其后的教育计划调整或转学过程中，学校应当提供必要的服务，以使残疾学生能够尽快适应新的个别化教育计划目标。在残疾儿童受到停学处理后十天或更少时间内的变动个别化教育计划过程中，学校人事负责人作出决定时，需要咨询特殊儿童教育老师。对更长时间的停课，任何与停课相关的决定都应当由儿童个别化教育计划小组作出。1999 年《残疾个体教育法案》规定：在学校学习期间，残疾学生停课时间没有绝对的限制。尽管如此，学校不会对残疾学生的暂时停课习以为常，因为一旦形成这样的惯例，将会构成对法律规定的“免费的和合适的公立教育”违反。前面曾经提及，判定学校是否习以为常地对一位残疾学生实施停课处罚，需要考虑的因素包括每次停课的时间长度、停课的次数和停课处分的相似性。

如果学生的错误行为是由于学生残疾而引起的，那么残疾学生一般不会因此受到处罚。尽管如此，学校仍然拥有一些行为管理的选择权。就像法院在赫尼格诉多伊案件中裁定的那样，学校也许会运用校内的方法，如隔离、禁闭或限制残疾学生特权。因为这些措施是校内使用的，法院因此并不承认这些程序改变了残疾学生的个别化教育计划，而且并不需要启动《残疾个体教育法案》适当的保护程序。但是，如果学校频繁和广泛地运用这些措施，以至于残疾学生不能享受免费的合适的公立教育，法院将会进行干涉。前面说明，《残疾个体教育法案》1997 年的修正案允许学校对携带武器或吸毒的残疾学生，或者经听证官确认具有危险性的残疾学生，实施长达 45 天的临时教育安置。另外，当残疾学生的问题行为对课堂秩序造成过多负面影响的时候，法律允许对残疾学生进行重新安置。当残疾学生对他人产生严重危险时，学校对该生进行重新安置也会得到法院的认可。如果确认当前的安置对学生不合适，需要对其进行长久的重新安置，应该通过调整个别化教育计划来实现。最后，一定要注意，《残疾个体教育法案》对调整残疾学生个别化教育计划的限制只有在家长不同意学校提出的一些建议的情形下才起作用。当学校和家长相互协商得到满意的结果时，上述限制并不起作用。

根据公民权利署的规定，无论残疾学生需要公共交通工具与否，如果限制残疾学生使用公共交通工具，应该依据《残疾个体教育法案》的保护程序。但是，如果残疾学生的行为在公共交通工具上对他人产生严重危险时，学校可以提供一个其他合适的公共交通工具，或者在合适的时候通过修改个别化教育计划来改变学生的公共交通服务。

《残疾个体教育法案》1997年修正案规定，不应该认为全体残疾学生在问题行为发生时，都应受到《残疾个体教育法案》规定的特殊服务和特殊保护。如果学校在残疾学生问题行为发生前，知道该学生的残疾可能导致其问题行为，才应依据《残疾个体教育法案》对其进行保护。《残疾个体教育法案》规定，学校在下列情况下应视一位学生确为残疾：

(1) 儿童的父母已经向有关教育机构负责人说明，在学习中，该儿童需要特殊教育和相应服务(除非父母是文盲或者存在着缺陷，不能够理解法律条款中的要求)。

(2) 儿童本身的行为或成绩说明其需要这特别的服务。

(3) 儿童的父母亲已经要求对儿童进行一定的测评。

(4) 儿童的老师，或当地教育机构负责人已经向相关人士说明，该儿童的行为或成绩存在着特别的情况。

当残疾儿童被怀疑犯罪时，学校可以将其交给执法机构。《残疾个体教育法案》规定：无论什么因素都不应妨碍学校向相关部门报告有关残疾儿童犯罪的事情，无论什么因素都不应阻止州的执法机构和司法机构履行职责，处理残疾儿童的犯罪行为。

犯罪儿童所在的学校应向相关机构递交该儿童的个别化教育计划和成绩记录。执法机构和司法部门有责任通过执行法律来保护公众的利益，并且不被《残疾个体教育法案》的规定所约束。被确认有罪的残疾儿童将会受到与正常人同样的处罚，包括监禁。

## 概 要

对许多教育者来说，《残疾个体教育法案》的条例既是最有意义的，也是最令人迷惑的。因此，以下提供一些重要新增条例的说明：

行为管理策略——为了努力改变残疾学生中存在的一些有问题的行为，学校可以运用多种行为管理策略和冲突管理策略，包括单独的学习安排、停课、禁闭、权利限制等等。只要为学生提供了个别化教育计划，并且没有对个别化教育计划进行调整，学校可以单方面地实施这些行为管理策略。

征得父母的同意——如有必要采取一些更加严厉的措施，例如，需要对残疾学生个别化教育计划进行必要的调整，或采取一些适合的行为管理策略，学校需要征得父母的同意。如果父母同意的话，《残疾个体教育法案》的条例限制一般就不存在了。

学校单方面十天停课——学校可以由于残疾学生的错误行为而单方面对其实施停课十天的处理，在这期间不提供任何特别的服务，也无需对此进行特别说明。需要注意的是，这样的处罚应该排除任何歧视性的因素。

附加十天停课——1999 年的《残疾个体教育法案》规定，残疾学生由于错误行为而被停课，每年总的天数没有绝对的限制，只要不同问题行为引起的单次停课不超过十天，并且停课处理没有形成固定的模式。在确定是否存在固定的停课模式时，应该考虑的因素包括每次停课的时间长度、停课的总次数、每次停课的相似性。然而，学校必须提供一些适应性服务来帮助儿童取得进步，并向个别化教育计划的目标靠近。学校负责人做决定时应与特殊教育老师进行协商。对问题行为儿童进行停课处理时需要获得证据。

长期停学与开除——如果残疾儿童错误行为不是因为其残疾原因引起的，他们也许会长期地被停止学习或被开除。然而，任何超过十天的停课均须适用《残疾个体教育法案》的规定和程序。进一步来说，学校必须继续给学生提供一个免费合适的公立教育。对学生超过十天的停课，儿童的个别化教育计划小组成员决定应提供什么服务来保证残疾儿童继续接受免费的、合适的公立教育。

携带武器或吸毒停学 45 天——由于残疾学生携带武器或吸毒，学校也许会单方面地对学生进行多达 45 天的停学处罚。

危险行为停学 45 天——学校如果能提供确实的证据，证明某一残疾学生对他人有潜在危险，学校可以要求听证官员对此儿童进行多达45天的停学安排。1999年《残疾个体教育法案》规定：实质性的证据是指明显的、具有充分说服力的、比其他证据更为重要的证据。为了预防那些对他人和自身构成潜在危险的残疾学生发生损害他人和自身的行为，学校可以对其停学45天。

获得法院许可——当上述列举的诸种原因发生而学校由于多种因素，无法调整残疾儿童个别化教育计划，或者对残疾学生进行适当的处分，学校可以获得法院的援助，避免残疾儿童发生对他人和自身的伤害。

犯罪——残疾学生犯罪行为一旦发生，学校须向执法机关报告犯罪行为，并有责任协助执法，而不受《残疾个体教育法案》的限制。

### （九）过渡服务

对许多年轻人来说，从学校向工作、独立生活、继续教育的转变是很困难的。接受特殊教育的学生也许有更加独特的困难。1990年，议会修订了《残疾个体教育法案》，要求为残疾儿童提供“过渡服务”。过渡服务是指设计一套方案来帮助残疾儿童由学校转向独立生活。过渡服务包括：提供有关的教育、相关的服务、社区经历，以及职业发展与成人生活的一些技巧等等。

1997年《残疾个体教育法案》修正案要求：过渡服务必须包括个别化教育计划，从4岁就开始，并每年进行更新。个别化教育计划的及时修订能够更早地关注残疾学生的发展，以此促进残疾学生更好地从学校向社会的过渡。如果个别化教育计划小组成员认为合适，应在16岁或更早的时候就开始扩充过渡服务内容。什么样的过渡服务是合适的，这取决于个别学生的需求，并考虑到学生的爱好和兴趣。

### （十）毕业及能力测试

毕业时或到了一定的年龄，学生的特殊教育服务将终止。一般来说，为了有资格毕业，残疾儿童必须完成合适的个别化教育计划。毕业意味着残疾学生生活的改变，残疾学生的父母亲一定会收到学生何时毕业的通知。然而，有些残疾学生在完成个别化教育计划前，就已经达到《残疾个体教育法案》规定的最大年龄。如果残疾儿童还不能毕业，《残疾个体教育法案》将提供联邦资金资助对其特殊教育，直到 21 岁。但是，如果州的法律没有为 18—21 岁的正常儿童提供公立教育系统的话，《残疾个体教育法案》没有规定州政府为这个阶段的残疾儿童提供特殊教育。

进一步说，所有学生（含接受特殊教育的学生）在获得学位前都需通过能力测试。由于有些儿童残疾的症状严重，可能无法通过测试并无法获得相应的学校文凭。但如果告知残疾学生必要的考试要求，而且残疾学生享有机会并有能力完成学习任务，法院支持学校对残疾学生进行能力测试。

### （十一）费用问题

当残疾学生父母要求过多的昂贵的特殊教育服务时，学校可以获得一些额外的资助，这在美国最高法院审理的教育委员会诉罗利案中就有体现。在亨德里克·哈德森中心学区教育委员会诉罗利案中，法院裁定，学校无需不惜成本地为学生提供非常特殊的教育和相关服务。相反，法庭认为，如果学校为残疾学生提供了合适的个性化的教育和充足的服务，残疾儿童能够从中受益，那么《残疾个体教育法案》就取得了令人满意的效果。

依据罗利案，提供给儿童的特殊教育服务只要是合适的、充足的，并使儿童从中获利，并不一定要求是最好的和不考虑费用的服务。只要学校在提供特殊教育服务问题上的决定是合理的，教育方法和服务的具体选择则由学校来决定。父母也许可以表达自己的意愿，但只要学校的选择是合适的，学校不一定要按照父母的意愿选择最昂贵的一项服务。

然而，对一些小孩来说，选择合适的教育可能就意味着高额的费用。为了贯彻《残疾个体教育法案》，学校在增加费用之前，必须建立一种提供合适教育的机构，保证这些残疾学生不会因为费用昂贵而失去接受合适教育的机会。但这不排除某个残疾学生可能会因为费用过于昂贵，学校无法安排，而无法接受其所希望的那种特殊教育服务。

## 注解与问题

现在，在为残疾儿童提供教育服务方面已经有了很大的进步。联邦议会曾经听到以下陈述：

> 多年前，在去智障儿童教育机构参观的过程中，我遇到一个小女孩躺在婴儿床上，我正怀疑为什么她困在床上，而其他小孩却没有。我开始试着与她玩，我发现即使我通过眼神与她交流，在12英寸外，她仍不能用眼睛来关注我，我试着去教她，在15分钟内，她能够绕床转1/4来看。我能够确信，这个小孩可以通过一些工作来使她学习一些有用的东西，并离开这张床。看上去可以肯定地说，没有哪个部门特别关注这个小女孩的教育，这对美国的价值观念来说似乎是反伦理的。因此，我认为，一个小孩是否能得到合适的照顾以及适当的教育，主要是看他父亲的经济能力。

合适的教育服务对残疾儿童来说有着巨大的利益，能使他们享有更多自由与多彩的成人生活。尽管这种教育是昂贵的，但如果对残疾儿童的教育是失败的，那又意味着有多大的经济损失呢？除了经济损失外，人力损失更难以估计，包括前面讨论的那个小女孩的生活质量问题，如果缺乏合适的教育，她可能就躺在病床上整天地盯着天花板。

自从1975年开始，为残疾儿童提供特殊教育和相关服务的资源已经得到了不断提高。许多学区的特殊教育计划开支占学区财政的20%以上。尽管90年代美国每个学生的特殊教育费用有所下降，但花在特殊教育项目上的总费用却继续增长。特殊教育上的花费增长对普通教育计划有什么样的影响呢？议会、州政府以及学校又如何去平衡残疾儿童的教育费用以及有限的国库收入呢？当前特殊教育计划与其获得的利益相比又有多大的合理性呢？是否存在更有效的办法来达到相同的效果呢？和其他所有的法律一样，当前的特殊教育法是一个复杂的政府性的产物。在分析这部法律运行情况的时候，发现它在平衡竞争利益以及特殊利益和政治权利之间的关系是起主导作用的。

规定接受特殊教育的学生遵守纪律，将存在心理和生理障碍的学生分配在正常的班级中接受教育，依然是争议的焦点。对接受特殊教育的学生以及正常的学生之间实施不同的政策条例是公正的吗？你所在社区的学生、家长，以及其他人都能接受这样的政策吗？接受普通教育的学生以及他们的家长没有法律依据挑战班级中的残疾的或具有潜在危险的学生的存在，应该有这样的法律为他们拒绝残疾的或具有潜在危险的学生提供依据吗？如果当前《残疾个体教育法案》的规定存在问题，你建议应该制定哪些补充或修正的政策呢？

## 二、《职业康复法案》第504条款

1973年《职业康复法案》第504条款保护残疾儿童和成人在利用联邦资金接受教育时免受歧视，它不像《残疾个体教育法案》，仅仅适用于符合条件的残疾儿童。作为联邦资金的接受者，公立学校必须遵循第504条款的规定。如果私立学校也能接受联邦资金的话，那么第504条款的保护也适用于它们。进一步说，只要接受到联邦资金，宗教学校同样适用于第504条款。对于第504条款，教育部门这样规定道：

> 任何符合条件的残疾儿童不能由于其残疾的原因被排斥享受联邦资金的资助，或在任何计划或活动中遭受歧视。

要获得第504条款的保护，必须是条款中所规定的“残疾”，它是这样界定的：

> (1) 存在着身体上或精神上的障碍，主要生活行为一方面或多方面受到限制；记录证明这种障碍的存在；社会确认这种障碍的存在。其他有关的条款是这样界定的：“身体上或精神上的障碍”是

指：(A) 任何生理上的或外表上的缺陷，或者是解剖学上的缺陷，影响一个或多个身体组织系统：神经上的、肌肉与骨骼上的、特殊的感官组织、呼吸上的、言语器官、心脏血管、生殖系统、消化系统、泌尿系统、血液或淋巴、皮肤以及内分泌等；(B) 任何精神或心理上的失常，如：精神障碍、大脑组织的综合病症、情感或精神疾病，以及明显的听力疾病等。

(2)"主要生活上的能力"是指：关心自己、完成手工的任务、行走、观察、听、说、呼吸、学习、工作等。

(3)"有损害的记录"是指：确实存在着或曾经被误认为有精神上的或生理上的损害，以致潜在限制了个人的一方面或多方面的生活行动。

(4)"被认为存在着损害"是指：(A) 在生理上或精神上的损害并没有在实质上限制了主要的生活行动，但却被认为确实产生了这样的限制；(B) 在生理上或精神上的损害实质上仅仅是其他人的态度，并被认为这种损害确实限制了主要的生活行动；(C) 没有法案中所界定的这些损害，但被他人认为存在着这种损害。

有些残疾个体没有因为残疾而得到第504条款保护，即使如此，他们在接受联邦资助时不应受到歧视，并且应受到合理的安置。合理的安置通常包括建立残疾人使用的设施，在学术要求和工作条件上进行一定的修改以满足残疾个体的需求。有时这种安置并不是绝对合理的，如果会导致安全上或健康上的危险，以及浪费的话，对他们的安置并不是必须的。更进一步说，学校并不一定要提供特殊的场所来满足残疾学生的所有要求，学校可以选择其中的部分为残疾学生提供便利。

### (一) 学生与《职业康复法案》第504条款

第504条款保护残疾学生在接受所有联邦政府提供的资助时免受歧视。学校，作为联邦资金的接受者，也许会仅仅因为残疾学生的残疾而歧视他们，或者不让他们参加一些学校的项目或计划。但是，残疾人在参加学校的计划或活动时，其他方面必须是符合条件的。当没有合理的条件设施，或者是学生的其他方面不合乎条件的话，学校并不一定要接受残疾学生参加活动。例如，如果学校不允许一个盲童学生开车，这并没有违背第504条款的规定，因为学生不能够安全地从事这项活动。进一步说，如果一个残疾学生因为没有充分的准备或技术不合格而不能参加学校篮球队的话，他也不能说自己是残疾而要求特殊照顾，成为球队的一员。

第504条款并不要求对残疾学生进行特殊的优先对待，同时反对任何歧视。该条款要求对残疾学生进行合适的安置，以确保残疾学生受到公正对待。因此，对残疾学生的测试与评价应该是测量相关的基本的项目，而不能产生学生由于残疾而使评价受到影响的现象。如果测试或其他评价与残疾学生不相称，那么测试本身就有问题。如果测试与残疾学生的基本特点毫无关系，那么，测试就无法成为安排残疾学生的依据。对残疾学生的测试条件必须合适，包含考试地点的选择，考试时间的考虑，口头测试的进行，等等，都应该既考虑到学生的残疾因素，又不会让测试受到学生残疾的影响，保证基本项目的测试和测试的合适性。

残疾学生不应因为残疾而受到中止学业、退学或受其他形式的处罚。学校和地方不能因为其残疾而终止一个残疾儿童的学习。公民权利署规定，中止残疾个体的受教育权利，应该同时符合第504条款和《残疾个体教育法案》。

学校想中止一名残疾学生的学习，有时并不完全是法律条例的规定，而是因为学生携带传染病病菌。尽管学校在法律上说可以中止那些可能对他人造成传染病的残疾学生，但在许多地区仍然存在着争议。那些携带HIV和感染上AIDS的学生是否可以正常地在公立学校中接受教育呢？许多家长担心他们的孩子或许会由于与病毒携带者接触而被感染上病毒。媒体对病毒的描述以及其不可治愈性加大了家长的关注。一些官方机构如美国外科中心和疾病控制中心都不能有力地说服家长，告诉他们这种担心是没有根据的。

那些被排除在正常的学校计划之外的病毒感染学生的家长已经向法院提起了诉讼，那些正常儿童的家长也向法院提出了诉讼，被告都是学校，后者要求学校拒绝接受病毒携带者。到目前为止，法院对那些患有 HIV 或 AIDS 的学生，以及对他们进入公立学校的事项已经很敏感。这一点可以从托马斯诉阿德斯卡德罗联合学区（Thomas v. Atascadero Unified School District）案看出。

**托马斯诉阿德斯卡德罗联合学区**

**（Thomas v. Atascadero Unified School District）**

**美国地区法院加利福尼亚中区法院，1987**

**（United States District Court，Central District Court of Califormia，1987）**

**662 F. Supp，376**

斯塔特勒（Stotler）地区法官：

原告罗宾和朱蒂·托马斯（Robin and Judy Thomas）是赖安·托马斯（Ryan Thomas）的父母和监护人。赖安·托马斯，5 岁，男孩，根据加利福尼亚州法规定，在阿德斯卡德罗联合学区的幼儿园上学。

被告，阿德斯卡德罗联合学区，简称“学区”，是一个依据加州法规组织的公共实体，该学区是联邦资金资助的组织。

AIDS 是一种损害人类免疫系统的临床诊断性疾病，AIDS 有多个名称：人类 T 淋巴结病病毒类型Ⅲ（HTLV—Ⅲ）、淋巴性联合病毒（LAV）和 AIDS—联合逆转录酶病毒，最近的一种称法是人类免疫性缺陷病毒（HIV）。

到目前为止，还没有疫苗能够治愈 AIDS，由于 AIDS 的感染已经出现了大量扩散的症状，并被疾病控制中心分成了四个种类：(1) 早期急性的、短暂的疾病征兆；(2) 渐近的感染；(3) 持久肿胀的淋巴结；(4) 偶尔疾病的出现以及（或）稀有的癌的类型，包含大家所知道的卡普恶性毒瘤。

赖安·托马斯幼儿时由于在儿童医院一次输血而被感染上 AIDS 病毒，当时是由于早产引起并发症而输血的。现在他的主要生活行动受到了很大的限制。

赖安在 1985 年的早期被诊断感染上 AIDS 病毒，在他出生后的四年中，赖安·托马斯的肺部和中耳常存在问题，而且存在慢性淋巴疾病。

自从被诊断患有 AIDS 病毒后，对他的治疗就开始了，并且医疗条件也得到了改善。他的医疗条件将有什么样的进展，这一点还不太明确。赖安的治疗医生，菲尔德博士和丘奇博士都写信告诉学区：从医学上讲，赖安可以参加正常幼儿园的上学。

最好的有效的医学证据已经表明了 AIDS 病毒并不像普通的感冒、流行感冒以及肺结核那样通过空气传播。这种病毒是相当脆弱的，绝大多数家庭所用的消毒液就能杀死该病毒。这种病毒只有通过被感染的血液、精液、阴道液进行传播（有可能的话还有母乳）。现在所有已报道的案例都是通过血液和精液进行传播的。

另一方面，至今没有报道过在学校里有被传染上 AIDS 病毒的病例。疾病控制中心已经声明：在美国已经确认被感染上 HTLV—Ⅲ/LAV 病毒的所有案例中没有一个是在学校、护理所、养育机构里传染的，也没有一个是通过人与人之间偶尔接触而被传染上的。

占绝对优势的医学证据已经表明，AIDS 不会因为人们之间的咬伤而传染，即使是咬破了皮肤。在法庭上，依据现有的大量医学和科学证据，赖安不会对他的同学或老师构成任何危险。在理论上被赖安传染上 AIDS 几乎是不可能的。因此学区不应该产生偏见而对他产生任何排斥行为。

在 1986 年 5 月，学区采取了一项政策，以关注患传染病学生的入学问题，其中包括 HTLV—Ⅲ(AIDS)病症。依据这项政策，安置委员会成立了，其成员包括健康专家、学生家长、学校官方以及圣路易斯—奥比斯波县（San Luis Obispo County）公共健康官员们，安置委员会的职责是为学校接受学区政策允许的患有传染疾病的儿童提供咨询。

在 1986 年 8 月 28 日，安置委员会举行会议来决定赖安的安置问题，在这个会议上，委员会建议允许赖安进幼儿园学习。1986 年 9 月 2 日，学校委员会接受了这个建议。没有其他幼儿园以这种方式考虑过学生的安置问题，标准的程序是由小孩的父母亲来决定小孩的年龄是否达到了该上幼儿园的时间。

赖安从 9 月 3 日到 5 日在幼儿园里并没有出现什么意外事情。在 9 月 8 日那天，赖安和另外一个小孩有了一点小冲突，并咬了那个小孩的腿，但皮肤并没有被咬破。

在那次事故后，被告艾维纳(Avina)要求本案原告(赖安的父亲)把赖安留在家里，以便安置委员会根据事故重新考虑 8 月 28 日的决定，判定赖安是否可能咬伤又一位同学，并由此构成同班其他同学的危险。在 1986 年 9 月 12 日，安置委员会推荐赖安接受心理学者的测评。学校委员会也同意了安置委员会的意见，但这次测评是针对赖安进行的，卷入这次事故中的其他小孩并不准备进行这种心理测评。

在 9 月的下旬，马库斯·席瑞博士(Marcus Shira)，一名就职于圣路易斯—奥比斯波县教育委员会的心理医生，对赖安进行了一项心理教育研究。席瑞博士在 1986 年 9 月 30 日完成了一项报告。在这项报告中，他认为赖安在幼儿园里会有侵犯性行为，因为他的社会化水平与语言能力的成熟性低于班级中其他同学。但是，他并没有具体地对赖安是否会再咬人进行预测。

依据席瑞博士的研究，在 1986 年 10 月 2 日，安置委员会重新对赖安作了安置，认为他不应该留在学校，而应该在家里接受以后的教育。县公共卫生官员罗兰(Rowland)博士对这一决定弃权。但是，在 1986 年 10 月 6 日，学校委员会投票表决，拒绝赖安在 1987 年 1 月之前继续在学校接受教育，在 1987 年 1 月后，是否继续拒绝赖安在学校学习，根据以后的评估另行决定。

在 1986 年 9 月 8 日之后，赖安由于不能在幼儿园学习而受到伤害，尽管赖安所受的伤害没有成年人所感觉的那么大。

在采取上述措施的过程中，学区非常地谨慎和小心，试图平衡卷入这次活动之中所有人的利益，并说明人们对存在于阿德斯卡德罗(Atascadero)社区中 AIDS 病毒的恐怖。

1985 年秋天，美国政府疾病控制中心发布了关于感染上 AIDS 病毒的儿童教育的有关信息。主要包含如下方面：

> 感染上 HTLV—Ⅲ/LAV 的儿童应该使用何种教育类型和关爱手段，取决于其行为、精神的发展水平和身体条件，但须考虑到其可能与他人交往的方式。应该采用团队的方法对感染 AIDS 病毒儿童的教育做出决定，团队成员应包括儿童的医生、公共健康专家、儿童的父母或监护人，以及那些照顾与教育感染上 AIDS 病毒儿童的相关人员。在做每个决定时，需要考虑感染者与其他人之间的利益关系与危险。
>
> 对学龄前的感染者，对那些精神上有障碍不能控制自己的感染者，如有咬人行为的人，以及那些存在身体外露损害的感染者，应该有更多环境的限制，直到大多数人都懂得其传染途径。感染上 HTLV—Ⅲ/LAV 儿童的照顾与教育应该尽量减少其他儿童的血液和体液的暴露。

实际上，在 1986 年 3 月，美国儿科研究院发表内容相同的声明。同年 5 月，加利福尼亚州教育委员也发表了相同的声明。安置委员会在对赖安·托马斯的安置进行决定时参考了美国疾病中心的意见。

除了引用疾病控制中心的意见外，美国儿科研究所以及州教育委员都认为：并没有医学上的证据能说明 AIDS 病毒会通过咬人而传染。由疾病控制中心、美国儿科研究院、州教育委员会提出的信息与建议并没有引用这种医学上的证据，而且这些机构自身没有证明 AIDS 病毒能够通过咬人传播。

被告学区是依据 1973 年联邦康复法案第 503 条款接受联邦资金的一个单位。

赖安·托马斯是符合联邦康复法案第 504 条款的一个"残疾人"。

赖安·托马斯在其他方面也是符合康复法案第504条款的，因而有资格参加一个正常幼儿园的学习。被告没有足够的证据来说明赖安不能参加正常幼儿园学习，也没有足够的证明来说明赖安·托马斯会对他的同学和老师存在严重的威胁。

赖安·托马斯已经受到该学区不同于其他幼儿园学生的差别对待。并且由于他的残疾已经被开除出了幼儿园。

被告没有遵循相关的法律要求，特别是被告没有遵循以下要求：资金接受方应该考虑将残疾儿童安置在正常的班级中学习，除非有证据说明：即使有了额外的教育和服务，在正常班级中该小孩个别教育也不能达到令人满意的程度。

按照前面所讲述的，原告在道德价值上处于优势。赖安·托马斯已经因为被排除在校外而遭受了不可挽救的损害。原告也提出了更加严重的问题。

原告最后得到40 000美元的代理费和2 387.50美元的补偿费。

## 注释与问题

第27社区学校委员会诉纽约城市教育委员会（District 27 Community School Board v. Board of Education of the City of New York，502 N. Y. S. 2d 325，N. Y. Sup. Ct，1986）案，是类似于托马斯的另外一个裁决。在这个案例中，法庭认为，将感染有AIDS病毒的学生排除在校外既违背了康复法案的第504条款，而且违背了第十四修正案的平等保护条例。除裁决之外，法院还提供了AIDS流行病学的详细描述。同时参见马丁内斯诉希尔斯伯努县（Martinez v. School Board of Hillsborourh County，711 F. Supp. 1066，M. D. Fla. 1990）教育委员会。在这个案件中，一位患有能够接受训练的精神障碍学生被诊断感染AIDS病毒。该生能够控制自己不断吮指头的毛病，接受卫生方面的训练，适应在专门对训练精神障碍学生进行训练的班级中学习。在这个案例中，有几个因素影响了法院的裁决：(1) 早些时间，美国小儿科研究协会主张，那些不能控制自己身体行动的小孩应该被安置在一个更加受限制的环境中，现在美国小儿科研究协会改变这一项意见；(2) 如果小孩的医生认为小孩对其他人造成的危险可能性很低，那就没有必要事先将其与其他人进行隔离；(3) 在部分学生身上存在过问题行为，但家里已经采取了一些防卫措施作为与其他儿童接触的先决条件。

由于学生感染传染病病菌，学校试图将其排除出正常的学校教育并不是一个新的问题。确定这种做法的合法性，需要权衡被感染儿童的正当权益与他所构成的危险。排除儿童接受正常班级教育的决定必须依据合理的医学数据，不能仅仅是推测或恐怖。例如，联邦上诉法院认为：依据《职业康复法案》，不能因为智障儿童是肝炎携带者，就将其排除在正常的教育之外，这样的措施没有充足的理由。在这个案例中，如果儿童造成的危害健康的可能性很小，学校官方不应该将此作为一个证据而不允许其接受正常的教育。法院认为，对肝炎携带者的隔离必将产生更加有害的影响[见纽约州残疾儿童协会诉卡里(New York State Association for Retarded Children v. Carry，612 F. 2d 644 2nd Cir. 1979)案]。

学校也许会在某些运动项目上隔离残疾儿童以保证学生和他人的安全。决定是否应该在某些项目上进行隔离，需要平衡学生的合法利益和合适的学校秩序。例如，学生也许希望有一个充实的学校经历，或想得到学校运动奖的机会，但如果残疾儿童被允许参加这种学校运动的话，学校就有责任去保护该学生和其他同学的身体健康。

**克罗伯诉贝斯尔姆学区(Grube v. Bethlehem Area School Destrict)**

**美国宾夕法尼亚州东部地区法院**

**(United States District Court，Eastern District of Pennsylvania)**

**550 F. Supp. 418，1982**

海耶特(Huyett)地区法官：

摆在我面前的是原告请求颁布先行禁令的申请。为了申请获得批准，原告必须充分说明，如果先行禁令没有颁布，即时的、不可逆转的损害将会产生，而颁布禁令，将会产生相当明显的正面效应，同时，同意颁布禁令实质上并不会伤害其他团体，公众的利益也将呼唤颁布禁令。

原告的起诉提出了两个法律难题。第一，原告说明，理查德(Richard)已经受到了歧视，这违背了1973年的《职业康复法案》第504款。第二，原告说明，理查德被剥夺了第十四条修正案规定的平等保护权利。最初，在听证是否颁布禁令中，原告说明，其申请的主要法律依据是《职业康复法案》。我同意适用《职业康复法案》，并且考虑原告是否已经提供充分证据，表明颁布禁令的充分理由。

法案的第504条款这样描述道："在美国，任何符合条件的残疾个体不能因为其残疾而被排除参加任何受联邦资助的项目或活动，也不应该在这些活动中受到歧视。"在解释这一条款的时候，最高法院认为："符合条件"是指尽管是残疾，但他仍能符合一些项目或活动的要求。法院对此有如下解释：

> 第504条款并没有强迫教育机构去忽视残疾个体或特意为了残疾个体而修改一些活动项目。相反，仅仅要求是"符合条件"的残疾个体不会仅仅由于其残疾而被排除在接受联邦资助的一些活动项目之外。这表明了在一些情况下，不能仅仅因为是残疾而使其成为无能的理由。

三个下级法庭认为第504条款的含义与现在的案件很相似。在凯姆普亚诉尼奎斯特(Kampmeier v. Nyquist)案中，第二轮巡回上诉法院在审判中认为：案中原告申请法院颁布禁令禁止学校的规定，其目的是保护一只眼睛失明学生的利益，该生由于眼睛失明，学校禁止其参加一些体育活动。学校禁止学生参加活动是依据学校医生的建议。儿童引用反对学校医生观点的证据是模糊的。在涉及学校对校医观点的依赖性上，法院说明：原告出示了很少的证据(包括医学上的、统计学上的或其他方面的)来否定校医证据的合理性。在这个案件中平等是非常重要的，法庭认为：原告缺乏证据，严重妨碍了其申请。在现有的证据下，不能说学区缺乏行动的理由。

在普勒诉普兰弗尔德教育委员会（Poole v. Plainfield）案中，原告是一名只有一个肾的高中学生，没有资格参加学校摔跤队。在审讯中，被告建议法院拒绝原告的起诉，因为原告没有主要的相关依据，缺少对自身情形的基本判断。法院否定了被告的两种意见，因为审判中原告的意见表明，原告处于恢复之中。学校方面的医学主管认为，允许只有一个肾的小孩参加身体接触性的体育活动是不合适的。学生提供自己专家的建议来拒绝学校的这种考虑。法庭认为这很明显，学校方面的医生和学校自身都是在做哲学上的判断而不是医学上的判断。法庭表明：

> 教育委员会认为保护学生免受其自身和其父母的判断的伤害，是学校应尽的职责。教育委员会的决定是典型的越俎代庖。当父母亲不在的时候，学校系统应该代表父母亲，已经成为过去的传统了。最后，法院认为，一个无可争辩的事实是，理查德肾的损害有着严重的后果，同样，参加摔跤对理查德和其他摔跤队员同样可能产生严重的伤害。几乎每年都有这样的事情发生，一位或多位年轻的健康的学生在一些激烈的对抗性运动中死去。然而，第 504 条款的目的就是允许残疾个体和普通人一样正常地生活，而不是允许家长式的权威决定什么样的活动具有高度风险，残疾个体不应参加。

转到现在的案例，我很不情愿开始作这种分析，无可奈何地去干涉当地学校官方的一个好心好意的决定。我们公立学校的管理几乎总是留给作为学校服务对象的社区成员一些事情去做。如果原告仅仅凭借最终的平等保护来挑战学区的决定，我想所得到的结果可能就是不同的。然而，在这个案例中，我一定要支持议会的行为，特别为保护理查德和他所宣称的权利。

学区已经提出了两条实质性的理由来支持他们的行动。第一，依据拉弗兰金（LaFrankin）博士的观点，如果理查德再损害现在的肾的话，这个责任可能会强加给学区。这种顾虑也许会由于父母和儿童的同意而被消除，然而，真正的问题是，这种伤害所带来的危险是否已经足够重大，以至于关注理查德，将对学区的决定产生法律意义。学区的第二个具有法律意义的决定是确认风险的存在。学区的两个决定实际上关联。因此，我会统一地考虑两个问题。学区的第二个决定与理查德踢足球相关，关注理查德踢足球的原因是对其健康、安全、幸福的关心。这种顾虑是学区作了一个推测，理查德有可能失去他的第二个肾。

戴尔普(Delp)博士认为，咨询治疗理查德肾的医生对他的运动能力的观点，可能对处理本案有用。从这一点上，我认为戴尔普博士并没有考虑到他自己是否有资格去做这个决定。至少，他不应该对理查德的运动存在什么顾虑。兰拉特(Lennart)博士的信是模棱两可的。他 1982 年 8 月 16 日的那封信是最有启迪意义的，在那封信中他认为，决定理查德是否可以运动并不完全是医学上的问题。事实非常明显，兰拉特博士、戴尔普博士和赫尔姆勒(Hemmerlie)博士都没有理由来用医学上的评估来说明危险的存在。在谨慎的情况下，他们三个最后都得出结论，最安全的办法就是说理查德不能运动。我认为，三位博士的观点不能作为学区实质上的裁决依据，他们的观点缺乏医学上的根据。

根据莫耶博士(Moyer)的观点，即使收到由戴尔普博士和兰拉特博士签署的信件，并将信件作为裁决的一个理由，但信件不应该作为学区的一个证据来继续拒绝理查德参加体育活动。莫耶博士具有临床实践经验，并且进行了必要的研究，对理查德的肾的风险作了一个医学上的评估。其结论是：肾损害的风险是很小的，以至于不能根据医学上的原因来证明他不可以踢足球。本质上说，他的结论与兰拉特博士信件里的部分内容是一致的，就是理查德是否可以参加身体接触性体育活动并不是个医学上的问题。

理查德对球队的选择证明其符合踢足球的其他条件。由于以上的原因，被告排除理查德参加体育活动缺乏实质性的理由。因此，我认为原告充分说明了申请颁布法院禁令，禁止学校继续拒绝其参加体育活动。

相似情况在凯姆普亚(Kampmeier)和赖特(Wright)案中也存在。法院相信，两案中同样存在不可逆转的危害。在我面前的这个案例中，原告被剥夺了联邦立法所保障的一个重要权利，即使这种否决单独可以用钱来弥补的话，而由它产生的其他损害则不能用钱来弥补。理查德是一个预科学校主要的足球运动员，他希望可以通过他的足球才能获得进大学的资格。他的学习成绩一般，家庭经济状况很普通，这些状况使其足球表现成为进入大学的最为重要的有利因素。这种机会是否会实现主要看他高年级时参加球队的机会。如果他被否决参加球队，进大学的机会几乎就是不可能的。

最后，我得出结论，恢复原告运动权利，不会给被告和公众利益产生可能的伤害。理查德父母自愿为他们的决定负责。莫耶博士的观点是少有的可信的医学观点，这样的观点表明，理查德受伤的可能性及其对被告造成损害的可能性几乎为零。最终，在社会公共利益得到保障的同时，原告受到联邦宪法保障的权利也得到了保护。

### 注解与问题

联邦地区法院认为，州的运动联合会对患有类似于多恩(Down)的综合征的运动员的年龄限制违背了《职业康复法案》第504条款。另一方面，地区法院的裁决并不否认学生享有自动放弃的权利。多恩是一位19岁的学生，在运动会的游泳项目中一直处在最后，这种情形将会导致多恩失去参加这项活动的资格。在这一案件中，法院拒绝接受这样的观点，允许运动员弃权，将会产生一大堆新的放弃方面的申诉[见戴尼恩诉康涅狄格校际运动委员会(Denin v. Connecticut Interscholastic Athletic Conference, 913 F. Supp. 663, D. Conn. 1996)案]。

### (二) 雇员与《职业康复法案》第504条款

第504条款要求接受联邦资金资助的公共机构雇主对那些符合条

件的残疾职工做出合适的安置。提供合理的安置也就意味着在工作场所要建立物质上的设施，重新安排工作任务，以及进行其他一些方面的更改，使残疾职工能在应该有的位置上发挥作用，减少没有必要的工作限制。但这并不意味着雇主一定要容忍不合格的工作成绩，或者一定要雇佣那些对其他人可能有伤害的工人。

传染病，例如，肺结核的患者是否能适用于第504条款，美国最高法院强调了这个问题。在拿骚县学校委员会诉阿林(School Board of Nassau County v. Arline，480 U. S. 271，1987)案中，法院裁定：

> 由于身体损伤和传染病影响而歧视雇员，违背了第504条款的基本精神。第504条款确保了残疾个体不会被拒绝工作，或由于偏见的态度而被剥夺利益，或被他人所忽视。通过修订"残疾个体"这个条目的含义，它不仅包含着真正的身体上的残疾，而且包含那些被认为身体残疾的人群，这些人群的主要生命活动实际上都在受到限制。议会认为，社会上引起的对残疾和疾病的想象和恐怖就好像真正的身体上受到的伤害一样。在其他方面，人们很少会产生像对传染病那样的恐惧和误解。癫痫症和癌症患者这种没有传染性疾病的个体也会因为其他人不合理的恐惧和担心传染而受到歧视。法案使人们由对确实的或感觉上的残疾的反省变为依据医学上合理推论的行动。对"残疾个体"的定义是广泛的，但只有那些残疾而且符合评定条件的个体才能有资格得到救济。一些有传染病的人在某种条件下可能会对他人造成严重的健康危险，这个事实并不能证明，把那些真正的或潜在的传染病的个体全都排除在法案保护之外是合理的。这种排除会使那些被称为有传染病的人不再有机会在医学证据下得到合理的评估，也不会对他们其他条件是否合格而做出评定。更进一步地，他们可能会很容易地因为人们的想象而受到歧视。残疾个体面临的这种伤害正是法院努力避免的。

法院援引了一系列的经过审慎推敲确立的标准，用来评定一个残疾个体是否具备受雇条件。在提供了合理的设施的条件下，个体能否满足工作任务的所有需求，能否实际地完成工作，这些标准能够很好地评价残疾个体是否具有受雇条件。如果使雇主增加了不合理的资金或管理的负担，或对计划的本质要进行根本的改变，那么这种安置就是不合理的。

一位被诊断有AIDS病毒的老师宣称，学校将其重新分配在管理岗位上工作违背了第504条款。一联邦上诉法院在充分参考阿林(Arline)的案例裁决后，支持这位教师申请禁令，禁止学校将其分配从事管理，并恢复其班级教学岗位。法院指出：医学上的结论已经表明，该教师不存在传播疾病的任何危险。另外，法院认为，如果重新安排教师到管理岗位上工作，尽管没有金钱上的损失，却不能充分利用他的专业技能，并且在情感上和心理上对他产生了伤害。

州高级法院裁决支持解雇一位真正残疾和听力受到伤害的教师，因为有确凿的证据说明，该教师残疾和听力损伤已经影响到他的工作。案情同时表明，该教师在维持学生纪律方面存在问题，表现了明显的职业准备不足，没有确立合理的教育目标，危害了学生的利益和福利[见克拉克诉第412肖莱恩学区(Clark v. Shoreline School District No. 412, 720 P. 2d 793, Wash. 1986)案]。依据加利福尼亚地区上诉法院对龚扎勒兹诉加利福尼亚州人事委员会(Gonzale v. California State Personnel Board, 39 Cal. Rptr. 2d 282 Cal. App. 3d Dist. 1999)案的裁决，残疾人在职业中并不享有任何特殊的保护，如果残疾人士在工作中存在过错，并且这种过错并非其残疾直接导致的，那么，残疾人士将会由于自己的过错受到纪律处罚或解雇。

## 三、《美国残疾人法案》

1990年的《美国残疾人法案》被许多人认为是自1964年《民事权利法》诞生以来最彻底的反歧视性法案。尽管第504条款保护了残疾个体在接受联邦资金的机构中免受歧视，但残疾个体在其他许多重要生活领域都未得到保护。议会通过的《美国残疾人法案》，为残疾个体在就业、公共交通、电讯以及其他领域提供保护。《美国残疾人法案》的许多内容与第 504 条款相似，但比第 504 条款更加广泛，因为《美国残疾人法案》的通过依据是议会享有的实施第十四修正案和调整州际之间贸易权利。《美国残疾人法案》规定在公共和私人场所禁止对残疾人的歧视，而不论该场所是否接受联邦资金的资助。

《美国残疾人法案》第二条规定：在所有的州及地方政府的计划中都禁止对残疾人的歧视，包括公立学校。

与第 504 条款相似，《美国残疾人法案》这样宣布道：

不应该有任何一个残疾个体因其残疾的原因而被排斥获得服务、参加公共实体活动的权利，或因此而遭受歧视。

《美国残疾人法案》禁止因为残疾而受歧视，并且要求为残疾个体建立一些便利设施和其他一些合适的场所。尽管《美国残疾人法案》为残疾个体提供了重要的新的保护措施，特别是在私人领域内，但它在公立学校内的影响却不大。接受联邦资金资助的学校一般执行第 504 条款规定。

虽然如此，在有些情况下，《美国残疾人法案》也影响着学校的运作。例如，为使残疾个体能参加学校的活动，学校要为他们专门建一些公共设施，如运动场、会堂，以及其他没有障碍的设施。进一步说，学校里所有新的建筑必须符合美国残疾人法案规定的无障碍设施的要求。

# 第七章　学校财政与择校问题

本章主要是论述与财政有关的两个问题。第一部分从历史的角度对学校财政支持体系的合宪性与州学校财政计划的有效性进行讨论。这方面的诉讼始于 20 世纪 70 年代初，并且在许多州一直存在，持续发生。第二部分探讨由于家长为孩子选择适当的教育机会时，面临越来越多的选择，由此在各州引发的各种法律问题。

## 一、学校财政改革

### (一) 学校财政改革的背景

法院关于公立学校中的种族隔离问题的成功判决显示，司法部门将会处理立法和行政机关不愿涉及或不愿承认的一些问题。结果，许多人发现由于政府的作为或不作为，导致他们无法享有相应的权利，越来越多的人因而诉诸法律，要求得到相应的补偿。其中有一些人把教育机会均等问题带到法庭之上，在最早的案件中他们提出，许多州公立教育融资方法违反《平等权利条款》，侵犯了某些阶层的权利，因而是违宪的。

人们声称，由于各个学区可征财产税数量不同，因而，依靠当地财政收入支付公立学校的大部分财政预算是不公平的。因为财产税是最常见被用于当地教育的税，许多学校财政专家把学校体制的富有程度定义为可征税财产与学生数的比率。结果，一个“富足”的学校财政体制就是拥有足够的有价值的财产，包括许多工厂、公共设施或自然资源等可征税的财产，却没有多少接受教育的学生；相反，一个“贫穷”的教育制度则没有多少有价值的财产可供征税，却有许多要接受教育的孩子。如果一个学区内居民大体上都是拖后腿的人，这些人都有几个学龄孩子，就会有一个“贫穷”的学校体制。学区的财富建立在财产的基础之上，而不是收入的基础上。结果，学校体制贫穷与否和当地居民的收入可能有关，也可能没关系。

那些相信州公立学校融资方法不公平的人常常认为，比起贫穷的地区，富裕的地区能以更低的税率筹集到大量钱财。联邦准许州自主决定公立教育融资方法，这不论是对纳税人还是在贫困教育体制下接受教育服务的人来说都是不公平的。比如；假定一个州最富有学区的学生人均应税财产价值(学生数通常以平均每天的出席率，成员数，或全日为基础计算)是 80 万美元，而在最贫困学区，学生人均应税财产价值是 5 万美元。以每一密尔(相当于千分之一，也可表述对每价值 1 000 美元的财产征税 1 美元)的税收额征收，在最富有的学区每个学生将有 800 美元，而在最贫困学区每个学生则只有 50 美元。教育财政改革者们宣称，由于教育是州的责任，州实行的这种不均等的教育融资体系有利于富有学区的学生，却剥夺了贫困学区学生应享有的教育机会均等权利。

自最早诉诸法庭的教育财政案以来，人们已经提出了许多学校财政方面的问题。由于教育机会不均等而引发的问题一直受到法庭的极大关注，其产生原因有：各州范围的教育财政体制使得为教育提供资金成了地区财产的职能；备受争议的财政体制是否至少为每个孩子提供了基础的或适当的教育；地方政府的控制和责任极为重大；向法院起诉后如果法院可以对当事人给予救济的话，能在多大程度上给予救济等。随之引发各种不同的问题，牵涉甚广，包括地方负担过重和允许依法征税转移的作用，后者是指州政府把在“富有”地区征收到的过多收入分配到

“贫困”地区。本章将在学校财政改革一节中讨论法院对上述问题的处理。

## (二) 早期的判决

法院最早的相关裁决是麦克尼斯诉希皮罗和麦克尼斯诉奥基尔凡(McInnis v. Shapiro,293 F. Supp. 327，Ⅲ. 1968，aff'd sub nom. And McInnis v. Ogilvie,394 U. S. 322,1969)案,原告认为,伊利诺伊公立教育融资方法导致教育经费分配极为不均,理由是伊利诺伊州准许全州各地生均教育经费存在较大差异,并不根据学生的教育需求按比例分配教育基金。法院宣布,由于在审判中缺乏可操作的司法审查标准,这种问题基本不能判定对错,因而驳回这一起诉。法院坚持认为,统一全州生均教育经费,并以此为标准是不恰当的,法院没有能力为公立学校制定出一个公平的融资计划。在一个和麦克尼斯案类似的案件中,法院基本上得出同样的结论[见布鲁斯诉威尔克森(Burruss v. Wilkerson,310 F. Supp. 572,Va. 1969,aff'd mem. ,397. U. S. 44,1970)案]。

这些早期案子提出的问题显示,案例当事人缺乏必要的实证性数据,以清楚、准确地了解一个州的财政体系对教育的影响。除此之外,这些案例也揭示了其他方法论上的许多不足。比如：没有精确的测量技术,对教育目的,尤其是基础教育的构成没有一致的看法,缺乏有意义的因果分析,缺乏对教育需求的准确界定。人们很快发现,法庭显然很难处理这些过于抽象或概括的教育问题,只能要求有可量化的证据。

## (三) 财政中立

麦克尼斯和布鲁斯案原告的败诉,没有阻止其他关注教育财政改革的人继续在法律上对地区之间资源不均的攻击。加利福尼亚州瑟拉鲁(Serrano v. Priest,487 P. 2d 1241,Cal. 1971,Serrano Ⅰ)案为法庭提供了在审判上可操作的标准,这正是在麦克尼斯和布鲁斯案中缺乏的标准。本案中，原告试图证明，加州公共教育融资方法中承认不同学区用于教育的税收数存在很大差异，从而否认了学生依据美国宪法和加州宪法享有的受到平等保护的权利。

此外，原告声称，在这种教育财政体制下，贫困地区的父母要比许多其他地区纳税人付更高税率，才能给孩子提供和其他富裕地区同样的(甚至更少的)教育机会。在判决中，加州最高法院认为，教育是一个受宪法保护的基本权利，这种基于“财富”的教育财政体系让人怀疑是在实行一种阶层划分。法庭坚持认为，当涉及基本权利或疑似阶层划分时，州政府不但必须证实政府的重大利益是证明法律的合理性，而且必须能证明该法律衍生出的其他法律条款有助于实现该法律的目的。法院依据上述观点责令州政府承担举证责任。该案例中最重要的决定是，法庭建立了一个评估教育财政计划是否符合宪法的标准。在这一标准下，儿童教育质量好坏不能建立在儿童所在学区财富的基础上，而应建立在整个州财富的基础上，法庭称之为“财政中立”。与麦克尼斯案中“需求”标准形成对比，这一案例为法庭提供了在审判上可操作的标准。在本案中，法庭必须确认现在的教育财政体制违宪，并要求州政府承担建立一种人们可以接受的符合宪法的教育财政计划的职责。

瑟拉鲁案的裁决主张，州政府应当承担筹措教育经费的责任，有为教育融资的责任。无论是在州政府还是在地方学区最终控制学校财政的情形下，这一主张都已经成为学校财政决策中的中心议题。

### (四) 罗德里格利兹裁决

在批评现存各州教育财政体制的第一次浪潮中的加州瑟拉鲁案(Serrano Ⅰ)判决后，州和联邦法院受理了全美 36 个州大量的教育财政诉讼案。在其中许多诉讼案中，原告成功地在初等法院要求法院接受曾在瑟拉鲁案中采用的标准，调整财富不均状况。其中的圣安东尼奥独立学区诉罗德里格利兹(Rodrignez)案，为美国最高法院提供了处理这种问题的机会。

## 圣安东尼奥独立学区诉罗德里格利兹
## (San Antonio Independent School District v. Rodrignez)
## 联邦最高法院,1973
## (Supreme Court of the United States, 1973) 411 U.S.1

法官鲍威尔(Powel)陈述了法庭的观点:

本案的原告是在得克萨斯州圣安东尼奥市区的一个名叫爱德华德(Edgewood)的独立学区的一群学生家长。这些家长均是墨西哥裔美国人,他们代表少数种族群体学生或贫穷的居住在学校财产税收低的学区的学生提起集体诉讼,旨在促进得州改革公立学校的财政体系。诉讼始于 1968 年夏天,随后,1969 年 1 月,法院由三个法官组成了合议庭。合议庭于 1971 年 11 月作出判决。判决认为,得州实行的学校财政支持体系违反宪法第十四修正案中的平等保护条款,因而是违宪的。得州政府提起上诉。我们知道,摆在我们面前的是意义深远的合宪性问题。依据如下理由,我们否定了地区法院的判决。

得州在 1845 年加入美利坚合众国时颁布的第一部州宪法规定建立免费学校体系。21 世纪初,得州采取了地方教学区和州政府共同解决学校教育经费问题的双轨制。

若干年前,得州还基本像个大农村。其人口和财产的分布都相对均匀,但随着其经济的发展和发达,以及人口城镇化的日趋明显,可供各地学区征税的财产价值也出现了显著的差异,而且这种差异呈扩大化趋势。在这种情况下,位于各学区的商业和工业财产的数量在很大程度上决定了可供各学区征用的税收资源的总量。各学区间在人口和应税财产总量方面越来越大的差异致使各地教育经费水平呈现越来越明显的差距。

得州政府意识到,要减少各地的教育投入差距,适应得州民众不断变化的教育的要求,必须增加政府的财政投入。得州议会于 20 世纪 40 年代后期对公共教育系统进行了全面的评估,以期推出重大的改革措施，并发起了得州学校最低基金项目。今天，得州有近一半的教育经费是由该基金项目提供的。

该基金项目要求州政府和各学区共同集资成立一个专门负责提供教师工资、学校日常开支和事务费用的基金。该基金的80％经费是由州政府从财政收入中划拨的，另外20％由各学区共同提供。学区提供的部分，即所谓的基金地方配给，依据一个能反映学区税收能力的公式计算出学区应负担的基金数额，反映学区筹措教育经费的水平。

在本案中，与被上诉人所在的爱德华德独立教学区进行比较的对象始终是阿拉莫·海兹(Alamo Heights)独立学区。将圣安东尼奥地区最贫穷和最富裕的学区进行的这种比较，让人们明白双轨财政支持制度的运作方式，也让人们看到学区间存在何种程度的差异。尽管近年来，州政府为减少这种差异已作出相当的努力，但这种差异仍然是巨大的。爱德华德是位于市区的七个公立学区之一，其25所中、小学的在校生人数约为22 000人。该学区位于圣安东尼奥市的中心区域，旁边是个几乎没有商业和工业存在的居民区，附近的居民也主要是墨西哥裔美国人。学区内约90％的学生是墨西哥裔美国人，超过6％的学生是黑人。将该学区的所有财产除以学生总人数，则平均每名学生享有的可征税的财产价值为5 960美元，是市区各教学区中最低的。同时，该区家庭收入的中间值(4 686美元)也是最低的。按照市区最高的以财产公平税率1.05％计算，1967—1968学年中，除交纳最低基金项目下的基金地方配给费外，该教学区已对教育的投入为每生26美元。加上基金项目划拨的每生222美元的经费，州政府和地方的投入总额为每生248美元。再加上联邦基金所拨的每生108美元，该区教育经费为每生356美元。

阿拉莫·海兹是圣安东尼奥市最富有的学区，其下属拥有约5 000名在校生，六所学校位于一个居民区，但与爱德华德学区的情形大相径庭。阿拉莫·海兹学区的学生中大部分是当地的美国人，墨西哥裔美国学生和黑人学生分别只占总人数的18％和不到1％。如果将该区的财产分配到学生头上的话，每名学生享有的可征税财产超过49 000美元，且家庭收入的中间值为 8 001 美元。1967—1968 学年间，仅地方税一项（税率为 0.85%）就为每名学生提供了 333 美元的资金，当然不包括上交给基金项目的费用。加上基金项目划拨的 225 美元，该教学区的教育经费为每生 558 美元。再加上联邦政府给每名学生的 36 美元补贴，阿拉莫·海兹学区为每名学生提供的经费额为 594 美元。

尽管教育投入的各个细类及具体金额只在 1967—1968 学年的统计数据中有完整的体现，但那以后的一些零散的数据表明，州政府对教育投入逐年增长的趋势明显。1970—1971 学年间，学校基金项目划拨给爱德华德学区的资金为每生 356 美元。阿拉莫·海兹学区从该基金项目获得的资金也有类似的增长，1970—1971 学年为每生 491 美元。这些数据同时显示了两个学区需向基金项目缴纳的资金额度。阿拉莫·海兹学区由于相对富裕，所以基金项目要求其从地方财税中按每生约 100 美元的标准上缴教育费，约占到其从基金项目获得的资金总额的 20%。而爱德华德学区上缴的教育费为每生 8.46 美元，只约占其从基金项目获得的资金的 2.4%。事实似乎是，至少对于这两个学区而言，地方基金分配组织兼顾了每个学区大致的纳税潜能。

尽管近期教育经费有所上升，区法院发现学区间教育经费的实际差异在圣安东尼奥已然普遍存在，且同样在得州各地不同程度上存在。这种差异主要是由按地方财产征税的数目不同而产生的，并且导致地区法院裁定得州公立学校融资的双轨制违反平等保护条例。

首先，我们必须判定，得州公共教育融资体系是否不利于一些人心目中的贫困群体或等级，是否侵犯了宪法或明确或含蓄地所保护的个人基本权利。因此，需要进行严格而详细的司法检查。如果调查结果是肯定的，上级法院应当维持地区法院的判决；反之，我们必须审查得州公共教育融资体系，裁定该体系是否合理地促进一些州目标的合法性与清晰度，从而没有违反第十四修正案的平等保护条款，并构成有害的不公平待遇。

近来，地区法院在该案审理进程中发现，各学区因财富多寡而产生的差别对待，不同于迄今区法院看到的任何形式的由财富引起的差异待遇。其他一些法院曾经否定所在州的教育财政政策，但是，这些法院同样发现，今天学区之间由应税财产的差异而形成的差别，也不同于以往的情形。

该案没有明确描述社会等级分类的事实，也没有明确描述对现存的教育财政体制持反对态度的社会阶层。然而通过对地区法院所持的观点、原告的不满、案情的摘要、口头的争论中的论点的审查，人们可以看到，该案至少描述了得州教育融资体系中有以下至少三点可以被看作为歧视：(1) 歧视收入在贫困线以下或可能从事"贫穷者"才干的职业的"穷人"；(2) 歧视相对贫穷的人；(3) 歧视那些尽管个人收入不错却碰巧住在相对而言更贫穷的学区的人。我们的任务就是要查明，事实上得州教育融资体系是否确实存在上述歧视事项；如果确实存在歧视，是否应该质疑这种逐渐形成的分类方法。

该法院的先例给我们提供了一种良好的启发。上述各案件中受歧视的阶层中的个人或个人团体的特征是：由于贫困，虽然从州的教育财政体制获得了一些利益，却没有能力支付足以与富有的学区大致相当的全部税费。结果，他们无法获得期望得到的一些福利，一些对他们来说意义重大的机会也因此失去。

"被上诉人"认为得克萨斯州的学校财政体系不利于贫困阶层，歧视所谓穷人阶层，这一观点可能符合以往案例中设定的标准。但是，甚至只要粗略地审查就能发现，本案并不具有以财富为基础进行阶层划分的两个显著特征中的任何一个。

第一，被上诉人为支持其控告教育财政体系歧视被定为"穷人"阶层的诉状，没有说明这种体系尤其不利于被称为"穷人"的任何的阶层或收入在规定的贫困水平以下的人。实际上，有理由相信，那些最贫困的家庭不一定就住在最贫穷的地区。最近一次对康涅狄格州各学区的系统研究表明，"认为穷人住在穷学区，显然是错误的。……这样，瑟拉鲁案的重要前提假设——教育财政体系没有给'穷人'以公平的待遇——在康州明显是不对的”。对康州研究发现，把处于人口调查局规定的“贫困水平”以下的人称为“贫困”家庭，穷人住在工商业区，这些地区为学区提供了最可观的财产税收入，这是意料之中的事。我们不知道在得州会不会存在类似的情形，但是，在本案中假定最穷的人——依据经济收入水平而定——聚居在最贫穷的地区是毫无根据的。

第二，原告和区法院都没有审查这一事实，即个人缺乏资源并没有导致他们被剥夺了想要的全部利益，这与前述案件均不同。这里要说的不是在可征税财产价值相对较低地区孩子没有接受公立教育，而是和生活在有更多可征税财产地区的孩子相比，他们所接受教育的质量更低。除了关于教育质量是否可以取决于财富的多少这个备受争议却没得到解决的问题外，驳回被上诉人的法律依据，至少关于财产问题，第十四修正案并没有要求绝对平等，也没有明确规定利益平等。

鉴于以上两个原因，没有证据证明教育财政体系歧视任何意义上的所谓的“穷人”，也没有完全剥夺了穷人的受教育权。所谓对不利阶层的认定，传统上也没有可被接受的标准。

如上所说，被上诉人和地区法院可以采用另外两种处理该案例的方法。其中一种方法是确认建立在家庭收入基础上的相对歧视，原告设法证明各地区的家庭财产与该地区用于当地教育的费用相关。也就是说，家里越穷，孩子得到的教育费用越低。

由此得出另一种方法，即应该认定，对贫穷和富有进行分类的方法可以定义为地区财富歧视。由于相关证据只能证明地区财产和教育费用相关，因此，人们可以认为，即使歧视可能与地区的财产相关，却与贫困地区的居民个人收入无关。

总之，被上诉人请求法院对其所诉的这种歧视广大贫穷阶层学校的教育财政体系进行最全面细致的审查。上述阶层的人只是因为居住在应税财产相对少的地区而遭到歧视的。

无论怎样描述，很清楚，被上诉人向法院提出，对现存的教育财政体制进行彻底的司法审查，因为这一体制面向其声称的大批的、情形不同的和难以准确定义的阶层实行歧视，这些阶层的一个共性是居住于贫困学区，而这样的学区恰巧没有足够的应税财产。然而，被诉歧视贫困阶层的教育财政体系，及其规定的贫困阶级，并没有值得怀疑的传统上的存在标志，这样的阶层并没有被迫处于这样的不利境地，在历史上一直受到刻意的不公平的待遇，也没有沦落到没有任何政治地位的境地，以至于需要祈求主流政治程序的额外保护。

由此，我们可以得出这样的结论，得州的教育财政体系并非对这个实际上可能并不存在的阶级特别不利。但是，被上诉人认识到，联邦最高法院迄今为止从未承认单纯的基于贫富的起诉，可以促使法院行使严格的司法审查权，因此，被上诉人并不是仅仅基于此提出诉讼的。被上诉人同时提出，现存的教育财政体制令人无法接受地干预了公民享有的"基本权利"，而联邦最高法院的先例表明，如果公民的基本权利受到侵犯，将会启动严格的和规范的司法审查。现存的问题是，在宪法保护的权利和自由的意义上，教育是否属于近年来受到法院和评论家高度关注的基本权利。

本院现在的裁决在任何意义上并不贬抑一直以来对公立教育的支持。我们完全同意地区法院三位法官组成的合议庭的以下判决，即"教育对个人和社会的重大意义"不容置疑。虽然政府支持的公立教育很重要，但是，不能因为它重要，就依据第十四修正案平等保护条款将教育看成是司法审查的基本目的。

以保障人权平等的名义制定各项实体的宪法权利法规，不属于本法院的职权范围。在对教育与衣食住行的社会意义进行比较时，并不能发现教育和衣食住行一样也是必不可少的，也没有发现教育是否和履行的权利一样是必需的。实际上，评估教育的意义的关键是看宪法是否明示或暗示地将教育视为属于一项基本权利加以保障。

当然，教育不属于联邦宪法明确保护的权利之一。事实上，要说教育在现实生活中是被当作基本权利来保护的也没有根据。如前所述，仅凭教育无可置疑的重要性还不足以使法院超越一般标准审查一个国家的社会和经济立法。

然而,被上诉人提出,教育有别于国家提供的其他服务和福利,因为教育和受宪法保护的其他权利和自由关系密切。具体说来,被上诉人认为,教育本身是一项基本人权,因为教育对第一修正案中自由的实施及选举权的实行都是必不可少的。在坚持演讲和教育的关系时,被上诉人认为,除非演讲人能够清楚地、有说服力地把自己的思想表达出来,否则言论自由对他来说毫无意义。对缺乏基本沟通技能的人来说,“思想的集散地(marketplace)”只是一个空讲台而已。同样,被上诉人认为,当信息接受者还没有学会阅读、吸收和利用信息时,接受信息的权利也就没有意义了。

即使承认适量的教育是有效实施受宪法保护的任何权利的前提条件,我们也没有理由说,得州现有的教育经费水平导致教育不足。除非各州的教育财政体系导致孩子的教育机会完全被剥夺,否则,只是在教育经费多少有所差异的情形下,不管被上诉人的理由有多么充足,被上诉人都不能发现基本权利受到干预。显然,在本案中,我们没有理由指控得州的教育财政体系没有给每个孩子都提供教育机会,以致影响孩子们获得享有言论自由权利和参政所必需的基本技能。

此外,被上诉人的因果关系理论存在逻辑上的局限,让人费解。例如,教育如何有别于建立在温饱基础上的重要的个人合法权益。从经验中可能会得到这样的假设,吃不饱、穿不暖、住不好的人,在参与政治活动中很难发挥作用,他们也很难享受到第一修正案中规定的福利。

我们都认识到,本法院的法官缺乏关于筹集和分配公共收入的专业知识,也不熟悉当地的情况,而这对于作出正确的裁决是必不可少的。然而,我们却感受到强大的压力,要求政府改变现行教育财政体制,或是放弃财产税,而采用别的税种来投资教育。但是,迄今为止,国家没有设计出一种税,无论是针对财产征税、个人所得征税还是针对消费和服务征税,能够完全摆脱受歧视的影响。在这个复杂的环境中,没有完美的方案存在。因而,法院不应对现存的财政体制实施严格的司法审查,否则，全部地方财政体制都将在宪法的平等保护条款之下成为众矢之的。

本案除涉及财政政策外，还牵涉到教育政策中许多长期存在的和最难解决的问题。教育政策是本法院的又一个陌生的领域。由于缺乏专门知识和经验，也没有有经验的顾问，法院合理的选择是放弃对州和地方的决策进行过早的干预。教育也许比福利救济产生的问题更多，包括经济、社会甚至哲学上的无数难以解决的问题。州的公立学校体制的财政和管理问题非常复杂，这样的复杂性表明，人们可以用更多的符合宪法的方法解决问题，并且，在合理的范围内，“立法机关为解决问题付出的努力”应该得到尊重。现在，甚至在该领域中最基本的一些问题上，学者们和教育专家们都存有意见分歧。事实上，人们争论的主要原因之一是，教育费用和教育质量的相关在何种程度和意义上能够得到说明。在本案中，地区法院的所有推论与结论都是基于这种联系作出的。和费用与质量相关这一问题相联系的是，人们对公立教育系统的正确目标是什么认识不一，这同样是一个长期存在和没有解决的问题。至于州教育委员会和地方学校委员会最有效的关系是什么以及他们各自的责任和权限，这一问题现在也在重新讨论。虽然学者们目前热衷于讨论教育及其相关问题，但是，就连他们也不可能保证问题能得到彻底解决。在这种环境下，建议法官最好不要对这些州加以严格的法律限制，否则会阻碍研究和实验继续开展下去。这些对寻找教育问题的解决办法，对与不断变化的条件保持一致都十分重要。

基于上述考虑，我们认为不应对得州的公立学校财政体系进行严格的司法审查。

被上诉人进一步指出，得州的教育财政体系完全不符合宪法规定，因为该体系中允许依据“偶然情况”来确定哪些是当地应税资源。正如他们所说，他们认为一个教育财政体制不能因为政治上对边界的划分，以及有价值的工商财产的分布这些偶然因素而使教育质量上下波动。但是，对地方税收工作的任何安排——存在地方政府机构这一基本事实——都要求进行管辖区域划分，这种划分难免是主观的。同样不可避免的是，有些地区将会比别的地区有更多可征税财产。当地的财产也不会一成不变，地区的可征税财产的增减可能受到许多事情的影响，比如，工商企业正是受到公共的或私有的多种多样的影响才会设在某个地区。

另外，如果靠地方税收支付地方教育经费不符合宪法的规定，那么其他必需的服务费用也不应由地方税收承担，而大体上这些服务的费用一直来自地方财产税，包括地方警察、消防、公共卫生、医院以及多种多样的公共福利设施。我们没有理由跟着被上诉人痛斥地方财产税和地方管理工作。本院绝对没有权力基于居民所在地区财产的多少、不同地区居民的负担程度、不同地区享有的福利差异等因素，宣布全国地方公共服务的各种融资方法无效。

还要提醒一点，本案所诉的教育财政体系不光在得州存在，也不只存在于其他的某个州。从本质特点上讲，得州的公立教育财政计划反映了这样一个事实，这就是许多教育家半个世纪以来一直想找到一个高明的解决办法，但是，事实上并没有完善的解决方法。我们不想宣称自己比全国的立法者、学者和50个州教育行政部门高明多少，尤其是在如今当我们的提议和想法刚刚诞生、尚未接受检验的时候。

关于州税收和教育问题，让各州的立法者们去考虑、去发动重大变革吧。我们也不会袖手旁观，从而产生违背联邦制和三权分立原则的现象。不用说，本法院今天的诉讼不能看成是准许维持现状。税收体制显然需要改革，长久以来税收体制一直过多依靠地方财政税了。当然，对公立教育及其方法和资金都必须进行创新思考，确保教育质量更高，教育机会更均等。这些问题受到学者们的持续关注，实际上这些学者们通过提出异议已经对此作出一些贡献，但是最终还要靠立法者及其选举者对民主的强烈要求，问题才能最终得以解决。

本法院裁定，改变地区法院的裁决。

大法官道格拉斯和布鲁兰、怀特共同提出如下异议：

有人认为地方政策在整个政府的民主体系中占有重要地位，我完全赞同这种观点。很多事情可由地方政府去决策。假如得州对学校的财政支持体系在通过州政府拨款确保各教学区的最低教育经费的同时，允许各教学区采取别的方式来增加在校学生的人均教育经费，并能用增加的教育经费来改善教学的话，本案结果将有所不同。得州的教育财政体系应采取一种合理的明智的方式来实现这样的目标，在某个领域为地方政府保留决策权创新空间。

但得州教育财政体制目前存在的问题是，这一体制为诸如阿拉莫·海兹这样的较富的地区提供了从地方财政获取教育经费的方式，但却未为像爱德华德那样的财产税收入很低的地区提供任何此类方式。依据州政府规定，地方财产税是各州获取地方教育经费的惟一途径，而在上述地区，由于财产税相当低，所以州政府提供的从地方获取教育经费的方式在这些地区显然无法实行，也没什么意义。

如果州政府旨在将地方权利和自由放到最大，允许各地按其意愿从不动产税中提取教育经费的话，那么在财产税非常低的地区，州政府显然无法实现其目标，因为在财产税相当低的地区，学生家长（无论贫穷还是富裕）根本无法通过财产税来增加教育经费。如果（法院）只要求得州政府证明那种不公平的待遇是为实现一个合法的目的，而不要求得州政府证明其采用的用以实现该目的的方式是合理的话，那么我们讨论得州政府是否违反平等保护条款也毫无实际意义。我认为爱德华德及类似学区的学生和学生家长们遭受的歧视是违反平等保护条款的。

这当然并不是说地方控制和决策在学校财政体系中是非法的，也不意味着州政府就必须用州财政拨款的方式来保证对所有在校生的平等的财力支持；这也不说明——尽管大多数人如此认为——本院维持如下裁决，将会阻碍各州与时俱进地进行对解决教育问题至关重要的各种有益的研究和尝试。相反，它只是说，如果州政府在学校财政体系中需要各区的参与和控制的话，那么州政府必须建立一套合理的制度，以便实现各地方参与和控制的最大化，而不是建立一种在成文法中用一套与成文法的立法目的风马牛不相及的标准将人们分成不同的阶级，然后按阶级的不同而给予不同待遇的体制。

## 注释和问题

圣安东尼奥独立学区诉罗德里格利兹案最后以 5∶4 否定地区法院的裁决。持多数意见的除了大法官包威尔以外，还有合议庭伯格(Burger)，以及大法官斯迪沃特(Stewart)、布莱克姆(Blackmun)和兰奎斯特。除了认为得州对公立学校提供财政支持的方式符合宪法规定外，法院还认为，依据平等保护条款，教育并不是需要进行严格审查的基本权利之一。法庭同时得出结论，学校筹资改革需从州立法程序开始。

一些观察家已经指出，如果法院裁决认为公立学校学生享有平等的受教育机会是法律的强制性规定，那么就等于开了个口子，将引发全州范围内的其他政府服务，如警察和消防队的工作、娱乐设施及医疗保健等的各类诉讼。你认同这种说法吗？各州宪法要求政府承担提供受教育机会的责任的事实足以反驳这种观点吗？

尽管存在圣安东尼奥独立学区诉罗德里格利兹案这样的判例，位于路易斯安那州的原告在控诉路州的学校财政体系违反宪法第十四修正案的平等保护条款时试图证明路州与得州的情况不同。但是，联邦地区法院认为二者并无二致，所以驳回起诉[见斯卡拉特诉帕克(Scarnato v. Parker，415 F. Supp. 272，La. 1979，aff'd，430 U. S. 960，1977)案]。

E. 罗德里格利兹案之后的诉讼：

学校筹资改革运动的支持者认为罗德里格利兹案的裁决从根本上改变了联邦法院主审该类案件的局面。结果，他们将注意力转向了州法院，此外，大多数诉讼的诉讼请求都基于宪法的平等保护条款，要求政府“统一地”、“足够地”、“全面和有效地”支持公立教育。但是，由于各州宪法对相关权利的表述以及特定条款的差异，各州法院作出的判决也不尽相同。到目前为止，有近 80％的州存在此类诉讼，各州法院判决被诉学校筹资体系合法与违宪的案件大体相等。自罗德里格利兹案以来，此类诉讼一直波澜起伏。

1. 法院作出的认为州筹资体系合法的裁决

阿拉斯加、科罗拉多、佐治亚、爱达荷、伊利诺伊、缅因、马里兰、密歇根、明尼苏达、内布拉斯加、纽约、北卡罗来纳、俄克拉荷马、俄勒冈、宾夕法尼亚、罗德岛、南卡罗来纳、弗吉尼亚和威斯康星州的高级法院认为，州政府采取的支持公立教育的方式并无宪法意义上的缺陷。联邦上诉法院1987年曾判决路易斯安那州的筹资计划合法，认为州筹资体系合法的判决大多援引了罗德里格利兹案确认的法律原则。在这样的判决中，法院认为，教育毫无疑问是政府工作的重中之重。但是，这并不自然让受教育成为一种基本权利，从而需要采用更严格的司法审查标准来确定州政府的行为是否违反平等保护条款。从政治的角度说，公立教育只是又一种争夺有限资源的公共服务。上诉法院认为，这种问题应由立法者去权衡和解决，而不是由法官去解决。此外，那些认为现存的州筹资计划合法的裁决都非常认同地方对教育的控制。虽然在很多案件中法院发现各地区存在财富和开支的重大差异，但认为那不是违宪的。在有几个案例中，法院在意识到存在不平等后，主张州政府应确保每个孩子接受基础的或足够的教育。纽约州最高法院称，即使各学校体系间存在巨大的财富差异，原告并未能证明这种差异导致了处于较贫困地区的学生未能接受基础教育。有几个法院抱怨说，裁决这种案件，根本就没有司法上可操作的裁决标准。

尽管如此，认为州筹资系统合法的法院在其判决书中强调，如果需要改革的话，那也不是司法机关的事，而应由立法机关去处理。

法院早期处理的案例均在一定程度上主要涉及对依据学区财富征税违宪和在校学生人均经费差异违宪的指控。但多个法院也处理了一些新的问题，在纽约州，原告纽约市政府代表进行诉讼并提出“市区负担过重”的问题。所谓市区负担过重，是指市区的学校比非市区的学校的教育成本高。纽约市政府指出，这种负担过重就是一种会导致不平等的力量。更早的俄亥俄州高级法院的判决提到了几个新问题，这些新问题包括：(1) 在实行全面的高效的教育政策的各州，反对选举人控制税收制度;(2) 财富少的学区通常是低收入的学区,因此会形成更明显的阶层差异。俄亥俄州的原告还指出,财政能力不应仅指人均财产价值。在马里兰州,原告也试图在一方面将收入和财产间的相互关系作为起诉的基础;另一方面,他们试图向法院证明,宪法上要求"全面、高效"的教育就意味着不允许教育开支的巨大差异,尽管那些差异是由各地财富差异以外的因素导致的。

2. 要求改革的裁决

若干州的最高法院在其裁决中要求对筹资体系进行改革。在这些裁决中,法院一般认为,规范州和地方公共教育财政体制的法律违宪,且未能提供足够的受教育机会,或者认为依据学区财产征收财产税提供教育经费,运用这种方式筹措教育经费,一方面无法提供足够的平等的教育机会,另一方面却无法合理地解释教育机会不平等问题。在几个案例中,法院考察了以前的判决,或是依据先前的判决所进行的立法上的改革。这些所谓的改革包括亚拉巴马、亚利桑那、阿肯色、加利福尼亚、康涅狄格、堪萨斯、肯塔基、马萨诸塞、蒙大拿、新罕布什尔、新泽西、北达科他、俄亥俄、田纳西、得克萨斯、佛蒙特、华盛顿、西弗吉尼亚和怀俄明州的改革。

法院作出裁定,州筹资体系违法主要依靠几个法律原则。不同的法院有的判决依据学区财产征收财产税提供教育经费违宪,有的认为学生人均经费差异违宪,而有的法院则判决二者均违宪。裁决的法律依据则要么是平等保护条款,要么是各州宪法的相关规定。虽然这些法院实际上大多采用了"司法审查"原则来分析州的行为是否违反平等保护,但奇怪的是,这些法院同时宣称,被诉的筹资体系甚至连宽松一些的司法审查标准都没有达到。对于地方控制这一问题,这些判决大多认为,保留地方控制并没有什么不好,问题在于,因为整个筹资体系要求学校系统只管理州政府拨款的教育项目,所以导致了地方控制的失败。总的来说,这些判决中提到的最普遍的一个观点是,被诉筹资体系不合理。有几个法院的判决还要求从立法上重新确立分配州财政拨款的方式及各区从地方财政中获得经费的方式,以便消除或减少各区间的财富差距,从而消除或减少影响各学区间教育经费差异，或者减少学区筹措足够教育经费能力的因素。大约自20世纪80年代后期以来，相关诉讼从强调财富差距或消费差距转到了强调教育是否足够，教育质量和教育机会平等与否，这成为评价教育是否足够的关键因素。

诉讼在某些州仍在继续，但主要是原告不服判决提出的上诉和一些新的诉讼。州立法机关为配合法院判决进行了一些立法改革，新的诉讼便是针对这些改革的数量或质量提起的。迄今为止，各法院均坚持认为不平等的状况应得到纠正或改观。法院颁布的减少各种差异的标准也在后来的判决或执行中得到严格遵循。在新泽西州、得克萨斯州和康涅狄格州，长期以来的判例都涉及到原告对立法回应的不充分或不及时的指控。20世纪70年代，亚利桑那和得克萨斯州的法院作出的裁决，以及80年代俄亥俄州法院作出的裁决，均认为州政府实行的对公立教育的财政支持系统是合法的，但20年后的判决则认为这种体制违宪。在好几个州，基层法院作出判决后当事人没有上诉，所以对学校筹资体系的改革也是基于基层法院的判决进行的。在佐治亚州，尽管该州最高法院并未作出认为该州筹资体系违宪的判决，但该州立法机关依然进行了重大的立法改革。

肯塔基州高级法院裁决要求对该州的整个教育体系进行重大结构调整，该州法院在罗丝诉优质教育委员会案作出的判决，是迄今为止法院对类似诉讼作出的最激进的裁决。

**罗斯诉优质教育委员会**

**(Rose v. Council for Better Education)**

**肯塔基州最高法院，1989**

**(Supreme Court of Kentucky, 1989)**

**790S. W. 2d 186**

肯塔基州最高法院，1989年，合议庭庭长，大法官斯迪芬斯

(Stephens)陈述了法庭的如下观点：

在本案中，我们要裁决的问题是，肯塔基州州立法机关是否依据宪法规定，“在全州范围内为普通学校提供一套高效的运作和管理体系”。

我们的裁决是，立法机关没有做到这一点。但我们并无意批评现任及前任立法机关为此作出的大量的努力，我们也不想让法院的司法权力取代立法机关的权力，我们无意替立法机关作任何决定。我们只是在行使宪法赋予我们的权利，也是在履行宪法规定的义务。我们查阅了全部卷宗，核对了所有证据，依据宪法第 183 条，我们认为，非常明显，立法机关未能在全州范围内为普通学校提供一套高效的教育运作和管理体系，这也说明立法机关未尽责地履行其义务。总之，在我们看来，依据第 183 条的规定，肯塔基州普通学校现行的体系不是高效的。肯塔基州普通学校的体制是有宪法意义上的缺陷的。

在作出此裁决的过程中，我们充分意识到教育对我们国家和人民的重要性，尤其是对年轻人的重要意义。我们的宪法明文规定，本州的每一个孩子都应接受适当的和足够的教育，这种教育机会应由州立法机关通过立法提供。我们在作出这一裁决时对普通学校现存的体制适用了宪法第 183 条进行审查。我们所做的都是行使自己的权利和履行自己的义务，而不是做其他任何份外的事情。

原告在起诉状中指出，立法机关提供的学校财政体制不充分；过分强调学区委员会筹措资源，导致全州教育经费的不充足、不公平和不平等，从而使得全州的普通学校体系低效运作。这违反了肯塔基州宪法第 1 条、第 3 条和第 183 条，及联邦宪法第十四修正案的平等保护条款和正当法律程序条款。此外，原告起诉状还指出，依据第 183 条，肯塔基州的整个教育体系都不是高效的。

原告的诉讼请求是，宣告州的教育财政体制违宪；判决学校财政体制违宪和不充分；责令被告和公立学校督导机构进一步实施上述关于学校体系的成文法；责令州长向立法会建议依据上述宪法条款进行适当的立法；责令议会主席和参议会发言人向立法机关提交符合宪法精神的法律草案；责令立法机关通过立法建立一套“公正的完备的充足的学校筹资体系”，以便进一步建立起一套适用于普通学校的教育体制。

审判法官提出了四个问题：(1) 怎样给出肯州宪法第183条中的“有效的普通学校体制”一个准确的定义；(2) 依据宪法，受教育是否是一项基本权利；(3) 肯州现行普通学校的财政体制是否违反了第183条；(4) 所谓的“贫穷”学区的学生是否真的未受到法律的平等保护。

依据肯塔基州宪法精神，“高效的教育体制”是指一个“大体统一，教育经费资源基本平等，所有学生的受教育机会大体平等”的体制。高效一词也解释为教育系统必须是完备的和统一的。

依据第183条的文字表述，审判法官裁定受教育在肯塔基州是一项基本权利。

在裁决肯塔基州的教育财政体制是否违反宪法第183条时，审判法官指出，位于财产较少，因而依据财产征收学校税也较少的学区的学生得到的只是最低程度的受教育机会。显然比处于相对富裕的学区的学生获取的教育资源少。法官认为，这种基于家庭住址而实行的“不公正”的歧视是违宪的。审判法官由此裁定，被诉学校财政体制违反肯塔基州宪法第1条和第3条关于保护平等权利的规定。

审判法官做出如下书面裁决：(1) 肯塔基州的普通学校财政体制是违宪和带有歧视性的；(2) 依据肯塔基州宪法来判断，肯塔基州普通学校体系不是高效的。法院指出其会指定“一个优选的小的委员会”，来审查所有相关的数据并进行分析，并在咨询金融专家后提出一些“弥补现行财政体系的缺陷”的建议。

纵观肯塔基州学校财政支持体系的历史，人们会发现，每一个前进的步伐——为学区提供资金及为贫困的学区提供相同的财政支持，均伴随以一个后退的步伐。

毋庸置疑，州立法机关近年来为筹资改善肯州的教育状况并使各地的教学经费平等作了大量的工作。但是，我们必须明确，依据我们所掌握的卷宗和肯州宪法第183条，初审法院作出的州立法机关的努力未能在肯州建立起一套高效的普通学校系统的裁决是否正确。

本案的证据包括无数的证人证言，以及在初审庭审时出具的几份口头证据，和似乎没完没了的数据及报告。为了不使本陈述过于冗长，我们将不再过多地讨论那些证据。事实上，也无此必要。上诉人提供的证据主要说明以下几点，那就是肯州的普通学校系统不完备且资金不足；177 个地方学区充满了不平等和不公正；在几乎全美所有的有关教育绩效的考核指标中肯州均位于倒数 20%—25%之列；为各学区提供的受教育机会不统一。看过上诉人提供的证据，我们实在没有理由去反驳被上诉人提供的证据，因为被上诉人提供的证据完全包含了上诉人的证据。

尽管存在最低基金项目和权利平等项目，但各地依然在财政资源及对财政资源的分配方面存在巨大差异，结果导致肯州全州范围内受教育机会的不平等，各地方学区在学生人均应税财产方面存在巨大差异。即便是完全消除各地方学区的管理失误和浪费，目前的状况也无法得到较大改观。贫困地区的学校开设的课程，尤其是外语、科学、数学、音乐和艺术方面的课程和相对富裕地区的学校开设的课程存在较大差异。

贫困地区的学校的总体业绩考核分数也比较富地区的学校低。专家们明确表示，学校的业绩考核分数与该地区的财富多少有关系。在贫困地区，学生与教师的比例也相对较高，而且，肯州的人均收入很低，其给普通学校提供的学生人均财政经费就更低。

位于财产相对少的地区的学生接受的教育，比位于相对富裕的地区的学生接受的教育更不充足，质量更低。

肯州对小学和中学教育的投入，以及小学和中学的教学效果均在全国排名较后，这是不争的事实。在肯州，有 35%的成年人是未念完高中的。用应税财产来衡量，肯州 8%的地方教学区可被定为“贫穷”，另外有 20%的学区的财富低于全国平均水平，肯州 30%的学区属于“功能破产”。

关于教育绩效的证据是由被上诉人提供的，将肯州与其邻近的州——俄亥俄州……西弗吉尼亚州进行比较。比较的结果并没怎么改变肯州在全国的排名。

在生均支出方面，在八个州中肯州排名第六，在全国排名第四十。考察教师薪酬会发现，在邻近的八个州中，肯州教师报酬排名第六，在全国排名第三十七。教师报酬是全国平均水平的 84.68%，学生生均支出是全国平均水平的 78.20%。

分析学区依据财产征收的教育经费在全部教育经费中所占百分比，将会看到，肯州与邻近的州相比，财产税在学校支出中的百分比排名第七，在全国排名四十三。财产税在学校支出中所占的比例，全国平均水平是 30.1%，而肯州是 18.2%。如果需要进一步审视我们努力不足的证据，那么，看到只有 68.2%的 9 年级学生能够从高中毕业，与邻近的八个州相比，这一数字排名第七。在邻近的运用学术能力性向考试的六个州中，肯州高中学生的平均分是 18.1 分，在六个州中排名第四。肯州的师生比是 19∶2，这在邻近八个州中排名第七。当然，我们知道，上诉人在审判法院和上诉法院都申明，被上诉人运用的数据并不是目前的，而是 1987 年公布的 1986 年的数据。

在审判法院出庭作证的都是公认的初等教育和中等教育专家。证人无一例外地证实，贫穷学区和富裕学区的教师报酬、基本的教育设施、师生比、课程、教育管理质量、体育场地的规模、体育场地充分程度、体育场地条件、生均每年支出，所有这些方面都存在明显差异。肯州的孩子仅仅因为居住于富裕程度不同的地区，实际上获得的是极不平衡的教育机会。上述这些列出的项目如果不是全部，那么也是在很大程度上说明，贫穷学区的教育质量同样是低劣的。

人们是否会真的否认这些差异没有影响那些贫穷学区孩子的教育机会？提出这一问题本身就是回答这一问题。在本州，80%的贫穷学区的孩子所受的教育无法与 20%的富裕学区的孩子相比。

更为主要的是，大多数证人在庭审中证明，全州的教育机会不平等，缺少统一性，同时，无论是贫穷学区抑或是富裕学区的教育都存在不足。依据全国统一的标准，两类地区的教育体制都无法满足孩子们接受教育的需要。

无论什么人，在阅读这些记录时，在考虑律师和上诉人的观点时，都会发现，面对眼前的教育不平等和教育不统一，以及全肯州的教育绩效，没有证据或者主张能够有说服力。

在审判过程中，专家证词的一致性，加上进一步的数据，都在说明，在生均教育经费和学生所受的教育质量之间存在高度相关。就像我们在先前讨论肯州学校财政历史中所陈述的那样，我们的教育财政体制要求地方学区付出极大的努力才能维持。最少基金项目（Minimum Foundation Program, MFP）依据每天平均出勤率，无疑为地方学区提供了更多的经费，但是，这一项目的目的并不是纠正学区之间的不平等和不统一问题的。专家指出，权利平等项目（Power Equalization Program, PEP）虽然是一种好的想法，却缺少足够的资金运行。

地方学区委员会掌管的生均支出差异巨大，多达上千美元。在最富裕的学区和最贫穷的学区之间，生均经费分配高度悬殊。形象地说，地方学区的财政努力犹如一个高度复杂的谜。

上诉人指出，所谓自主税种至少是促进地方教育财政平等的一种途径，然而，人们很容易发现，这一途径面临两方面的困难：

第一，自主税种的来源非常有限。由于选民的抵制，89 个学区针对家庭毛收入征税，五个学区征收职业税，82 个学区还征收特别建筑税。这些税收通常只在一个特定的时候用于一个特定的项目，而无法对教师收入、教学设施，或者教育机会平等的具体需要产生影响。

第二，根据一些专家证人的证词，即使开征所有的自主税，仍然不能满足平衡学区之间差异的需要。因为学区的人口数量与可以征收的税额直接相关，全面开征所有的自主税，将会使教育平等问题由于人口之间的差异而更为严重。很明显，自主税并不是解决问题的方法，相反，却会导致生均经费的差异。

此外，由于 177 个学区的估计的可征税不动产和个人财产存在极大的差异，由于缺少统一的税率，由于学区征税的努力不仅不一致，而且付出动力的程度不足，教育机会平等问题变得特别突出。肯州教育财政的历史，以及庭审的发现，两者之间相互强化，非常充分地说明了肯州地方和州政府的教育投入明显不足。在这些证据面前，否定审判法院的裁定显然是吹毛求疵。

我们没有发现什么权威机构能够阻止审判法院指定特别委员会，以便给予审判咨询意见。同时，我们应该看到，尽管这个特别委员会的目的是令人钦佩的，尽管其工作卓越，但是，特别委员会的工作成果并不是形成司法裁决的工具。法官必须作出自己的判断，并且只能依据证据记录和先前的判例进行判断，法官不应将自己的权限转移给非司法人员或机构。因此，我们认定，指定特别委员会是不适当的，特别委员会开展反对教育委员会工作开支预算同样不适当。

我们仅仅依据肯塔基州宪法第 183 条裁定本案。我们发现没有必要在本案中讨论美国宪法或者美国权利法案规范下的任何问题。我们拒绝发布任何命令、禁令、处罚令或训令。

我们只对一个法律问题——仅仅一个法律问题作出裁决，那就是州的立法机关没有在全州建立一个富有效率的公共学校系统。

没有任何疑问，裁定的结果是，肯州的整个公共教育系统违宪。没有任何解释可以告诉人们，全部公立学校系统中只能部分无效，我们没有发现这样的情形。这一裁决适用于全部公立学校系统，这一系统的全部组成部分和各个环节。这一裁决适用于创立、资助和为公立学校系统提供设施的全部已经产生的法令。这一裁决适用于地方学区、学区委员会、肯塔基州教育部，以及最新建立的最少基金项目和平等权利项目。对学校建筑、维护、教师资格，乃至肯塔基州整个公共教育系统，本裁决都将适用。

在这里，虽然具体的个别的法规没有特别地被裁定、被指为或被确认违宪，但是，整个公立学校法规体系，以及其间的相互关系是违背肯塔基宪法的。就像一座学校建筑中的砖头和灰浆一样，在组成建筑物的一面墙壁时，同样也是整个建筑的一部分，因而我们也不能说，立法机关制定的一些具体的规范公立学校系统的法规没有违宪，而整个教育系统违宪。当即将倒塌的整个学校建筑需要重建，用于更有意义的目的时，其中的任何部分都必须重新设计。教育法规的各个组成部分也应该依据宪法重新设计，形成更为有效的宪法系统。

因为我们裁定并宣布肯塔基州的公立学校系统违宪，宪法的第183条规定，立法机关承担无可回避的义务去重建一个新的服务公众利益的公立学校系统。我们曾经说明，教育是本州全体儿童的一项基本的、实质的宪法权利。立法机关在履行自己的义务的过程中，应当以此为起点。新的公立学校系统应该是有效的。这样的标准将会贯穿于立法机关构建新的公立学校系统的全部过程之中。

我们已经强调，立法机关是承担重建新的公立学校系统义务的惟一机构。如果立法机关将这样的义务转移至其他机构，如地方学区委员会，立法机关必须建立一种机制，确保立法机关拥有重建公立学校系统的最终控制权，确保地方学区委员会将会富有效率地履行自己的义务。

立法机关必须为公立学校系统提供足够的经费。如何做到这一点，立法机关自行决定。如果立法机关将地方财产税用于重建新的公立学校系统的重建过程中，立法机关必须确保依法按照市场价格不动产税和个人财产税，并且确保税收足额用于公立学校系统的重建过程之中。此外，由于在目前公立学校系统下，不同学区的应税能力存在差异，立法机关必须制定一种统一的依据财产征收税费的税率。通过这样的方式，本州的全体不动产和个人财产所有者能够以可资比较的方式为公立学校系统尽力。

鉴于立法机关面临着巨大的制定公立学校法规体系的任务，鉴于我们懂得公立学校教育过程仍将持续，我们宣布，本裁定将于立法机关闭会90天后的新会期开始时生效。任何拖延都将受到拒绝。

## 注释与问题

对罗斯案的判决与以前关于学校财政方面的判决有很大不同。该案不仅拓宽了法院关于学校财政问题的审查范围，而且裁定州重组整个教育体系，这是前所未有的。

由于罗斯案的影响，在肯塔基州教育改革法案中包含了许多重要的改革举措，包括按照平等条款规定，投入贫富学区的教育资金数量要相等；全州的教育基金提高 60%；家长和教师委员会有权参与财政预算和教职员工的任免工作；所有 6—8 岁的儿童在同一教室上课，以及实施综合考试方案。考分是评定学校优劣的主要依据，如果分数提高那么教师就能得到奖金；如果分数下降，教师就得不到奖金。迄今为止，这些举措的影响很难一言论之。在州举行的考试中，四年级学生的成绩超出预定目标，在全国数学考试中，四年级和八年级学生的成绩也有所提高，在全国大学入学考试中成绩与往年持平，学生退学率也没有变化。有趣的是，在大多数考试中，贫困学区的学生与相对富裕学区学生的考试成绩差不多。

## 二、择校

父母应该享有更多的选择机会，使他们能为孩子选择适当的教育，是美国社会的一种观念。面对这样的观念，各州的反应并不相同，由此产生了一些法律问题。本节主要讨论这样一些法律问题。本节不打算专门讨论各州所谓的“教育选择方案”及其优缺点，而是要讲述以下三个问题：(1) 简述已经提出的种种早已过时的方案，这些方案感觉更像一种选择方式；(2) 探讨新兴的案例，讨论教育选择方案可能的法律意义，比如，是否符合联邦法、州宪法和其法律法规；(3) 由于教育选择方案依然是一种切实可行的学校改革手段，所以本节也为在课堂上讨论其概念和法律意义提供基础。

### (一) 各种选择方案

考虑到一些政治领导者持续对公立学校提出尖锐批评，普通民众、教育家和教育政策制定者们试图向政府官员们提供一些新的改革举措，这些改革不仅对教育有利，也有一定的政治吸引力。备受推崇的改革之一即是择校，用公费为受教育者提供更多的教育选择机会。许多州立法机构都实行了各种不同的选择政策，不幸的是，对于“选择”这一概念，并没有提出一个单一的定义和明晰的计划，在选择概念之下，汇集了五花八门的一系列的方案。反对者认为，各种选择方案违反了平等观念，而平等观念允许聪明的、不太聪明的、残疾人、有色人种、白人、富有的和贫穷的人都平等享有进同一所公立学校受教育的权利。这是一种“大熔炉”的观念，而这一平等观念受到择校计划的削弱。赞成者认为各种选择方案在教育中引入了消费者选择的概念，在公立学校中引入了必要的竞争意识，这将打破过去公立学校体制的官僚垄断。以下对已提出并付诸实施的各种选择方案做一简要概述。

1. 学区间和学区内的公立学校开放式入学方案

在这种思想指导下，只要学校有地方容纳新学生，并且没有造成种族隔离现象，学生就可以在本州任何学区选择任何学校。一般来说，联邦和州拨给学生的教育经费也会随之转到其所选的学校去。明尼苏达州是该择校方案的先驱，该州已经颁布法律，只要学校有地方，不存在种族隔离现象，家长就可以送孩子到自己选择的学区去上学，其他许多州也通过了类似的立法。

2. 学区的各种专门学校及各种方案

较大的学区试验了以下方案，即为学生提供到本施教区以外的学校上学的选择机会。这些计划可能也包含各种优质学校计划，这一计划试图达到反对种族隔离的目的，同时留住想退学的学生，或是为学习优秀的学生提供专门的培训项目。

优质学校通常更强调一门特色课程，如数学、科学、艺术或基础知识的教育。要进这些学校，不仅家长要去申请，学生还要能达到学校的标准。优质学校已经被看作在学校系统中取消种族隔离的重要手段，但不幸的是，在相对较大的学区中，其可行性受到限制，全国只有极少数学生能上优质学校。尽管最初开办这些学校并不是为了帮助消除种族隔离，但是在一些大城市中，这些专门为优秀学生开办的学校确实成功地起到消除种族隔离的作用。其中在全国有较大影响的有波士顿的拉丁文法学校，纽约的布隆克斯（Bronx）科学中学，旧金山的洛威尔（Lowell）中学。

微型学校（Minischools），即“校中校”，则是从优质学校演变而来，试图在某一学校中提供别的教育选择余地。这些学校通常针对残疾学生、孕妇、不守秩序的学生或为有其他特殊需求和特殊兴趣的学生专门提供特殊课程。

“多数到少数方案”意图寻找有助于消除种族歧视的方法，这些方案允许来自自己种族人口占多数学区的学生转到他们种族人口较少的学区去上学。要实施这些方案，关键是要提供必要的交通设施。

继续教育学校主要是针对中学中可能会退学的或已经退学的学生。这些学校的教学计划和课程常与传统的教学不同，也不在学校正规上课时间上课。

3. 教育券计划

20世纪60年代，美国经济学家、诺贝尔经济学奖获得者密尔顿·弗里德曼首次提出“教育券”的概念。他主张将政府的教育经费以“教育券”的形式发到学生家长手中，家长可以把教育券交给所选的学校冲抵全部或部分学费。他认为教育券是解决公立学校垄断的一种有效方法，扩大了家长为孩子选择教育的权利。贫困家庭有机会凭借教育券的资助送子女上优秀的私立学校。近年来，虽然这一方案的各种变体的出现使情况变得十分复杂，但是初衷并未改变，即提倡只要用于政府认可的“各项教育服务”上，学生家长就能领取可兑现的教育券，其价值相当于国家规定的年生均教育经费限额，交由选定的学校兑现。政府的作用在于确保学校至少要符合最低办学标准。后来有些地方认为教育券的面额要相当于接受公立学校教育所花费的费用。不管家长选择的学校是公立的还是私立的，所选学校都能兑现该教育券，从而为家长提供了选择权利。明尼苏达(1978)、加利福尼亚(1980 年和 2000 年)和密歇根(2000)的选举者们都赞成教育券计划,但该计划效果欠佳。1999 年,佛罗里达州首次在全州实施教育券计划,帮助孩子从较差的学校转到好的私立学校去,学生的家长抵消部分或全部学费,这一计划遭到起诉。教育券计划除受到了个别谨慎的口头支持外,并没有得到广泛认可。教育券计划没有被人们广泛接受,主要是担心公立学校的教育会变得困难,成了“垃圾倾倒场”,只能收到较差的学生,导致政府对私立学校控制的增加,引起宗教和州邦分离问题的争论,消除种族隔离和残疾学生教育将会受阻。一些城市在以不同形式来实行教育券计划。在一项小型教育券计划中,准许学生通常是高级初中的学生,购买居住区教育体系以外有限的特殊教育服务。

20 世纪 90 年代末,各法院审理了一些关于教育券、学费补偿计划和支付学费的税收信贷等案例。然而,其中的许多裁决涉及到教会问题与州政府问题的分离。在佛罗里达州的许多城市中,法院迄今为止审理关于教育券计划的案件主要是试图为在密尔沃基、克利夫兰及佛罗里达州各城市的较差学校中的大多数低收入家庭的学生提供教育券。

在一个州高级法院首例择校案,杰克逊诉本森(Jackson v. Benson 578, N. W. 2d 602 Wis. 1998, cert. denied 525 U. S. 997, 1998)案中,确认了旨在帮助低收入家庭儿童的密尔沃基家长择校计划(Milwaukee Parental Choice Program)。在该计划中,符合要求的适龄儿童应该是居住在密尔沃基,在公立学校或私立学校上三年幼儿园,家庭收入与计划规定的标准相符。这一计划包含一项“选择退出”(opt-out)规定,按“退出”规定,私立学校不得要求学生参加校内组织的宗教活动;家长有权选择送孩子到哪个学校去上学,如附近的公立学校,学区内的其他公立学校,专门学科的公立学校,非宗教性质的私立学校,或宗教学校(威斯康星州制定了生均补贴方案,依据这一方案,公共教育资助与学生直接挂钩)。本案的主要问题在于该计划是否违反了第一修正案宗教条款,因为家长可以用州政府给予的补助送孩子上私立宗教学校或私立非宗教学校，这一计划并没有规定私立学校如何使用州补贴。由于美国最高法院的五位现任法官已经对是否要继续使用教育券表示怀疑，最高法院在裁决中表示不愿意运用莱蒙测试(Lemon test)标准。然而，该庭在4∶2的裁决中强调，密尔沃基计划有世俗的立法目标，既没有促进也没有阻止宗教的发展，没有产生政府与宗教间过多的关联。关于密尔沃基家长择校计划违反第十四修正案的平等权利条款的问题，法院认为，该计划并没有种族歧视倾向，因而不予立案。最高法院认为，就表面判断，密尔沃基择校计划在种族问题上是中立的，学校选择学生时不能考虑种族，必须遵守反对种族歧视的法律法规。

俄亥俄州的高级法院在西蒙斯·哈瑞斯诉格飞(Simmons-Harris v. Goff, 711 N. E. 2d 203, Ohio, 1999)案中，审查了本州1995年的学校教育券计划。该计划是专门为在克利夫兰市教育质量差的学校中上学的低收入家庭的孩子而制定的。在判决中，该院基本上基于同杰克逊案中相同的推断，认为本教育券计划不违反第一修正案的条款。但是，该计划由于违反俄州的"单一主体"规则而被法院否决。"单一主体"规则规定，主要立法必须采用单一法案，因此法院裁定："将一种实体性计划置于一个总体上适宜的法案中违反了单一主体的规则。"

1999年重新制定的俄亥俄州教育券计划事实上包括了1995年被否决的教育券计划的全部内容。在西蒙斯·哈瑞斯诉泽尔曼案中，新的教育券计划受到质疑。关于实施莱蒙测试标准，法院认为教育券计划实际上具有政府资助学校对学生灌输宗教信仰的效应，从而促进了宗教事业的发展。法院发现，克利夫兰的学校82%以上都有礼拜行为，96%以上的学生都进了宗教学校。该院认为，俄州的教育券计划没有努力确保州教育补助金只用于世俗教育，而不用于宗教教育上。该院还指出，公立学校生均教育经费是7 097美元，但发放的教育券最多生均只有2 250美元，所以经济上难以吸引学区外的学校招收持券入学的学生。因此，该庭裁决如下：

> 教育券计划的效果完全与联邦最高法院的判例背道而驰。判例中要求州补助必须是中立的,所有合格学生都能得到;接受补助的家长可以选择用这些基金上世俗学校或是宗教学校;州补助计划不应鼓励人们优先选择宗教学校,而不选择世俗学校。所以,我们认为,教育券计划不应具有任何促进宗教事业的重要作用的事实或证据,不应违反第一修正案的宗教条款,不应支持宗教和宗教教育(p. 961)。

佛罗里达州是全美第一个实施教育券计划的州。在2000年的布锡诉霍尔姆斯(Bush v. Holmes)案中,该州的教育券计划被控违反州宪法。按照佛罗里达州的机会奖学金计划(Opportunity Scholarship Program),在校表现获"F"等级的学生有资格领取州教育券。本案最后上诉将由佛州最高法院审理,而不是由联邦最高法院审理,因为一审的裁决事关是否违反州宪法。

缅因州有一法规规定,如果学生所在社区因生源不足而没有开设公立学校,那么该州就会提供学费资助。根据该成文法规定,州直接拨款给私立的世俗学校,但不拨款给宗教学校。在斯特罗特诉阿尔本斯(Strout v. Albanese, 178 F. 3d 57 Me., 1999, cert. denied, 528 U. S. 931, 1999)和巴格莱诉瑞蒙德学校署(Bagley v. Raymond School Department, 728 A. 2d 127, Me., 1999)案中,送孩子到罗马天主教高中的家长们控告该学校学费计划不符合宪法。联邦和州法院都不接受家长的观点,认为该成文法没有违反平等权利条款和自由条款,而判定该法规不违反宪法。在奇汤登学区诉教育部(Chittenden Town School District v. Department of Education, 738 A. 2d 539, Vt. 1999, cert. denied, 528 U. S. 1066, 1999)案中,佛蒙特州最高法院认为,一个学区的中等教育学费补偿政策准许把学费付给宗教学校,这是不符合宪法的。佛蒙特州学费补偿计划可上溯到30年前,该计划为所在学区没有公立高中的学生提供上公立或私立高中的机会。该庭判决该政策违反州宪法的“强迫支持(compelled support)”条款，该条款禁止州干涉或控制别人的宗教信仰自由，也不准违反个人意愿，使其被迫参加或支持宗教礼拜活动。

回顾关于学校教育券的判决可以看出，州及联邦法院在判决时不太乐意采用莱蒙测试标准。法官们常常指出，最高法院的法官们也能就用莱蒙测验来判决教育券问题达成一致意见。不幸的是，环境如此不确定，以至于教育政策制定者们很难为选民们制定出一些有法律效力的政策来。考虑到该州教育券案件闹得满城风雨，如果州最高法院加入这场争辩并提供司法指导，应该会有用。

4. 特许学校

特许学校，在英格兰被称作“委托学校”。特许学校准许公众出资、社会实体办学，而不是校区委员会办学。办学者可能是教师、家长、博物馆和大学等公共团体，有时甚至是私人营利机构。特许状通常由当地学区委员会或州政府相关机构发放，期限为五年或五年以下，相应的办学者要承诺取得一定成效。这实际上允许有创新教育思想的个人或集体去实施他们的教育思想，而不会受到地方或州官僚的过分牵制。特许学校可以在常规上课时间以外授课，可以进行课程试验，可以专门采用特定的方式讲授，或是针对特定的听众或社区制定相应的教学计划。这类学校的成功取决于办学者承诺的兑现程度、家长满意度以及公众资金的投入量。自 1991 年明尼苏达州首次通过特许学校法到 1999 年，已在一半的州和哥伦比亚特区通过了多种形式的特许学校法。如果存在财务管理不善、歧视学生、违反州或联邦法律，或是没有实现在特许状中定下的目标，特许状可能就被取消。迄今为止，特许运动还未引起与教育券相关的政治辩论。1994 年，全美特许学校约有 100 所，1999 年约有1 700所，预计到 2002 年将有3 000所。

在蒲福县教育委员会诉灯塔特许学校委员会(Beaufort County Board of Education v. Lighthouse Charter School Committee，516 S. E. 2d 656，S. C. 1999)案中，南卡罗来纳州最高法院受理了一个县教育委员

会否决一个特许学校申请的案子。该庭认为该否决是正确的，并指出特许学校在健康、安全、公民权利和种族组成等方面的工作未达标。具体应达到的标准和要求是：适用与该校所在学区同样的标准，符合美国教育部门人权办公室关于新学校的设施要求；遵从地区志愿和反对种族歧视计划中的要求，确保特许学校入学学生中，不同种族学生人数比例的差异不超过本学区种族组成比率的10%。

在新泽西州，在依据恩格尔沃德特许学校许可条例（Grant of Charter School Application of Englewood）批准帕里撒德兹（Palisades）特许学校的申请（753 A. 2d 687，N. J. 2000）一案中，法院判定新泽西州的特许学校计划法案并不违反宪法。法院认为，立法机关把特许学校归入一系列公共教育实体中，这一做法是恰当的，只要根据宪法规定，就可要求这些特许学校提供令人满意的、全面有效的教育体系。法院宣称，在批准特许状的过程中，必须考虑送孩子到特许学校可能在当地造成的种族影响；必须有强有力的条款规定无种族歧视，随机录取学生以确保学生平等享有进特许学校的权利。地方学区委员会起诉特许学校在该地区造成不良的经济影响。他们断定必须付给特许学校当地生均税收预算的90%，这会给各个学区带来可怕的后果（根据这一法规，州长能把这一比率设得高于90%，或低于90%，但不能超过100%。）。法庭反对这一理由，认为准许开办特许学校，并不危害该地区为其余的学生提供全面有效的教育。

5. 私人承包者

在这种方式中，准许学校系统和私营公司签合同，由公司提供专门的教育服务，这些服务范围从提供外语教育到更广泛的诸如管理整个学校等。达到一定的教学效果是学校和私营公司合同的一部分。一些观察家想知道，当这些企业以营利为目的时会对学校的使命和运作有何影响。迄今为止，在大的市区中，试行私人管理还没有获得成功。哈特福德最大的私有化试验和巴尔的摩都在合同期满之前终止了合同。一个教师协会控告校委员会和一个私营公司签约，由该公司运作和管理学校。24位教师因为该合同而被暂时解雇。宾夕法尼亚最高法院认为，根据宾州公立学校法典，当地委员会签订这一合同是合法的[见威肯斯伯格学区诉威肯斯伯格教育协会(District of Wilkinsburg v. Wilkinsburg Education Association, 667 A. 2d 5, Pa. 1995)案]。

6. 学费税信贷计划

这项计划并非总被当作一项择校计划，但为学龄儿童家长提供学费税信贷的目的却是减轻家长送孩子到非公立学校上学的经济负担。根据学费税信贷计划，家长可以因支付公立或私立学校的学费或别的教育费用而要求从他们的州个人所得税报单的总收入中减少州个人所得税或申请税收信贷。各法庭不赞同这类计划，主要是因为教会和州政府相分离的问题。联邦最高法院在缪勒诉爱伦(Mueller v. Allen, 463 U. S. 388, 1983)案中裁定支持明尼苏达税收信贷计划。

亚利桑拿州最高法院确认了一项州法律，该法律准许纳税人从每年的纳税中支持私立学校最多500美元，支持公立学校最多200美元，然后以此为限请求税收信贷。该庭认为，税收信贷并不违反联邦宪法的设立条款，根据州宪法规定，这不是用公众的钱建立或资助宗教学校，所以不违反州宪法[见考德曼诉克林(Kotterman v. Killian, 972. 2d 606, Ariz. 1999, cert. denied, 528 U. S. 92, 1999)案]。

## (二) 法律意义

关于择校计划的一些法律问题直到最近才开始受理。迄今为止，美国最高法院还没有关于择校计划的裁决，只有一些州的高级法院和联邦上诉法院有一些判决。在这些案子中，提出了教会与州相分离、种族歧视等问题，但是，其他的法律问题也必然会出现。以下对关于各种择校计划的潜在法律问题作一简要探讨，旨在激发大家讨论，使学生有机会应用全文中出现的各种法律原理。

总体上对像优质学校等择校计划合法性的关注，包括对其是否符合联邦和州宪法规定的疑问，和指控这些计划违反平等保护条款等。按照择校计划,对被选者的分类是否合理,或者是否符合正当的国家目的,这一问题成为许多案子的中心问题。根据环境而制定的计划并非同样适用于所有处境相同的学生,以至于看起来似乎对那些不合格的学生或落选学生不公平。正如我们在第五章所看到的那样,一个州不能从事种族平衡活动,这是违反宪法的,尽管在教学上讲种族平衡有一定的道理,单一种族或性别的班级或学校不利于学生的发展,就像限制残疾学生的一样。

由于宗教学校已从公共资金的分配中获利匪浅,教会和州相分离的问题也成为许多择校判决中的主要问题。如第二章中所示,最高法院近几年来对此问题也表示出相当大的兴趣。现行的莱蒙测验标准规定,一个受争议的法规必须是,第一,有单一的立法目标;第二,其主要作用不能是促进或阻碍宗教事业;第三,不能促使政府或宗教过多地纠缠在一起。除非制定出新的测验标准,否则法院将必须根据被起诉的计划是否违反了李诉威斯曼(Lee v. Weisman)案中提出的莱蒙测验标准或上述三点作出裁决。如果学校有严格政策规定只准白人学生入学,只雇佣白人教员,并要求他们有坚定的宗教信仰,那么会使宗教学校接受持教育券入学的学生这一问题更加复杂化。毫无疑问,为不上公立学校的学生提供交通工具,这一长期存在的问题又会出现,尤其是为持教育券上宗教学校的学生提供交通工具时,问题更是不可避免。

会造成种族隔离的择校计划最易受到攻击。如果执行择校计划时,允许种族隔离再次发生,当然会被起诉。在有多种自发的择校计划和按法庭的命令严格遵守消除种族隔离指令的地方,对消除种族隔离无动于衷的择校计划通常也会遭到人们反对。

不难想象,如果更多的愿意学习的学生利用择校计划离开了原来的公立学校或学区,那么许多公立学校,甚至可能整个公立学区都变成了"垃圾场(dumping ground)",由此可能会出现许多法律难题。在此情况下,必须指出的是,正是由于择校计划,剩下的学生才会同样在法律上处于不利地位,这些剩下的学生有难以教育的、躁动不安的、不守纪律的、残疾的、少数民族的、捣乱的、不愿意做作业的、有学习障碍的等等。

许多可能受到法律法规管的学校财政问题也会出现。毫无疑问，主要问题是按学区内择校计划，教育基金会跟着学生走。虽然联邦、州和其他分类教育基金(categorical funds)跟着学生走，这一做法未必会遭异议，但是若地方基金(尤其是高消费地区的基金)、州均等基金跟着学生走，可能就会引起争议。另外，想到附近花费较低学区的学生，应给其哪些基金，以及如果转到一个花费较高的学区去，那么多花的钱由谁出。另外一个问题可能是，是不是所有的联邦、州和地方资金全都拨给上特许学校的学生。此外还要考虑交通问题。比如，接送学生的制度是否有责任把学生送到学区的边界(即离学生家最近的地方)，接着还有特许学校是否接受用作资金支出的钱。这可能也是个法律问题。

实施择校计划，也要求我们重新审视州体育协会的规章制度。早期一些证据显示，家长在作选择时，未必考虑到要让孩子到更好的学校或学区接受普通教育，而是因为学校更近，有更好的课外活动，程序更简单，或者只因为更方便。结果，准许学生择校成了激发体育运动的动力。在那些高度重视高中体育运动的州中，体育及其相关问题能引发大量的诉讼。

因为接受教育券的私人合同者和私立学校对其教育设施(软、硬件)、学生表现都做出了肯定的承诺，不兑现这些承诺将有可能被控做虚假广告及违约；私人合同者或私立学校提出破产申请，可能还会引出重要的法律问题。

学校财政相关案例一览①：

**Alabama**(亚拉巴马州)

Opinion of Justice, 624 So. 2d. 107(Ala. 1993).

**Alaska**(阿拉斯加州)

Matanuska-Sustina Borough School District v. State, 931 P. 2d

---

① 这些案例涉及各州学校财政和经费筹措的宪法意义。

391 (Alaska 1997).

**Arizona**(亚利桑那州)

Arizona Rosevelt Elementary School District No. 66 v. Bishop, 877 P. 2d 806 (Ariz. 1994).

Shofstall v. Hollins, 515 P. 2d 590(Ariz. 1973).

**Arkansas**(阿肯色州)

Dupree v. Alma School District No. 30, 651 S. W. 2d 90 (Ark. 1983).

**California**(加利福尼亚州)

Serrano v. Priest, 226 Cal. Rptr. 584 (1986) (Serrano Ⅲ); 557 P. 2d 929(Cal. 1976), cert. denied, 432 U. S. 907(1977) (Serrano Ⅱ); 487 P. 2d 1241 (Cal. 1971)(Serrano Ⅰ).

**Colorado**(科罗拉多州)

Lujan v. Colorado State Board of Education, 649 P. 2d 1005(Colo. 1982).

**Connecticut**(康涅狄格州)

Horton v. Meskill, 486 A. 2d 1099 (Conn. 1985) (Horton Ⅲ); 445 A. 2d 579 (Conn. 1982) (Horton Ⅱ); 376 A. 2d 359(Conn. 1977) (Horton Ⅰ).

**Florida**(佛罗里达州)

Coalition for Adequacy and Fairness in School Funding, Inc. v. Chiles, 680 So. 2d 400(Fla. 1996).

**Georgia**(佐治亚州)

McDaniel v. Thomas, 285 S. E. 2d 156(Ga. 1981).

**Idaho**(爱达荷州)

Idaho Schools for Equal Educational Opportunity v. Evans, 850 P. 2d 724(Idaho 1993).

Thompson v. Engelking, 537 P. 2d 635 (Idaho 1975).

**Illinois**（伊利诺伊州）

Committee for Educational Rights v. Degar, 672 N. E. 2d 1178(Ill. 1996).

Blasé v. Illinois, 302 N. E. 2d 46(Ill. 1973).

McInnis v. Shapiro, 293 F. Supp. 327(1968), aff'd sub nom. Meinnis v. Ogilvie, 394 U. S. 322(1969).

**Kansas**（堪萨斯州）

Unified School District No. 229 v. State, 885 P. 2d 1170(Kan. 1994), cert. denied, 515 U. S. 1144(1995).

**Kentucky**（肯塔基州）

Rose v. Council for Better Education, 790 S. W. 2d 186(Ky. 1989).

**Louisiana**（路易斯安那州）

Livingston School Board v. Louisiana State Board of Education, 830 F. 2d 563(5th Cir. 1987).

Scarnato v. Parker, 415 F. Supp. 272(1976), aff'd, 430 U. S. 961(1977).

**Maine**（缅因州）

School Administration District No. 1 v. Commissioner, Department of Education, 659 A. 2d 854(Me. 1995).

**Maryland**（马里兰州）

Hornbeck v. Somerset County Board of Education, 458 A. 2d 758(Md. 1983).

**Massachusetts**（马萨诸塞州）

McDuffy v. Secretary of the Executive Office of Education, 615 N. E. 2d 516(Mass. 1993).

**Michigan**（密歇根州）

East Jackson Public Schools v. Michigan, 348 N. W. 2d 303(Mich. App. 1984).

Milliken v. Green，212 N. W. 2d 711(Mich. 1973)(Governor Ⅱ)；203 N. W. 2d 457 (Mich. 1972)(Governor Ⅰ).

**Minnesota**(明尼苏达州)

Skeen v. State, 505 N. W. 2d 299(Minn. 1993).

Van Dusartz v. Hatfield，334 F. Supp. 870(1971).

**Montana**(蒙大拿州)

Helena Elementary School District No. 1 v. Montana，769 P. 2d. 684(Mont. 1989).

State ex rel. Woodahl v. Straub, 520 P. 2d 776(Mont. 1974).

**Nebraska**(内布拉斯加州)

Gould v. Orr，506 N. W. 2d 349(Neb. 1993).

**New Hampshire**(新罕布什尔州)

Claremont School District v. Governor，703 A. 2d 1353(N. H. 1997).

Claremont School District v. Governor, 635 A. 2d 1375(N. H. 1993).

**New Jersey**(新泽西州)

Abbott v. Burke，710 A. 2d 450(N. J. 1998)(Abbott V)；Abbott v. Burke，693 A. 2d 450 (N. J. 1997) (Abbott Ⅳ)；Abbott v. Burke，643 A. 2d 575(N. J. 1994)(Abbott Ⅲ)；Abbott v. Burke，575 A. 2d 359(N. J. 1990)(Abbott Ⅱ)；Abbott v. Burke，495 A. 2d 376(N. J. 1985)(Abbott Ⅰ).

Robinson v. Cahill，360 A. 2d 400(N. J. 1976)(Robinson Ⅱ).

Robinson v. Cahill，358 A. 2d 457(N. J. 1976)(Robinson Ⅰ)；Robinson v. Cahill，355 A. 2d 129(N. J. 1976)(Robinson Ⅴ)；351 A. 2d 713 (N. J. 1975)(Robinson Ⅳ)；335 A. 2d 6(N. J. 1975)(Robinson Ⅲ)；306 A. 2d 65(N. J. 1973)，cert. denied sub nom. Dickey v. Robinson, 414 U. S. 976(1973)( Robinson Ⅱ)；303 A. 2d 273(N. J.

1973)( Robinson Ⅰ).

**New York**(纽约州)

Reform Educational Financing Inequities Today v. Cuomo, 655 N.E. 2d 647(N. Y. 1995).

Board of Education, Levittown Union Free School District v. Nyquist, 439 N.E. 2d 359(N. Y. 1982), appeal dismissed, 459 U.S. 1139(1983).

**North Carolina**(北卡罗来纳州)

Leandro v. State, 488 S.E. 2d 249 (N.C. 1997).

Britt v. North Carolina State Board of Education, 357 S.E. 2d 432 (N.C. App.), appeal dismissed, 361 S.E. 2d 71(N.C. 1987).

**North Dakota**(北达科他州)

Bismarck Public School District No. 1 v. State, 511 N.W. 2d 247 (N.D. 1994).

**Ohio**(俄亥俄州)

DeRolph v. State, 728 N.E. 2d 993 (Ohio 2000)(DeRolph Ⅱ).

DeRolph v. State, 677 N.E. 2d 733 (Ohio 1997)(DeRolph Ⅰ).

**Oklahoma**(俄克拉何马州)

Fair School Finance Council of Oklahoma v. Oklahoma, 746 P. 2d 1135 (Okla. 1987).

**Oregon**(俄勒冈州)

Withers v. State, 891 P. 2d 675(Or. App. 1995), rev. denied, 896 P. 2d 1213(Or. 1995).

**Pennsylvania**(宾夕法尼亚州)

Bensalem School District v. Pennsylvania, 524 A. 2d 1027(Pa. Gommw. 1987).

**Rhode Island**(罗德岛州)

City of Pawtucket v. Sundlun, 662 A. 2d 40(R.I. 1995).

**South Carolina**（南卡罗来纳州）

South Carolina Richland County v. Campbell，364 S. E. 2d 470(S. C. 1988).

**Tennessee**（田纳西州）

Tennessee Small School System v. McWherter，894 S. W. 2d 734 (Tenn. 1995).

Tennessee Small School System v. McWherter，851 S. W. 2d 139 (Tenn. 1993).

**Texas**（得克萨斯州）

Edgewood Independent School District v. Meno，917 S. W. 2d 717 (Tex. 1995) (Edgewood Ⅴ).

Edgewood Independent School District v. Meno，893 S. W. 2d 450 (Tex. 1995) (Edgewood Ⅳ).

Carrollton-Farmers Branch Independent School District v. Edgewood Independent School District，826 S. W. 2d 489(Tex. 1992) (Edgewood Ⅲ).

Edgewood Independent School District v. Kirby，804 S. W. 2d 491 (Tex. 1991) (Edgewood Ⅱ).

Edgewood Independent School District v. Kirby，777 S. W. 2d 391 (Tex. 1989) (Edgewood Ⅰ).

**Vermont**（佛蒙特州）

Brigham v. State，692 A. 2d 384(Vt. 1997).

**Virginia**（弗吉尼亚州）

Scott v. Commonwealth，443 S. E. 2d 138(Va. 1994).

**Washington**（华盛顿州）

Seattle School District No. 1 of King County v. Washington，585 P. 2d. 71 (Wash. 1978).

**West Virginia**（西弗吉尼亚州）

State v. Chafin, 376 S. E. 2d 113(W. Va. 1988).

**Wisconsin**（威斯康星州）

Vincent v. Voight, 614 N. W. 2d 388(Wis. 2000).

**Wyoming**（怀俄明州）

Campbell County School District v. State, 907 P. 2d 1238 (Wyo. 1995).

# 第八章　教育者与学区责任

教育工作者经常关注的是在履行义务过程中可能出现的伤害，如果有这种情况出现，需要承担责任的程度怎样。在这方面，教育工作者主要关注这样一些事情，包括在学校或在学校管理过程中，学生出现伤亡时，学区、学校委员会成员、学校管理人员和教师可能要承担什么样的责任，教师或管理者因为对学生实施体罚导致学生受到伤害时需要承担什么样的责任；学区和管理人员、教师由于宪法赋予他们或她们的权利被剥夺究竟应该如何处理，学区和管理人员、教师如果渎职，应承担什么样的责任。

涉及这方面内容的法律称之为民事侵权法。所谓侵权行为，是指由于一个人的不正当行为导致他人遭受损失的民事过错。这部分法规关注的是由于个体有意或无意的行为对他人所造成的损失的赔偿问题。其中一些侵权行为也可能构成犯罪。如果构成犯罪的话，那么州的检察机关可能会对被指控的个人或团体提出起诉甚至处罚。民事侵权法是法律的一个特别分支，不懂法律的人常常认为它是非常晦涩难懂的。由于各州都有适用于本州的判例法以及宪法和法律规定的存在，对民事侵权行为法进行简单的概括是一件很困难的事，甚至可以说，几乎是不可能的事。因此，当我们在审查一个州的判例法时，将它放在该州的宪法和法律的大背景下考查是绝对必要的。由于这些制约因素的存在，本章的主要目的是简明地讨论一些普遍的法规规则和相关方面人士关心的主要问题。

## 一、学区豁免权

### （一）州法律规定的责任

在美国，有大约一半的州规定，学区、学校委员会成员及其雇员如果出现侵权行为，需要承担民事侵权行为责任，学区拥有政府赋予的或绝对的豁免权。政府豁免权的理论基础是，州政府及其机关是至高无上的，在未经同意的情况下，不能对其提起诉讼。这一理论是“国王不可能犯错”这一历史观念的延续。此外，这种理论也是为了保护政府机关有限的资源。特别是学区拥有的以备教育以外目的使用的资源通常是非常有限的，因此，不可能经常将其用于支付高额的法院诉讼费和损失赔偿费。绝对豁免权保护措施的使用，暗示了除非州法院或立法机构修改或者废除相关法律条款，否则，学区不可能由于民事侵权行为而被告上法庭。但是，许多法律方面的学者已经对此提出了批评，他们认为，绝对豁免权的存在，经常使得受到伤害的一方无法通过任何途径获得对自己所遭受的损失的赔偿。因此，美国大约有 30 个州实际上已经废除或修改了政府豁免权，从而也导致了这些州的侵权责任结构发生了相当大的变化。

关于豁免权的使用，在州与州之间有所差异。在仍然保留自主豁免权的大多数州，允许有限责任的存在，并且为此修改了法规条款，特别是在发生校车事故这一方面，具有过失行为的一方需要承担一定的责任。虽然这些州大多允许学区在不放弃豁免权的同时购买责任保险，但有些州还是声称，购买保险将会在保险保护的基础上构成对豁免权的放弃。

个体的责任在州之间也有所改变。一般地，学校委员会成员或其他官员可能会由于所谓的管理的不正当履行而承担个人责任；但是，他们很少由于行使自由裁量权而承担责任。行政的职责被界定为处理与政策执行有关的事务的职责，而这些政策与以自由裁量行为为表现的政策的简单和系统的陈述是相对照的。如果要求一位学校官员，在没有既定的或具体的指导标准的情况下去决定或做一件事，那么他的行为就具有自由裁量的作用。对自由裁量行为的保护是出于鼓励政府做出符合政府目的的决定；而行政决定包括了较少的自由裁定和裁决，因而所需要的保护和豁免权也较小。在涉及到学校的决定上，法院已意识到确保学校官员自由和独立的决策是一项不可或缺的公共利益。

从历史上看，学区豁免权不保护单个学校雇员免于承担民事侵权行为的责任。然而，现在的许多州已重新考虑这种观念，认为单个学校雇员是最不能在法庭上为自己辩护的。例如，在佐治亚州，豁免权的范围已经扩大到学校校长及任课教师身上[参见亨尼西诉韦伯（Hennessy v. Webb，264 S. E. 2d 878，1980）案和特吕拉夫诉威尔逊（Truelove v. Wilson，285 S. E. 2d 556，Ga. 1981）案]。

## (二) 联邦法律规定的责任

### 1. 1983 年美国法典 42 条规定的责任

美国 1871 年颁布的《民权法》其中的一节指出了如果州工作人员在侵犯了他人的民事权利时应负的法律责任。法律明文规定：

> 每个人，无论是以什么法规、法令、条例或惯例的名义，无论他是哪一个州、准州（指尚未正式成立，但拥有立法机构的地区）或哥伦比亚特区的人，总之，任何一个美国公民或法律权限范围内的任何人，都应因为剥夺宪法和法律保护的人的权利、特权或豁免权，而在法律诉讼中、衡平法诉讼中或者其他补救诉讼中，向受害一方作出赔偿……1983 年美国法典 42 条。

尽管近100年来，这条法律没有得到多少司法关注，但是，近来国家最高法院的若干判决已经表明了学区和学校官员在这条法律之下，如果侵犯他人权利，需要承担的赔偿责任以及赔偿程度。1983年的伍德诉斯特里克兰（Wood v. Strickland）案提出了宪法框架下的学校委员会成员的责任豁免权这一争论的要点，而凯里诉皮弗斯（Carey v. Piphus）案明确了在此法律下损害赔偿的构成和前提条件。

**伍德诉斯特里克兰**
**（Wood v. Strickland）**
**美国最高法院，1975**
**（Supreme Court of the United States，1975）**
**420 U. S. 308**

法官怀特先生陈述了法庭的观点：

被告佩吉·斯特里克兰（Peggy Strickland）和弗吉尼亚·克雷恩（Virginia Crain）向法院提起上诉，指控原告——此案发生时正担任教育委员会委员的几位成员、两名学校行政管理人员和米纳·哈克特别学区（School District of Mena Ark），声称他们的诉讼是依据1983年美国法典42条提出的。他们说明，依据州法，原告以他们违反了禁止在校内或学校活动中使用或持有烈性饮料这条规定为由，将他们从米纳公立中学开除，侵犯了联邦宪法赋予他们的正当程序权利。依据法律，他们要求原告承担所有损害性的以及惩罚性的赔偿金，允许被告重新回到学校，阻止原告借开除之名对他们施加任何制裁，以及禁止原告实施这种有争议的规章制度，宣布这条规定在宪法上无效，并删除他们被开除的记录。

被告因为违反了禁止在校内或学校活动中使用或持有烈性饮料这条校规而被起诉，这种烈性饮料是一种添加了酒精的混合酒。事情发生于一次聚会，而这次聚会是由有家长和学生参加的一个学校课外组织组织的。案件发生时，被告都是 16 岁的十年级学生。相关的事实披露，在原计划中，会议并没有准备混合酒召开此次会议。事情的开始是女孩们发现会议所需的饮料并未按原计划备妥，于是她们一致赞同在里面添加些含酒精的饮料。由于学校所在的县是禁酒的，所以被告和另一名女同学驱车通过州界到了俄克拉何马州，买了 2 瓶 12 盎司好时运品牌的麦芽酒，然后，她们又买了 6 瓶 10 盎司的软饮料，并且将这 8 瓶混合后倒入一个空牛奶盒中，返回了学校。在开会之前，虽然这群女同学对她们的恶作剧思虑再三，但那时，她们已被对事情的好奇所吸收而不能自控，并且其他的同学也阻止她们喝光这些违法的混合酒。会议上供应这些混合酒，也没有产生什么明显的反应。十天后，负责此次课外团体活动和会议的柯蒂斯·鲍威尔(Curtis Powel)老师，在听到一些关于买酒的言论后，就此询问了她们。一开始她们否认，但当柯蒂斯·鲍威尔老师说她可能亲自处理此事后，女生承认了。然而，第二天，鲍威尔老师告诉她们这件事正逐渐成为学校中谈论的焦点，并且 P. T. 沃勒(P. T. Waller)校长也很可能听说了。鲍威尔老师又告诉她们，虽然自己可能被解雇，但她不会逼迫她们向P. T. 沃勒校长承认她们所做之事。然而，如果她们不去向校长汇报，并且此事被"歪曲"了，她将不能帮助她们。然后，这三名女学生便向 P. T. 沃勒校长承认了她们在这件事中所扮演的角色。学校暂令她们停学两个星期，以等待学校(地方)教育委员会的决定。P. T. 沃勒校长也告知她们，委员会将在晚上开会，并且她们也可以将开会之事告诉其父母，但是她们的父母不能与任何一位委员会成员接触。

这三名女学生及她们的父母都没有参加那天晚上的学校委员会的会议。柯蒂斯·鲍威尔老师和 P. T. 沃勒校长在作了关于此事的报告后，都建议从轻处理。正在此时，学校的主管 S. L. 英洛(S. L. Inlow)接到了鲍威尔老师的丈夫，也是该中学的一名教师的一个电话，鲍威尔老师的丈夫说他听说卷入此事的那三名女学生在那天晚上的足球比赛中与人斗殴。英洛主管向大会通报了这条信息，虽然他并未提卷入此事的学生的名字，但随后柯蒂斯·鲍威尔老师和P.T.沃勒校长撤销了宽大处理此事的建议，并且委员会投票表决通过，在本学期余下的、长达约三个月的时间里，对这三名学生作出停学处罚。

后来，委员会同意就此事再召开一次会议，并且此次会议大约与第一次会议相隔两星期。这些学生，她们的父母以及她们的律师全都参加了这次会议。委员会首先宣读了根据调查所得的关于此事的书面报告。这些女学生承认在饮料里面掺入了麦芽酒，其目的是让酒性烈一些，但同时请委员会放弃如此长时间停学的处罚决定。柯蒂斯·鲍威尔老师和P.T.沃勒校长都没有参加这次会议。委员会投票后仍然维持以前的处罚决定，即在本学期余下的三个月时间里停学。

* * *

作为学校委员会成员的原告坚持认为他们有1983年法典条款规定的完全的豁免权，以及至少拒绝地方法院判决的权利。如果他们是正确的，并且地区法院否决开除的判决，那么他们也没有必要作进一步的处理。豁免权问题涉及到联邦法律的实施，在尚未就法典构建的问题达成一致之前，本法院的裁决涉及到一些可能不明确的法律问题的处理。关于豁免权的观点，本法院基本上维持上诉法院的立场。

依据1983年法典条款规定，学校委员会成员享有的免除损害赔偿的豁免权的本质没有受到任何责疑，对此地区法院的意见是一致的。地区法院普遍接受善意豁免权的存在。但是地区法院或者强调善意豁免的不同组成因素，或者没有给出达到善意标准的具体的内容。

* * *

我们以前的判决中承认的一般法律传统和一些重大的公共政策原因也导致了1983年法典条款的解释具体适用到学校委员会成员合格的善意豁免权，这样的豁免权免除了赔偿金责任。在学生被开除或暂时停课的情况下，虽然对于公立学校官员的一般法律豁免权有不同的侧重点和解释，但是，一般地，州法院意识到了在州的法律里应该保护这些官员免受民事侵权行为的责任，只要他们的行为是出于完全的善意，以及采取一些无恶意的行为去实现他们正式的责任。

学校决策者在行使自由裁量权行为的过程中，一些行为可能在事后发现侵害了学生宪法权利，并且这种侵害是可补偿的，如果学校决策者需要为此承担损害赔偿责任，这种负担将是不公正的。其他的责任还有，地方教育委员会成员必须判定是否有学校规章制度被违反，如果有，就要给予适当的制裁。在这种情况下，拒绝任何程度的豁免权将可能不利于作出原则性的或无后顾之忧的决定，而只会使这种违规现象更加严重。因过错而带来的经济赔偿负担，虽然根据当时各方面的条件，这样的负担很可能是合情合理的，但毫无疑问的是，它阻碍了有责任心的学校决策者去独立地、强有力地作出决定，并且从某种程度上说，也阻碍了他们最好地为学校和学生的长远利益服务。如果地方教育委员会委员的候选人身上有沉重的私人债务，而他们将来在教育委员会任职可能会帮他们大捞一把的话，即使是最有能力胜任的候选人也会被阻止谋此职位。

毫无疑问，这些考虑对州法院发展有限豁免权方面起了重要作用，免除不合适地开除学生的行为责任这样的豁免权，使学校官员免于承担那些由于不合理的对学生实施停课或开除处罚而产生的赔偿金。但是，必须明确的是，在这种习惯法的发展过程中，隐含着这样一个判断，即绝对的豁免权通常会走向反面，因为绝对豁免权不能十分有力地提高学校官员果断地行使他们自由裁量权的能力，相反，会使学校官员认为，即使是不合理地剥夺学生的权利，也可以不采取补救措施。

*　　*　　*

上诉法院与区法院在此案中关于豁免权的标准的分歧在于，怎样判断善意的“客观的”标准与“主观的”标准。众所周知，正确的标准必须包含客观和主观两个方面的要素。行政人员自身必须诚实行事，并且坚信他所做的是正确的。但是，管理人员不应由于自身受到授权管理学生日常生活，因而可以无视已经制定的法律的存在，或者忽略自己的职责，对侵犯学生宪法权利的行为不加任何修正和补偿，这样的情形无异于恶意侵犯学生宪法权利。任何一个诉讼中侵犯学生宪法权利的行为，必须具备一定的条件，才能享有1983年法典条款解释所规定的豁免权。这样的标准就是，管理人员必须是主动承担管理学校日常运作和学生日常活动职责的学校委员会成员，其行为本身具有良好的和人们愿意接受的意图，同时，管理人员应当知道使自己的行为与宪法保障的权利一致。这样的标准没有给承担着那些需要智慧和决断的公共职务的人士增加额外的负担，同时，也没有导致基于人权价值的法律体系的瓦解。任何对这样的标准的弱化，都会否定1983年法典解释的重大意义。因此，在学校纪律的特殊背景下，我们认为一名学校（地方教育）委员会成员在1983年法典条款解释下，如果他知道，或者从理论上应该知道，他在行政职责范围内所做的事情将会侵犯联邦宪法赋予学生的权利，或者他恶意做的事剥夺了宪法赋予学生的权利，或给学生造成了其他的伤害，不能免除损害赔偿的责任。只有当地方教育委员会成员的行为怀有不被容许的目的，或者无视学生清晰的确定的宪法的权利，以至于无法赋予其善意的特征时，判罚赔偿金才是合理的。

依据上述标准，诉讼中的事实证据对被告不利，在这样的情况下，上诉法院的相反判决是无远见的。需要说明的是，联邦法院没有义务撤消法院认为缺少智慧和同情心的学校管理者的决策。公立中学的学生在校时，实际地拥有独立存在的和程序上的权利。但是，1983年法典条款并没有赋予联邦法院重新审理清楚易辨的学校管教事件或者合适的规章保障的权利。现在，不断发展的美国公共教育系统需要依赖学校管理人员和地方教育委员会成员的判断力。并且1983年法典解释也没有被预定成为联邦法院纠正学校管理人员行为的工具，因为这些行为没有违反明确的宪法保障的权利。

* * *

上诉法院的判决被取消，此案仍维持原判，并发回地区法院作进一步的处理。特此判决。

法官鲍威尔先生，与首席大法官布莱克门(Blackmun)先生以及法官伦奎斯特先生一起出席了审理，对此是部分赞同部分反对。

我参加了上诉法庭第一、第三、第四阶段的审理，并赞同上诉法院的判决应予取消并将此案发回下级法院做进一步处理。我不同意第二部分的内容，因为，在 1983 年法典条款下，这一部分内容似乎强加给了公立学校管理人员到目前为止更高的标准。

这一部分内容将人为的责任强加到每位官员身上，即使他尽职尽责甚至最大忠诚地做事，但事后，发现他所做之事"忽视了……规定的、无可争辩的法律"。或者，一方面，法院也考虑了这种情况，另一方面，学校官员坚持一定的行为准则，该准则不但以忠诚为基础，"而且以对基本的、明确的宪法赋予的控告权的理解"为基础。而且，很明显的是，忽视法律等同于"实际上的蓄意犯罪"。这种近乎苛刻的、需要理解"规定的、明确的法律"的基本特征的标准，对有限豁免权的原则来说，没有留下什么实质性的内容。法院的判决似乎依赖的是一种没有根据的假设，即不懂法的学校官员知道或可能知道法律和宪法的权利。现在，这些官员将会冒着一定的风险做事，而随后发现对业已生效的法律的忠诚和信仰是错误的，甚至因此可能被起诉。

法院用以下两个含义模糊的短语陈述了需要理解的标准，"固定的、不容质疑的法律"和"毫无争议的宪法权利"。虽然这两个词对宪法学学者来说都难以理解，更不用说对于普通的学校(地方)教育委员会成员了，但可能二者是同一个意思。一个人仅仅需要注意法院的判决——与我们相反的，变化中的和受重视的判决，以及注意到的分歧——去认识含义复杂的关于什么是"毫无争议的宪法权利"的这一问题。

*　　*　　*

在美国，有 20 000 个(学校)地方教育委员会，每个委员会由 5 名甚至更多的成员组成，以及数千名学校主管和校长。大多数的委员会成员是从代表整个州的人民中民主选举产生的，他们对于法律的制定没有完全的决定权。没有哪个城市和县为学校委员会成员的服务提供任何补偿，因此，通常很难劝说那些合适的人选去挑起我们社会中的这副重担。再者，完全可以认定的是，即使律师可以为他们辩护，也很少有地方教育委员会成员和学校官员能够通过便捷的途径接触到律师，或者真正认为有必要为了那些公立学校运转过程中必须做出的数不清的决策而去请教律师。

鉴于现今的判决极大地增加了个人责任的可能性，因此，有人一定会怀疑是否还会有大量的合适人选继续自愿服务于公立教育。

## 注释与问题

虽然伍德案特别提到了学校委员会成员的责任，但是，该判决对其他学校的雇员有暗示作用。法院的推理也会适用于其他学校官员，对像管理者和基层行政人员这样的学校官员适用吗？

伍德案的主要观点认为，学校校长对于宪法的无知是不可原谅的。反对者所提出的伍德案的标准太苛刻，会将委员会成员置于后来的法庭或陪审团的诉讼这样的危险中，而且“某些法官和陪审员后来发现委员会成员良好诚信可以通过法律解释，你认为这种标准错吗？”……

在斯图尔特诉鲍德温县教育委员会(Stewart v. Baldwin County Board of Education, 908F. 2d 1499, 11th Cir. 1990)一案中，伍德案被用来作为引证，在该案中，法院认为学校委员会没有有限的豁免权或准司法性的绝对豁免权。这场争议起于一名维修工人所谓的不当的离场，他离开了学区召开的一场会议，以表示对即将到来的税收公民投票的不满。法院坚持认为，下班后，离开这样的会议明显是宪法第一修正案赋予的权利。

虽然后来最高法院并没有专门针对教育问题的判决，但它仍然宣布了1983年宪法解释条款下的政府豁免权的观点。在莫内尔诉纽约社会服务部(Monell v. Department of Social Services of City of New York, 436 U. S. 658, 1978)案中，法院裁决认为，在1983年条款下，学区是可以起诉的“法人”。此外，法院坚持认为：

> ……1983 年法典规定，地方政府不会因由其雇员或代理人单独造成的损害而被起诉。取而代之的是，依据 1983 年法典条款解释，只有在执行政府政策或惯例时造成了损害，作为实体的政府才需承担责任，而且无论执行者是该政府的立法者，还是那些可能会被说成是代表了官方政策的法令、法案的制定者。

莫内尔案裁决撤销了一个更早的判决，即门罗诉佩普（Monroe v. Pape，365 U. S. 167，1961）案。莫内尔案裁决坚持认为，1983 年法典规定政府主体有绝对的豁免权。在另一个判例的裁决中，即欧文诉独立城（Owen v. City of Independence，445 U. S. 622，1980）案宣布撤销警察局长的职务，法院坚持认为：

> ……没有给予市政府豁免权的传统，并且历史与政策都不支持 1983 年法典条款可以用来豁免政府的责任。……在 1983 年法典条款规定下，作为一种免除政府责任的手段，市政府可以不用证明其官员或其代理人的忠诚。

在哈洛诉菲茨杰拉德（Harlow v. Fitzgerald，457 U. S. 800，1982）案中，法院通过废除所谓的主观测试，从而扩大了政府官员的豁免权。在法院的裁决下，行使自由裁量权的政府官员通常受到保护，免受一定程度上的民事损害责任，只要他们的行为没有侵害“明显规定的”法令的或宪法保障的权利，而这些权利是一个懂理的人本来就应该知道的。在安德森诉克赖顿（Anderson v. Creightonk，483 U. S. 635，1987）案中，本案的裁决进一步扩大了政府官员的豁免权。

在梅因诉蒂博托（Maine v. Thiboutot，448 U. S. 1，1980）案中，法院的裁决表明，依据 1983 年法典条款，违反联邦法令和法典条款而承担民事赔偿的潜在责任区扩大了。此外，法庭裁决，在 1983 年联邦法院法典之前发生的诉讼，政府没有必要对一些行政损害的民事责任承担无止境的补偿责任[见帕齐诉佛罗里达州大学董事会(Patsy v. Regents,457 U.S. 496,1982)案]。

## 凯里诉皮弗斯
## (Carey v. Piphus)
## 美国最高法院,1978
## (Supreme Court of the United States,1978)
## 435 U.S. 247

法官鲍威尔先生陈述了法庭的观点：

在这个依据1983年法典第42条解释提起的诉讼案件中,我们考虑了恢复那些因为没有经过正当的程序就被勒令从公立初等和中等学校停学而受到伤害的学生正当权利的基本要素和前提条件。第七巡回上诉法院坚持认为,即使对学生暂令停学被证明是合适的,甚至即使学生无法证明自己的权利事实上受到损害的起因是学校违反了正当程序,学生也有恢复其根本的不可剥夺的权利的机会。我们不同意,我们认为,如果没有充分的证据证明事实上受到的损害,学生仅仅有恢复其名誉损害的权利。

原告贾瑞斯·皮弗斯(Jarius Piphus)是1973—1974年度芝加哥职业高中的一年级学生。1974年1月23日,在校内时间里,校长看见皮弗斯与另外一名学生在教室之外传递一支形状不规则的香烟,当校长不动声色地靠近他们时,闻到大麻的烟味。后来,皮弗斯把一包烟纸递给另一名学生。当他们发现校长时,便把烟扔进了旁边的树丛中。

校长把他们俩带到学生纪律办公室,指示副校长对于他们违反禁止吸毒的校规的行为,给予20天的停学处分。这两名学生抗议说他们并没有抽大麻,但他们的抗议未被理会。皮弗斯当天被允许留在校内但不能上课。副校长尽力与皮弗斯的母亲联系,但没有联系上。

停学通知后来寄给了皮弗斯的母亲。几天后,学校官员召集了皮弗斯、他的母亲、他的姐姐以及法律事务所的律师开了两次会。会议的目的不是在于证明皮弗斯是否抽了大麻，而是在于解释给予皮弗斯停学处分的原因。但两次会议都未得出令双方满意的结果。于是，皮弗斯和他的母亲——他的监护人，以 1983 年法典第 42 条规定为依据，向联邦区法院提起诉讼，认为学校对皮弗斯的停学处分缺少正当的程序，违背了宪法第十四修正案。原告要求给予公开道歉和 3 000 美元的事实性、惩罚性赔偿。皮弗斯在停学八天后被重新送回学校接受暂时监护。

原告赛拉斯·布里斯科(Silas Brisco)在 1973—1974 年度是芝加哥克拉克·巴顿(Clara Barton)小学六年级的一名学生。1973 年 9 月 11 日，布里斯科来校时戴着一只耳环。在以前的学校年会上，校长曾经颁布了一条规则，禁止男学生佩戴耳环，因为他认为这种习惯是街上小混混的标志，从而增加了社会上团伙成员恐吓其他学生的可能性。布里斯科触犯了这条规定，但是他拒绝摘下耳环，认为耳环是黑人群体的一个标志，而非帮派成员的标志。

副校长找布里斯科的母亲谈了一次话，并告诉她如果布里斯科不摘去耳环便会给予他 20 天的停学处分。由于布里斯科的母亲支持儿子的做法，学校便给予了布里斯科 20 天的停学处分。布里斯科和他的母亲——其监护人向联邦区法院提起诉讼，认为学校对布里斯科的停学处罚缺少正当的法律程序，违背了宪法第十四修正案，并要求给予公正性或指令性的补救和 5 000 美元的事实性、惩罚性的赔偿。在此期间，事件未得到解决，在强制令下，布里斯科在停学 17 天后重新回到了学校。

1983 年美国法典第 42 条和 1979 年州法典，根源于 1871 年民权法的第一条，其中指出：

> 每个人，无论是以什么法规、法令、条例或惯例的名义，无论他是哪一个州、准州(指尚未正式成立的，但拥有立法机构的地区)或哥伦比亚特区的人，总之，任何一个美国公民或法律权限范围内的任何人，都应因为剥夺宪法和法律保护的他人的权利、特权或者豁

免权，而在法律诉讼中衡平法诉讼中或者其他补救诉讼中，向受害一方作出赔偿。

1983年法典条款的背景表明，其目的是“建立一系列的民事侵权行为责任”，以救济那些被剥夺宪法“权利、特权或豁免权”的人们。

*　　*　　*

到目前为止，原告坚持认为，宪法权利受到损害的人们应当得到赔偿，而这是1983年法典条款的目的。由于坚持这一点，原告的辩词更具有说服力。宪法权利和其他权利并不是存在于真空中的。法律的目的是保护人们特殊的利益免受损害，这些受保护的利益便构成了法律条文的基本框架。

我们法律体系中损害赔偿的概念反映了合法权利的观点。“在英美法系中，损害赔偿的基本原则和赔偿受伤害的原则，是指被告违反义务造成原告的损害后进行，对原告实施的补偿。”法院已经基本确认，这一原则适用于1983年法典条款规范的损害宪法权利的行为。法院指出：“宪法权利受到侵犯，并且导致损害，应当得到赔偿[见伍德诉斯特里克兰(Wood v. Strickland)案]。”

制定1983年法典条款的国会议员没有直接谈论赔偿问题，但是，1871年国会的许多律师们都知道损害赔偿原则，依据这样的原则，法定权利受到侵犯并造成损害，应当给予赔偿。这样的传统实际上在1983年法典条款中得到再现。1871年民权法案的另外两部分综合了这一原则。在这样的背景下，没有理由赋予1983年法典条款另外的含义。在一定程度上，国会以为1983年法典条款中的赔偿原则，将会吓阻侵犯他人宪法权利的行为，事实同样说明，1983年法典条款发挥的作用正在于此。

从1983年法典条款中推引损害赔偿原则的裁定，比起将这一原则适用到具体的案件要容易。尽管如此，几个世纪以来，为贯彻这一原则，一般的民事侵权行为法已形成了一套规则。由于这些规则界定了伤害的基本要素和赔偿的前提条件，从而也为根据 1983 年法典条款适用赔偿提供了适当的出发点。然而，一般的民事侵权行为法中损害赔偿原则，能否为适用 1983 年法典条款下的案例提供周全的解决纠纷的方案，这一点还不清楚。在一些案例中，一般民事侵权行为法的一个特殊分支所保护的利益可能与特殊的宪法权利所保护的利益一致。在这样的案例中，直接运用民事侵权行为赔偿金的规则到 1983 年法典条款中的一些行为可能是合适的。在其他的案例中，特别是宪法权利所保护的利益与类似的一般民事侵权行为法的分支所保护的利益不一致。在那些案例中，采用习惯法赔偿条款去解决宪法权利受到侵犯而引起的损害，并提供公平的赔偿就相对困难了。

虽然实施法典条款内含的损害赔偿原则是一件非常棘手的事情——正如此案所证明的那样——但它必须得到理解。如果仅仅因为一般法律没有确认某些类型的侵权行为应当获得赔偿，从而导致宪法权利受到损害而无法获得赔偿，那么，1983 年法典条款的目的便无法实现。为了更进一步地贯彻 1983 年法典条款，使特殊权利得到保护，应该制定一些关于剥夺宪法权利所引起的损害赔偿的规则——这正如通过保护不同民事侵权行为的利益，从而界定一般法律赔偿的规则一样。

*　　*　　*

即使被告的怀疑被证明是合理的，甚至即使他们并没有遭受任何其他实质性的损害，但剥夺了其正当的程序权利的事实仍存在。“不管最终审讯的结果怎样，只要使第十四修正案中关于重大财产利益应得到程序上保护的规定生效就足够了。”

普通法法院已经有通过给予少量的金钱赔偿来保护某些“绝对”的、抽象的但受到侵犯的权利，并形成一种传统，即使这些权利没有引起实质性的损害。法律规定，一些抽象权利能够通过具体的行为表现出来，当这些权利受到侵犯并导致损害时，无需借助具体的事实证明，而只需依据列举的具体行为证据，就能够确定赔偿。基于这样的原理，法律使人们认识到，这些抽象权利在社会中具有极为重要的意义。同时，法律确认，那些受到实质性损害的权利，应该受到处罚性的赔偿，只有如此，才能吓阻恶意侵犯他人权利的行为。

正当程序权利是“绝对的”，遵守正当程序这样的权利对社会组织的正常运行具有重大意义。在这个意义上说，即使诉讼过程中的主体没有明确主张，程序权利同样应当受到保护。我们主张，损害正当的程序就应该给予赔偿，即使没有实质性损害，也应当给予名义上的赔偿。因此，即使地区法院相信被告的停学处罚决定是恰当的，但是，在重审本案时，应该裁定被告承担侵犯程序权利的赔偿责任，虽然这样的责任可能只是名义上的和微不足道的。

否决上诉法院裁决，此案需要送回重新审理。

特此裁决。

2. 1972 年教育法修正案第九条规定的损害赔偿

美国联邦最高法院在富兰克林诉格温纳特县教育委员会（Franklin v. Gwinnett County Schools，503 U. S. 60，1992）一案中，一致通过了一项裁决，在出现有意图的性骚扰时，依据教育法案第九条修正案规定，裁定侵权赔偿。在此案件中，一名教师多次对其学生进行性骚扰。虽然管理者知道这件事，但他们并没有采取任何行为来制止。本案裁决确立了在涉及到教师对学生进行骚扰的案件中，学区应该依据第九条款承担损害赔偿责任。自富兰克林一案以来，最高法院又有两个判决，即吉布舍诉拉戈·维斯塔独立学区（Gebser v. Lago Vista Independent School District，524 U. S. 274，1998）案和戴维斯诉门罗县教育委员会（Davis v. Monroe，526 U. S. 629，1999）案，更加充分地界定了当教师对学生及学生之间发生性骚扰时学区的责任。

**a. 教师对学生的骚扰**

在吉布舍（Gebser）一案中的 5∶4 通过的判决中，法院裁决，如果教师骚扰学生，学校官员坚持采取正确的措施反对任何不当行为，并对骚扰实施完全符合规定的处理办法，在这样的情况下，学校将不对骚扰承担任何赔偿责任。

## 吉布舍诉拉戈·维斯塔独立学区
## (Gebser v. Lago Vista Independent School District)
## 美国联邦最高法院,1998
## (Supreme Court of the United States,1998)
## 524 U.S.274

奥康纳法官陈述了法庭的观点:

此案的问题在于,根据1972年教育修正法案第十一条暗含的行为权利,学区什么时候可能承担损害赔偿责任,因为学区的一名教师对学生进行了性骚扰。我们认为,如果至少(at a minimum)有权采取正确措施的学校官员,为了学区的利益,注意到这种行为的存在,并且对骚扰行为采取了严格的措施,此时,学区或学校不应承担赔偿责任。

1999年春,原告艾丽达·斯塔·吉布舍(Alida Star Gebser)是被告拉戈·维斯塔(Lago Vista)独立学区一所中学的一名八年级的学生,当时,她参加了中学读书讨论会,该团体的领导人是一位名叫弗兰克·沃尔德罗普(Frank Waldrop)的教师。拉戈·维斯塔学区在需要的时候,都能得到联邦政府的资助。在读书讨论会期间,沃尔德罗普面对学生进行评论时常常带有一些有关性的挑逗的语言。吉布舍在秋天入学,被分到了沃尔德罗普所教的班上,在他班上学了两个学期。沃尔德罗普继续对学生发表一些不合适的评论,并且开始直接对吉布舍有更多的挑逗性的评论,这种评论甚至发生于二人单独在教室相处的大部分的时间。在春季,他与吉布舍发生了性关系。当时,表面上,为了给吉布舍一本书而到了她家,他吻了她并且抚摸了她。在本学期剩余的时间里,他俩多次发生性关系。他俩的这种关系一直保持到下个学年。虽然从不在校内发生关系,但在上课的时间,他们常常有接触。

吉布舍没有将这种关系告诉学校官员,证明当时她意识到沃尔德罗普的行为是不当的,她不知道怎样去面对,她想仍然把他当作老师。1998年10月,另两位学生的父母向校长控告了沃尔德罗普在课堂上的评论。校长安排了一次会议，在会上，按照校长的意思，沃尔德罗普表示自己没有发表过一些讨厌的评论，但是向学生的家长道了歉，并保证今后类似的事不会再发生。校长也建议沃尔德罗普注意课堂上的评论，并将此次会议的情况告诉了学校的指导顾问，但是校长没有把学生家长的投诉向教育法修正案第九条款规定的拉戈·维斯塔学区的协调人——学区督导汇报。两个月后，即 1999 年 1 月，警察当场发现沃尔德罗普和吉布舍做爱而将沃尔德罗普拘留。拉戈·维斯塔学区终止其雇佣合同，随后，得克萨斯州教育机构取消他的教师资格证。在此期间，对于骚扰的抱怨，学区没有颁布或宣布一份官方的处理文件，并且也没有颁布一项正式的反骚扰的政策。

* * *

在富兰克林诉格温纳特县公立学校一案中，一名中学生声称一名教师多次用淫秽的语言辱骂她，并且其他教师和学校管理者知道这件事，但没有采取任何行为来制止，甚至劝阻她不要起诉。地区法院裁决，暗示行为权利作为一项权利如果受到侵犯，依据第九条款规定，不能获得赔偿，因而撤销富兰克林对学区的起诉。我们否决下层法院的裁决，第九条款支持私人赔偿行为，至少在故意骚扰或歧视这样的案件中。从此，富兰克林案确立了学区在教师性骚扰学生的案件中可能要承担赔偿的责任，但此判决并没有打算去界定责任的范围。

* * *

而且，在此案中，原告不仅试图明确第九条款规定的行为责任，而且试图依据相关法律理论而获得赔偿。在我们看来，这是他们控告的目的，也正是解决本案的最关键的地方。与第九条规定不同的是，第七条明确规定行为权利，并规定了当这种权利受到侵犯时获得经济赔偿的事项。因此，议会直接提出了依据第七条款给予损害赔偿的议题，并提出了提供赔偿的特定条件及其最大的限额。然而，就第九条规定来说，个人隐私权利受到侵犯可以获得司法救济。司法上没有表明提供赔偿的范围，包括什么时候提供金钱赔偿较合适。尽管如此，如果控告理由确切，法院将会采取任何适当的救济手段。鉴于联邦议会依据第九条规定废除了各州豁免公共机关赔偿义务的第十一豁免条款，因此，在富兰克林案中，我们裁决，第九条款承认赔偿措施的合法，我们的裁决否定了下层法院坚持认为第九条款根本不支持损害赔偿的观点。在富兰克林案中，我们清晰地界定了减少损害赔偿的条件。

*　　*　　*

国会制定 1972 年第九条款，暗含了两个主要的目的，“避免使用联邦资源去支持歧视性的活动”和“为反对这样的活动而给公民提供有效的保护措施”。这条法令借鉴了 1964 年民权法案的第十一条，该法令除了禁止种族歧视和性别歧视，还适用于包括教育项目在内的所有接受联邦资助的项目，这一点与第九条款是相同的。两条法令在同样的条件下都会发生法律效力。联邦资助项目的接受者必须具备的一项基本要求就是不存在歧视，这在政府与项目接受者之间已经达成一项协议。

*　　*　　*

第九条款规定，联邦政府资助项目的接受者与联邦政府之间存在某种契约，这种契约的本质给出了承担赔偿责任的大致范围。国会在联邦资金资助的项目上附加了一些条件，就像在第九条款和第六条款中规定的那样。因此，面对任何要求联邦资金项目接受者承担经济赔偿责任的私人诉讼行为时，我们将会仔细地审查诉讼行为的合理性。在这方面，我们主要关心的是确保接受联邦资助的主体认识到其将承担的经济赔偿责任。

*　　*　　*

可以说，在联邦资金资助项目的接受者没有意识到歧视性行为存在于自己的项目中之前，在正式启动强制性的行政矫正措施前，要求那些联邦资金项目接受者认识到自己侵犯他人权益的行为，并为其提供主动矫正的机会，其目的是避免联邦资源从联邦资助项目中用于赔偿或移作他用。原告要求的个人经济赔偿范围与这一目的并不一致，接受者提出的减少个人赔偿范围与基本目标也是矛盾的。在把教师的性骚扰归咎于学区时，或者在人们断定学区已经知道教师性骚扰时，而学区实际并不真正了解教师的这种行为，当然学区也就没有机会采取行动去制止或限制性骚扰行为的进一步发展。

法令规定，学区明知性骚扰行为存在而没有采取有效措施对之加以规范，应当受到严厉的处罚，我们没有理由认为这是立法机关的意图。立法机关不会允许在没有可资进行比较的条件下对某种违法行为采取特别严厉的处罚措施。

第九条款规定，采取何种救济方案或处罚方案，应当依据相关主体是否已经知道违法行为的存在，并采取矫正措施而定。因此，我们裁定，在立法机关没有明确的具体规定之前，法院应当对类似的案例采取相近的处罚方案。处罚对象应当是指接受联邦资金项目并有权采取措施制止歧视的官员。因此，在学校正式制定政策中没有包括歧视内容的案件，而且如果学校官员在联邦资金项目内事实上不知道歧视的存在，因而没有采取措施纠正歧视行为，根据第九条款，在本案以及类似的案例中，我们认为要求学校或学区承担经济赔偿责任是不合适的。

行政强制处罚措施应当指向故意回避或纵容歧视的行为。行政强制执行方案预先假定，明知违反第九条款而拒绝采取行动遵守法律规定，对此应当处罚。换言之，就是联邦资金项目接受者正式作出的决定没有纠正歧视行为。这样的主张形成了判定是否故意漠视歧视行为的粗略标准。在标准的底线，可能存在这样的情形，即联邦资金项目的接受者承担赔偿责任，不是因为官方的决定，而是由于雇员的个人行为。

在本案直接运用这样的标准是合适的，因为原告并不能确定在其他标准之下就能赢得诉讼。宣称已掌握沃尔德罗普不当行为的惟一的学校官员是校长，而且，其他学生家长同样控告沃尔德罗普在课堂上发表了一些不合适的评论，很明显，这不足以让校长警觉这种可能性，即沃尔德罗普与学生之间发生了性关系。而且，拉戈·维斯塔学区知道沃尔德罗普和吉布舍的关系后立即终止了其雇佣合同。

原告主要关注的是，拉戈·维斯塔学区没有制定和颁布处理性骚扰事件的政策，没有确立受理性骚扰投诉的程序。他们指出，教育部规定，联邦资金资助项目的接受者应当建立和公布受理投诉的程序，及时、有效和公平地解决投诉问题，并向学生承诺，在联邦资金资助项目范围内的任何教育和活动中，杜绝一切性别歧视。然而，拉戈·维斯塔学区没有遵守规定，并不构成一种事实上的漠不关心。并且，第九条款规定，没有制定和颁布一种投诉程序本身不能构成“歧视”。

不幸的是，投诉学校里性骚扰学生的案件的数量表明，性骚扰在教育过程中是一个相当普遍的现象。在学生受到性骚扰和被教师辱骂时，没有人质疑学生受到了额外的伤害，也没有人认为教师的行为应受到谴责，其行为破坏了教育制度的根本目的。然而，此案的问题在于是否将教师个人的不当行为归咎于依据特殊联邦法令雇佣他的学区。该联邦法令的主要目的是禁止联邦资助资金获得者以一种歧视性的方式使用资金。我们的判决没有影响个人可以依据州法律控告学区，或者依据州法律和 1983 年法典第 42 条款在个人的权限内控告教师的权利。然而，我们一直支持学区在类似事件上的豁免权。对于教师性骚扰学生，由于缺乏事实上的故意和漠不关心，因此，除非立法机关修改法律，否则，我们维持上诉法院的判决。

特此裁决。

## 注释与问题

基于这一判决，人们可能想知道，为什么表面上看来，较之学生防止教师的骚扰，教师有更多的防止校长的骚扰的办法。显而易见的矛盾之处在于，法典第七条款中关于雇佣的标准与第九条款中的标准不同，这防止了雇佣中性别歧视的出现。

一名学生曾以作为教师的神父对其性骚扰为由，控告其天主教中学。在巴克利诉罗克维尔中心的阿齐迪舍斯（Buckley v. Archdiocese of Roceville，922 F. Supp. 586，N. Y. 1998）案中，起诉受到否决。法院认为，第九条款规定，在接受联邦资助的任何教育项目或活动中，任何人都不会受到性别歧视。然而，在此案中，该天主教学校有一名政府雇佣的心理学家为学校服务，但法院裁决这不足以确定学校接受了公共资金。

**b. 学生之间的骚扰**

戴维斯诉门罗县教育委员会(Davis v. Monroe)案，是又一个以5∶4通过的判例，这一判例明确了什么时候、什么是少年特有的行为，如操场上的恶作剧和调情等现象，这是一个矛盾且复杂的问题。这问题引起了赔偿责任的出现。戴维斯案指出了构成这些赔偿责任的类型。如果表明学校明知“严重的、普遍的和客观存在的攻击性的”行为，并且“故意漠视”，学校应当承担责任。

**戴维斯诉门罗县教育委员会案**

**(Davis v. Monroe County Board of Education)**

**美国联邦最高法院，1999**

**(Supreme Court of the United States, 1999)**

**526 U. S. 629**

法官奥康纳陈述了法庭的观点：

原告以她读五年级的女儿受到班上一位同学的性骚扰为由，控告门罗(Monroe)县教育委员会及其他被告，并要求依据1972年教育修正案第九款得到经济赔偿，并要求法院对学校颁发处罚令。地区法院裁定，同学之间或学校伙伴之间的骚扰在法律中没有相应的内容可资依据，驳回原告诉求。第十一上诉法院审理此案，维持地区法院判决。在此，我们关注，学生之间的性骚扰能否构成起诉学校并要求获得个人赔偿的基础，能否就此起诉地方教育委员会。我们认为，这是可能的，但其惟一的条件是联邦资金项目接受者在其项目或活动中，故意漠不关心一些已知的性骚扰事件。而且，我们认为，当这种骚扰是如此严重，形成了普遍及客观上的伤害，以至于实际上阻碍了受害人获得教育机会或利益时，个人要求损害赔偿行为才能成立。

*　　*　　*

原告的小女儿拉森达(LaShonda)是哈伯特(Hubbard)小学一名五年级的学生,该小学是佐治亚州门罗县的一所公立学校。可以肯定的是,她是一位长期受到同学性骚扰的受害者。根据原告的控告,这种骚扰始于1992年10月,当时,她的同学G. F.试图去摸她的乳房和生殖器,并且对她说一些粗俗的话,比如“我想与你做爱”和“我想摸你的乳房”等。类似的行为发生过两次,一次在1993年1月4日,另一次在1993年1月12日。拉森达每次都将此事报告其母亲及当时上课的教师黛安娜·福特(Diane Fort)。另一方面,原告也与福特联系过,福特向原告证实他已将此事向比尔·奎尔(Bill Querry)校长作了汇报。原告认为,福特虽然汇报了,但没有对G. F.采取任何纪律处罚。

G. F.的行为又持续了几个月。2月初,据称,G. F.别有用心地在内裤里放了个门垫,并且在上体育课期间用以继续对拉森达进行性攻击。拉森达向体育教师怀特·麦帕斯(White Maples)报告了G. F.的行为。大约一周后,据称G. F.又有骚扰行为,这次是发生在另一位老师乔伊斯·皮平(Joyce Pippin)上课的时候。拉森达声称向教师汇报了此事,并且原告也再次与老师联系,表示要将此事追究到底。

原告声称G. F.在3月初的一次体育课上对拉森达再一次有直接的性骚扰行为,并且拉森达将此事向麦帕斯和皮蓬(Pippen)两位教师都作了汇报。1993年4月中旬,据称G. F.在走廊里用拉森达认为的一种直接的性攻击的方式——身体摩擦,来骚扰拉森达,拉森达将此事向福特作了汇报。

5月中旬,当G. F.因为自己的不正当行为而被指控犯有性暴行时,这一连串事件才最终宣告结束。辩护律师声称拉森达已经遭受了长达几个月的骚扰,然而,特别是,由于她不能集中精力学习,导致原来很好的学习成绩明显下降了,并且,1993年4月,她的父亲发现了她写的一封自杀书。辩护律师更进一步指出,在这一点上,拉森达告诉原告(我的当事人,她的母亲)“不知道多长时间才可能摆脱G. F.的阴影”。

拉森达不是G.F.骚扰的惟一受害者，据称，班上的其他女同学也深受G.F.行为的折磨。事实上，在这一点上，由拉森达和其他女同学组成的团体尽力去就G.F.的行为与奎尔校长谈话。然而，根据此诉讼，一位教师用下面的话否定了学生的要求："如果奎尔校长需要你帮助时，他会打电话给你。"

原告声称G.F.对拉森达的性骚扰未受到法律的处罚，此外，她与福特和皮蓬的谈话，也没有得到足够的重视。原告声称，在与福特和皮蓬交涉后，她与奎尔校长在1993年5月中旬也谈过话。当时，原告要求学校有意地采取一些措施防止G.F.的骚扰时，校长仅仅说了一句："我想我会对他提出更严厉的警告。"然而，原告声称在她汇报了他的不当行为的几个月间，G.F.没有性骚扰的行为发生。实际上，据称，奎尔问过原告为什么"只有拉森达一个人抱怨呢"?

根据这个申诉，没有采取任何努力来分开G.F.和拉森达，相反地，虽然拉森达经常抱怨，但直到汇报骚扰三个月后，她才被允许从G.F.旁边的座位上调开。而且，原告声称，在整个事情正被讨论的过程中，门罗县教育委员会没有指导相关人士怎样对同龄人的性骚扰作出反应，也没有建立这一方面的政策。

在此，我们考虑，吉布舍判决案中确认的不当行为——对已知的骚扰行为故意的漠不关心——是否构成故意违反第九条款，并应当承担赔偿责任。当骚扰者是一个学生而不是教师时，我们推断在某些特定的情形下，这样的行为应当承担赔偿责任。

* * *

不当行为(骚扰)出现在上课期间和操场上——实际上，G.F.的大多数不当行为发生在教室里，出现在联邦资金项目接受者的眼皮底下。在这些环境下，接受者绝对控制着骚扰发生的背景。然而，更重要的是，在这种条件下，教育委员会也对骚扰者有着重要的影响。例如，我们已经注意到，"该州对于公立学校儿童的权力的本质是监管的和监护的，允许不超过自由的成人的管理和控制的程度"。

* * *

我们强调,我们此处的结论——接受者可能对故意漠视已知的同龄人之间的性骚扰行为承担一定的责任,并不意味着联邦资金项目接受者仅仅通过消除学校中的同龄人性骚扰行为就能回避责任,也不意味着管理者必须采取特殊的纪律措施。因此,我们不同意被告的反驳,即如果第九条款规定了学生之间性骚扰行为的责任,那么,“除了开除所有发生与性相关的不当行为的学生,任何措施都无法保证学校教育制度免受责任或赔偿”。

如果没有发生这样的情形,即在已知的情形下,学校管理者对学生之间的性骚扰的反应明显不合理,并且被认为是故意漠视学生之间的性骚扰,那么,学校管理者将会继续享有其所需要的管理空间。

* * *

虽然原告还不能证明教育委员会对 G. F. 骚扰行为的报告所作出的反应是完全不合理的,但原告或许可以证明委员会在长达五个月时间内,没有对拉森达和其他女同学控诉 G. F. 在校内进行性骚扰一事作出任何反应,迫使拉森达遭受了歧视。

学生之间最明显的能够获得赔偿的性骚扰行为,可能包括明显的剥夺其接触学校教育资源的行为。例如,一个男性学生每天都通过身体行为威胁其同龄的女同学,阻止了一些女同学使用一种特殊的学校资源——如运动场所或计算机实验室,这样的情形就是应当给予赔偿的情形。学区管理者充分地认识到了日常管理规则的意义,却故意忽略女生希望使用学校资源的求助。学区这种拒绝对求助行为的反应明显抵触第九条款的基本原则,这种故意漠视态度及其后果恰恰是应当承担经济赔偿责任的行为。在这里,甚至没有必要出示物质证据证明,一位学生的教育机会由于其同学的性骚扰行为而受到剥夺。但是,原告需要证明,骚扰行为极为严重和普遍,具有非常实在的危害性,因而弱化或损害了受害者的教育成效,受害者平等地接受学校教育的机会和接触学校教育资源的空间已经受到损害。

性倾向行为是否达到可控告的“骚扰”的程度，取决于“周围环境、人际期望和人际关系三种因素之间的组合”，……骚扰者和被骚扰者的年龄，以及被骚扰者的数量，这些因素也都是确定性倾向行为能否达到承担责任和赔偿程度应当考虑的因素。……法庭还需牢记学校不同于成人工作场所，而且，学生可能经常性地用那些成人无法接受的方式相互接触。……实际上，至少早期，学生仍在学习怎样与同龄人进行适当交往。因此，在学校环境里，学生之间通常出现侮辱、嘲笑、戏弄、推挤以及其他让同伴感到不安的性别行为等，这些都应该是可以理解的。然而，简单的学生间的嘲笑和诽谤，甚至将性别差异作为笑柄的行为，不能获得损害赔偿。但是，如果性骚扰行为严重、普遍并具有真实的危害性，损害了受害者第九条款保护的教育机会平等权利，那么，这样的行为应当承担责任并给予赔偿。

对上述观点持反对意见的人士并不认同第九条款规定的联邦资金项目接受者承担责任和赔偿的这种界线。在反对者看来，看了上述观点，这样的界线并不能表明“嘲笑”一名学生或“辱骂一名学生”与需要承担责任和赔偿的行为有何区别。类似的比较，包括“身体很胖，因为其他学生嘲笑她的身材就逃避上体育课的学生”，因为“害怕被人嘲笑‘四只眼’而拒绝戴眼镜”，因害怕在学校休息时间被人欺凌，被叫做“胆小鬼”而不去上学等等，是不恰当的和误导的。我们不会考虑，更不会支持“成绩下降这一简单因素”构成否定上诉法院裁决的依据。虽然有必要的证据可以证明，拉森达分数下降与 G. F. 的不当行为之间存在着潜在的关系，但原告的诉求能否被法庭接受，同样取决于 G. F. 行为的持续性和严重性，原告对教育委员会明知并故意漠视的指控能否成立，其标准也是这样。我们相信，与我们观点持不同意见的人士不会对我们的观点进行误导性的描述，从而导致法庭赋予超出第九条款规定的责任范围。

更主要的是，“在任何教育计划或活动中”出现歧视，都意味着否定受害者平等参与教育活动和平等享有教育机会的权利，并因此对受害者形成系统性的严重损害。理论上，单个的、严重的同伴之间的性骚扰可能具有这样的负面效应。尽管如此，我们认为立法机关鉴于学生过错行为难以避免，数量有限，不会将孤立的同学之间的性骚扰行为看得非常严重，也不会导致对学校官员漠视孤立的同学之间的性骚扰行为的没有意义的诉讼。通过将赔偿责任限定于对教育内容和教育机会具有系统的负面效应的案例中，我们综合了第九条款关于禁止漠视同学之间性骚扰的规定和学生日常生活的实际情形，这些情形法院是不会主动关注的。

在富兰克林和吉布舍案中，教师卷入性骚扰的事实有着一定的法律意义。骚扰者和受害者之间的联系必然影响骚扰行为违反第九条款保护教育平等权利这一规定的程度，影响骚扰行为对教育项目和教育活动发生系统作用的程序。与教师性骚扰行为相比，同学之间的性骚扰行为在这些影响方面都没有前者严重。同龄人间的骚扰与师生间的骚扰相比，可能更少地达到这些要求。

在此，将这一标准应用到正在审理的案例之中，我们裁定，第十一巡回审判法院在撤销原告的起诉方面发生过错。原告声称，她的女儿在长达五个多月的时间里，多次受到 G. F. 的性骚扰，并且有证据支持这个结论，即 G. F. 的不当行为是严重的、经常性的且具有危害性的。这种骚扰不但有口头上的，还包括无数次事实上的攻击性的触摸行为，并且，G. F. 最终由于违法的性骚扰而被判有罪。而且，起诉声称许多学生都是 G. F. 不当行为严重干扰的受害者，她们也寻求校长的帮助。而且，原告认为这种骚扰对于她女儿的学习能力有明显消极的影响。起诉也表明，原告或许能够证明学区委员会明知骚扰行为存在，却采取故意漠视骚扰行为，从而说明学区委员会既没有努力调查性骚扰行为，也没有尽力解决这样的问题。

对于这个申诉，我们无法裁定“毫无疑问，原告没有证据支持其要求法院给予救济的诉求”……因而，我们撤销美国第十一巡回上诉法院对本案的裁决。本案发回，并依据本法院裁决进行进一步审理。

特此裁决。

### 注释与问题

吉布舍和戴维斯的判决都是以 5∶4 通过的判决。一些人注意到这些判决是不一致的。你同意吗？为什么？

一些州和地方学校系统已经采取了一些措施去尽力减少学生之间的骚扰，像性骚扰一类的处罚是暂时停课或开除，并且，有些州规定，本地学校应制定相关政策，制止学生之间的骚扰。你的学校系统已界定了性骚扰并且实施了一些相应的政策了吗？

## 二、教育者的责任

### （一）故意的民事侵权行为

与教育者有关的最常见的民事侵权行为是人身攻击。身体接触殴打是禁止的，谁也无此特权。控告并不需要事实上的伤害，然而，社会规则所允许的一般性的接触是不会被起诉的。人身侵犯是指达到直接伤害或攻击性接触程度的伤害。朝着某人挥舞拳头或者不怀好意地拿着刀具只是攻击性行为的例子而已。虽然法院允许更大的行动自由，但是一位教师由于惩罚学生可能会被控告人身伤害罪和殴打罪。如果一位教师在愤怒时用一种残酷且极端的方式来惩罚学生，那么他或她可能会承担责任。其他考虑到的决定责任的因素可能有，学生身体伤害的部位、学生的年龄、学生的心理能力以及儿童所犯错误的本质。当教师与学生发生争吵或当教师试图去控制学生时，教师也许会使用足够的力量达到自己的目的。

### （二）过失侵权

如果对学生的伤害表明是由于教育者的过失侵权造成的，那么教育者或许有责任。如果能够证明过失侵权群体本应预料到其作为或不作为可能造成的伤害，那么过失侵权的责任就可能会更加严重。由于过失侵权不存在故意伤害他人的意图，从这个意义上讲，它不同于故意的民事侵权行为。在一个非常真实的情境中，常常用以判定是否过失侵权的检验手段是，审查侵权人行为的合理程度和谨慎程度。运用这样的检验时，经常问的一个问题是，因过失侵权而被控告的人是否理性和谨慎，在相似的条件下，是否同样如此。

起诉过失侵权的有效的理由必须具备以下几个条件：(1) 忽略符合保护他人这一行为标准的法定义务；(2) 行为没有达到恰当的标准；(3) 行为与无意伤害之间存在近似的联系，并能构成某种因果关系；(4) 行为导致事实上的损失或伤害。

1. 照顾的义务

注意不要伤害或损害与自己存在普通法或其他法律规定的法律关系的相对人，这是一种法定义务。例如，普通法规定，师生关系包容教师照看学生的义务。普通法规定的法律责任可能由于具体的法令条款的实施而减轻，这在一些州已经出现了。在这些州，教师仅仅需要对于有意的或无理的不当行为承担责任。某一个州的“乐善好施法(Good Samaritan)”可以运用到教育上，如果这样的话，这部法律将会减少教育者的过失责任。

2. 照看标准

一般说来，教师是否履行义务照看学生，从而避免承担责任的判定标准是考察其是否是“一位理智的和谨慎的人”。如果一位教师被投诉没有履行义务，那么需要判定其在相似的情况下，在照看学生方面是否达到理智的和谨慎的程度。这一标准不是绝对的，明确责任时需要考虑许多因素。根据这些因素，如学生的年龄、儿童的心理能力，以及伤害发生时的条件与环境等，从而照顾的标准也有所变化。由于孩子的不成熟，学校儿童受照顾的数量也随之增加，因此，当监护非常小的儿童时，人们都希望给予他们更多的照顾。

在一些有潜在危险的教室环境，如在车间或化学实验室，比在英语课上或图书馆，应该实行更高的照顾标准。损害发生时的一些特殊因素也应当是明确责任时应当考虑的。例如，如果一名教师在学生受到伤害之前已经失去能力，这样的情形也是量定责任应当考虑的因素。教师并不需要对学生的所有伤害负责，因为对于一名教师来说，预测所有可能导致学生伤害的情况是不可能的。然而，无论何时，一个与学校有关的伤害出现时，明确责任时必然提出的问题就是伤害是否本可以预见。因为对于所谓的过失侵权，许多因素影响着责任的确定。因此，对于表面上相似的事实情况，不同的法院判决通常不同。

3. 直接原因

倘若希望成功地起诉过失责任，这种过失责任应当在教师行为和随之发生的学生伤害之间存在因果关系。教师的过失必须是学生伤害的实际原因，然而，如果能够证明伤害是一种外来因素导致的，或者依据法律，导致伤害的责任是分散的，那么责任可能减轻。例如，一名学生的不当行为可能就是导致伤害的外来因素。如果体育场所的安全设施没有得到很好的维护，那么，过失责任将从一位使用运动场所并过失引起学生伤害的教师身上，转移到那些应当承担法定的维护体育场所安全的人士身上。

4. 事实上的损失或伤害

在过失侵权起诉中，导致损害的证据是一个基本的要件。一般地，如果没有造成事实上的损失，很难进行精神赔偿。如果多人承担过失侵权责任，相应地，赔偿也是多人分担的。

**过失侵权辩护**

为了避免过失侵权责任，作为当事人的教师应该证明前面谈到的构成过失侵权的必要条件并不存在。然而，其他抗辩手段也可能生效。最通常的抗辩事由包括原告自己的过失和原告自冒风险。

如果能够证明受害方没有按照规定采取相关措施保证安全，就可以将此引为原告自己过失，从而避免或减轻被告责任。但是，这样的抗辩途径并不总能适应教师，因为法院一般认为儿童不可能像成人那样按照要求活动。学生由于年轻，通常会粗心大意，做事不负责任，因此，在法庭上证明原告自己过失可能比较困难。

如果受害方通过协议了解存在的危险，或者甘冒风险从事特定的活动，这样的情形可视为原告自冒风险，并构成一种抗辩理由。在竞技体育活动过程中，参与者与观众都是自愿地让自己处于一种具有潜在危险的环境中的，因而都承担着与竞技体育运动相关的常见的风险。

## 三、监督责任

普通法、法令、宪法规定和各州设定的教育者的义务存在多种差异，从而使得确认特定情形下的侵权责任并形成普遍适用的准则变得相当困难。更为复杂的是，一些导致侵权责任的表面上看来相似的情形，实际上包容了许多差别，并形成不同的法庭裁决。现用下面关于法院判决的简短的陈述来说明这一点。由于本书仅仅提供了部分事实陈述，以及不同司法裁决中设定的义务标准和照看标准不尽相同，因而，如果希望形成普遍适用的处理侵权责任的规则，就需要特别谨慎。

### (一) 上学前和放学后

由于没有相关的法定要求，除了乘坐校车之外，法院一般不能赋予学校照看学生上学路上和回家途中的义务。例如，由于没有法律依据，学校没有义务提供安全巡查。在约翰逊诉沃希托教区警察团(Johnson v. Ouachita，377 So. 2d 397，La. Ct. App. 1979)案中，一名七岁学生在横过学校前面的一条马路时被撞死，路易斯安那州的上诉法院认为公立学校没有义务提供安全巡逻，或者安排成人担任马路向导。然而，一个学校委员会参加城市学校横穿马路安全计划并在其中得益，主动承担义务，确定在正常值班期间，在指定的十字路口安排守卫人员。在这一个案例中，一位 6 岁的女孩通过十字路口时，被一辆摩托车撞死了，而那个守卫因病缺岗[见巴恩斯诉博特(Barnes v. Bott，571 So. 2d 183，La. Ct. App. 1990)案]。

就学校而言，如果父母不遵守学校转达给他们的学校规定，学校就可能无法履行照看义务。这样的问题在一个案例中已经出现，在这个案例中，一名一年级的学生，因错过了公交车，便骑着自行车去了学校，而在那天下午骑车回家途中受伤了。学校制度明文规定骑自行车是四到六年级学生的一个特权。在特殊情况下，一二年级学生如果不打算乘公交车，应当预先要告知家长，并携带家长许可说明到学校。此案由于学区照顾责任问题而被科罗拉多(Colorado)高级法院退回下级法院受理，但是科罗拉多高级法院坚持认为，在法律上，学校没有制止学生骑自行车回家的义务[见杰斐逊县 R-1 学区诉贾斯特斯(Jefferson v. Justus, 725 P. 2d 767, Colo. 1986)案]。

早上，学生聚在一起等候上课的这段合理的时间内，学校必须给他们足够的管理。在新泽西(New Jersey)州的一个案例中，即泰特斯诉林德伯格(Titus v. Lindberg, 49 N. J. 66, 228 A. 2d 65, 1967)案中，校长对在上学前发生的伤害承担责任。在此案例中，伤害的起因是受伤学生被正在等车去另一学校的学生用纸剪刺伤。虽然学校早上 8 点 15 分才正式上课，但学生在早上 8 点到校已成为一种习惯。这个意外事故大约发生在早上 8 点 5 分。法院列举了多项原因裁定校长承担责任，其中，校长忽略监督是造成伤害的一个直接原因：没有颁布上学前学校场所的管理规章制度；没有安排教师管理；校长个人也没有给予足够的监督。

在路易斯安那的另一个裁决中，即理查德诉朗特里教区教育委员会(Richard v. St. Landry, 344 So. 2d 1116, La. Ct. App. 1977)案中，对发生在一名三年级学生身上的伤害，教师不承担任何责任，此案发生在放学之后，学生在无人监督的情况下打扫教室。当时，一名学生在擦完讲台后发现了一把小刀，随后拿小刀伤了其他学生。法院认为，学校严令禁止学生走近讲台，并且，教师没有把小刀放在学生伸手可及的地方。

在加利福尼亚的一个案例中，即巴特尔诉帕洛弗迪半岛学区(Bartell v. Palos Verdes Peninsula, 147 Cal. Rptr. 898, Cal. Ct. App. 1978)案中，法院裁定，对发生在放学之后的一起伤害事故，学区不承担责任。在这个案例中，一名 12 岁的男生在放学后玩一种滑板时严重受伤。法院认为学区及其雇员只有在学校期间，在学校活动中，在休息时以及午餐时间，有监督学生在学校场所行为的责任。而且，法院陈述：

> 原告提出，学校应当给予有效的全天候监督，或者高度封闭安全保障。这一主张将会极大增加学校经济负担，也明显损害学校赖以存在的教育目的。人们通常知道，儿童通常漫不经心地参与一些危险的游戏，或者从事对他们身体有害的活动。在一些方面，公共机构面向公众，包括父母和孩子，承担的渎职或滥用职权责任超出了规定的界限，而公共预算特别限制着公共机构履行照看义务的人力资源。

### （二）在校期间

通常，学生在校期间，一名理智而谨慎的教师对学生的看管，就是在类似的情形中教师管理学生的标准。

路易斯安那州的一家法院裁定，一块从学校房屋上掉下来的石头打伤了学生，学校委员会不承担任何责任。该法院认为学校提供了足够的监督，并且合理的监督并不需要对学校场所的每位学生持续不断的监督[见汉普顿诉奥尔良教区学校委员会（Hanpton v. Orleans，422 So. 2d 202，La. Ct. App. 1982）案]。

虽然一项州法律可能要求教师在教室中“维持良好秩序”，但这意味着合理使用强制力量，而没有授权教师滥用强制力量。而且，为了达到维持学校中纪律的目的，州法律可能支持，在对学生合理使用强制力量的民事诉讼中，除非完全不顾学生的健康与安全的案件，否则教师或校长不会承担责任。在威洛比诉莱尔巴斯（Willoughby v. Lehrbass，388 N. W. 2d 688，Mich. Ct. App. 1986）案中，密歇根法院裁定，教师试图将学生带到校长办公室时，教师使用了合理的强制力量。这位教师一只手抓住学生的胳膊，另一手按着学生的脖后，推着学生进入了大厅的楼梯。

在休息、经过走廊或午餐这些学生没有课的时间里，学校必须提供适当的监督。在戴利诉洛杉矶联合学区(Dailey v. Los Angeles，470 P. 2d 360，Gal. 1970)案中，加利福尼亚最高法院认为学校当局忽视了在中午休息时应有的监督的责任。在此案例中，两名中学生参与了一种赤手空拳方式的“巴掌打架”，结果导致了一名学生死亡。法院认为，因为青少年时期的中学生不是成人，所以不能期望他们表现出成熟的成人那样的谨慎与判断力水平。因此，法院认为，没有一个全面的监督安排，以及没有为学生提供适当的监督时，而希望他们按照规定表现理想的行为是一种疏忽。

在跳高训练开始之前，体育教师有正确指导学生的责任。在没有提供充足的指导的前提下，一名学生在进行这项训练时撞到墙上而受伤，虽然法院裁定案中的事实证据有待查明，但法院表明，合适的指导可能会避免这种伤害[见迪伯特罗诉华盛顿城市梅特罗波利顿学区(Dibortolo v. Metropolitan，440 N. E. 2d 506，Ind. Ct. App. 1982)案]。

学校可能对没有经学校或父母同意就离校的学生的伤害负有一定的责任。在霍伊姆诉曼哈顿海滨城市学区(Hoyem v. Manhattan，585 P. 2d 851，Cal. 1978)案中，加利福尼亚最高法院坚持认为，摩托车撞倒了一名10岁的逃学学生的事件，学校或许要承担伤害的责任。法院认为在任何情况下，学区对逃学者都不承担伤害的责任；但是，如果防止学生逃学的学区管理程序没有达到一位理智的人应该达到的严格程度，那么学区将承担法律上的责任。

佛罗里达州上诉法院支持一位在学校自助餐厅等车回家遭受另三位学生攻击和殴打的学生的起诉。法院规定，学校有责任提供一些安全措施来阻止这类事故的发生。在这个案例中，学生的不当行为可以被合理地预见，因为学校被委托有照顾学生的义务，当然也就有法定的义务来监督他们[见布劳沃德县教育委员会诉鲁伊斯(Broward

County School Board v. Ruiz, 493 So. 2d 474, Fla. Dist. Ct. App. 1986)案]。

### (三) 校外活动

如同在校园内一样,学校要求学生校外活动,包括参加郊游或远足,或者校际间的活动,如运动会或辩论会等,在这样的情形下,学校承担照看学生以免伤害发生的义务,与在校内应当承担的义务相同。

例如,在佛罗里达州,教师和校长未能对学校俱乐部活动进行适当的监管,因而承担过失责任。学生在被欺侮的事件中受了伤,法院裁决,学校在任命俱乐部顾问时,违反了教育委员会制定的监督职责。法院相信,如果当时顾问在场,这个事件将不会发生[见鲁普诉布莱恩特(Rupp v. Bryant, 417 So. 2d 658, Fla. 1982)案]。

学校要求学生前往市区观看一部名为"金"(King)的有争议的电影时,由于没有提供足够的照管,因而承担过失责任。在跟车人的陪同下,学生们坐车到了剧院。在放映过程中,白人学生和非洲裔美国学生之间发生了污秽的种族语言攻击。在离开走廊的楼梯时,一名学生被推倒而导致手腕骨折,钱包被抢。在罗利诉第625独立学区(Raleigh v. Independent School District No. 625, 275 N. W. 2d 572, Minn. 1979)案中,明尼苏达州最高法院裁定,根据人们对现有的种族之间紧张局势的理解,学校没有提供足够的预防措施,因而应当承担赔偿责任。

## 四、父母同意

学区政策通常要求学生参加课外活动,如体育比赛或与学校活动有关的旅行等,应当得到父母的书面同意。要求父母书面同意子女参加校外旅行活动重要性是很明显的。当学生父母不了解校外活动,或者不同意孩子参加校外活动时,任何人都会想象,在这样的情形下,告知学生父母其参加学校校外活动的孩子受伤，是多么困难，具有何种复杂程度的法律意义。父母同意的形式可能是声明，如果发生了伤害，将不会追究学校的责任。即使有了这样的声明，如果负责照管学生校外活动的人士失职，能否免除责任，仍然面临疑问。父母同意不仅可能是对儿童独立权利的放弃，而且可能也被一些法院认为违反公共政策，因为这样的声明是父母对应当获得的基于学校失职形成的赔偿的故意放弃。这个观点是由华盛顿最高法院提出的。该法院认为，要求学生和他们的父母去签署一份用以免除潜在的未来责任的协议，作为参加某些与学校有关的活动，如校际运动会的条件，违反公共政策，因而是无效的[见瓦根布莱斯特诉第105—157敖德萨学区（Wagenblast v. Odessa，758 P. 2d 968，Wash. 1988）案]。

## 五、渎职

所谓的“教育渎职”在一些州里已出现了。在这些案件中，原告声称学区失职，因为学区已经授予了学生毕业证或文凭，然而学生没有完成任务，如理解和完成一项工作所必需的基本的学术能力。在最早的这类申诉案之一，即彼得诉旧金山联合学区（Peter W v. San Francisco United School District，131 Cal. Rptr. 854，Cal. Ct. App. 1976）案中，法院没有支持原告的立场。加利福尼亚法院认为，从民事侵权法的角度看，教育成绩的失败不能算是一种伤害。此外，法院陈述：

> ……在过去的几十年中，我们接受了公立学校教育，而很少有人引起公立学校与其受教育者之间的法律纠纷，或者对公立学校机构表示不满。现在，人们广泛投诉公立学校在实现教育目标方面出现学业成就方面的失职。一些批评指出，学校应该对于我们社会中大部分社会和道德问题负责。学校的这种困境可以在每天的媒体中看到。通过媒体，人们看到，在痛苦的学校委员会的选举中，在大

> 规模拒绝学校发行公债的计划中,在一个又一个的调查中,学校面临极为难受的困境。赋予学校照看儿童的义务的同时,赋予其履行学术职能的义务,将会致使学校遭受无数不满的学生及其父母的侵权起诉——无论这种行为原由是真实存在的还是想象出来的。学校已经被社会的和经济的问题所困扰,这些问题已经成为重要的法律争议,但是对于这些问题,却没有一劳永逸的解决方法。……这些问题的最终结果就公共时间和资源而言,都是学校、社会无法估量的负担。

在另一个案例中,即在多诺霍诉科皮亚哥联合自由学区(Donohue v. Copiague, 391 N. E. 2d 1352,N. Y. 1979)案中,纽约上诉法院否决起诉学区教育渎职而寻求金钱赔偿。原告声称,尽管获得了毕业证,但他缺乏"能够完成职业申请表的书面英语理解能力"。在此判决中,法院认为:

> ……宪法规定建立和维持公立学校系统。但是,可以确定的是,这一一般性的规定从来没有直接赋予地区学区和学生个人义务,以确保每位学生获得最低水平的教育,或者规定,违背这一义务,将会使学生获得损害补偿的资格。……(p. 443)

俄亥俄州法院拒绝接受将公共政策作为起诉教育渎职的理由。在此案例中,一名中学生因一门课程未及格并因此不能毕业而控告任课教师。在此案中,法院裁决学生不能证明教师怀有恶意和不真诚,或者以不执行课程大纲和学区规定这样故意的或以满不在乎的方式来教学[见波诉汉密尔顿(Poe v. Hamilton,565 N. E. 2d 887,Ohio Ct. App. 1990)案]。

教育渎职诉讼已经涉及经济赔偿主张,这种损害赔偿是由于误解学习能力或特殊教育需要而引起的。1982 年,马里兰最高法院接受了原告起诉中的主张,原告指出,学校系统随意地评估了一名一年级的学生,结果导致该生读二年级,却在学习一年级的教育内容。该案指控,某些教育者在儿童的学习问题上提供了错误信息，改动了学校记录掩盖其行为，严重低估了学生。回顾较早的渎职诉讼，法院裁定，给予一定的金钱赔偿意味着对教育过程中所犯的不适当错误的补偿。然而，值得注意的是，父母可能采用进一步的法律行为来控告那些做了过激行为的教育者[见亨特诉蒙哥马利县教育委员会(Huntery v. Montgomery, 292 Md. 481, 439 A. 2d 582, 1982)案]。

密歇根一上诉法院也受到了类似的起诉。在一个案例中，由于错误判断语言障碍问题，当事人主张应当获得经济赔偿。虽然学生已被按照误诊的结果治疗了一段时期，但法院裁定语言治疗学家和学校系统不承担赔偿责任。法院指出，语言问题的诊断和训练是学校体系正常功能的一部分，在民事侵权法中，学校职员只要诚实地履行义务，不应该由于过失而承担责任[见布罗斯南诉利沃尼亚公立学校(Brosnan v. Livonia Public Schools, 333 N. W. 2d 288, Mich. Ct. App. 1983)案]。然而，蒙大拿的一个判决支持学生父母的经济赔偿主张，该生被纳入可以教育的障碍儿童教育计划。在接受教育的过程中，测验分数表明，这样的安排是不恰当的。法院裁定，本案不同于其他起诉教育渎职的案例。在本案中，学校明知学生学能分数，而不是在对儿童残疾的误诊的情况下将其不恰当地安排到残疾儿童教育计划中的[见 B. M. 诉蒙大拿(B. M. v. Montana, 649 P. 2d 425, Mont. 1982)案]。

## 六、保险

虽然对于教育者来说，意识到不使用理智的和谨慎的方式来阻止伤害的出现，则需承担潜在的责任，这一点很重要，但是责任保险的利用减轻了对重大经济损失的担忧。许多教育者所加入的职业协会都给他们投了这样的保险以作为他们会员资格的一部分。个体单独投责任保险的政策也是有的，虽然贫困的和没有投保的教育者也可能会遇到有关责任的大案，但他们通常不可能卷入。

## 注释与问题

你所在的州，其豁免权的地位如何？学区豁免权的优缺点有哪些？

你所在的州，对于单个教育委员会成员的民事责任、习惯法或法令规定的其职责与照顾标准是什么？管理者的照顾责任与标准是什么呢？教师的照顾责任与标准是什么呢？

# 附录 A 法院判决分析

运用案例分析这种规范的程序，能够获取大量的信息，这样的过程有时也叫“案例汇报”。在案例分析中，一般的信息分类包括标题和来源、法院层级、案例相关事实、案例争议问题、法院立场、法院判决所依据的法律规则或法律原则、法院判决将会对个人或机构行为产生的影响。

## 标题和来源

法院判决标题包容诉讼当事人的姓名。案例来源列明报道案例的系统、卷号、页码、案例判决作出的时间。完整的案例来源包括所有官方和非官方关于案例的相关资料。这样的资料称之为平行资料。案例来源的详细解释参见附录 B。

## 法院层次与类型

关注审理案例的法院的层级和类型相当重要，因为审理案例的法院层次和类型告诉人们，本案判决在全国或州的司法意义是什么。例如，美国联邦最高法院或州的最高法院的判决，就是全国或州的终结判决，有着最终的权威。

### 事实

事实包括与案例相关的情形、事件或事情，相互冲突的事实，应该在审判法院协调。上诉法院不解决事实争议，而是依据给定的事实作出判决，如果事实不够充分，审判法院需要进行补充，以便进入后面确定事实的程序。

### 争议

争议是引起争论的法律问题，而这样的法律问题是法院法律行为赖以产生的基础。在一个案例中，可能有一个或多个法律问题。争议包括两种类型，即程序争议或实体争议。程序争议涉及具体的有争议的法律问题，影响着向上级法院的上诉过程。程序争议可能包括一个特定的法律行为是否应当得到认可，某种信息是否可能获得，或者某种法庭救济令是否应当颁布。与程序争议不同，实体争议范围广泛得多，包括法律权利和原则问题，诸如自由、财产等，都可能成为实体争议。对非律师专业的学习学校法律的学生来说，实体争议具有更为重要的意义。

### 法庭立场

法庭立场由法庭关于一个或多个法律问题的基本主张构成，在这些主张中，可以看出法庭阐述主张的基本观点和理由。这些观点透出法庭对争议各方陈述的要求、先例、法律、事实的分析。

每一位法官拟定的同意或反对观点都记录在法庭的判决中。法官在自己的观点中说明同意或反对法庭行为的原因，详细论述法庭考虑的问题，介绍大多数法庭主流意见没有考虑到的法律原则、概念。无论是同意抑或反对法庭判决的意见，都对案例分析具有明显的意义。

此外，法院判决常常包括法庭审理案例过程中法官的意见、法官关于法律问题或法律条款的声明。由于这些意见和声明对法庭形成特定的立场并不重要，因而不是法庭判决的必要组成部分，也不构成法庭的判例。然而，这些意见和声明反映了法庭判例形成过程中的法官的争论和建议，所以对学习学校法律的学生来说，具有一定的意义。

在某种情形下，如果需要实施具体的法律救济，或者上诉法院要求审判法院根据上诉法院的法律主张重审案件，案件将会退回审判法院。这也会在法庭立场中体现出来。

### 法律条款

通常，法庭判决总是以某一法律条款或法律原则为依据分析一个案例，包括辨别法庭判决依据何种法律条款或原则，这样的法律条款或原则如何影响法庭判决。例如，学习学校法律的学生应当清楚，一个法庭判决是否确立、区分、拓展、强化、修正、推翻、撤销某一法律条款。

### 意义

在案例分析结尾部分，分析者需要做的事情是，简短地概括法庭判决对个体或机构产生的意义。毫无疑问，一些法庭判决将比之另一些法庭判决对教育实践产生更大的影响。

法庭判决的意义取决于其在某一特定的司法管辖范围内的普遍程度。例如，具有不同司法管辖权限的法院在没有上级法院确立的判例的情况下，对一些法律争议可能具有不同的见解，而如果在某一法律问题存在一个具有权威的案例，那么，这些争议将会减少或消失。实际上，在某一司法管辖范围内的权威性的法庭判决，可能在其他司法管辖范围内没有作用，甚至形成相反的判决。因此，法院判决的意义总是相对的。

# 附录B　学校法律研究导论

一位学校教育者可利用多种资源开始学校法律研究。这些资源大致可以分为三类，包括基本资源、二手资源和帮助指南。基本法律资源指具有高度约束力的或者是高度指导性的权威法律文本、州和联邦法律、宪法及其修正案，以及解释这些法律、宪法及其修正案的法院判例。二手法律资源指解释法律的基本文献资源，教材、案例课本、期刊、法律评论、论文、法律百科全书、法律词典等等，都是这一类资源。帮助指南只说明某一兴趣领域的基本法律资源的基本位置和获得途径，包括案例法摘要、引文和各种索引资源。

完整的法律研究包含审阅大量法律文献。阅读这些法律文献，可以借助多种研究指南。尽管这些指南可以有效地帮助获得相关文献，但需要注意的是，指南的出版商根据自己的考虑，设定了指南的使用范围。法律领域的许多出版物主要是为律师提供的，而不一定符合教育研究者的要求。

法律争议分为实体争议和程序争议。程序争议关注法律过程中法律规则的不同形式，而实体争议指向法律权利和法律原则。律师们对程序争议比之教育者更有兴趣。因此，这里主要阐述研究过程中实体性法律信息的获得。

## 基本法律文献

### 法律

《美国法典》(The United States Code)分门别类地汇编了联邦法律。联邦法律非官方的注释集中于《美国法典注解》(United States Code Annotated)和《美国法典指南》(United States Code Service)。注释文献包括补充性的历史解释、编辑的评论和每一法律条款相关判例法的摘要。因此,与《美国法典》相比,人们可能更为熟悉《美国法典注解》和《美国法典指南》。立法机关的法令按照通过时间汇编于《美国法令大全》(The United States Statutes at Large),并统一编号。例如,P. L. 94 - 142,意思是第94次议会第142次通过。由于《美国法典》持续不断地变化,以便及时收入法律的修正和废弃,法律引文通常没有反映后来的修改。因此,如果引用法律,应该关注现行的法典。法律一旦生效,那么,更为具体的实施细则和规定将会公布于《联邦法律手册》(Federal Register)和《联邦法规汇编》(Code of Federal Regulation)。

官方出版的各州法典以及非官方出版的法典注释通常按照法律内容分类汇编,并按照索引顺序组成章节,以便于查找。与学校相关的法律以“教育”或“学校和学区”为名,组成专门的一章。官方出版的法典和相关注释都通过袖珍出版物保持最新版本,非官方的法典注释能够提供更为快捷和更为方便的更新资料,以及相关的分析和解释文献。地方法令通常没有标准化的法典汇编,一些县或较大的城市可能出版地方法令汇编。

### 宪法

联邦和各州宪法条款可以通过多种途径获得。《美国法典》收集了美国宪法的官方文本,《美国法典注解》和《美国法典指南》汇编了宪法解释文献。同样,各州法典收集了各州宪法,许多州也有相应的法典注解。

## 判例法

法律和宪法条款的各种争议与解释，在法院的判例法这儿被综合了。诉讼开始于审判法院，在这一层次，法院审查诉讼各方的书面文件，听取各方的口头申辩和评价的证词。如果诉讼各方或其中一方对审判法院判决不服，可以上诉至上一级法院。上诉法院并不重复审判法院的程序，而是审查下一级法院判决的书面记录。上一级法院可能维持、推翻、撤销、修正下一级法院的判决，或者要求下一级法院重审案件。

大多数审判法院判决没有得到公布，因而，只有在作出判决的审判法院，才能获得其判决。但是，大多数上诉法院判决和一些审判法院的判决有官方和非官方的出版物，这些出版物按照一定的顺序编号分卷出版。一些单行本公布最新的法院判决，这样的单行本定期出版，作为官方出版的法典注解的最新补充。非官方的判例出版物非常有用，因为其速度更快，内容更广，还提供了一些相关的特定的补充材料和研究指南。

**美国联邦最高法院** 《美国法律动态》(The United States Reports)是美国联邦最高法院判决的官方出版物。此外，两份私人出版的非官方的出版物，《最高法院动态》(Supreme Court Reporter)和《美国最高法院动态(律师版)》(the United States Reports, Lawyers' Edition)，同样出版美国最高法院判决。虽然两份非官方出版的最高法院判决带有各自的特点，但其关于法院判决的内容的转引是相同的。

联邦最高法院每次作出判决后，都会立即编印手册并出版。这些手册是联邦最高法院判决的最早的官方文件，接着，这些手册将被编号并汇编成《美国法律动态》。

另外两份私人出版的活页出版物，《美国法律周刊》(United States Supreme Law Week)和《最高法院公报》(Supreme Court Bulletin)也在联邦最高法院公布判决后立即出版判决。这些出版物为研究者及时提供了联邦最高法院的判例。

**联邦下级法院** 两本出版物出版联邦低一层次法院的判决。出版联邦上诉法院判决的出版物是《联邦法院判决》(Federal Reporter)，这一出版物现在已经发行第三系列。美国地区法院判决出版《联邦法律增刊：联邦法院判决》(Federal Supplement. Federal Rules Decision)，这一出版物选择地区法院的一些判决，包括一些程序性的法律争议。除了这两本出版物，另一本出版物，《美国联邦法律动态》(American Law Reporters-Federal)也选择出版一些涉及特殊领域的法院判决。

**州法院** 州法院通过两种主要渠道出版判决。许多州的法院直接出版自己的判决，这些法院提供公布的判决全文。通常，自己出版判决的法院是州的最高法院，但也有少数州不仅州的最高法院出版判决，州的一些上诉法院也出版自己的判决。需要注意的是，各州法院审理案件过程的不同意见，以及最新动态，并不总是通过这一系统出版。

《全国法院判决汇编》(The National Reporter System)是综合性出版州的法院判决的非官方渠道。这一渠道包含了《最高法院动态》、《联邦法院判决》和《联邦法律增刊：联邦法院判决》，在这一渠道内，各州的法院判决按照区域划分编辑出版，目的是方便收集和出版各州法院判决。全美划分为七个区域，每个区域定期出版州最高法院判决和州的上诉法院判决。此外，加利福尼亚州出版《加州法院判决增刊》(California Reporter)，纽约州出版《纽约法院判决增刊》(New York Supplement)，汇编两地审判法院的判决。一些州已经停止官方出版自己的法院判决，而采取一些合适的区域出版渠道，并将此引为自己的正式出版法院判决的途径。

《西部教育法判决汇编》(West's Education Law Report)收集和出版美国联邦最高法院、联邦上诉法院、联邦地区法院和各州上诉法院涉及教育问题的判决全文。本汇编还对一些可能对教育产生重大影响的法庭意见和立法意向进行评论，并间或刊载一些学校教育法律方面的经验性的研究。

《美国联邦法律动态》也选择一些具有重大意义的州法院的判决，并且附加分析性的评论，探讨判决中的各种法律观点。

**司法引文** 为了方便在不同的官方的、非官方的法院判决汇编中寻找一个判决，可以借助引文利用一种速记参考文献查阅途径，通过引文，可以看到作出判决的法院和其他方面的相关信息。例如，一位希望探讨学术自由的研究者，可以迅速地发现，福勒诉林肯县教育委员会(Fowler v. Board of Education of Lincoln County, 819, F. 2d 657, 1987, cert. denied, 484, U. S. 986)案对研究会有帮助。在这个例子中，案件的名称包含的福勒和林肯县教育委员会是诉讼当事人，v. 是 Versus 的缩写，诉讼在初审法院启动时，原告姓名在先。但是，在上诉中，如果案情发生变化，原告和被告姓名也会变换。在案件名称下面，是出版判决的卷号、出版物名称、页码。在上例中，819 是《联邦法院判决》(Federal Reporter)卷号，F. 2d 表示第二辑，657 代表本案判决的起始页码。这一格式贯穿于所有案例引文。最初的数字是出版物的卷号，接着是出版物名称，然后的数字是出版物的辑数，再后面是判决的起始页码。穿插于其中的是判决产生的时间。1987 年，美国第六上诉巡回法院 1987 年公布了本案判决。一些解释性词语也会出现于引文中，说明判决前后的历史过程。在本例中，美国最高法院拒绝调阅(denied certiorari)本案，最高法院拒绝受理的法律行为发生于 1987 年，在《联邦法院判决》第 484 卷第 986 页上记载。

另一例子是波顿诉纽普特纽斯学区委员会(Ponton v. Newport News School Board, 632 F. Supp. 1056, E. D. Va., 1986)案，括号中的引文表示，本案波顿系原告，纽普特纽斯学区委员会是被告，本案判决刊载于《联邦法律增刊：联邦法院判决》(Federal Supplement. Federal Rules Decision)第 632 卷的第 1056 页，由承担弗吉尼亚东部司法管辖权的联邦地区法院 1986 年作出。

如果一个判决被两个以上出版物收录，引文常常对此说明。在这种情况下，正式的权威性的判决出版物通常先行标出。例如，在美国联邦最高法院涉及阅读圣经和祈祷的判决(School District of Abington Township v. Schempp, 374 U. S. 203, 83 S. Ct. 1560, 10 L. Ed. 2d 844,

1963)，引文标出的两个出处是，正式出版于《美国法律动态》(The United States Reports)第 374 卷第 203 页，同时出版于《最高法院动态》(Supreme Court Reporter)第 83 卷第 1560 页，以及《美国最高法院动态(律师版)》(the United States Reports, Lawyers' Edition)第 10 卷第 844 页。引文还告诉读者，判决作出时间是 1963 年。

除了判决之外，其他一些法律文献的汇编同样有着一定的规则，全面说明这些规则，超出了本书的范围。如果希望详细对之进行了解，请参阅《哈佛法律评论》编印的蓝皮书《引文规范》。

### 教育委员会政策和规章

在州和地方层次上，教育系统的运行受到教育委员会采用的程序和政策规范。州教育委员会政策通常根据内容和便于获取的方式编排。在地方层次上，尽管教育政策也印刷出来，但研究者能取得却不一定很容易。

### 律师意见

各州法律顾问需要对法律提案、行政行为或者与宪法和法律相关的问题提供咨询意见。尽管这些意见只是咨询性的，但在学校法律研究中却具有重要意义。许多州都出版法律顾问的咨文。

## 二手法律文献

### 教材和案例课本

在学校法律领域，我们可以看到教材差异很大，包括通论性教材和非常具体的专题教材。一些教材提供法律问题的深度分析，而一些教材没有任何学术深度，包含引导读者走向特定的具体学校法律问题的通俗易懂的指南。一些教材中列出了案例表、文献目录或者其他参考资料，这些都对研究有所帮助。案例教材收集了一些具有特殊意义的案例文本，这些教材常常补充解释性和辅助性的文献。尽管教材和案例课本包含了内容丰富的信息，但容易陈旧，因为法律本身在变化，新的判例也在呈现。

### 学术期刊和法律评论文章

教育和法律文献里可以看到论述性的讨论学校法律的文章。法学期刊索引（Index to Legal Periodicals）中收集了法律评论和法律期刊。法律评论索引（Shepard's Law Review）汇编了超过一百种法律评论和期刊中的文章索引，能够帮助研究者确定近几十年来学术期刊发表了什么法律文章，在什么程度上被后来的文献以及联邦和州法院引用。《教育法律期刊》（The Journal of Law and Education）和《西部教育法季刊》（West's Education Law Quarterly）是专门刊登学校法律文章的学术期刊。教育期刊上刊载的讨论学校法律的文章可以在《教育索引》（Education Index）、《当代教育期刊索引》（Current Index to Journals in Education）和《教育管理文摘》（Educational Administration Abstracts）中找到。

### 学位论文

学校法律领域没有公开发表的博士学位论文，常常系统地、综合性地研究学校法律领域的一个专门课题。合适的博士学位论文可以通过电脑在《国际博士学位论文摘要》（Dissertation Abstracts International）中找到。

### 百科全书

《惯例法典大全》（Corpus Juris Secundum）和《美国法学》（第二版），是全美范围内的两本主要的法律百科全书，覆盖了广泛的法律话题。每一种百科全书都是多卷本的，提供了极为丰富的学校法律文献索引（包括学校和学区）。此外，多个州也按照这两本百科全书的格式出版了州的法律百科全书。

由于百科全书中文章丰富的脚注包含了大量的文献和案例参考，因而，这些百科全书在寻找相关案例的过程中具有相当大的作用。但是，由于法律变化极为迅速，尽管不断地出版百科全书的增补本，百科全书出版一段时间后，其作用仍会不如刚出版时大。百科全书的这一缺点，导致人们批评其内容缺少学术分析，充满过度简化和过度一般化痕迹。

重要的法律术语按照字母顺序排列在法律百科全书中，每一术语后面都附有法院判决简述，这些术语都是在相关的判决中得到解释和界定的。现在，每年都出版年度法律百科全书术语，保证法律术语能够跟上法律的发展步伐。

## 其他二手法律文献

在学校法律研究中，其他一些法律文献也许同样有用。例如，《法典引文蓝皮书》(The Bluebook: A Uniform Code of Citation)，提供了人们普遍接受的引文规范和体例。这样的规范和体例有效地帮助了研究者报告其研究成果，便于其成果为法律文献索引收录。法律术语和缩写的标准在一些声誉良好的法律词典中可以看到，例如《法律词典》(Black's Law Dictionary)。

### 研究指南

多种方法可以用来寻找相关法院判决，而每一种方法都有其利弊，人们可以运用这些方法找到需要的法院判决，却很难指出哪一种方法是最好的方法。究竟运用何种方法，需要根据具体的研究问题、手边的工具和研究者个人偏好而定。

### 判例文摘

《美国法律文摘系统》(American Digest System)提供了无限丰富的

案例文献，这些文献分析标题按字母顺序排列。这些文献每十年一卷。第十卷文摘收集1986—1996年期间的案例。1996年后，《普通法律文摘》(General Digest)第九卷也开始收录案例。《普通法律文摘》还使用活页增刊，以便收录最新案例。

除《美国法律文摘》外，不同区域和州也有许多案例汇编。还有一些文摘专门收录联邦法院判决或联邦最高法院判决。

### 活页系统

有几种活页出版物可以帮助研究者找到相关的案例。美国法律协会编辑出版的月刊《学校法律动态》(School Law Reporter)，摘要刊登了当月所有与学校相关的法律案例。在所有活页出版物中，《学校法律动态》是综合性的收录学校法律案例的出版物。《学校法律公报》也收录与学校法律问题相关的案例。《美国法律周刊》(United States Law Week)和《最高法院动态》提供了联邦最高法院最新判决。这两份出版物还收录法院程序、工作日历、案例概要和法院新闻。《美国法律周刊》中有一部分内容称为"普通法"(General Law)，总括了全部法律领域一周内的联邦和各州最新动态，包括司法、立法和行政行为方面的动态。

### 法典和动态注释

宪法和法典解释有助于理解案例。一些案例概要和引文也包括在这些分析性的法律条款的注解之中。《美国法律动态》和《美国联邦法律动态》选编了最为重要的案例，并且附有编辑对适用于案例中的法律条款的详细注解。

### 二手文献

前面曾经讨论过二手文献。教材、期刊、法律评论文章、学位论文和百科全书中大量的脚注，这些都是寻找案例的可行资源。《西部教育法动态》(West's Education Law Reporter)收录了最新的与学校法律相关的法律信息和评论。在《教育与法律期刊》中，也可以看到最新的学校法律案例概要。美国教育法律协会每年出版一期的《教育法律年鉴》(The Yearbook of Education Law)也会选编一些重要的涉及学校法律不同方面的案例。

### 计算机辅助系统

多个商业性的计算机辅助系统能够服务于法律研究。目前，这些系统包括莱克西斯(Lexis)和西部法律(Westlaw)。运用这些系统的主要优点是，不用直接跑到法律图书馆，可以广泛接触远比图书馆丰富的法律文献，能够看到大量法律评论，寻找特定的或专门的法律案例极为方便。

因特网上同样拥有丰富的法律资源。Law. com(http://www11.law. com)是一家综合性的法律网站，其中主要资源有重要法律文件、联邦宪法、权利法案、美国法典、联邦最高法院司法文献、上诉法院文献、地区法院文献和行政规章。康奈尔法学院(Cornell Law School)(http://supct. law. cornell. edu/supct)、美国联邦最高法院网站(http://supremecourts. gov)和政府机构网站(http://www. fjc. gov/wwwlinks/govlinks. html)都有一些综合性的法律网络资源。

## 结语

如果系统地运用研究工具，持续地涉猎大量的法律文献，研究者将会对自己的劳动成果充满信心。相反，只是探讨少数专题或专门的法律争议，那么，很可能或实际上不会运用前述各种研究工具。

# 附录C　美国宪法节录

我们合众国人民，为建立一个完美的联邦，确立正义，保障国内安宁，规划共同防务，促进公共福利，并使我们自己和后代享有自由之幸福，特为美利坚合众国制定和确立本宪法。

## 第一条

(1) 本宪法所授予的全部立法权，均属于由参议院和众议院组成的合众国国会。

(8) 赋课并征收直接税、间接税、关税与国产税，以偿付国债和规划合众国共同防务与公共福利。

设立最高法院之下的各级法院。

(10) 任何州不得通过任何破坏本宪法的法律。

## 第二条

(1) 行政权属于美利坚合众国总统。

## 第三条

(1) 合众国的司法权，属于最高法院和国会在不同的时期内规定和设立的下级法院。最高法院和下级法院的法官如行为端正，得继续任职，并应在规定的时间得到服务报酬，此项报酬在他们继续任职期间不得减少。

（2）司法权的适用范围包括：由于本宪法、合众国法律和根据合众国权力已缔结或将缔结的条约而产生的有关普通法和衡平法的一切案件；涉及大使、公使和领事的一切案件；最高法院有初审管辖权。对上述所有其他案件，不论法律方面还是事实方面，最高法院有上诉管辖权，但须依照国会所规定的例外和规章。

第四条

（1）每个州对于其他各州的公共法令、案卷和司法程序，应给予充分信任和尊重。国会应以一般法律规定，证明这类法令、案卷和司法程序的方式和规定它们所具有的效力。

（2）每个州的公民享有各州公民的一切特权和豁免权。

第五条

国会在两院各有三分之二议员认为必要时，应提出本宪法的修正案；又如有各州三分之二州议会提出请求，亦应召开制宪会议提出修正案。不论哪种方式提出的修正案，经各州四分之三州议会或四分之三州制宪会议的批准，即实际成为本宪法之一部分而发生效力。具体采用这两种批准方式中的哪一种，得由国会提出建议。（但在一千八百零八年以前制定的修正案，不得以任何形式影响本宪法第一条第九款第一项和第四项）任何一州，未经其同意，它在参议院的平等投票权不得被剥夺。

第六条

本宪法和依本宪法所制定的合众国法律，以及根据合众国的权力已缔结或将缔结的一切条约，都是全国的最高法律；每个州的法官都应受契约约束，即使州的宪法和法律中有与之相抵触的内容。

前面提到的参议员和众议员，各州州议会议员，以及合众国和各州所有行政和司法官员，应宣誓和作代誓宣言拥护本宪法；但决不得以宗教宣誓作为担任合众国属下任何官职或公职之条件。

第一条修正案〔1791〕

国会不得制定关于下列事项的法律：确立国教或禁止宗教活动自由；限制言论自由或出版自由；或剥夺人民和平集会和向政府请愿申冤的权利。

第四条修正案〔1791〕

不得侵犯人民的人身、住宅、文件和财产不受无理搜查和扣押的权利；除依照合理根据，以宣誓或代誓宣言保证，并具体说明搜查地点和扣押的人或物，不得发出搜查和扣押状。

第五条修正案〔1791〕

无论何人，不得因同一罪行而两次遭受生命或身体的危害；不得在任何刑事案件中被迫自证其罪；不经正当法律程序，不得被剥夺生命、自由或财产；不给予公平赔偿，私有财产不得充作公用。

第六条修正案〔1791〕

在一切刑事诉讼中，被告享有下列权利：由犯罪行为发生地的州和地区的公正陪审团予以迅速而公开的审判，该地区应事先已由法律确定；得知被控告的性质和理由；同原告证人对质；以强制程序取得对其有利的证人；取得律师帮助，为其辩护。

第七条修正案〔1791〕

在普通法的诉讼中，其争执价值超过20美元，由陪审团审判的权利应受到保护。由陪审团裁决的事实，合众国的任何法院除非按照普通法规则，不得重新审查。

第八条修正案〔1791〕

不得要求过多的保释金，不得处以过重的罚金，不得施加残酷和非正常的惩罚。

第九条修正案〔1791〕

本宪法对某些权利的列举，不得被解释为否定或忽视由人民保留的其他权利。

第十条修正案〔1804〕

本宪法未授予合众国、也未禁止各州行使的权力，保留给各州行使，或保留给人民行使。

第十一条修正案〔1798〕

合众国的司法权，不得被解释为可以扩展到受理由他州公民或任何外国公民或臣民对合众国一州提出的或起诉的任何普通法或衡平法的诉讼。

第十三条修正案〔1865〕

第一款

在合众国境内或受合众国管辖的任何地方，奴隶制和强迫劳役都不得存在，惟作为对依法判罪者犯罪之惩罚，不在此限。

第二款

国会有权以适当立法实施本条。

第十四条修正案〔1868〕

第一款

凡在合众国出生或归化合众国并受其管辖的人，均为合众国的和他们居住州的公民。任何一州，都不得制定或实施限制合众国公民的特权或豁免权的任何法律；不经正当法律程序，不得剥夺任何人的生命、自由或财产；对于在其管辖下的任何人，亦不得拒绝给予平等法律保护。

### 第十五条修正案〔1870〕

第一款

合众国公民的投票权，不得因种族、肤色或曾被强迫服劳役而被合众国或任何一州加以剥夺或限制。

第二款

国会有权以适当立法实施本条。

### 第十六条修正案〔1913〕

国会有权对任何来源的收入规定和征收所得税，不必在各州按比例分配，也无须考虑任何人口普查或人口统计。

### 第十九条修正案〔1920〕

第一款

合众国公民的选举权，不得因性别而被合众国或任何一州加以剥夺或限制。

第二款

国会有权以适当立法实施本条。

### 第二十四条修正案〔1964〕

第一款

在总统或副总统、总统或副总统选举人或国会参议员或众议员的任何预选或其他选举中，合众国公民的选举权不得因未交纳人头税或其他税而被合众国或任何一州加以剥夺或限制。

第二款

国会有权以适当立法实施本条。

## 第二十六条修正案〔1971〕

第一款

年满 18 岁或 18 岁以上的合众国公民的选举权，不得因为年龄而被合众国或任何一州加以剥夺或限制。

第二款

国会有权以适当立法实施本条。

# 译后记

本书作者米歇尔·W. 拉莫特(Michael W. Lamorte)是美国佐治亚大学教育学院学校法学教授,同时也是一位律师。本书是作者长期从事学校法学课程教学和学校法学研究的成果,在美国先后七次再版,而且每一次再版都曾经过作者修订。译毕全书,我们深深感到,米歇尔·W. 拉莫特教授不仅为美国高校学校法学课程的学生提供了一本优秀的学校法学或教育法学教材,也在世界范围内传播了学校法学的基本原理。这些基本原理适用于一切追求教育事业进步的国家、社会和个人,而无论其处于何种制度和文化之下。

阅读本书可以看到,一个多世纪以来,贯穿于美国教育法律的基本原理和根本精神就是教育平等。几乎可以说,美国 100 多年教育法律史上的任何重大事件或具体案例,都在从不同角度折射着美国公立教育事业缓慢、艰难和稳步地追求着教育平等的进程。

第一,追求教育机会和教育权利的种族平等。100 多年前,种族隔离和种族差别对待是美国社会中习以为常的现象,而且是美国法律规定的社会行为标准。1896 年,具有 7/8 白人血统和 1/8 黑人血统的美国路易斯安那州公民普莱西自认为自己是白人,因而在列车上走进了专为白人开设的车厢,受到铁路管理人员的处罚。普莱西难以下咽如此巨大的耻辱，愤而起诉路州和铁路部门，美国法律史上著名的普莱西诉佛格森(Ferguson)案因而发生。美国联邦最高法院判决，美国各州立法机关制定的规定白人和有色人群分别使用不同的餐厅、车厢、剧院、汽车座位等等一切公共场所和公共设施的法律，以及美国社会中实际存在的种族隔离情形受到美国宪法保护和美国联邦最高法院的捍卫，并形成“隔离但平等”的宪法原则。联邦最高法院认为，“隔离但平等”符合不同种族人群的利益。在这样的原则之下，不同种族人群能够和谐共处，互不侵犯，各自恪守自己的传统和习惯，并且享有平等的公民资格。因此，当时的各种种族分离规范和现象应当受到尊重和肯定，任何与此冲突的行为都将受到法律的处置。

与美国社会中普遍存在的种族歧视相应，全美公立学校系统同样盛行种族歧视。美国公立学校系统中的白人子弟和有色人群分别进入不同学校接受教育，白人学校由白人执教，有色人群接受教育的学校由有色人士执教。普莱西案之后，公立学校的种族双轨体制进一步强化。没有人能够对此提出挑战，也很少有人怀疑这样的双轨公立学校制度。然而，公立学校绝非“隔离但平等”。在公立学校系统中，白人学校无论是师资力量和教育质量，抑或是教育设施和教育经费，都远远优于有色人种学校。“隔离但平等”原则深刻而又弥散地损害着有色人种的教育平等，极大地收缩了有色人群受教育权内涵。

在普莱西案发生后的半个多世纪里，美国有色人群始终在为自己的受教育权的平等而奋斗，在为种族教育平等而奋斗。1954 年，布朗诉托皮卡教育委员会(Brown v. Board of Education of Topeka)案逆转了“隔离但平等”原则。与普莱西案相比，布朗案可谓美国法律史上最伟大和最进步的案例。

布朗是美国堪萨斯州托皮卡学区的黑人女生，在其父亲眼中，无论依据什么标准评价，女儿就读的黑人学校都远比白人学校低劣。因此，父亲以女儿的名义，起诉地方学区违反美国宪法，损害了女儿平等地接受教育的权利。美国联邦负责受理涉及宪法的法律纠纷的地区法院依据100多年前的普莱西案例的"隔离但平等"原则,判定布朗败诉。适逢此时,美国其他地区法院同样面临有色人种起诉公立学校系统的种族隔离原则违背美国宪法,损害教育平等。在媒体和公众舆论推动之下,布朗案摆到了美国联邦最高法院的法官面前。美国宪法规定:凡在合众国出生或归化合众国并受其管辖的人,均为合众国的和他们居住州的公民。任何一州,都不得制定或实施限制合众国公民的权利或豁免权的任何法律;不经正当法律程序,不得剥夺任何人的生命、自由或财产;对于在其管辖下的任何人,亦不得拒绝给予平等法律保护。显然,公立学校系统中实际存在着的种族隔离没有给予黑人与白人相同的平等保护,与宪法的基本精神方枘圆凿。联邦最高法院判决,"隔离但平等"原则违背美国宪法,公立学校应当依法取消种族隔离,实现不同种族人群同校接受教育机会的平等。尽管布朗判决没有立即终结美国社会中的种族隔离和公立学校系统中的种族隔离,却彻底摧毁了种族隔离和教育中的种族差别对待的法律基础,确立了崭新的法律评价标准。

从普莱西案到布朗案的漫长的半个多世纪的历程,记录着美国种族平等观念的深刻的革命性变化,也在诉说美国教育法追求教育平等的历史过程。在普莱西案发生之际,相当多的美国白人心里深处充斥着种族优越感。尽管有美国宪法存在,但在相当多的白人眼中,黑人和一切有色种族是低劣的。在一些白人精英的话语体系中,充满着对有色人种的经过修饰的歧视。联邦最高法院在普莱西案的判决中甚至这样说道:白人与黑人存在肤色上的差异,这种差异是真实的,为了保护黑人的利益,使其免受各州歧视性立法的差别对待,需要赋予黑人某些特权,实行种族隔离能够明确地区分黑人的权利,从而达到保护黑人的目的;如果不加区分,允许不同种族人群混合,结果是不同种族人群都将产生极大的不满,并因而相互对立和敌视。在这里,隔离似乎真的能够实现平等。令人啼笑皆非的是,联邦最高法院宣布,种族隔离之所以受到黑人的反对,主要原因是黑人预先设想隔离导致黑人种族低劣,或者说是黑人自己的想象,而不是白人或者法院持有这样的见解,也不是社会的真实状态。因此，联邦最高法院裁定：美国公共场所的种族隔离没有损害不同种族人群的利益，是“隔离但平等”的；倘若需要种族融合，那也是不同种族，尤其是黑人白人相互吸引的自然结果，而不是国家的责任或司法机关的义务，因为国家的立法、行政和司法无法回避种族天生的血统和身体条件方面的差异。

半个世纪后，美国有色人种的诉求和呼声终于得到回应。在布朗案发生之际，人们已经真切地认识到，种族隔离没有带来平等，相反却滋生了大批的质量低劣的黑人学校和知识文化基础极差的有色人种学生，扩大了不同种族人群之间的差距，削弱着有色人种的教育权利和教育机会平等，严重威胁着一个国家之中不同种族和民族应有的血肉关系，损害着国家的利益，阻碍着人的自身的进步和国家的发展。

联邦最高法院还看到，基础教育中的种族隔离的危害大于其他公共领域。接受义务教育，是公民履行最基本的公共职责的要求，甚至也是能在军队服役的基本要求，是成为一个好公民的基础，也是唤醒儿童感知文化价值、继而进行准备性的职业训练以及正常地适应周围环境的基本工具。而美国社会一方面拒绝给予儿童接受基础教育的平等机会，一方面又期待儿童能够正常地在生活中取得成功，这在今天的社会形势下实在是不可思议的。由国家负责提供的教育机会是一种权利，这种权利应该是人人平等的。

联邦最高法院指出：“白人儿童和有色肤色的儿童在公立学校中被隔离对待，这对有色血统的孩子产生的影响是非常不利的。当这种隔离政策被法律认可后所产生的影响更为严重：因为种族隔离政策通常被理解为黑人种族低人一等的意思，这种低人一等的感受将会影响黑人孩子学习的动机。因而，合法的种族隔离有妨碍黑人孩子教育发展和心智发展的倾向，还可能剥夺他们在多种族同校的学校系统中更多可能受益的机会。”到此，布朗案全面推翻了1894年的普莱西原则。在布朗案之后，美国各州，尤其是南方各州公立学校系统逐步取消种族隔离，实行不同种族人群同校学习和工作，这成为20世纪50年代和60年代以后美国的一道声势壮观的教育改革景观,并且实际地促进了种族的教育机会和教育权利平等。

第二,追求公立基础教育资源分配平等。美国基础教育资源主要来自三个方面:一是学校所在地的地方财产税;二是各州下达的基础教育经费拨款;三是联邦政府对基础教育的投入。在早期的公立学校系统中,基础教育阶段学校的主要支出来自地方财产税。这一传统铸成了美国基础教育财政体制的不平等性质。

所谓地方财产税,是指依据地方居民所拥有的不动产价值所征收的税。财产税在美国公立基础教育支出中占有十分重要的比例,直接决定基础教育生均经费的高低。然而,美国的地区差异相当明显,富裕地区居民拥有的可征税财产与贫困地区拥有的可征税财产差异悬殊。因此,依据财产征税来开支基础教育费用,必然导致不同地区生均经费差异巨大。而生均经费差异,使得贫穷学区和富裕学区的教师报酬、基本的教育设施、师生比、课程、教育管理质量、体育场地的规模、体育场地的充分程度、体育场地的条件等所有方面都存在明显差异。更为重要的是,贫困地区的父母要比许多其他地区纳税人付更高税率,承受更重的负担,才能给孩子提供和其他富裕地区同样的(甚至更少的)教育机会。在这样的体制之下,基础教育阶段的学生将会仅仅因为居住于富裕程度不同的地区,实际上获得极不平等的教育资源。

教育资源的这种分配体制一直受到来自落后学区、学校居民、学生、教师和教育管理者的批评,也是学术界争论的重大话题。上个世纪60年代晚期以来,批评声音更为强烈,并成为法律争议的重大课题,从而导致司法介入。

分析本书的一些案例可以看到,随着美国社会的进步和持续的法律诉讼,基础教育经费三大来源在整个基础教育支出中所占的比例也在发生着变化。最初,地方学校财产税在基础教育支出中所占比例最大,达到50%以上,各州政府下拨的教育经费在基础教育支出中所占比例约为40%,联邦政府的投入不到基础教育经费的10%。这种比例格局给出的信息是，基础教育经费严重依赖地方财产税，因而地方的贫富直接决定基础教育经费。到了上个世纪60年代以后，各州政府的教育投入和联邦政府的教育投入在基础教育经费中所占的比例逐渐加大。目前，就美国的平均水平而言，地方财产税在基础教育经费中所占比例约为30%，各州政府的教育投入所占比例约为60%，联邦政府的教育投入约为10%。虽然如此，由于可征税财产存在差异，各地学校的生均经费仍然相差明显。

1969年1月，圣安东尼奥独立学区诉罗德里格利兹(San Antonio Independent School District v. Rodrignez, Supreme Court of the United States, 1973, 411 U.S. 1)案发生。本案的原告是得克萨斯州圣安东尼奥市区的一个名叫爱德华德的独立学区的一群学生家长。这些家长均是墨西哥裔美国人，代表少数种族群体学生或贫穷的居住在学校财产税收低的学区的学生提起集体诉讼，旨在促进得州改革公立学校的财政体系。诉讼始于1968年夏天，随后，1969年1月，美国上诉法院开始审理本案，于1971年11月作出判决。判决认为，得州实行的学校财政体制违反宪法第十四修正案中的平等保护条款，因而是违宪的。得州政府拒绝上诉法院的判决，提起上诉。这样，本案就进入了美国联邦最高法院的视野。学生家长们指出，得州的教育财政体制的主要问题是：其一，歧视收入在贫困线以下或可能从事"贫穷者"才干的职业的"穷人"；其二，歧视相对贫穷的人；其三，歧视那些尽管个人收入不错却碰巧住在相对而言更贫穷的学区的人。在学区家长、一些学者和舆论看来，这样的歧视还将会催生阶层差异，富有阶层通过优质教育占有更为有利的社会地位，贫穷阶层在教育中陷入更为恶劣的环境，从而形成不同阶层之间的矛盾和对抗。

面对舆论和社会压力，联邦最高法院似乎非常尴尬，给出的判决也令人困惑。一方面，最高法院裁定，没有可靠的数据证明教育财政体制存在严重的阶层歧视和阶层分离问题，因而，没有在实质上改变上诉法院的判决；另一方面，最高法院判决，得州政府应当加大教育经费投入，改变事实上存在的不同学区间生均经费差异及其负面效应。

在本案之后，人们似乎无所适从。但是，教育财政的法律纠纷仍然持续产生，法院的判决也更让人费解。一些法院判决地方教育财政体制违宪，而另一些法院则裁定地方教育财政体制有着自己的存在理由，只是需要改进。

1989年，肯塔基州最高法院受理罗斯诉优质教育委员会(Rose v. Council for Better Education, Supreme Court of Kentucky, 1989, 790 S. W. 2d 186)案。在本案中，法院裁定，肯州立法机关制定的教育法律构建了一个低效教育体制，而其中最为主要的问题就是教育财政体制存在重大缺陷。法院裁定，这样的教育财政体制与州的宪法精神冲突，肯州立法机关需要重新构建全州的教育财政体制，并为全州提供平等的教育机会，建立一个高效的教育体制。依据肯塔基州宪法精神，"高效的教育体制"是指一个"大体统一，教育经费资源基本平等，所有学生的受教育机会大体平等"的体制。这一判决产生后，肯州政府没有上诉，而是依据判决的精神，调整教育法规，并努力朝向资源分配更为平等的体制迈进。因此，可以说，本案判决本质上为美国教育财政体制有利于贫困地区学校和居民的改革提供了一种司法上和立法上的尝试，也在昭示美国教育财政体制的未来改革方向。事实上，在本案之后，无论美国联邦政府还是各州政府，都在努力缩小区域教育资源分配差异。

第三，追求教育过程中的政治平等。乍看之下，政治平等是一个复杂的范畴，然而，在美国教育法规中，政治平等是一个具有非常明显的可操作性的概念。

其一，政治平等是指赋予学生与成熟公民平等的具有政治意义的象征性表达自由。表达自由是美国宪法赋予全体美国公民的基本的宪法权利。与成熟的公民一样，在校学生同样可以通过自己的方式合法地享有表达自由，通过象征性的方式表达自己的政治观点。这一原则早在上个世纪60年代末就已经通过判例成为法律原则，调整着全美基础学校的学生政治性的象征表达自由。确立这一原则的最为典型的案例是廷克诉得梅因独立社区学区（Tinker v. Des Monies Independent Community School District，1969，393 U. S. 503）案。

原告约翰·F. 廷克（John F. Tinker）15岁、克里斯托弗·爱克哈特（Christopher Eckhardt）16岁和玛丽·贝思·廷克（Mary Beth Tinker）13岁，就读于艾奥瓦州得梅因（Des Moines）学区中学。1965年12月，得梅因的一群成人和学生在爱克哈特家召开了一次会议，决定在节假日佩戴黑臂章，在12月16日和新年前夕禁食，以此来表达对越战的反对和对停战的支持。原告及其父母也曾参加过类似的活动。

得梅因学校的校长们开始意识到佩戴黑臂章的计划。1965年12月14日，学校行政人员开会并且正式通过了一项政策，规定任何佩戴臂章上学的学生将被要求除去臂章，如果该学生拒绝，将被停学直到愿意除去臂章为止。

当年12月16日，玛丽·贝思和克里斯托弗佩戴黑臂章上学。第二天，约翰·廷克也佩戴了黑臂章。他们三人都被停学遣送回家，并被告知直到除去臂章才可以返校。一直到计划佩戴臂章的时间结束，也就是新年之后，原告才返回学校。

根据美国宪法，原告通过其父母向联邦地区法院提起诉讼，请求颁布禁止令，阻止被告方学校官员和学区委员会成员处分原告，同时还请求名义上的损害赔偿金。在初审之后，地区法院驳回了该诉讼。法院认为学校当局的行为是符合宪法要求的，理由是学校为防止纪律失调而采取这样的行为是合理的。

在上诉中，上诉法院维持地区法院的判决，从而导致联邦最高法院审理本案。最高法院肯定，学生的行为是一种象征性的政治表达，受到宪法第一修正案的保护，如果没有影响或破坏学校正常的课程秩序，应当受到保护，而不是禁止。因此，最高法院要求初审的地区法院重新依据宪法精神审理本案，从而确立了“廷克原则”，即充分保护学生与学校正常的教育秩序没有冲突的象征性政治表达自由，赋予学生平等的公民政治权利。最高法院指出，本案中的象征性表达是纯粹的政治行为，与裙子长度、衣服式样、发型或行为态度具有不同的性质，学校没有权力依据内部规章制度限制象征性的政治表达，弱化学生应当享有的宪法给予公民的平等的政治权利。更主要的是，这样的政治表达并不包含攻击性和破坏性的行为甚至集体示威运动，因而，理所当然地应当受到宪法保护。

在这里，需要特别说明的是，在校学生平等地享有宪法保护的具有政治含义的象征表达自由，有着特定的限制，翻阅本书的相关案例可以清楚地看到这样的法律限制。象征表达自由应当具有纯粹的政治意义，而不能与正常的教育秩序、与他人的利益、与学校体制和利益直接对抗，更不能夹杂任何其他性质的活动内容，尤其是出于个人目的或企图的活动内容。

学生作为公民应当平等享有公民政治权利的主张得到保护，有着特别重要的意义。这样的权利既是民主社会进步的基础和动力源泉，也是学生其他多方面权利的充实和促进，同时还是教育事业进步的基本保证。

其二，赋予学生平等地接受不同意识形态的自由。换一种角度，也可以说，这一政治权利内涵实际上是整个社会范围内政治言论自由表达平等和社会公众自由平等地倾听不同政治观点的权利在学校中的反映。在学校中，学生应当像社会公众一样，能够通过特定的方式倾听不同的政治观点，形成自已的政治判断能力。如果某一特定政治意识形态在整个社会范围内受到限制或歧视，社会的民主程度必然受到限制；同样，学校如果禁止学生倾听某一特定的政治观点，学生的政治判断能力必然受到影响。因此，学生平等地接受不同意识形态的空间和自由应当受到特别的关注。

20 世纪 70 年代发生的威尔森诉校长（Wilson v. Chancellor，1976，418 F. Supp. 1358）案，是典型地反映这种政治平等的一则案例。在本案中，美国俄亥俄州莫拉拉联合高中（Molalla Union High School）学校委员会通过一条禁令，禁止在高中进行政治演讲。被告威尔森是联合高中

(MHS)教政治的教师，原告拉格(Logue)是学校的一位学生，起诉要求法院判定被告侵权并禁止其行为，因为学校委员会禁令违反了宪法第一修正案的规定，也违反了宪法第十四修正案相应的保护条款。

本案的案情是，教师威尔森邀请了一名共产党人安顿(Anton Kchmaeack)在拉格所在的班级进行演讲时引发争端。威尔森之前已经邀请了一名民主党人、一名共和党人和一名约翰·伯奇(John Birch)社团成员进行演讲，并未遭到任何反对。该名共产党人是威尔森计划中的四人小组的最后一个，威尔森希望通过这种方式为学生提供倾听不同政治主张的机会，并让学生理解社会允许不同政治主张的自由表达平等。

威尔森按照常规将此邀请向校长汇报，得到校长的同意，被告学校委员会于1975年11月的会议上讨论并同意了该邀请。整个过程都符合常规、有例可循。学校委员会的同意引起了众多非议。两个言语激烈的批评家在12月4日组织了社区会议，在会上提出请愿书，要求学校委员会修改决定，大约800人在上面签了名。一些镇民在给报纸的信中提到有可能否决所有的学校预算，更换学校委员会成员。面对着这份请愿书和众多愤怒的居民，学校委员会于12月11日修改了其决定，发表了口头禁令，禁止所有政治演讲者到该学校演讲。

拉格认为该禁令侵犯了她的宪法第一修正案规定的倾听他人演讲的权利。在美国的法律传统中，平等地接受不同信息的权利主要适用下列人群：不能阅读期刊的囚犯；潜在的观众因为演讲者被禁止演讲而不能听；声称有"公共知情权"的人们或者"隐私知情权"的人们。宪法和法律传统显然支持原告的指控。

拉格与其同学属于第二种人群，其接受不同观点的权利受到平等的法律保护，而在这里，拉格在宪法第一修正案中保护的权利被侵犯了。此外，学校委员会表达了一种歧视，允许威尔森邀请一名共和党人、民主党人和约翰·伯奇社团成员到教室演讲，却不允许邀请一名共产党人进行演讲。显然，歧视直接挑战着平等。案情极为简单，因而，州的最高法院明确地支持原告，确认原告应当与社会公众一样，平等地享有倾听不同政治主张的权利。

与廷克案不同,在本案中,教师和学生是政治言论的接受者。因此,可以看到,美国教育法律实际上在表达和接受两方面都给予了学校学生平等的政治言论自由保护。无疑,这样的保护的前提是,表达和接受都必须与教育教学秩序和教育的宗旨一致,在这个意义上可以说,平等实际上是建立在特定的条件之上的。

美国的教育家和法学家相信:(1) 不管国家的力量如何强大,都不能禁止那些不同声音;(2) 生活在自由社会里的居民必须经常聆听与他们意见相左的声音,即使这种声音令他们愤怒,也得坚持听下去。只有让学生懂得了这些,教育才是成功的。

第四,追求教育过程中的宗教平等。在美国公立学校中,宗教平等的主要含义是,根据美国宪法第一修正案声明:"国会既不能制定任何确立宗教的法律,也不能制定任何法律干涉公民的宗教信仰自由。"具体地说,就是政府行为必须:(1) 反映明确的世俗目的;(2) 既不推动也不抑制宗教;(3) 避免政府和宗教之间的过度牵连。基于此,公立学校实行教育与宗教分离,禁止任何宗教团体干涉学校教育活动,公立基础教育一视同仁地对待一切宗教组织,既不偏袒亦不歧视任何具体的宗教类型或宗教团体。这些内容是美国政府和全部公立学校系统努力实现的宗教平等的体现。

实现宗教平等,与实行宗教与公立学校教育分离,实际上是同一事物的两种不同表述。倘若宗教与公立学校没有分离,那么就无法实行宗教平等,因为公立学校与宗教合一或与宗教过度关联,必然导致公立学校教育过程中的宗教偏袒或宗教歧视。其主要原因是,任何一种宗教都只是社会的一部分成员的活动和事业,而不是整个社会和国家的事业;宗教与教育追求的目标相异,前者追求信徒彼岸的幸福,而后者追求全体社会成员现世的福利;宗教与教育的权威标准相异,前者以某一特定的上帝或其旨意作为评价一切的最终标准,而后者服从代表全体社会成员共同意志的意识形态和国家制度,前者的蔓延和强盛,必然冲击和弱化后者，进而影响社会的稳定。禁止任何个人和组织利用宗教干涉教育活动，实际上是在最为深刻和广泛的范围内消解了宗教利用任何权威性和系统性机构，有意识地扩展影响和势力的基础，影响社会秩序；两者的活动内容相异，前者集中于某一宗教教义及其解释和践行，后者关注人类社会创造和积累的全部文明成果；两者的组织形式不同，前者包容众多的宗教教派的组织形式，既有高度严格的组织，也有松散广泛的组织，后者的组织形式围绕培养目标、教育内容和要求有系统地和有计划地展开；两者的作用效果相异，前者的活动意义成为信仰深深内化于人的内心世界，后者引导人们掌握科学文化知识，形成人们的一般的和专门的能力；两者的作用途径不同，前者通过人的内心体验影响人的行为，后者通过帮助人们掌握知识，形成观念，增强人们认识和改造自己的主观世界和客观世界的能力。总之，教育和宗教之间存在着巨大的鸿沟和分明的界限。如果允许宗教与公立学校过度关联，学校教育的公共性和平等性都将受到弱化，进而影响全体社会成员的根本利益。正因为如此，世界上绝大多数国家构建教育法规公共性原则时，都将教育与宗教分离列为重要内容，并且视之为追求宗教平等的基本前提。

美国追求宗教平等，实行宗教与教育分离，还有着深刻的历史原因。从历史上看，许多早期的殖民主义者离开英格兰来美洲寻求宗教自由的原因之一，就是政府为了宗教目的而认可政府制定的祷词，并迫害非国教人士。英国国教祈祷书(the Book of Common Prayer)是在政府的指导下制定的，并于1548年和1549年通过英国议会的立法颁布。英国国教是受税收支持的，该祈祷书陈述了其使用的祷文的公认形式和内容，以及其他的与宗教仪式有关的细节。因为英国国教祈祷文的公开形式随着当时掌权的特权统治者的观念而发生改变，所以人们对国教祈祷书及其内容产生了许多争执。这些不断出现的争执危害了国家的和平。代表各种不同宗教观点的强权集团互相斗争，把自己个人的观点强加给政府，使修改后的国教祈祷书更适合各自的宗教信仰，并建立宗教服务机构，促使政府的宗教制度能够推行他们各自的宗教理念。而另外一些团体没有足够的政治权力在这个问题上对政府施加影响，就决定离开英国及其国教，到美洲寻求自由，远离英国政府任命并支持的宗教教会。

一个不幸的历史事实是，这些不屈不挠地反抗英国国教统治的人发现他们完全在殖民地政府的控制之下。在这个国家，殖民统治者把他们自己的祈祷文写进法律，通过法案把他们的宗教信仰列为其所在殖民地的官方信仰。事实上，一直到美国独立战争那么晚的时候，在 13 个前殖民地里至少有八个拥有官方宗教，而其余的五个殖民地里至少有四个具有官方承认的宗教信仰。饱受官方宗教之难的美国开国者们，在反对英国政治统治革命成功后不久，就通过立法行为来强烈反对建立官方宗教。

历史显示，在制定宪法时，大多数美国人意识到政教合一的危险性，其中一部分人有着辛酸的个人经历。美国社会知道，对个人选择礼拜方式的自由权造成最大危险的是，政府用行政行为指定一种特定方式的祈祷文或者指定一个特定的宗教机构。当一些积极的宗教集团为了从那些暂时获得政权的每一任国王、王后或摄政王那里获得政府的指定权而互相斗争时，就会带来痛苦、穷困和辛酸的斗争生活。宪法为了避免发生这种危险，把管理国家的权力交给人民，而不是交给任何一位君主。美国的开国者既不愿意让选票等影响公民的祷词的内容，进而影响公民的可以随时进行祈祷的基本权利；也不愿意把这个关系到个人道德的重要事情依靠于君主的传承。因此他们在宪法中附加了第一修正案作为保证，确保无论是政治权力，还是联邦政府的威信都不能用来控制、支持或影响美国人民所朗诵的各种祈祷文——也就是说，每次因选举而有新的政治集团上台执政时，人民的宗教信仰不会屈服于政府的压力。如同宪法第十四修正案所强调的，在修正案禁止政府确立宗教条款的限制下，这个国家的政府部门，无论是州还是联邦，都无权通过立法制定任何特定形式的祈祷文，并把该祈祷文作为官方祷词用于政府主持的宗教仪式。

但是，宗教平等并不只限于观点陈述或法律框架之中，而且必须具有实质性和操作性的内容的。一旦进入实质性的操作领域，法律纠纷就将产生。

许多公立学校有圣经或其他宗教研究团体，这些团体的成员在上学前、上学时或放学后，在学校里集合开会，在一些诉讼案中，已经作为正式的学生法人组织得到承认，并且经常在布告栏或校报上为他们的活动作广告。偶尔，这些团体会在“活动时间”集合。

由于担心学校官方承认宗教团体会产生与政教分离相关的诉讼，学校里的一些管理者拒绝承认学生法人团体的资格。然而拒绝承认这些团体的合法地位，也会经常产生诉讼案。

美国国会曾于 1984 年通过了平等进入法案（the Equal Access Act）。根据这个法案，对任何一所接受联邦资助的公立中学来说，如果学校对公开言论加以限制，不承认或拒绝在集会时发表宗教、政治或哲学言论的学生团体，那么将构成违法行为。该法案规定，当学校允许一个或更多的非课业学生团体，而不允许另一个或另一些学生团体在学校非授课时间内集会时，就构成了限制公开集会，限制了学生进入集会的平等，形成了团体之间的不平等，因而这样的现象是不被法律接受的。

平等法案的通过能够面对非宗教性的学生团体活动，却无法真正解决宗教性的学生团体在学校中开展活动所带来的法律纠纷或法律问题。上个世纪 90 年代以来，美国将近一半的联邦上诉法院受理过此类案件，充分说明实现宗教平等问题的复杂性。

美国联邦教育部于 1998 年发表了一系列宗教平等指导方针，包括以下内容：制定平等进入法案是为了与宪法第一修正案保持一致，确保学生的宗教活动和学生的世俗活动一样有相同的进入公立学校设施的机会。根据联邦法院对法案的解释和判决，司法部建议应该对法案的内容另外进行解释，这些解释的内容详尽和具体，从中可以窥见美国为了实现宗教平等而付出的大量努力。其主要内容是：其一，一般原则。公立中学的学生宗教团体有同样的权利使用学校设施，如同其他类似的学生团体所享有的权利一样。在平等进入法案下，接受联邦基金资助的学校在允许一个或多个与课程无关的学生团体在非授课时间利用学校设施集会时,不得拒绝学生宗教团体的进入。

其二,祈祷活动和礼拜仪式准则。受平等进入法案限定和保护的集会可以包括祈祷仪式、阅读圣经或者其他的礼拜仪式。接受联邦基金资助的学校必须允许依据法案举行的学生团体集会,允许其使用学校的媒体——包括公共通讯系统、校报和学校的布告栏——宣传他们的集会,同样地允许其他的与课程无关的学生团体使用学校的媒体。任何涉及学校媒体使用的政策必须以非歧视的方式适用于所有的与课程无关的学生团体。

其三,学校宗教活动时间。学校依据平等进入法案促进了宗教团体的平等进入权利。如同学校允许学生在上学之前和放学后集会一样,学校也允许学生在上学日的午饭时间或非授课时间集会。

美国联邦教育部的这些指导原则,进一步促进了公立基础教育阶段中的宗教平等。但其作用的性质究竟如何,仍然需要实践和时间的评价。

第五,追求公立教育过程中残疾学生教育机会平等。残疾学生的教育机会是美国公立学校教育中长期受到关注的问题。美国联邦立法机关、联邦最高法院、各州立法机关和司法系统通过立法和案例,呼应着和引导着社会追求公立教育过程中残疾学生教育机会平等的要求。在这里,对残疾儿童来说,教育机会平等的主要精神是指,残疾儿童应当与正常儿童一样,享有与其潜能、需要和发展相适应的教育机会,并在教育过程中受益。许多年来,一系列专门法律相继颁布,大量的案例从不同角度规范着公立教育过程中残疾学生教育机会平等的具体环节。

分析美国公立学校追求残疾儿童教育机会平等的主要法规措施,其主要内容是:

其一,增加残疾儿童教育经费,确保全体残疾儿童享有合适的、公立的、与其特殊需要相应的免费教育机会,奠定残疾儿童基本的生活基础和适应社会的基础,帮助其享受生活和人生。应该说,这是美国公立学校追求残疾儿童教育机会平等的基本原则。

其二,规定残疾儿童的法定确认标准。教育实践表明,只有在恰当的标准之下,全体残疾儿童享有合适的、公立的、与其特殊需要相应的免费教育机会才有可能逐步实现。

1997年美国《残疾个体教育法案》规定,残疾儿童的确认,需要经过两方面的测试：其一,儿童的残疾类型必须在法案规定的种类中,该法案的第1401条款规定了残疾儿童的种类：智力落后,听力损害(包括耳聋),言语损害,视觉损害(包括盲童),重度情绪困扰……,肢体损害,自闭症,脑外伤,其他健康损伤,或者是有特殊学习障碍;其二,儿童由于残疾必须增加特殊的教育和相应的服务。《残疾个体教育法案》中特殊教育是指为满足残疾儿童的特别需求而设计的一种特别教育,相应的服务是指帮助残疾儿童从特殊教育中受益而进行的服务。

然而,并不是所有健康受损或智力受损的儿童都能满足该法案提出的两个合法性测试,不符合测试要求的儿童将不能得到该法案所提供的服务。有些儿童的残疾类型并不在该法案所规定的残疾种类中,例如,法案中并没有把注意力缺陷失常、糖尿病、癌症和慢性疾病这几类界定为残疾儿童的缺陷种类。如果这些儿童的疾病完全限制了他们的体力、活力、灵敏性,进而影响他们的学习成绩,需要有特殊的教育和相应的服务时,也仅仅被称为其他健康损害。另外,有些儿童的残疾类型也许在《残疾个体教育法案》中所规定的残疾种类中,但他们并不需要特殊的教育和相应的服务。例如,尽管肢体损害是该法案所规定的残疾种类,但这些儿童并不需要特殊的教育和相关的服务。如果他们不需要特殊的教育和相关的服务时,便不符合《残疾个体教育法案》所界定的要求。

其三,规定残疾儿童的鉴定职责。《残疾个体教育法案》确立了政府对残疾儿童的鉴定责任,要求政府负责住在本州内的所有残疾儿童的鉴定,包括那些私立学校里的残疾儿童,不管他们的残疾程度如何;另外,那些需要特殊教育和相应服务的儿童也都需要被鉴定。这些儿童的鉴定是通过大量的筛选测试来进行的,包括视力测试、听力测试和对一般学龄儿童所进行的基本测试。另外家长、学校人员和其他推测某儿童需要得到残疾个体教育法服务的人员也应推荐该儿童进行测试，以决定是否符合该法案所规定的条件。

依据《残疾个体教育法案》，一个合格性的评价应该包含大量的评价工具和评价策略，应该合乎技术地使用合理的工具来评价儿童残疾方面的健康、认知、行为、发展的因素。为了避免得出错误的结论，不应该用单一的程序来测定儿童是否残疾。例如，不应该依据单一测试的结果，或由于儿童在测试过程中存在视力、听力、言语方面的问题就被划定是智力落后儿童。测试应由合格的人员来操作，测试中不应该有种族或文化的偏见。如果可行的话，测试应用儿童的母语来进行。残疾儿童的鉴定职责和程序有效地促进了残疾儿童能够享有符合其需要的教育机会，并获得相应的服务。

其四，规定残疾儿童的实质性教育权利。根据《残疾个体教育法案》，免费的、合适的公立教育包括特别的教育，以及一些对家长和学生都是免费的相应服务，并且是在公众的监督和管理下通过适当的教育计划来提供服务，而且这个教育计划要与儿童个别化教学计划相一致。尽管“免费”、“公立”、“教育”这些词目相对比较清晰，但“合适”却是一个相当主观性的词目。而且《残疾个体教育法案》中并没有界定“合适”这一词目，对许多观察者来说，这个法案使学校有义务在学生需求时提供最佳的教育服务来满足任何确证的教育需要，而不应考虑其花费。

由于免费合适公共教育的提供是《残疾个体教育法案》最本质的要求，因而美国最高法院专门通过案例审理说明了“合适”这个法律概念的含义，而且是以 6∶3 的判决裁定残疾个体教育法案实质性权利保护制度。

这个案例是上个世纪 80 年代初期发生的[见亨德里克·哈德森中心学区教育委员会诉罗利(Board of Education of the Hendrick Hudson Central School District v. Rowley, Supreme Court of the United States, 1982, 458 U. S. 176)案]。本案的产生过程是，被告艾米·罗利(Amy

Rowley)是亨德里克·哈德森中心学区(Hendrick Hudson)学校一个患有听力障碍的学生，只有微弱的残余听力，但观唇辨意非常优秀。她进入学校的那年，父母和学校经过商讨，决定先把她放在一个普通的幼儿园班级中，以此来决定她需要哪些必要的补充服务。学校的几个管理人员为艾米的到来做了一些准备，参加了解释手势语言的课程，并在校长办公室安装了电传打字机以方便和她的家长的联络(她的家长也都是聋子)。通过试验最终决定让艾米仍然留在原班级中，但应该给她提供一个调频助听器，以提高某些课堂活动中教师和学生的语言在无线接受器中的音量。这样，艾米顺利地完成了她幼儿园阶段的学习。

根据法案的要求，在艾米一年级的下学期，为她设计了个别教育方案。该方案认为艾米应在普通班级中接受教育，应继续使用调频助听器，应每天从聋哑教员那边接受一个小时的训练，并且每周进行三小时的语言临床医学治疗。罗利夫妇同意了个别教育方案中的部分内容，但坚持认为应在她所有的学术课程中，提供一个合格的手势语言翻译者。这种翻译服务在艾米上幼儿园期间曾进行过两周的试验，但当时翻译者认为艾米并不需要这种服务。学校管理者在与学区残障委员会商讨后达成共识，在一年级时，艾米仍不需要翻译服务。在此决定之前，校方从艾米家长处收到了专家关于手势翻译重要性的意见，以及听取了艾米老师和其他熟悉艾米学习和生活的人的陈述，并且参观过聋哑学生的班级。

当家长提出的翻译服务被否决后，罗利夫妇要求进行听证。听证委员会在收到双方证据后，同意了管理方的决定，认为没有必要给艾米提供翻译服务，因为艾米不需这种帮助就能在教育、学习和社会交往方面取得进步。

地区法院发现，艾米明显地是一个适应性很强的儿童，她能很好地和同学进行沟通与交流，并且已经和老师们形成了非常好的友善关系。地区法院同时发现，她比班里的一般同学表现得好，能够很容易地逐渐地进步。但是艾米明显地知道如果她不聋的话，她会知道班里更多的情况，而且在学习上也会学得更多更好。由于她的潜能与她所取的成绩不一致，所以导致了法庭认为她没有受到免费合适的公立教育，没有得到与其他小孩相同的机会来发挥她的全部潜能。地区法院认为，智障儿童的潜能应被测量并与她取得的成绩相比较，比较的结果应再与正常儿童相比较。

本案经过上诉法院审理，修正了地区法院的裁决，并进而走上联邦最高法院的法庭。联邦最高法院认定，判决残疾儿童的实质性受教育权利是否受到保障，是一项极为复杂的工作。很明显，一种情况下的儿童的获利将完全不同于另一情况下的获利，其间有着明显的差别。有些残疾儿童也许在学习上超过正常儿童只有一点点困难，而另一些残疾儿童也许在最基本的生活本领上都有很大的困难。法庭并不试图进行一项测试来决定该法案下的所有儿童是否获得了充足的教育利益，而应关注残疾儿童是否正在公立教育系统中接受实质性的特殊的教育和相应的服务。在这里，联邦最高法院实际上同样没有给出“合适”这一法律概念明确的界定。

不过，联邦最高法院提出，残疾儿童应该享有特殊教育、个别化教育计划和教育过程需要的相关服务，教育成效应与残疾儿童可能达到的发展水平和同级正常学生的正常水平进行比较，公立学校和政府不应计算成本，并且，所有这一切都应当由公共资源承担。这一裁决极大地促进了残疾儿童的教育机会平等，使其真正能够与正常儿童一样接受公共、免费和合适的教育，并从中受益。

其五，规定推行残疾儿童个别化教育计划。这是保障残疾儿童实质性教育权利的一项重大保障措施。《残疾个体教育法案》要求为每个残疾儿童制定书面的个别化教育计划，并不断地充实和更改，以与残疾个体教育法案的要求相一致。个别化教育计划是由个别化教育计划小组制定的，小组的成员必须包括儿童的家长、教育机构的代表、儿童参加普通班级时的上课教师、熟悉该儿童情况的其他人员。在小组成员中还必须包括能够分析评估教育结果及其意义的人员。个别化教育计划内容包含儿童现有的教育水平、教育目标、应该提供何种特别教育和相应服务。如果儿童不能参加普通班级学习，教育计划中应该包括相应的解释。个别化教育计划依据以下因素进行更改：儿童的身体状况、父母的意见以及评估的结果。个别化教育计划还应包含儿童严重行为方面的问题处理设想。《残疾个体教育法案》认为，在儿童的行为妨碍自己或别人的学习情况下，个别化教育计划小组必须考虑对其行为进行合理的干预。儿童的个别化教育计划需要定期检查，期限不能超过一年，以此来决定是否达到预期年度目标。个别化教育计划具体和全面地进一步落实了残疾儿童的实质性受教育权。

其六，规定残疾儿童的适当安置。在制定个别化教育计划时，必须同时考虑到儿童的安置问题。根据《残疾个体教育法案》的第 1412 条款，残疾儿童应在受最少环境限制的情况下接受教育。为了满足这个要求，《残疾个体教育法案》规定：为了使残疾儿童最大限度地得到合适教育，残疾儿童，包括公立和私立学校以及其他设施中的儿童，都应该和正常儿童一样接受教育。由于残疾原因，在提供了充分的帮助和服务的普通教育机构中仍然不能达到满意的教育效果时，才允许脱离正常教育环境而进行分校、分班的教育。

适当安置还包括提供相关服务。在《残疾个体教育法案》中，相关服务包含以下这些方面：交通服务，以及一些发展性的、矫正的和其他的支撑服务（包括说话语言病理学和听力学的服务，心理服务，健康和职业的治疗，还包括治疗的恢复，社会工作的服务，咨询服务，导向和活动性服务，医疗服务）。这些服务要用来帮助残疾儿童从特殊教育中获利，并且包括对儿童早期的鉴定和对其残疾的评价。上述所列的相关服务只是举例性的，并没有穷尽。为残疾儿童提供与健康相关的服务需要很高的花费，尽管如此，法律仍然对此进行了相当明确的规定，其目的便是全面保障残疾儿童不会因为残疾或经济因素无法享有正常儿童享有的教育权利。

适当安置的再一方面内容就是为残疾儿童的转学、升学和工作提供过渡性的服务。这样的服务实际上与正常儿童的转学、升学和就业前的指导性质相同，只是在残疾儿童这里，过渡服务必须是适当的和个别性的，因而其要求相对复杂和繁琐。

其七，规定平等保护受教育者的程序。如果说种族平等、资源平等、政治平等、宗教平等和残疾儿童教育机会平等是从积极的和肯定的方面反映美国教育法规追求教育平等的努力，那么，程序平等则是美国教育法规从消极的方面防范教育平等受到弱化的法律控制。

程序平等是美国宪法赋予美国公民的一项基本权利。任何政府机关都必须遵守正当程序开展工作，尤其是在涉及公民人身自由和财产权益时，一切权力机关都必须严格依照程序处理相关问题。公民的宪法权利在教育领域中得到广泛引申。正当的平等保护程序在学校教育领域中主要涉及学生的处罚和纪律问题。具体地说，当学生由于问题行为面临停学、退学、惩戒性转学、开除、体罚、毒品搜查、停止参与某项或某些教育活动（如因怀孕、身体因素、纪律问题）、停止参与某些体育活动时，学校需要启动特定的程序，并且按照程序进行处理，平等地或者说一视同仁地对待所有学生。归纳地说，这些程序包括处罚前通知父母与学生、过程听证、陈示证据、询问证人、告知处理结果、提出学校意见、给予辩解或解释机会、提供学校建议。如果需要，法院将会介入，并遵循法定的司法程序解决学生法律纠纷。这些程序强有力地保护了学生的多方面权益，减少了学校任意损害学生利益的可能。因此，平等和正当的保护程序，构成了美国教育法规追求教育平等的重要内容和措施。

以上阐述了美国教育法规的基本精神，同时也是对本书内容进行的一种解读。本书给予我们最为深刻的印象之一是，随着社会的进步，人们的受教育权利日益丰富和广泛。在这里，我们只论及了受教育者的受教育权。实际上，教育者的教育权益也在社会进步过程中日益走向丰富。本书有专章论述，这里不再赘述。需要特别说明的是，在社会发展过程中，美国教育法规的作用越来越强大。在当代，在学校教育领域的各个环节，不仅可以看到相关的教育法规文本和案例，而且可以看到大量的具体的司法介入。可以说，教育政策的制定、教育活动的开展，甚至在具体的课堂教学和课外活动中，都可以清楚地感受教育法规的作用。这样的特征一方面表现美国教育法治的程度，另一方面也在昭示我们，在我国法治化进程和社会进步过程之中，学校教育法律现象将会日益频繁。我们无法回避教育法治，相反，应该期待和追求教育的法治化。

本书给予读者的另一重要印象是，全书围绕案例论述教育法律的基本原理，因而具有非常深刻的启发性。不过，本书并不是一般地简述案例案情，而是从理论、历史、传统等多种角度分析案例，因而行文抽象，甚至可以说，内容相当晦涩。实际上原书作者已经说明了本书的体系、内容和特点，以及如何运用本书。作者撰写的前言、读者须知、附录等内容，都可以帮助读者理解本书内容和特点。

最后说明本书的翻译分工。本书翻译的分工是：致谢，本书读者须知，附录A、B、C、D：许庆豫；第一章：李俊飞、许庆豫；第二章：谢静、许庆豫；第三章：肖俊飞、许庆豫；第四章：廖萍、许庆豫；第五章：徐花平、许庆豫；第六章：曹光龙、许庆豫；第七章：苏红、许庆豫；第八章：甘金球、许庆豫。全书由朱永新教授审校和统稿。本书的翻译是一项相当复杂的工作，要求译者具有美国教育法律和教育科学方面的基础知识，而其中美国教育法律及其司法程序是公认的比较复杂的领域。尽管如此，我们仍然选择本书并进行翻译，主要原因是希望通过本书的译介，借鉴美国教育法治化进程的经验及其教训，观照我国教育法治的前景，从中获取启发。特别应该说明的是，本书原作内容高度抽象，语言晦涩，法律术语和专门名词繁复，概念涵义艰深。翻译之中，一定存在失误。我们希望得到专家的批评，并会虚心接受。

朱永新　许庆豫

2004年10月10日

# 凤凰文库书目

## 一、马克思主义研究系列

《走进马克思》 孙伯鍨 张一兵 主编
《回到马克思：经济学语境中的哲学话语》 张一兵 著
《当代视野中的马克思》 任平 著
《回到列宁：关于"哲学笔记"的一种后文本学解读》 张一兵 著
《回到恩格斯：文本、理论和解读政治学》 胡大平 著
《国外毛泽东学研究》 尚庆飞 著
《重释历史唯物主义》 段忠桥 著
《资本主义理解史》(6卷) 张一兵 主编
《阶级、文化与民族传统：爱德华·P. 汤普森的历史唯物主义思想研究》 张亮 著
《形而上学的批判与拯救》 谢永康 著
《21世纪的马克思主义哲学创新：马克思主义哲学中国化与中国化马克思主义哲学》 李景源 主编
《科学发展观与和谐社会建设》 李景源 吴元梁 主编
《科学发展观：现代性与哲学视域》 姜建成 著
《西方左翼论当代西方社会结构的演变》 周穗明 王玫 等著
《历史唯物主义的政治哲学向度》 张文喜 著
《信息时代的社会历史观》 孙伟平 著
《从斯密到马克思：经济哲学方法的历史性阐释》 唐正东 著
《构建和谐社会的政治哲学阐释》 欧阳英 著
《正义之后：马克思恩格斯正义观研究》 王广 著
《后马克思主义思想史》 [英]斯图亚特·西姆 著 吕增奎 陈红 译
《后马克思主义与文化研究：理论、政治与介入》 [英]保罗·鲍曼 著 黄晓武 译
《市民社会的乌托邦：马克思主义的社会历史哲学阐释》 王浩斌 著

## 二、政治学前沿系列

《公共性的再生产：多中心治理的合作机制建构》 孔繁斌 著
《合法性的争夺：政治记忆的多重刻写》 王海洲 著
《民主的不满：美国在寻求一种公共哲学》 [美]迈克尔·桑德尔 著 曾纪茂 译
《权力：一种激进的观点》 [英]斯蒂芬·卢克斯 著 彭斌 译
《正义与非正义战争：通过历史实例的道德论证》 [美]迈克尔·沃尔泽 著 任辉献 译
《自由主义与现代社会》 [英]理查德·贝拉米 著 毛兴贵 等译
《左与右：政治区分的意义》 [意]诺贝托·博比奥 著 陈高华 译
《自由主义中立性及其批评者》 [美]布鲁斯·阿克曼 等著 应奇 编
《公民身份与社会阶级》 [英]T. H. 马歇尔 等著 郭忠华 刘训练 编
《当代社会契约论》 [美]约翰·罗尔斯 等著 包利民 编
《马克思与诺齐克之间》 [英]G. A. 柯亨 等著 吕增奎 编
《美德伦理与道德要求》 [英]欧若拉·奥尼尔 等著 徐向东 编
《宪政与民主》 [英]约瑟夫·拉兹 等著 佟德志 编
《自由多元主义的实践》 [美]威廉·盖尔斯敦 著 佟德志 苏宝俊 译

《国家与市场：全球经济的兴起》 [美]赫尔曼·M. 施瓦茨 著　徐佳 译
《税收政治学：一种比较的视角》 [美]盖伊·彼得斯 著　郭为桂 黄宁莺 译
《控制国家：从古雅典至今的宪政史》 [美]斯科特·戈登 著　应奇 陈丽微 孟军 李勇 译
《社会正义原则》 [英]戴维·米勒 著　应奇 译
《现代政治意识形态》 [澳]安德鲁·文森特 著　袁久红 译
《新社会主义》 [加拿大]艾伦·伍德 著　尚庆飞 译
《政治的回归》 [英]尚塔尔·墨菲 著　王恒 臧佩洪 译
《自由多元主义》 [美]威廉·盖尔斯敦 著　佟德志 庞金友 译
《政治哲学导论》 [英]亚当·斯威夫特 著　佘江涛 译
《重新思考自由主义》 [英]理查德·贝拉米 著　王萍 傅广生 周春鹏 译
《自由主义的两张面孔》 [英]约翰·格雷 著　顾爱彬 李瑞华 译
《自由主义与价值多元论》 [英]乔治·克劳德 著　应奇 译
《帝国：全球化的政治秩序》 [美]麦克尔·哈特 [意]安东尼奥·奈格里 著　杨建国 范一亭 译
《反对自由主义》 [美]约翰·凯克斯 著　应奇 译
《政治思想导读》 [英]彼得·斯特克 大卫·韦戈尔 著　舒小昀 李霞 赵勇 译
《现代欧洲的战争与社会变迁：大转型再探》 [英]桑德拉·哈尔珀琳 著　唐皇凤 武小凯 译
《道德原则与政治义务》 [美]约翰·西蒙斯 著　郭为桂 李艳丽 译
《政治经济学理论》 [美]詹姆斯·卡波拉索 戴维·莱文著　刘骥 等译
《民主国家的自主性》 [英]埃里克·A. 诺德林格 著　孙荣飞 等译
《强社会与弱国家：第三世界的国家社会关系及国家能力》 [英]乔·米格德尔 著　张长东 译
《驾驭经济：英国与法国国家干预的政治学》 [美]彼得·霍尔 著　刘骥 刘娟凤 叶静 译
《社会契约论》 [英]迈克尔·莱斯诺夫 著　刘训练 等译
《共和主义：一种关于自由与政府的理论》 [澳]菲利普·佩蒂特 著　刘训练 译
《至上的美德：平等的理论与实践》 [美]罗纳德·德沃金 著　冯克利 译
《原则问题》 [美]罗纳德·德沃金 著　张国清 译
《社会正义论》 [英]布莱恩·巴利 著　曹海军 译
《马克思与西方政治思想传统》 [美]汉娜·阿伦特 著　孙传钊 译
《作为公道的正义》 [英]布莱恩·巴利 著　曹海军 允春喜 译
《古今自由主义》 [美]列奥·施特劳斯 著　马志娟 译
《公平原则与政治义务》 [美]乔治·格劳斯科 著　毛兴贵 译
《谁统治：一个美国城市的民主和权力》 [美]罗伯特·A. 达尔 著　范春辉 等译
《论伦理精神》 张康之 著
《人权与帝国：世界主义的政治哲学》 [英]科斯塔斯·杜兹纳 著　辛亨复 译
《阐释和社会批判》 [美]迈克尔·沃尔泽 著　任辉献 段鸣玉 译
《全球时代的民族国家：吉登斯讲演录》 [英]安东尼·吉登斯 著　郭忠华 编
《当代政治哲学名著导读》 应奇 主编
《拉克劳与墨菲：激进民主想象》 [美]安娜·M. 史密斯 著　付琼 译
《英国新左派思想家》 张亮 编
《第一代英国新左派》 [英]迈克尔·肯尼 著　李永新 陈剑 译
《转向帝国：英法帝国自由主义的兴起》 [美]珍妮弗·皮茨 著　金毅 许鸿艳 译
《论战争》 [美]迈克尔·沃尔泽 著　任辉献 段鸣玉 译
《现代性的谱系》 张凤阳 著

## 三、纯粹哲学系列

《哲学作为创造性的智慧：叶秀山西方哲学论集(1998—2002)》 叶秀山 著
《真理与自由：康德哲学的存在论阐释》 黄裕生 著
《走向精神科学之路：狄尔泰哲学思想研究》 谢地坤 著
《从胡塞尔到德里达》 尚杰 著
《海德格尔与存在论历史的解构：〈现象学的基本问题〉引论》 宋继杰 著
《康德的信仰：康德的自由、自然和上帝理念批判》 赵广明 著
《宗教与哲学的相遇：奥古斯丁与托马斯·阿奎那的基督教哲学研究》 黄裕生 著
《理念与神：柏拉图的理念思想及其神学意义》 赵广明 著
《时间性：自身与他者——从胡塞尔、海德格尔到列维纳斯》 王恒 著
《意志及其解脱之路：叔本华哲学思想研究》 黄文前 著
《真理之光：费希特与海德格尔论 SEIN》 李文堂 著
《归隐之路：20 世纪法国哲学的踪迹》 尚杰 著
《胡塞尔直观概念的起源：以意向性为线索的早期文本研究》 陈志远 著
《幽灵之舞：德里达与现象学》 方向红 著
《形而上学与社会希望：罗蒂哲学研究》 陈亚军 著
《福柯的主体解构之旅：从知识考古学到"人之死"》 刘永谋 著
《中西智慧的贯通：叶秀山中国哲学文化论集》 叶秀山 著
《学与思的轮回：叶秀山 2003—2007 年最新论文集》 叶秀山 著
《返回爱与自由的生活世界：纯粹民间文学关键词的哲学阐释》 户晓辉 著
《心的秩序：一种现象学心学研究的可能性》 倪梁康 著
《生命与信仰：克尔凯郭尔假名写作时期基督教哲学思想研究》 王齐 著
《时间与永恒：论海德格尔哲学中的时间问题》 黄裕生 著
《道路之思：海德格尔的"存在论差异"思想 》 张柯 著
《启蒙与自由：叶秀山论康德》 叶秀山 著
《自由、心灵与时间：奥古斯丁心灵转向问题的文本学研究》 张荣 著

## 四、宗教研究系列

《汉译佛教经典哲学研究》(上下卷) 杜继文 著
《中国佛教通史》(15 卷) 赖永海 主编
《中国禅宗通史》 杜继文 魏道儒 著
《佛教史》 杜继文 主编
《道教史》 卿希泰 唐大潮 著
《基督教史》 王美秀 段琦 等著
《伊斯兰教史》 金宜久 主编
《中国律宗通史》 王建光 著
《中国唯识宗通史》 杨维中 著
《中国净土宗通史》 陈扬炯 著
《中国天台宗通史》 潘桂明 吴忠伟 著
《中国三论宗通史》 董群 著
《中国华严宗通史》 魏道儒 著
《中国佛教思想史稿》(3 卷) 潘桂明 著
《禅与老庄》 徐小跃 著

《中国佛性论》 赖永海 著
《禅宗早期思想的形成与发展》 洪修平 著
《基督教思想史》 [美]胡斯都·L. 冈察雷斯 著　陈泽民 孙汉书 司徒桐 莫如喜 陆俊杰 译
《圣经历史哲学》(上下卷) 赵敦华 著
《禅宗早期思想的形成与发展》 洪修平 著
《如来藏与中国佛教》 杨维中 著

## 五、人文与社会系列

《环境与历史：美国和南非驯化自然的比较》 [美]威廉·贝纳特 彼得·科茨 著　包茂红 译
《阿伦特为什么重要》 [美]伊丽莎白·扬-布鲁尔 著　刘北成 刘小鸥 译
《现代性的哲学话语》 [德]于尔根·哈贝马斯 著　曹卫东 等译
《追寻美德：伦理理论研究》 [美]A. 麦金太尔 著　宋继杰 译
《现代社会中的法律》 [美]R. M. 昂格尔 著　吴玉章 周汉华 译
《知识分子与大众：文学知识界的傲慢与偏见，1880—1939》 [英]约翰·凯里 著　吴庆宏 译
《自我的根源：现代认同的形成》 [加拿大]查尔斯·泰勒 著　韩震 等译
《社会行动的结构》 [美]塔尔科特·帕森斯 著　张明德 夏遇南 彭刚 译
《文化的解释》 [美]克利福德·格尔茨 著　韩莉 译
《以色列与启示：秩序与历史(卷1)》 [美]埃里克·沃格林 著　霍伟岸 叶颖 译
《城邦的世界：秩序与历史(卷2)》 [美]埃里克·沃格林 著　陈周旺 译
《战争与和平的权利：从格劳秀斯到康德的政治思想与国际秩序》 [美]理查德·塔克 著　罗炯 等译
《人类与自然世界：1500—1800年间英国观念的变化》 [英]基思·托马斯 著　宋丽丽 译
《男性气概》 [美]哈维·C. 曼斯菲尔德 著　刘玮 译
《黑格尔》 [加拿大]查尔斯·泰勒 著　张国清 朱进东 译
《社会理论和社会结构》 [美]罗伯特·K. 默顿 著　唐少杰 齐心 等译
《个体的社会》 [德]诺贝特·埃利亚斯 著　翟三江 陆兴华 译
《象征交换与死亡》 [法]让·波德里亚著　车槿山 译
《实践感》 [法]皮埃尔·布迪厄 著　蒋梓骅 译
《关于马基雅维里的思考》 [美]利奥·施特劳斯 著　申彤 译
《正义诸领域：为多元主义与平等一辩》 [美]迈克尔·沃尔泽 著　褚松燕 译
《传统的发明》 [英]E. 霍布斯鲍姆 T. 兰格 著　顾杭 庞冠群 译
《元史学：十九世纪欧洲的历史想象》 [美]海登·怀特 著　陈新 译
《卢梭问题》 [德]恩斯特·卡西勒 著　王春华 译
《自足语义学：为语义最简论和言语行为多元论辩护》 [挪威]赫尔曼·开普兰 [美]厄尼·利珀尔 著　周允程 译
《历史主义的兴起》 [德]弗里德里希·梅尼克 著　陆月宏 译
《权威的概念》 [法]亚历山大·科耶夫 著　姜志辉 译

## 六、海外中国研究系列

《帝国的隐喻：中国民间宗教》 [英]王斯福 著　赵旭东 译
《王弼〈老子注〉研究》 [德]瓦格纳 著　杨立华 译
《章学诚思想与生平研究》 [美]倪德卫 著　杨立华 译
《中国与达尔文》 [美]詹姆斯·里夫 著　钟永强 译

《千年末世之乱：1813 年八卦教起义》 [美]韩书瑞 著　陈仲丹 译
《中华帝国后期的欲望与小说叙述》 黄卫总 著　张蕴爽 译
《私人领域的变形：唐宋诗词中的园林与玩好》 [美]王晓山 著　文韬 译
《六朝精神史研究》 [日]吉川忠夫 著　王启发 译
《中国社会史》 [法]谢和耐 著　黄建华 黄迅余 译
《大分流：欧洲、中国及现代世界经济的发展》 [美]彭慕兰 著　史建云 译
《近代中国的知识分子与文明》 [日]佐藤慎一 著　刘岳兵 译
《转变的中国：历史变迁与欧洲经验的局限》 [美]王国斌 著　李伯重 连玲玲 译
《中国近代思维的挫折》 [日]岛田虔次 著　甘万萍 译
《为权力祈祷》 [加拿大]卜正民 著　张华 译
《洪业：清朝开国史》 [美]魏斐德 著　陈苏镇 薄小莹 译
《儒教与道教》 [德]马克斯・韦伯 著　洪天富 译
《革命与历史：中国马克思主义历史学的起源，1919—1937》 [美]德里克 著　翁贺凯 译
《中华帝国的法律》 [美]D. 布朗 等著　朱勇 译
《文化、权力与国家》 [美]杜赞奇 著　王福明 译
《中国的亚洲内陆边疆》 [美]拉铁摩尔 著　唐晓峰 译
《古代中国的思想世界》 [美]史华兹 著　程钢 译　刘东 校
《中国近代经济史研究：明末海关财政与通商口岸市场圈》 [日]滨下武志 著　高淑娟 孙彬 译
《中国美学问题》 [美]苏源熙 著　卞东坡 译　张强强 朱霞欢 校
《翻译的传说：构建中国新女性形象》 胡缨 著　龙瑜宬 彭珊珊 译
《〈诗经〉原意研究》 [日]家井真 著　陆越 译
《缠足："金莲崇拜"盛极而衰的演变》 [美]高彦颐 著　苗延威 译
《从民族国家中拯救历史：民族主义话语与中国现代史研究》 [美]杜赞奇 著　王宪明 高继美 李海燕 李点 译
《传统中国日常生活中的协商：中古契约研究》 [美]韩森 著　鲁西奇 译
《欧几里得在中国：汉译〈几何原本〉的源流与影响》 [荷]安国风 著　纪志刚 郑诚 郑方磊 译
《毁灭的种子：二战及战后的国民党中国》 [美]易劳逸 著　王建朗 王贤知 贾维 译
《理解农民中国：社会科学哲学的案例研究》 [美]李丹 著　张天虹 张胜波 译
《18 世纪的中国社会》 [美]韩书瑞 罗友枝 著　陈仲丹 译
《开放的帝国：1600 年的中国历史》 [美]韩森 著　梁侃 邹劲风 译
《中国人的幸福观》 [德]鲍吾刚 著　严蓓雯 韩雪临 伍德祖 译
《明代乡村纠纷与秩序》 [日]中岛乐章 著　郭万平 高飞 译
《朱熹的思维世界》 [美]田浩 著
《礼物、关系学与国家：中国人际关系与主体建构》 杨美慧 著　赵旭东 孙珉 译　张跃宏 校
《美国的中国形象：1931—1949》 [美]克里斯托弗・杰斯普森 著　姜智芹 译
《清代内河水运史研究》 [日] 松浦章 著　董科 译
《中国的经济革命：20 世纪的乡村工业》 [日]顾琳 著　王玉茹 张玮 李进霞 译
《明清时代东亚海域的文化交流》 [日]松浦章 著　郑洁西 译
《皇帝和祖宗：华南的国家与宗族》 科大卫 著　卜永坚 译
《中国善书研究》 [日]酒井忠夫 著　刘岳兵 何英莺 孙雪梅 译
《大萧条时期的中国：市场、国家与世界经济》 [日]城山智子 著　孟凡礼 尚国敏 译
《虎、米、丝、泥：帝制晚期华南的环境与经济》 [美]马立博 著　王玉茹 译
《矢志不渝：明清时期的贞女现象》 [美]卢苇菁 著　秦立彦 译

《山东叛乱：1774 年的王伦起义》［美］韩书瑞 著　刘平 唐雁超 译
《一江黑水：中国未来的环境挑战》［美］易明 著　姜智芹 译
《施剑翘复仇案：民国时期公众同情的兴起与影响》［美］林郁沁 著　陈湘静 译
《工程国家：民国时期(1927－1937)的淮河治理及国家建设》［美］戴维·艾伦·佩兹 著　姜智芹 译
《西学东渐与中国事情》［日］增田涉 著　周启乾 译
《铁泪图：19 世纪中国对于饥馑的文化反应》［美］艾志端 著　曹曦 译
《危险的边疆：游牧帝国与中国》［美］巴菲尔德 著　袁剑 译
《华北的暴力与恐慌：义和团运动前夕基督教传播和社会冲突》［德］狄德满 著　崔华杰 译
《历史宝筏：过去、西方与中国的妇女问题》［美］季家珍 著　杨可 译
《姐妹们与陌生人：上海棉纱厂女工，1919—1949》［美］艾米莉·洪尼格 著　韩慈 译
《银线：19 世纪的世界与中国》林满红 著　詹庆华 林满红 译
《寻求中国民主》［澳］冯兆基 著　刘悦斌 徐硙 著

## 七、历史研究系列

《中国近代通史》(10 卷)　张海鹏 主编
《极端的年代》［英］艾瑞克·霍布斯鲍姆 著　马凡 等 译
《漫长的 20 世纪》［意］杰奥瓦尼·阿瑞基 著　姚乃强 译
《在传统与变革之间：英国文化模式溯源》钱乘旦 陈晓律 著
《世界现代化历程》(10 卷)　钱乘旦 主编

## 八、当代思想前沿系列

《世纪末的维也纳》［美］卡尔·休斯克 著　李锋 译
《莎士比亚的政治》［美］阿兰·布鲁姆 哈瑞·雅法 著　潘望 译
《邪恶》［英］玛丽·米奇利 著　陆月宏 译
《知识分子都到哪里去了：对抗 21 世纪的庸人主义》［英］弗兰克·富里迪 著　戴从容 译
《资本主义文化矛盾》［美］丹尼尔·贝尔 著　严蓓雯 译
《流动的恐惧》［英］齐格蒙特·鲍曼 著　谷蕾 杨超 等译
《流动的生活》［英］齐格蒙特·鲍曼 著　徐朝友 译
《生活的艺术》［英］齐格蒙特·鲍曼 著　仇子明 等译
《流动的时代：生活于充满不确定性的年代》［英］齐格蒙特·鲍曼 著　谷蕾 武媛媛 译
《波德里亚：一个批判性读本》［美］道格拉斯·凯尔纳 编　陈维振 陈明达 王峰 译　李平武 审校
《齐格蒙特·鲍曼：后现代性的预言家》［英］丹尼斯·史密斯 著　萧韶 译
《萨义德》［英］瓦莱丽·肯尼迪 著　李自修 译
《瓦尔特·本雅明：救赎美学》［美］理查德·沃林 著　吴勇立 张亮 译
《未来的形而上学》［美］爱莲心 著　余日昌 译
《文化理论关键词》［英］丹尼·卡瓦拉罗 著　张卫东 张生 赵顺宏 译
《自由的铁笼：哈耶克传》［英］安德鲁·甘布尔 著　王晓冬 朱之江 译
《异端人物》［英］特里·伊格尔顿 著　刘超 译
《当代文化理论》［澳大利亚］安德鲁·米尔纳 著　刘超 译
《感受与形式》［美］苏珊·朗格 著　高艳萍 译
《公共领域的伦理学》［英］约瑟夫·拉兹 著　葛四友 译

## 九、教育理论研究系列

《教育研究方法导论》 [美]梅雷迪斯·M. 高尔等 著　许庆豫等 译

《教育基础》 [美]艾伦·C. 奥恩斯坦等 著　杨树兵等 译

《教育伦理学》 贾馥茗 著

《认知心理学》 [美]罗伯特·L. 索尔索 著　何华等 译

《现代心理学史》 [美]杜·P. 舒尔兹 著　叶浩生等 译

《学校法学：案例和观念》 [美]米歇尔·W. 拉莫特 著　许庆豫　译

书　　名　学校法学：案例和观念（第七版）

作　　者　[美] 米歇尔·W. 拉莫特
译　　者　许庆豫
责任编辑　韩宇新
装帧设计　张金风
出版发行　凤凰出版传媒集团
　　　　　凤凰出版传媒股份有限公司
　　　　　江苏教育出版社（南京市湖南路 1 号 A 楼　邮编 210009）
苏教网址　http://www.1088.com.cn
集团网址　http://www.ppm.cn
照　　排　南京展望文化发展有限公司
印　　刷　江苏凤凰通达印刷有限公司（电话 025－57572508）
厂　　址　南京市六合区冶山镇（邮编 211523）
开　　本　960×1304 毫米　1/32
印　　张　17.125
版　　次　2012 年 5 月第 1 版　2012 年 5 月第 1 次印刷
书　　号　ISBN 978－7－5499－1660－3
定　　价　45.00 元
邮购电话　025－85406265，85400774 短信 02585420909
E－mail　jsep@vip.163.com
盗版举报　025－83658837